U0901959

CHINESE CULTURAL INDUSTRY

中国文化产业研究

（第三辑）

赵成国　主编

中国社会科学出版社

图书在版编目（CIP）数据

中国文化产业研究．第3辑／赵成国主编．—北京：中国社会科学出版社，2016.8

ISBN 978-7-5161-8757-9

Ⅰ．①中…　Ⅱ．①赵…　Ⅲ．①文化产业—研究—中国
Ⅳ．①G124

中国版本图书馆CIP数据核字（2016）第189874号

出 版 人　赵剑英
责任编辑　张　湉
责任校对　郝阳洋
责任印制　李寡寡

出　　版　中国社会科学出版社
社　　址　北京鼓楼西大街甲158号
邮　　编　100720
网　　址　http://www.csspw.cn
发 行 部　010-84083685
门 市 部　010-84029450
经　　销　新华书店及其他书店

印刷装订　三河市君旺印务有限公司
版　　次　2016年8月第1版
印　　次　2016年8月第1次印刷

开　　本　710×1000　1/16
印　　张　25.75
插　　页　2
字　　数　435千字
定　　价　89.00元

序

2015年10月17日至18日，“海洋时代的文化产业：人才、资源、创意”学术研讨会在青岛举行。这次会议由中国海洋大学主办，中国海洋大学国家文化产业研究中心和文学与新闻传播学院承办。收入本辑的论文主要来自与会专家学者提交的会议论文。

中国海洋大学是教育部首批批准设立文化产业管理本科专业的四所部属院校之一，从2004年开始招收文化产业管理专业本科学生。十余年来，累计为国家和社会培养了七百多名文化产业管理的优秀人才。随着文化产业专业博士点和硕士点、博士后流动站的建立，我校文化产业人才培养又迈上新台阶。经过多年的建设，各个层次的专业课程体系和人才培养方案不断完善，师资队伍建设、教学管理、教材建设、创新实践等各个方面都取得了显著进步。在夯实文化产业核心课程的同时，我们也不断探索具有海洋和区域特色的人才培养模式。在中国文化创意产业网评选的“2015年度中国文化创意产业总评榜”中，我校文学与新闻传播学院文化产业管理专业被评为“中国文化创意产业最具人气十大文产学院”。

我校的国家文化产业研究中心依托文学与新闻传播学院进行建设，科研力量除了文化产业系的师资以外，还有本院其他系和学校其他学院的老师，大家从各自的专业角度参与到文化产业这个包容性、学科交叉性强的研究领域中来。承担了包括国家社科基金、文化部、教育部、山东省、青岛市以及学校的一大批研究项目，出版了一批高水平的学术专著、报告和论文，在文化产业基础理论和应用研究方面取得一批重要成果。同时，中心整合研究力量，借助学校和学院已有的相关研究机构，发挥特色和优势，在沿海城市文化产业、文化资源和文化遗产、儿童文化产业、中日韩文化产业比较、文化产业政策与管理、文化产业人才开发、文化产业商业模式、海洋文化产业、媒介经济、视觉文化与动漫文学等研究领域进行了有益的探索，取得了不俗的成绩。

在社会服务方面，中心承担了大量的地方政府和企业单位的横向课题，承担了有关部门委托的文化产业发展规划的编制工作，例如，主持或参与了山东省和青岛市的文化产业“十一五”、“十二五”发展规划、山东半岛蓝色经济区文化产业发展规划，以及其他省市的文化产业规划和战略的制订，参与了中国文化企业年度报告的撰写，较好地发挥了作为学术组织的理论创新作用，发挥了作为文化智库的资政建言作用。

这次学术研讨会的主题是“海洋时代的文化产业：人才、资源、创意”。在我们看来，从某种意义上讲“人才、资源、创意”是发展文化产业的几个核心要素。把这些要素与新的文化业态、互联网和新媒体有机结合起来，通过高素质的人才对独特的文化资源进行创意转化，有助于我们找准文化产业发展的新坐标。而“海洋时代”中的“海洋”，则既是物理意义上的时空概念，也有开放、沟通、交流的“大海洋”文化特征。

当前，国家正在大力实施创新驱动发展战略，推进“一带一路”建设。同时，着眼于全球海洋时代和我国建设海洋强国的宏大背景，文化产业研究如何面对新形势、发现新课题、迎接新挑战、回应新要求，是我校从事文化产业教学和研究的同仁们在认真思考的问题。例如，我们注意到，文化产业作为一种特殊的文化形态和特殊的经济形态，对它的学理性探讨一直没有停止。2015 年 9 月中办、国办印发了《关于推动国有文化企业把社会效益放在首位、实现社会效益和经济效益相统一的指导意见》，这一指导意见的目标直指“社会效益”这一文化企业所承担的独特使命。它不仅针对国有文化企业，而且对于我们办好文化产业学科和培养文化产业人才具有重要的指导意义。另外，去年文化部、财政部联合印发了《关于推动特色文化产业发展的指导意见》，它的出台无疑将更好地推动特色文化产业健康快速发展，同时也让我们思考如何迎接中国海洋文化产业即将到来的春天。

出席研讨会的专家学者通过报告和交流，所发表的真知灼见成为会议的丰硕成果，也汇编到本辑《中国文化产业研究》，在此呈献给读者。借此机会也恳请国内外从事文化产业研究的专家学者、业界人士和广大读者继续关注和支持本刊的建设和发展。

修斌
中国海洋大学国家文化产业研究中心主任、
文学与新闻传播学院院长
2016 年 7 月于青岛

目　　录

理论探讨

战略与对策

创意与人才

海洋文化产业

互联网与文化产业

文化思考

理论探讨

论文化产业理论的几个重要概念

朱自强

【摘要】本文针对《文化产业商业模式》一书在文化产业理念方面的一些观点进行讨论，对所涉及的“文化”“创意”“创造”“复制”等文化产业理论的核心、重要的概念作了详细分析论述，指出并讨论了重视经济效益、轻视文化价值，重视消费群体的需求、轻视创意者的“自我”，重视“复制”、轻视“创意”，以及在精英文化与大众文化之间二者择其一等倾向。

【关键词】文化　资源　创意　工业化　复制

陈少峰、张立波两位学者撰写的《文化产业商业模式》一书研究的侧重点是文化企业管理和营销的商业模式，不过，该著作的前三章论述的则是文化产业的基本理念。因为我研究文化产业理论，所以对该著作在这方面的论述给予了关注。在阅读过程中，这部著作在文化产业理念方面的一些观点引起了我的疑惑。为了建构我自己的文化产业观，厘清我本人对相关概念的认识，我对《文化产业商业模式》一书所论述的文化产业理论的几个核心、重要的概念进行了辨析式思考，在此整理成文，求教于诸位方家。

一　文化产业中的“文化”内涵及价值标准

在论述文化产业的“文化资源”的内涵时，《文化产业商业模式》一书认为：“我们所谓的文化资源，不是传统意义上的历史文化资源，而是为发展文化产业所具有的文化创意能力、经济条件、文化事业资源、人力资源、文化元素、技术表现等方面的内容，也包括创新能力方面的要素。"[①] 该书将文化结构划分为三个层次，分别是"核心层（如习俗、道德）""中间层（如法律、制度）""外围层（如娱乐、时尚、服饰）"，进而论述道："通过区分三个文化的层次，我们可以知道，文化的核心层和中间层主要是作为学术研究对象的文化，因而所谓历史文化主要是学术文化而不是生活文化，更不是文化产业中的'文化'。"[②] "只有外围层才和文化产业有密切关联。或者说，文化产业中的所谓'文化'主要是指变动不居的时尚艺术、娱乐产品和服务、大众生活方式等。"[③]

我认为，上述观点存在着割裂了文化的整体性、生态性、联系性这一问题。

"历史文化资源"与"文化创意能力"是具有联系的两个事物，不宜将两者割裂甚至对立起来。《文化产业商业模式》一书认为："当人们以文化底蕴的深厚程度或者历史文化资源的丰富程度来评价发展文化产业的资源基础时，就是一个错误的认识。"[④] 但是，事实上，从文化产业的实践来看，"历史文化资源"很可能是文化产业的"文化创意能力"的宝贵资源。

比如，作为文化产业的成功案例，罗琳创作"哈利·波特"系列作品，就是以十分丰富的西方"历史文化"为资源的。作品中遍布着希腊神话、罗马神话、圣经故事中的元素，而最为重要且珍贵的资源是英国人历史上的儿童观所显示出的尊重童年的传统。勃兰兑斯曾赞美说，英国人的儿童心性是无与伦比的。这也说明了为什么是英国人开启了以"为了教育和娱乐"（纽伯瑞语）为目的的儿童图书出版产业的历史。对于儿童文化产业中的童书出版产业，"历史文化"中如何对待童年，是否尊重并张扬儿童心性是至为重要的。英国童书出版的繁荣及其在全世界市场上的竞争力、影响力，离不开英国历史上的浪漫主义传统的滋养，而在这一传统中，湖畔诗人们，比如，华兹华斯的"儿童是成人之父"这一思想，是珍贵的历史文化资源。

不只是英国，日本的童书出版产业以及发达的动漫产业也是离不开其

① 陈少峰、张立波：《文化产业商业模式》，北京大学出版社 2011 年版，第 14 页。

② 同上书，第 20—21 页。

③ 同上书，第 20 页。

④ 同上书，第 2 页。

历史文化资源的。周作人曾论述过日本文学描写儿童的优秀传统，这样的历史文化传统，无疑是包括童书和动漫的日本儿童文化产业的重要资源。

再以中国的动漫产业为例。当下中国动漫创作的落后，主要不在制作技术，而在于内容。如果从“历史文化资源”这一维度究其原因，我认为，可以主要归纳为以下几点：1. 鲁迅所说的“重实际而黜玄想”的功利主义的文化传统；2. 重抒情轻叙事、重诗文轻小说的文学传统；3. “父为子纲”的成人本位的儿童观。可见，历史文化也会从负面影响文化产业的发展。在这种情况下，发展文化产业就要努力地去克服历史文化传统的束缚。如果认为历史文化与文化产业的发展无关，克服历史文化传统就不会成为题中之义，其结果就是文化产业的发展时时摆脱不掉负面历史文化的束缚。

我以中国动漫产业作为历史文化负面影响的事例，并不是说，中国的历史文化不能为文化产业提供正面的资源，20 世纪 60 年代产生的《大闹天宫》，就是以优秀的历史文化为资源的成功之作。美国的动漫《花木兰》也是汲取中国历史文化资源的创作。不过，这里需要关注的是《花木兰》对中国传统所作的现代转化。

我认为，《文化产业商业模式》一书所谓“核心层”“中间层”文化与“外围层”文化也是不可分割的。比如，核心层的“道德”与外围层的“服饰”就存在密切关系。奉行“行不露足，笑不露齿”的女性道德，超短裙就不可能成为时尚。以我对文学商品研究的经验而论，道德是文化商品中的实在内容。杨红樱的畅销书“淘气包马小跳”（《天使安琪》）在道德层面存在的对弱智儿童的侮辱，就是“淘气包马小跳”这一文化商品的质地，是不能说它所蕴含的道德文化“不是文化产业中的‘文化’”的。另外，“中间层”的“法律、制度”也是文化产业的题中之一，没有法律，文化产业何以在美国被称为“版权产业”。

《文化产业商业模式》一书存在的更深层的问题是在下面的论述之中——“文化产业的概念中虽然也冠名‘文化’两个字，但实际上它的文化不是指一般的自然地、历史地形成的文化，而是指称针对消费需求的创意文化和娱乐内容。它也不是指具有专业文化创造和欣赏能力的精英群体所欣赏的高雅文化，而是特指满足大众文化需求的通俗娱乐文化。所以文化产业主要的内容产品是大众娱乐、通俗艺术、媒体、广告和设计等，而不是指称某些少数人所理解的高雅艺术。也就是说，文化产业的所谓文化首先是面向大众消费的特定娱乐和时尚性的文化。”[①]

由两位学者的这一观点，我联想到了不同的论述。写作《城市文化经济学》一书的艾伦·J. 斯科特指出：“所有这一切的最终结果似乎是被一些评论者断定的后现代文化状况，在这种状况下，除了其他变化，传统的高雅文化与通俗文化之间的壁垒将逐渐被侵蚀掉。”[②] 他还引用了杰姆逊的观点：“后现代性在文化领域表现出的特征是商业文化之外的一切都会被取代，它吸收各种高雅艺术和通俗艺术以及图像生产自身。当今，图像就是商品，这就是为什么期待从商品的生产逻辑中产生出对他的否定只会是空想，这就是为什么所有美的事物最终都是庸俗的。”[③]

我注意到，《文化产业商业模式》在论述发展文化问题时，也曾说“精英文化和大众文化是相辅相成的，精英文化和大众文化是发展文化的两翼”[④]，但是，在论述发展文化产业问题时，却将“精英群体所欣赏的高雅文化”排除在了文化产业的“文化”之外。这样的理论设计，对于文化发展的多样性、生态性是不利的，除非认为发展文化产业与发展文化没有任何关系。

两位学者的这种观点，涉及文化产业的价值观问题。《文化产业商业模式》一书提出了“双重的产品质量标准”，这是我所赞同的。但是它所论述的具体标准却是我所质疑的——“文化产品具有区别于一般物质产品的独自特点。或者说，文化产品的经济属性和文化属性并存，是一种特殊商品。就产品而言，需要双重的产品质量标准，即作为商品形态的一般质量标准和作为精神文化属性的最低标准。精神文化属性方面的最低标准是一个基本的要求，主要是不能与社会核心价值对立，即它可以与社会核心价值不一致，但是不能对立或者对抗。”[⑤]

因为没有对文化产业的商品进行类型上的分类，两位学者在描述衡量文化产业的文化价值时，出现了降低标准，甚至放弃原则的问题。

如果对文化产业的商品进行类型分类，会出现什么样的关于价值标准

---

① 陈少峰、张立波：《文化产业商业模式》，北京大学出版社 2011 年版，第 36 页。

② ［美］艾伦·J. 斯科特：《城市文化经济学》，中国人民大学出版社 2010 年版，第 243 页。

③ 同上书，第 243—244 页。

④ 陈少峰、张立波：《文化产业商业模式》，北京大学出版社 2011 年版，第 14 页。

⑤ 同上书，第 117 页。

的论述呢？写作《经济学与文化》的经济学教授戴维·思罗斯比指出："公认的声誉卓著的艺术家可能发现，他们的作品在产生文化价值的同时也带来了经济收入；在这种情况下，艺术家就能够同时最大化其作品的文化价值和经济价值。"① 思罗斯比认为，"一些小说的创作，一些电影的制作，一些视觉艺术和手工艺品，一些歌舞剧，以及绝大多数的流行音乐"都属于"能够同时最大化其作品的文化价值和经济价值"的文化产业。②而对另一种类型的文化产业，即"把收入作为唯一的最大化目标"，却"只是把最低文化价值作为一个约束条件"的文化产业，思罗斯比举出了"可能""最适用"的一些类型："民间艺术和观光艺术，一些手工艺品，许多电影，商业性电视节目，流行音乐，以及属于那些远离艺术核心的文化产业的绝大部分产品，如报纸杂志、广告和大部分建筑服务。"③ 思罗斯比认为："他们所从事的工作绝不是追求文化价值的生产；不过，在此仍然可以假定，他们从事的工作是'文化生产'，他们是'文化工人'……"④

在划分上述两种文化产业的商品类型之后，思罗斯比提出了界定文化产业商品的文化价值需要遵循的原则："简而言之，在宽泛的文化语境里界定价值需要遵循一条必不可少的原则，该原则意味着，价值代表了积极而非消极的特征，导向了好的而非坏的、更好而非更糟的方面。这一点与引导人类选择的享乐原则是一致的。但与此同时，用简单的享乐主义界定文化价值可能有失偏颇，甚至不够贴切。"⑤

思罗斯比的观点自然令我想起了霍克海默和阿多诺在《启蒙辩证法》一书中对"文化工业"的批判。我认为，在现阶段，对具体的文化产业商品，依然需要葆有法兰克福学派的批判立场。我也想起了艾伦·J. 斯科特的观点：艾伦·J. 斯科特把文化分为"作为自我实现的手段"的文化和"作为使人麻木的形式"的文化，这两种文化存在着冲突，因此"文化关怀""在当前面临着比以往更大的危险"。⑥

① ［澳］戴维·思罗斯比：《经济学与文化》，中国人民大学出版社 2011 年版，第 109 页。

② 同上。

③ 同上书，第 110 页。

④ 同上书，第 109 页。

⑤ 同上书，第 28 页。

⑥ ［美］艾伦·J. 斯科特：《城市文化经济学》，中国人民大学出版社 2010 年版，第256 页。

我隐隐感到,《文化产业商业模式》一书在涉及经济价值时,似乎追求的是商业利润的最大化,在涉及文化价值时,却似乎选取了思罗斯比所批评的“只是”“作为一个约束条件”的“最低文化价值”。如果《文化产业商业模式》一书真的存在过于重视经济效益,因而轻视文化价值的倾向,我想原因之一,恐怕与文化批判意识的缺失有关。另外,将文化产业的文化,界定为“首先是面向大众消费的特定娱乐和时尚性的文化”,似乎也需要面对思罗斯比的批判——“用简单的享乐主义界定文化价值可能有失偏颇,甚至不够贴切”。

《文化产业商业模式》一书存在一定程度的将文化产业这一概念中的“文化”和“产业”这两个要素并置起来,然后在两者间比较谁更优先、更重要这一问题。比如,书中就说:“其实,文化产业的概念与文化的概念之间只有很少的关联或者很有限的内涵交叉点,或者说,文化产业介于‘文化元素’的概念和经济领域的产业大概念之间,其着眼点在‘产业’,即它主要是作为一种产业门类,侧重企业的经营管理方面,而不是以文化作为优先的考察对象。”[①] 与抑“文化”扬“产业”这一价值立场相联系,两位学者在著作中又表现出在“大众文化”与“高雅文化”(“精英文化”)之间,在“时尚文化”(“现代文化”)与“历史文化”之间,乃至在创意产品的经营者与创意的生产者之间,扬前者而抑后者这一倾向。

二 文化产业的“创意”内涵辨析

如果有人问,在文化产业这一概念中,是“文化”更重要,还是“产业”更重要,我将回答“创意”更重要。这不是答非所问,也不是文字游戏,而是在我对文化产业的理解中,“创意”就是发展文化产业的关键所在。启发我强调“创意”在文化产业中的重要性的也是陈少峰、张立波两位学者撰写的《文化产业商业模式》一书。

《文化产业商业模式》一书也关注了“创意”,并反复论及“创意”。两位学者是这样阐释“创意”的:“文化产业所要求的创意,不是闭门造车的创意,而是反向思考的创意,不是个人的创意,而是产品或者产业的

① 陈少峰、张立波:《文化产业商业模式》,北京大学出版社 2011 年版,第 2 页。

创意。"[①] 为什么"不是个人的创意","而是反向思考的创意"?两位学者的回答是:"假如没有采取反向的思考方式,就容易陷入自我中心主义、孤芳自赏或者产品导向不符合市场竞争的规律。"[②] "反向思考""反向思考的创意"是《文化产业商业模式》一书多次提到的概念。那么什么是"反向思考"和"反向思考的创意"?《文化产业商业模式》一书在论述"内容创意和商业模式"时说:"这就需要反向获得的创意,即从消费者接受的角度来审视创意及其产品生产。"[③]

我感到,《文化产业商业模式》一书的作者似乎将"个人的创意"与"从消费者接受的角度来审视创意及其产品生产"(即"反向思考的创意")这两者对立起来,然后二者择其一,舍弃了"个人的创意",选择了"从消费者接受的角度来审视创意及其产品生产"(即"反向思考的创意")。可以换句话说,面对创意,《文化产业商业模式》一书的作者舍弃了创意者个人的创造力,一味地迎合了"消费者接受"。

在文化产业的产品生产中,肯定有"个人的创意"与"消费者接受"发生矛盾的时候,甚至也会有"个人的创意"向"消费者接受"适当进行妥协的时候,但是,认为"文化产业所要求的创意"不是"个人的创意",就简单化地让"个人的创意"完全出局了。而我认为,没有了"个人的创意",文化产业就不成其为文化产业。

《文化产业商业模式》一书在否定"个人的创意"的同时,还否定了"自我价值意识"——"需要强调的是,尽管文化产业的经营管理者需要更综合的素质和更敏锐的文化创新意识,但并不是文化素养越高就越能解决文化产业的经营管理素质的问题。相反,在许多情况下,高素质的文化精英由于受到自我价值意识和文化行为的限制,反而不擅长把握文化产业的特点,也不善于管理文化产业。或者说,在文化产业经营管理领域,太有文化的人士和太没有文化的人士都不适宜从事文化产业的经营管理。"[④]在这段论述里,"自我价值意识"成了发展文化产业的阻力,这是颇为令人疑惑的——一个不具有"自我价值意识"的文化产业的经营管理者,不可能保护文化创意人员的"自我价值意识和文化行为",而当"自我价

① 陈少峰、张立波:《文化产业商业模式》,北京大学出版社 2011 年版,第 37 页。

② 同上书,第 109 页。

③ 同上。

④ 同上书,第 13 页。

值意识和文化行为”得不到保护时，一种具有个性和创造性的文化创意产品又如何能够产生？

我认为，这种对“自我价值意识”的否定性评价，是对“创意”这一概念的不当阐释。在对“创意”概念的阐释上，约翰·霍金斯表达了与《文化产业商业模式》一书的作者完全不同的看法。在《创意经济——如何点石成金》一书中，霍金斯指出的创意经济得以成功的十项法则中，第一项就是“创造自我”。[①] 他还说：“我认为任何创意都拥有三个基本条件：个人性；独特性；意义。第一个条件是个人的在场。”[②] 再比如，霍金斯认为创意经济的企业家都拥有五项特征：“远见”“专注”“财务上的敏锐度”“骄傲”“紧迫性”。在“骄傲”一项中，霍金斯引用了钟表型收音机的发明者特雷弗·贝利斯的“你需要大如一卡车的自我，才可成为发明家”这句话之后，说：“企业家不仅要相信自己的独到见解一定能行，而且还得相信自己是唯一能让它成功的人。他们视自己的创见为宇宙的中心；对他们而言，确实如此。他们为自己和自己的创意感到自豪，而且从不轻言放弃。”[③]

霍金斯一再强调个人创意的重要性。他重视文化创意者的创意的文化价值，认为这一文化价值并不向大众妥协。霍金斯这样说：“创意者都是从自己内心深处开始，倾听灵魂的呼唤……他们必须持之以恒，即使众人（或其他房客）不认同他们的才能。唯有如此，无论是兼职还是全职，也无论有没有报酬，他们才会满怀激情地深深融入自己的工作。他们把生命从思想转移到工作中，其职责就是信念和想象。他们对自身在本领域能行得通的东西，以及对于自己究竟想做什么，都有着第六感。”[④] “对这些人而言，与其在大组织或信息社会中做一枚小小的螺丝钉，倒不如把自己充满创意的想象力用来和世界一赌；这样，或许后者会成就更加安全稳固的事业，同时带来更多乐趣。”[⑤] 这种观点与《文化产业商业模式》一书的文化产业“它不是个人化的、艺术家自己喜欢的创意和个性化服务，而

① ［英］约翰·霍金斯：《创意经济——如何点石成金》，上海三联书店 2006 年版，第 165 页。

② 同上书，第 17 页。

③ 同上书，第 142 页。

④ 同上书，第 137 页。

⑤ 同上。

是组织化的满足消费需求的工业化活动"[①] 这一主张也是相对立的。

《文化产业商业模式》一书在阐释"创意"时，流露出的排斥"个人""自我"的倾向是发人深省的。在中国开始向现代社会转型的清末，鲁迅就曾提出"立人"这一"别立新宗"的思想，而"立人"的核心就是"掊物质而张灵明，任个性而排众数"。[②] 然而直到今天，也还不能说任众数而排个人的文化传统已经被彻底克服。对于中国的现实而言，确如哈贝马斯所指出的"现代性"还是"一项未竟的事业"。

三 文化产业："创造"产品，还是"复制"产品？

《文化产业商业模式》一书在论述文化产业的性质时说："……文化产业是产业经济的活动，也就是用工业化方式复制内容产品，是工业化的批量生产。"[③] 由于将文化产业看作"用工业化方式复制内容产品，是工业化的批量生产"，《文化产业商业模式》一书认为，文化产业"是以企业为主体主导市场的经济行为"，"它不是个人化的、艺术家自己喜欢的创意和个性化服务，而是组织化的满足消费需求的工业化活动。"[④]

在上述观点中，引起我注意的是"工业化"这一词语的使用。我想起霍克海默和阿多诺的《启蒙辩证法》一书所提出的"文化工业"一词。"法国'文化产业'社会学家反对阿多诺和霍克海默采用单数形式的'Cultural Industry'一词，因为它被局限在一种'单一领域'之中，这样一来，现代生活中共存的各种不同形式的文化生产，都被假设遵循着同一种逻辑。他们不仅想要指出文化产业的复杂程度，还想辨别不同类型文化生产所遵循的不同逻辑。"[⑤] 正是基于上述原因，他们采用复数形式的cultural industries一词，将霍克海默和阿多诺的"文化工业"转化为"文化产业"。看来，将文化产业看成是"用工业化方式复制内容产品"，确有简单地假设文化产业"遵循着同一种逻辑"，从而遮蔽了文化产业的复杂性的倾向。

---

① 陈少峰、张立波：《文化产业商业模式》，北京大学出版社2011年版，第37页。

② 鲁迅：《文化偏至论》，《鲁迅全集》第7卷，人民文学出版社1981年版。

③ 陈少峰、张立波：《文化产业商业模式》，北京大学出版社2011年版，第36页。

④ 同上书，第36—37页。

⑤ ［英］大卫·赫斯蒙德夫：《文化产业》，中国人民大学出版社2007年版，第18页。

文化产业是新世界的产物，而旧世界恰恰与“工业化方式”联系在一起。卡尔·爱瑞克·斯威比在《知识探戈——管理与测量知识资本的艺术》一书中指出：“对于旧世界的认识似乎已相当一致，我们且将其命名为工业范式。人人都同意我们正在摆脱工业时代的世界观，但无人能肯定地说出什么正在取代它的地位……似乎相当明显，就广义而言，知识和信息正变得更加重要。于是，从知识的角度来描述我们正在创造的新社会是有意义的。”① 斯威比认为，从“旧世界”到“新社会”的转变，体现为“从工业范式到知识范式”的转变。②

文化产业就是“知识范式”的产业。在定义文化产业时，许多学者不约而同地将“创意”“知识产权”“象征意义”作为要素。在文化产业的商品生产中，“知识产权”不可或缺。因此，在美国，核心文化产业就被称为“版权产业”。

当然，文化产业理论需要将“复制”作为一个复杂的概念来把握，就像本雅明在《机械复制时代的艺术作品》中所论述的那样。但是，《文化产业商业模式》一书显然不是从技术发展（如影像）对艺术文本的信息内容和传播方式的改变这一角度，而是以“个人化的、艺术家自己喜欢的创意和个性化服务”为对立面而提出的“复制”概念。

文化产业研究有必要对不同的文化产业形态进行不同层次的划分。戴维·思罗斯比在《经济学与文化》一书中，言简意赅地论述了文化产业的“同心圆模型”。“……该模型以产生创意思想的条件为中心，不断与其他投入要素结合，以涵盖不断扩大的产品范围，由此向外辐射。”③ 这个“同心圆模型”的核心层为音乐、舞蹈、戏剧、文学、视频艺术等创意艺术，扩展层包括图书和杂志出版业、广播电视业、报职业等产业，再扩展层包括广告业、旅游业和建筑服务业等产业。④ 可见，在思罗斯比这里，“创意思想”是文化产业的核心，依据这一理念，思罗斯比这样看待“音乐产业”：“‘音乐产业’就涉及了各种类型的参与者，如作曲家、表演者、出版商、唱片公司、发行商、赞助商、零售商和收费协会等；尽管

① ［瑞典］卡尔·爱瑞克·斯威比：《知识探戈——管理与测量知识资本的艺术》，海洋出版社 2007 年版，第 26 页。

② 同上书，第 26 页。

③ ［澳］戴维·思罗斯比：《经济学与文化》，中国人民大学出版社 2011 年版，第 122 页。

④ 同上书，第 122—123 页。

如此，仍然可以看出该产业的核心是具有独创性的创意音乐家。”[①] 这样的观念与《文化产业商业模式》一书的文化产业“是以企业为主体主导市场的经济行为”，“它不是个人化的、艺术家自己喜欢的创意和个性化服务”这一理念是截然相反的。

还可以就某一文化产业形态进行层次的划分。比如，处于思罗斯比所说的扩展层的图书出版业，其生产流程大致可分成四个阶段：创意者创造“文本”（内容）——出版社编辑将“文本”编辑制作成具体的书籍形态——印刷厂将这种书籍形态进行“工业化的批量生产”——营销人员进行销售。虽然图书商品要到达消费者手中，这四个环节缺一不可，但是，最能创造价值的是创意者创造“文本”这个第一阶段，因此它理应处于产业链的最高端。

如何为一个事物下定义？英国美学家罗宾·乔治·科林伍德提供了一个方法：“任何一种特定事物的定义也就是那一类中的好事物的定义，因为一件事物在它那一类中是好的事物，它就只能是具有那一类特性的事物”。[②] 如果依据科林伍德的这一方法，我们在给文化产业下定义时，就应该将目光投注在文化产业中最有生成价值的生产活动中。比如，在我们思考图书出版产业性质时，与处于产业链低端的印刷厂印刷文学书籍这一生产活动相比，处于产业链高端的作家创作文学作品这一生产活动显然更值得我们关注和重视。如果我们这样做了，就会首先将图书出版这一文化产业描述为创造“内容”的产业，而不是只将其看作“复制内容”“工业化的批量生产”的产业。

我认为，如果在理解、阐释文化产业的商品生产时，重视、强调“复制内容产品”，重视、强调“工业化的批量生产”，很容易远离“创意”，而远离创意很可能也就远离了文化产业这一特殊产业的灵魂。

（作者单位：中国海洋大学文学与新闻传播学院）

① ［澳］戴维·思罗斯比：《经济学与文化》，中国人民大学出版社 2011 年版，第 123 页。

② ［英］罗宾·乔治·科林伍德：《艺术原理》，中国社会科学出版社 1985 年版，第 286 页。

文化产业的消费群体培育与文化产业发展研究

韩兴勇

【摘要】 随着我国经济与社会的发展，国家高度重视发展文化产业，正在加快推动文化产业发展。但是和其他任何产业一样，在市场经济的条件下，产业发展的服务对象，即接受这个产业所创造的产品的消费群体的消费能力和消费水平。同样，文化产业的发展更需要与其相适应的服务群体的需求，因此，在发展文化产业的同时，文化产业市场的消费与适应群体应该得到明确，按照在社会主义文化建设的原则下，面向市场、增强文化产业的产品活力，同时积极培育文化产业市场的消费群体，在文化产品产出和消费上不断平衡发展，完成中国文化产业和市场体系的建设。因此，从市场经济的文化产业发展角度看，在发展文化产业的同时，注重文化产业消费群体的消费水平及培育文化产业市场是一个必须关注的重要方面。

【关键词】 文化产业　消费群体　市场培育

发展文化产业是我国经济社会建设中产业结构转型升级的重要方面，也是市场经济条件下发展社会主义文化的重要载体，是满足国民在完成基本的生活需要上，向多样化、多层次、多方面精神文化需求的发展的重要方面。从世界上的先进国家发展经济的经验上看，发展文化产业是推动经济结构调整、转变经济发展方式，推动服务业向文化精神需求服务产业的更高层次发展的重要方面。目前国家高度重视发展文化产业，正在加快推动文化产业发展。但是和其他任何产业一样，产业发展的服务对象，即接受服务或者消费群体的消费能力和消费水平。而文化产业的发展更需要与其相适应的服务群体的需求，因此，在发展文化产业的同时，文化产业市场的消费与适应群体应该得到明确，按照在社会主义文化建设的原则下，面向市场、增强文化产业的产品活力，同时积极培育文化产业市场的消费群体，在文化产品产出和消费上不断平衡发展，完成中国文化产业和市场体系的建设。

一　文化产业的发展水平与消费层次

任何产业的发展都离不开市场消费的需求，当产业所生产的产品在有购买力相适应的情况下，需求是决定消费的主要方面，同样文化产业的发展，其创造的产品是否有消费市场的支撑，将决定文化产业是否能够发展壮大的重要基础条件之一。

（一）文化产业的产品与需求的相适应

文化产业提供的产品虽然和一般产品有区别，主要是在资源利用对象上的区别，因为文化产品更多的是利用文化资源作为产品的生产要素来进行生产，更多的包含文化内容、思想创意、意识表达等要素。但是这些产品必须进入市场以后，同样具有商品的属性，同样需要得到市场的认可接受，也就是市场的消费需要。因为任何产业所生产的产品在市场中都需要有消费的相适应，即供求相宜才能在市场经济中平衡并可持续发展。

由于文化商品更多的是为了满足人们的精神文化需要，而人们的精神文化需求又和自身的文化接受能力有关，即文化层次及文化倾向有关，所以一个国家和地区的文化产业发展往往和这个国家的国民文化倾向有十分密切的关系。近年来韩国的一些生活剧在我国的流行和我们的文化倾向有很大的关系。

（二）文化商品的消费定位问题

文化产业所生产的产品，进入市场以后，必须有一个定位问题，因为文化商品是满足人们的文化生活需求，即为了满足人们在思想、意识、精神上的文化感受，所以和一般的物质商品有很大的区别。从人们的基本需求层次上，满足人们衣食需要的一般的物质商品在人们的生活需求中是自然的需求，是人们生活的必需商品，虽然一般的衣食需求也有层次和多元化的问题，但是必需的消费需求是普遍的，无论经济社会发展到哪个阶段，衣食的物质需求都是必需的。而文化商品的需求相对是比较有选择性的，即使到了经济社会比较发达的阶段，文化商品的需求也是选择性的需求商品，而且文化商品需求的层次和多元化更加的复杂，有一定的偏好群体。因此为适应文化商品的需求，消费定位十分重要，从而满足各层次及多元选择的定位需要。

二　文化产业的需求引导与消费群体的培育

正因为文化产业所创造的商品更多的是为了满足人们的精神文化需要，因此从思想意识和精神文化上更有引导的需求，所以文化产业的商品消费将比一般仅仅为满足衣食物质需要的消费具有更高的层次需求和消费者偏好。

（一）文化产业商品的层次需求与引导

国民文化的层次对文化产业的商品层次必须是相适应的，因为文化商品的需求是建立在理解与精神满足的基础之上，而这样的理解和满足受国民的文化层次影响，因此文化产业所创造的文化商品必须适应国民的文化层次，即大众文化商品，如果文化产业要发展壮大，必须满足大众文化的需求。

同时，文化商品具有思想意识性，具有引导社会大众文化的主流作用，并逐步引导大众文化向上层次发展的作用，这是文化产业的特殊性。在社会主义市场经济条件下，文化产业的发展既要满足大众的文化需求，又必须坚持社会主义思想主流的引导，并确立我们社会主义文化产业的文化根基，是我国文化产业可持续发展的关键问题。因此我国发展文化产业，更为关键的是引导，在大众消费所创造的文化产业商品的同时，培育我们的文化消费主流群体。

（二）文化产业商品的消费者偏好

在市场经济条件下，文化产业所创造的商品也一定存在消费者偏好的经济学原理。消费者偏好是指消费者对一种商品（或者商品组合）的喜好程度。消费者根据自己的意愿对可供消费的商品或商品组合进行排序，这种排序反映了消费者个人的需要、兴趣和嗜好。某种商品的需求量与消费者对该商品的偏好程度正相关：如果其他因素不变，对某种商品的偏好程度越高，消费者对该商品的需求量就越多。①

正因为文化产业的商品消费同样具有消费者偏好，而这种偏好，形成于各地区的不同文化与历史及生活环境，使各地区有自己的文化生活习惯，文化的表现形式和偏好的文化形态，所以我们在发展文化产业时应该考虑消费者偏好的问题。从我国东西部文化的特色，南北文化的差异上可以看到，我国文化产业的发展，尤其是地区文化产业的发展，必须尊重文化消费者的文化偏好。当然这种偏好的满足必须是在坚持社会主义文化基础之上。

目前，我国国民经济的发展十分迅速，经济社会发展也到了一个向更高产业转型升级的阶段，包括文化产业的发展。为发展壮大我国的文化产业，在现阶段除了创造能够满足大众的文化需要产品即商品的同时，更应该培育好我国的文化产业商品的消费群体。这是因为我们目前的经济发展是以刚性需求的物质需要为主，而服务产业或者文化产业的需求是柔性的需要，也是大众选择性的需要，因此更需要文化产业商品的层次需求引导和消费者群体的培育，层次需求越高越广泛，文化消费群体越多越成熟，我们的文化产业才能发展得越好。

三 文化产业发展的国内外案例实证

我们提出发展文化产业的时间并不长，由于每一个国家的社会制度、思想意识、文化历史的区别，在发展文化产业中有自己的原则和要求，但是作为一种产业发展，在形式、创意上国内外的发展案例值得我们借鉴。本文以国内外在利用海洋文化资源作为文化产业的要素发展文化产业的经验作为案例来实证研究。

（一）浙江象山海洋文化产业中的渔文化产业

20 世纪 90 年代末，由于海洋渔业资源的衰退，浙江象山开始大力发展以渔文化为资源要素和主要内容的海洋特色文化产业。最初是在以海鲜

① ［美］曼昆：《经济学原理》，梁小民译，机械工业出版社 2003 年版。

为载体的基础上，融入当地的渔村、渔港参观项目来开展休闲渔业，随着经济社会发展，人们的收入提高及对精神文化有一定的需求以后，当地政府和民间合作，将渔港历史、渔村民俗、渔民生活、渔宅建筑、渔节仪式、渔商文化、渔谚故事、渔船生产、渔号渔歌等文化内容进行整理，形成以中国渔村、石浦古镇、渔文化展览馆为形态的海洋文化旅游业，并以中国“开渔节”作为文化载体和品牌形象，成为国内民间十大节庆活动之一。

由于区域的地理位置和生活环境的不同，形成的人文文化也是千差万别的。就发展渔文化特色旅游来说，各地区的自然景观和社会人文就大有不同，比如渔区、渔村、渔民、渔宅、渔事、渔节、渔商、渔谚、渔具、渔俗、渔服、渔饰、渔船、渔网、渔风、渔趣、渔号、渔歌等，那么多的文化内容可以进行开发利用，关键要知道地区的特色是什么，哪些内容是区别于其他地区的，各个地区的人文景观是丰富多彩的，可以结合自然景观资源发展文化旅游产业。

就自然景观来说，有海洋、淡水、湖泊水域之分，有山地和平原之分，有自然景观和人造景观之分等，都是风格不同的风景。我国从南到北的水域中，拥有丰富的自然旅游资源，有的拥有奇山，可以供人攀登观赏；有的拥有岩洞，可以供游客探险；有的拥有良好的沙滩，适应游客戏水；从人文角度来说，有历史遗迹、名人书画、历史故事等。如果将这些自然景观特色与人文文化特色结合好了，就会对游客产生很强的吸引力。旅游对游客来说，首先是旅游地区的人文景观文化特色，不同的人文景观文化是游客选择旅游项目的主要区别，也是给游客在旅游中有不同文化感觉的享受。浙江象山就是因为很好地将人文文化资源结合自然资源而将渔文化产业发展成为有地区特色的文化产业，并且根据消费者在关注自然景观到人文景观的兴趣提升，不断推出以人文景观为内容的旅游项目，逐渐将游客的旅游兴趣引导到人文历史文化方面，为发展以文化产品消费为主的旅游产业打下市场基础。这不仅有很好的经济效益，并且让消费者在渔业历史文化、生态环境保护上得到切实的感受。

（二）日本海洋文化产业中的观光渔业

日本的海洋文化产业中，观光渔业的发展是比较成功的产业，早在20世纪60年代，日本就提出发展观光渔业来振兴渔村经济，通过渔村生活体验、海岛巡游观光、游船海上垂钓等经营活动的开展、大力推动海洋文化产业的发展。每年参加海洋观光的游客人数达到数千万，占全国人口的很大比例，已经成为日本文化产业经济的重要方面。[①]

在日本的很多地铁和火车车站的宣传画报上，经常可以看到渔村、旅行社和运输会社联手推出的海洋休闲活动项目，并有一定的优惠，吸引游客前往参加，这样的合作活动让消费者在家门口就得到信息，而且从信息的获得到消费行为的发生是非常方便的。

消费群体的培育也是日本发展海洋观光产业的一个十分有效的手段。以游船海上垂钓为例，通过宣传活动，并大力培育游钓协会、发行游钓杂志，开展游钓比赛，目前拥有几百万比较稳定的游钓会员，又通过这些会员带动一般非会员参加游钓活动，共同形成比较稳定的消费群体，使日本的海洋游钓文化产业长盛不衰。另外，随着日本的海国、海民思想的确立，在国民教育中，海洋文化教育的普及，让国民热爱海洋、喜欢海洋，认识海洋也对海洋文化产业的发展起到很好的配合作用。

四 文化产业的消费群体培育与文化产业发展的思考

从以上的案例可以简单地说明，文化产业在一定载体上还应该关注消费群体的培育，发展文化产业必须有国民的文化认同和文化思想作为文化产业消费的基础。

（一）从国家发展文化产业的宏观战略上，应该提高国民的文化水平，加强国民的文化素质，使文化产业能够对应每个阶段的国民文化消费水平。同时引导国民文化消费的不断提升。比如，为更好发展海洋文化产业，必须普及国民海洋文化知识，培育国民热爱海洋的意识，形成消费海洋文化产业商品的群体。

（二）在具体发展文化产业的措施上，文化商品的内容需要适应消费者的文化兴趣并提升文化兴趣。在经营上应该提倡相关部门的合作，把文化产业的商品一体化，方便消费者的文化消费需求。

文化产业从产业的角度看，也是一种经济行为，必须按照市场经济规

① 最近几年，去日本参加了几次海上游钓活动，因此有这样的感受。由于部分有关数据只是交流中的提到，也没有问及经济收入方面的问题，因此缺乏具体数据。——作者注

律来经营发展，而市场经济中需求是关键的因素，所以必须关注消费群体。然而文化产业的商品又和一般的产业商品不同，更多的是满足精神需求和追求思想认同，所以消费层次更多，类别更加多元，也更受到区域文化、历史民俗、习惯偏好的影响，因此我国发展文化产业，也必须按照市场经济的规律，重视消费群体的适应性和培育。

（作者单位：上海海洋大学海洋经济研究中心）

文化产业发展中的制度供给与需求关系分析

马树华

【摘要】当代中国的文化产业发展，经历了从小到大的发展过程。在与国际接轨的过程中，既面临着来自国际的巨大竞争压力，也存在着推动文化产业走出去的内在要求。在促进文化产业的发展过程中，中央和地方各级政府采取了积极的产业政策，通过制度层面的调整来增加文化产业的供给能力。因此与其他国家的文化产业发展相比，我国文化产业在制度层面的供给和需求具有了一定的特殊性。研究文化产业的供给与需求关系，对于提高文化产业的竞争力，构建出具有国际竞争力的文化产业体系，具有重要的现实意义和理论意义。

【关键词】文化产业　产业政策　城市经济　供需关系

在研究中国文化产业发展时，引入制度变量分析显得至关重要。诺思认为："制度是个社会的游戏规则，更规范的讲，它们是为人们的相互关系而人为设定的一些制约"①，他将制度分为三种类型，正式规则、非正式规则和这些规则的执行机制。和新古典经济学中坚持认为中心的经济问题是资源配置、收入分配以及收入、产量和物价水平的决定相反，制度经济学家断定经济体系的组织和控制问题，即经济体系的权力结构应该摆在第一位。② 调

① ［美］道格拉斯·C. 诺思：《制度、制度变迁与经济绩效》，杭行译，格致出版社、上海三联书店、上海人民出版社 2008 年版，第 1 页。

② ［英］约翰·伊特韦尔、默里·米尔盖特、彼得·纽曼编：《新帕尔格雷夫经济学大辞典》第二卷，经济科学出版社 1996 年版，第 932 页。

节生产者、消费者和管理者[①]三者之间关系的各类规则的总和。在经济运行过程中，制度约束了参与市场主体的行为，改变了市场的供求关系，影响着市场主体的决策行为。对于当代中国文化产业来说，在其快速发展的过程中，制度的更迭虽不能称为“朝令夕改”，但其频繁变化却是不争的事实。处在其中的市场参与三方既是现行制度框架下的参与者，同时也对新制度的产生或新旧制度更迭变化产生着影响。

一　文化产业制度供给与需求中的中国当代城市

文化产业发展的基础是文化产品从生产、销售到消费的过程，在不同的环节都需要受到不同层级制度的种种约束。制度是解决市场参与者利益分配的基础框架，参与市场的三方都存在着对制度的需求。无论是文化产业制度中的正式规则还是非正式规则，都会影响到经济利益的分配与协调，它的诞生往往需要市场主体的共同参与。以政府为代表的管理者拥有制度制定的权力，尤其是中央政府在成文制度制定方面具有垄断权，凭借着特定的法律地位获得了制度供给的垄断地位。在经济手段的运用上，政府能够调动大量的经济资源，直接影响到经济运行的结果，对经济具有较强的干涉能力。

近年来，我国文化产业发展中制度供给明显增加，对文化产业的发展产生了深远的影响。可以说，从中央到地方都不同程度地把通过制度调控改变文化产业发展的速度和规模作为重要手段，导致我国文化产业发展中的制度变迁成为多重因素的叠加，其中既有经济发展水平提高后的自我要求，又有来自国外政策的影响。与其他国家相比，我国从中央到地方各级政府在制度供给方面采取了更多的行动，干预经济运行的力度更大，也直接导致我国文化产业发展过程中出现了与其他国家的明显差异。除中央政府制定的宏观政策外，以各级城市为代表的地方政府也贡献出了层层叠叠的各类制度，影响了文化产业的发展态势。与中央政策侧重于基础性、宏观性制度不同，地方经济在制度层面更具有微观的特点，对文化产业的运

① 在经济学研究中一般把政府作为市场参与的一方，但因本文涉及制度研究，有的制度是由立法机关制定的，所以用管理者代替政府这一概念，在调控经济运行中，不仅包括经济手段，也包括了立法等内容。——作者注

行影响更加直接和明显。与西方国家相比，我国的城市管理者除了基础的社会管理职能外，还承担着稳定和促进经济增长的职责。一个城市的经济发展规模和速度不再是各个微观经济主体的简单汇总，而是管理者必须控制好的一个经济变量，甚至在部分时期还会上升为必须完成的政治任务。因此，各级城市的管理者不遗余力地在文化产业制度供给层面发挥效能也就顺理成章了。近年来我国城市在文化产业制度供给层面呈现出以下特点：

一是对新生工业（Infant Industry）在其“婴儿期”进行保护，有助于它在竞争中存活和发展，这在国际贸易中已得到理论和实践的证明。对于中国的城市经营者来说，文化产业作为新生工业，大家都在一个较低的起跑线上，面对广阔的市场前景，并且与其他工业相比，文化产业对物质资源禀赋的要求相对较少。每位城市管理者都会希望在自己的任期内，实现文化产业的发展，造成了文化产业在全国大中城市全面开花的奇观。

二是由于管理体制上的差异，我国的城市管理者对上级负责的成分要远高于西方的城市管理者。在层级制的管理模式中，一个干部的任免、提拔或罢免，上级部门具有决定性的作用。这就要求城市的行政管理人员首先要在上级规定的政策框架内，遵从上级的安排的要求，优先满足上级的要求。在中央政府把文化产业上升到国家战略层级之后，城市作为一级行政管理机构，管理者必须在政策上保持与中央政府的一致性，需要出台政策响应中央政府的要求。这样，在中央政策出台后，不同地区之间出现大量雷同的区域政策也就不足为奇了。

三是城市管理者所拥有的权力大小取决于中央政府与各级地方政府在集权与分权上的博弈均衡。随着新一轮简政放权政策的实施，地方政府所拥有的权力整体上呈增加态势，在招商引资、土地使用、税收减免等方面拥有了较大的自主审批权，为文化产业提供支持性服务方面也拥有了更大的自主权力。

四是随着经济发展水平的提高，地方政府所能调动的经济资源大幅增长，对经济的干预能力随之达到了新的高度。在21世纪因房地产市场空前火爆带来的“黄金十年”期间，地方政府依靠土地财政获得了巨额的收入，加之依靠政府融资平台所获得的信贷支持，各级政府的经济实力大大增加，可以为发展本地区的文化产业提供有效的资金支持。像北上广深等房地产一线城市，每年的土地财政收入都能达到千亿元的规模，一般的省会级城市也有百亿元的规模，三、四线城市虽然土地财政收入较少，但也可以运用土地控制权、税收优惠政策建立产业园区，通过补贴手段帮助文化企业减少生产成本，或是降低准入门槛。

二 当前文化产业制度供给中存在的主要问题

中央和地方政府出台的一系列政策改善了文化企业的生存环境，为文化产业的生产者提供了支持，伴随着国民收入增长带来的对文化产品的需求不断扩大，供需两方面的共同影响催生了文化产业的繁荣。如电影产业中，在院线制、电影制作、影院建设等不同方面都可以看到中央和地方政府积极支持其发展的影子，这些扶持电影产业发展的政策和制度极大地刺激了电影产业的发展。以电影票房收入为例，20 世纪 90 年代末期是中国电影票房收入的低谷，1998 年“泰坦尼克号”获得了 3.6 亿元票房，却占据了全国票房收入的 1/3。从那时起，电影产业经历了由小到大的迅速发展进程。据《经济日报》报道，2015 年前九个月全国电影票房累计达 327.75 亿元，与上年同期相比，增速达到 51%。[①] 全年有望达到 400 亿元，已成为全球仅次于美国的第二大电影市场，甚至在个别月份已经超过了美国市场。票房收入大幅增长的背后是电影业的繁荣，尽管国外进口片占据了国内票房收入的半壁江山，但国产影片票房不断创出新高却是不争的事实，从早期突破亿元票房，再到“亿元俱乐部”中屈指可数的几个成员，再到现在一部影片动辄数亿元甚至十几亿元的票房收入，充分说明了近年来中国电影产业发展的成绩。

在文化产业规模迅速扩张的同时，一些问题随之暴露出来。饱受诟病的首先是在文化产品数量和规模扩张的情况下，质量提升速度却不尽如人意。以近年来发展迅速的动漫产业为例，在动漫产业发展的背后，制度的供给影响力表现得非常明显，中央政府明确了动漫产业在文化产业乃至整个国民经济体系中的地位，出台了相应的激励措施。多个地方政府提出了建造动漫产业园区、提供财政、金融、税收等多种支持政策并付诸实施。在中央和各级地方政府政策的刺激下，动漫产业自 2006 年以来取得了长

① 余颖：《前 9 月全国电影票房逾 327 亿元》，中国经济网—《经济日报》2015 年 10 月 3 日，http：//www. ce. cn/xwzx/gnsz/gdxw/201510/03/t20151003_ 6627421. shtml。

足的发展。动漫作品产量从2006年的82326分钟增加到2012年的222038分钟，[①] 达到了一个创纪录的高度。到2014年，全国动漫产业产值首次突破1000亿元，成为21世纪以来知识经济的核心支柱之一。

动漫产业的发展历程表明，通过调节制度可以改变动漫产业的供求关系，在短期内实现快速增长。在动漫产业貌似繁华的背后，暴露出了问题的所在。2012年中国文化品牌发展报告显示，中国动画企业有85%处于亏损状态，年产值超过亿元的大型企业只有13家。从动画贸易来看，中国动画市场份额的60%和29%被日本与欧美分割，其余11%是大陆和港台地区原创动画市场份额。说明中国动画产量大、产值小、效益差，与世界动画强国相比还有很大差距。即便是对于那些取得了良好票房成绩的影片，也往往被指责原创性不足，大量桥段存在着模仿甚至抄袭的痕迹。

在文化产业制度变迁过程中，可以发现，当前我国文化产业制度供给上存在着一些问题：

（一）城市的自我发展与城市之间的协调问题成为当下文化产业制度供给中一个难题

产业是城市发展的基础，在面对文化产业这一巨大的潜在市场时，城市管理者都希望通过当地文化产业的发展来推动经济增长和解决就业，提高本地的影响力，大力发展自己城市的文化产业是个体的合理选择。但正如萨缪尔森在其《经济学》中所举的一个经典例子：在观看体育比赛时，一个人如果站起来，无疑会比大家看得更清楚。但当所有人都站起来看比赛时，效果却远不如大家都坐在那里看。单个个体的合理选择汇集而成的总体结果不合理现象在现实经济生活中屡见不鲜，在文化产业发展中各个城市的“扎堆效应”更加明显。笔者根据网络资料进行了初步统计，目前我国建成或在建的动漫产业园至少超过70个，基本上覆盖了全国的省会级城市，除国家广电总局认定的28家动漫产业基地外，还包括了大量地方政府投资兴建的产业园区。比如济南，在这一个城市就相继建立了济南国家动漫产业基地、齐鲁动漫游戏产业基地和大学科技园动漫游戏研发基地以及交易市场共三个动漫产业基地。甚至在一些地级市建立了数十万

① 《2014年我国动画产业存在问题分析》，商情报网，2014年10月10日，http://www.askci.com/news/chanye/2014/10/10/103717klgq.shtml。

平方米的动漫园。如果这些动漫园区能够满负荷运转，其所能达到的产出规模将是一个天文数字。除动漫产业园外，其他类似的文化园区数量更加庞大，其中同质化、地产化、单一化、空壳化等系列问题已经逐渐暴露，有的企业抓住这一“市场机遇”，在不同园区之间“运筹帷幄”，通过不停地搬迁选择更加优惠的政策，造成资金和土地资源的浪费。如何解决城市在发展文化产业时的“个体理性汇总下的集体非理性行为”，是当前文化产业发展中在制度建设层面需要及时解决的一个突出问题。

（二）各地政策重复性高，在实现规模快速扩张的同时，必然带来资源的浪费

在中央政府鼓励文化产业发展的某项政策出台后，各地在响应中央政策制定地方性政策的过程中，必然出现地方政策重复性高的问题。如之前分析的动漫产业，中央政策出台后，全国除少数几个省份外，二十多个省、直辖市、自治区都明确了建设动漫产业园的目标政策，以及为动漫产业园入住企业的配套政策，造成动漫产业园一哄而上的局面。数个地级市都在动漫产业园的愿景中提出“打造世界一流”的口号。由于动漫产业在我国尚处于起步阶段，产业发展基础相对薄弱，各地出台政策后，为了彰显园区建设取得的成效，必然出现拔苗助长的现象，虽然动漫产品数量有了明显的增长，其中必然夹杂着一些粗制滥造、滥竽充数的产品。

（三）制度建设主要集中在产业链的供给端，对有效需求缺少足够的刺激

文化产品的消费主要是一国居民自发的消费，较之于改变生产者的供给曲线，试图改变居民文化产品消费意愿显得更加困难。因此，中央及各地政府在调控文化产业制度体系中的工作更多地集中在产业链的供给端，而且采用的手段相对单一，主要是通过各类补贴的形式降低生产成本，以鼓励产出的增加。在调控时选择供给端还是需求端，本是制度制定过程中的必须面对的一个选择，但对于文化产业来说，大量的制度集中在供给端，也弱化了生产者对消费者需求的关注程度。在动漫产业中，甚至出现了为获取补贴而生产的怪相，生产的目的不是为了投向市场，而是为了满足获得补贴的条件，这势必削弱了补贴政策的效果，大量纳税人的钱成为少数人钻政策空子的目标。同样，对生产者的补贴过高或者是对生产者产

出标准衡量不准确，也会降低生产这改进产品质量的主动性，造成生产出大量低质产品，刺激了产业在低水平的基础上大规模扩张。

（四）在保护知识产权与保护“山寨”产品之间的政策上犹豫徘徊，限制了文化企业向更高层次的发展

高效的知识产权保护制度是文化产业发展的基础，但“山寨产品”在中国各个行业中大行其道又是不争的事实。从事文化产品生产的企业同样面临着遵守知识产权规定与侵权走山寨道路之间的选择，对于有处置企业违规行为的各级政府管理者来说，同样面临着维护知识产权制度与保护辖区内企业的“艰难选择”。在现实中，管理者从维护辖区内企业生存的出发点，执行知识产权保护制度不严的行为屡见不鲜，最终结果是遵章守纪者在竞争中难以赢取违规者，形成了“劣币驱逐良币”的不良效果。

（五）市场参与者的利益冲突开始由市场的竞争转向制度层面的争夺

2014 年 7 月，广电总局针对互联网电视及机顶盒下发了监管令，重申了 2011 年下发的《持有互联网电视牌照机构运营管理要求》（广办发网字［2011］181 号）文件要求，通知全面整顿互联网电视、盒子等产品，在互联网电视行业引发了不小的震动。而在制度颁布的 2011 年至真正落实的 2014 年间，恰恰是新兴的互联网电视迅速发展的时期，参与的厂商众多，但多数采用的是“擦边球”策略，游走在合规与违规之间。本文无意去探讨这一事件背后的利益纠葛以及对错之分，但其中折射出两个值得关注的重要信息：一是互联网时代催生出了大量新兴文化产业产品，新产品的出现突破了原有制度的约束，对制度的发展、执行提出了新的要求；二是新兴产品的出现往往会改变原有的利益格局，如互联网电视在分流观众的同时，冲击了电视台最为倚重的广告收入这块“蛋糕”，新进入方和传统的经营者需要通过借助、依托于制度框架去解决利益冲突或保护自己的利益；三是类似的事件还将继续上演，随着市场成熟主体的不断增加，类似的案例还会随之产生。

（六）作为制度性安排，有的政策缺少持续性的制度保障

诺思在关于制度的定义中，把制度执行的保障部分作为制度构成的三个部分之一，但在我国各城市制定的支持文化产业发展的制度性安排中，

往往缺少制度的保障性安排，有时甚至是少数领导干部头脑一热的随机决策。这类政策往往具有“朝令夕改”的特点，特别是对企业的财务性补贴政策会因为地方财政收支水平的变化而出现难以兑现的情况。由于这些制度安排具有的“临时性”特点，造成市场主体难以形成稳定的预期，助长了经营者的短期行为。

三　对改善我国文化产业制度供求关系的几点思考

对于我国来说，文化产业是新生工业，同样，文化产业的制度供给也具有新生性，在其发展的初期需要引导和呵护。针对当前我国文化产业发展中制度供求关系中存在的问题，要用包容的态度认识这些问题。

一是在制度建设层面，应建立城市之间的协调机制，控制重复建设和资源的浪费。在中国现代化进程中，城市成为一个特殊的经济主体，不仅承担着管理经济秩序的职能，有时还直接参与经济运行，既是裁判员，又是运动员。同时，现行体制对城市作为经济主体所进行的开支还没有实现有效的约束，由于决策失误造成的资源浪费大量存在。

二是加强经济主体的培养，提高长期竞争力水平。在产业发展初期，通过“跑马圈地”式的规模扩张可以迅速提高产业规模，但决定长期竞争力水平高低的关键在于企业的素质。以产业园区建设为例，国际经验表明，真正健康发展的产业集聚区不是依靠简单的资源投入就能实现的，而是需要入驻企业借助于这一平台，不断提高自身素质，逐步形成文化行业的相互合作，才能实现产业园区的有效发展。因此，各级政府对文化产业的扶持不能简单地停留在补贴或其他优惠政策上，而应从提升企业的素质入手，打造适合市场竞争的优质企业。

三是在中国文化产业研究中，必须把制度作为一个重要的内生变量加以分析。在当前文化产业发展进程中，中央和地方政府都加大了政策引导力度，试图把制度体系建设作为推进文化产业超前发展的动力源泉，制度环境的改变成为文化产业发展过程中的重要组成部分，甚至在部分时间内决定了文化产业的走势。因此在研究分析中国文化产业发展时，必须充分考虑到制度变化的影响力。

（作者单位：中国海洋大学文学与新闻传播学院）

基于市场导向的海洋文化资源分类及其产业化一般路径探讨

——以山东半岛蓝色经济区为例

高乐华

【摘要】 针对当前海洋文化资源产业化开发碎片化以及大量海洋文化资源的市场价值得不到认可和体现的实际，首先，参照现有研究成果，提出了市场价值判断指标体系和标准，应用二维 Kohonen 神经网络模型，建立了基于市场导向的海洋文化资源分类体系；进而，借鉴资源产业化尤其是文化资源产业化的相关研究和实践成果，从理论层面总结出海洋文化资源可选择的一般产业化路径，分别为核心扩散路径、链条扩散路径和融合扩散路径。

【关键词】 海洋文化资源　Kohonen 神经网络模型　分类　产业化路径

近年来，中国海洋文化资源产业化在多种因素的推动下，取得了前所未有的成就，诸多海洋文化资源被发掘，经过产业加工进入消费领域。然而整体来看，海洋文化资源开发范围仍然较小，资源开发层次低、产品类型粗浅等问题一直存在，产业化实际进程较为缓慢，形成了如今海洋文化产业发展“碎片化”的局面。造成此现状，有海洋文化资源自身的原因，也受到意识、市场、资金、政策等多方面因素的影响，尤其是由于审美标准和专业视角的不同，使得海洋文化资源普查、价值衡量、产业化推进等工作一直未开展，不能让人们看到海洋文化资源蕴藏的价值空间及其可开发的潜力。

为此，基于海洋文化资源的范畴和特性，设置海洋文化资源四方面的消费者价值标准，应用二维 Kohonen 神经网络模型，构建起以消费者需求与价值为核心的市场导向海洋文化资源分类体系，进而剖析当前我国各类海洋文化资源产业化开发存在的突出问题，针对中国沿海各地的现实，进一步提出推进海洋文化资源产业化开发的一般路径，以期在一定程度上完善海洋文化资源及其产业化研究的基本理论框架，促进该领域研究的系统化、科学化、规范化以及海洋文化资源市场价值的实现。

一　市场导向的海洋文化资源分类方法

从资源学角度讲，海洋文化资源被视为文化资源的亚种之一，对其进行分类，审视大量海洋文化资源特性的共性与差异性，可加深对此类资源的认知，使众多繁杂的海洋文化资源条理化、系统化，以为进一步开发利用、科学研究提供支撑。

具体来说，海洋文化资源的科学分类应从整合性、独立性及实效性着手。所谓整合性，就是从特定角度将海洋文化资源的基本架构分解为几大部类，而几大部类整合在一起仍能保持资源基本构架的完整性；所谓独立性，就是划分的几大部类之间应是对立的，不会出现相互包容或重叠的情况；所谓实效性，就是对海洋文化资源的分类是建立在一定价值判断的基础上，从选定角度能够更加清楚地认知该资源的内容与特性，从而更准确地对之予以开发、利用与保护。

（一）已有研究成果

学术界已开始尝试对海洋文化资源进行分类，但大多是基于海洋文化资源的形式、成因、内容、特征等原本的“自然”条件进行类型划分，可归纳为 4 种：其一，按照资源的形态，可将海洋文化资源分为有形的和无形的海洋文化资源两种①；其二，按照资源的成因，可将海洋文化资源分为海洋自然生态景观和海洋人文历史资源两大类②；其三，

① 贾鸿雁：《我国的海洋旅游文化资源及其开发》，《中国海洋大学学报》（社会科学版）2006 年第 2 期。

② 吴小玲：《广西海洋文化资源的类型、特点及开发利用》，《广西师范大学学报》（哲学社会科学版）2013 年第 1 期。

根据文化展示的内容，可将海洋文化分为海洋农业文化、海洋商贸文化、海洋宗教文化、海洋军事文化、海洋民俗文化、海洋旅游文化6类[①]。其四，从资源的特点，可将海洋文化资源分为8个主类，包括海洋自然风光资源、海洋人文景观资源、海洋文学艺术资源、海洋风俗资源、海洋饮食文化资源、海洋生物和生态资源、海洋节庆资源、海洋科技和产业资源[②]。

（二）市场导向的海洋文化资源价值判断标准

为了推进海洋文化资源的开发与管理，也有个别学者尝试从市场化的角度进行海洋文化资源类型划分，如董志文等[③]从旅游开发的角度，将海洋文化资源分为海洋民俗文化资源、海洋宗教文化资源、海洋艺术资源、海洋科技资源、海洋历史遗存资源、海洋饮食文化资源；秦波等[④]基于数据库建设的视角，将海洋文化资源划分为海洋历史文化资源、海洋渔业文化资源、海洋工业文化资源、海洋宗教文化资源、海洋旅游文化资源、海洋民俗文化资源；张开城[⑤]根据产业业态，将海洋文化产业划分为滨海旅游业、涉海休闲渔业、涉海休闲体育业、涉海庆典会展业、涉海历史文化和民俗文化业、涉海工艺品业、涉海对策研究与新闻业、涉海艺术业。

由于以市场为导向的评判标准空缺，海洋文化资源价值一直不能得到充分体现。海洋文化资源的价值决定了产业化的潜力和开发配置的方式，而资源蕴含的突出价值也是左右市场中消费者选择的关键因素。因此，基于当前市场的主要需求方向，这里设定海洋文化资源的观赏价值、教育价值、体验价值、服务价值四方面判断指标和标准，如表1所示，用以发现不同海洋文化资源蕴藏的价值并借以进行市场导向的类型划分。

---

① 席宇斌：《中国海洋文化分类探析》，《海洋开发与管理》2013年第4期。

② 王颖：《山东海洋文化产业研究》，博士学位论文，山东大学，2010年。

③ 董志文、张广海：《海洋文化旅游资源的开发研究》，《求实》2004年第11期。

④ 秦波、徐兰芬：《论基于web服务的海洋文化资源数据库建设——以舟山群岛海洋文化资源数据库建设为例》，《江西图书馆学刊》2009年第2期。

⑤ 张开城：《海洋文化产业及其结构》，《海洋文化与海洋文化产业——2005年国际海洋论坛》，海洋出版社2008年版。

表1　**基于市场导向的海洋文化资源价值判断标准**

资源价值	衡量指标	说明	评判标准				
			5分	4分	3分	2分	1分
观赏价值	美感度	带给人视觉优美感受的程度	高	较高	一般	较低	低
	特色性	个性、特征或风格的凸显程度	突出，很少见	较奇特，少见	一般，较多见	常见	很常见
	整体性	与周围元素组合的完整程度	完整	较完整	一般	较缺	不完整
教育价值	思想性	体现或蕴藏思想价值观的多寡程度	丰富	较丰富	一般	较贫乏	贫乏
	科学性	体现人类知识或科技发展的高下程度	高	较高	一般	较低	低
	历史性	历史年代的远近	远（唐以前）	较远（宋）	一般（明）	较近（清、民国）	近（建国后）
体验价值	刺激性	让消费者认知的显著程度	强烈	较强烈	一般	较弱	弱
	情感性	让消费者认同的显著程度	愉快	较愉快	一般	较不愉快	不愉快
	情境性	将消费者带入某情境中的程度	深刻	较深刻	一般	较平常	平常
服务价值	艺术性	带给人精神享受的程度	高	较高	一般	较低	低
	实用性	带给人物质功能享受的程度	高	较高	一般	较低	低
	舒适性	带给人的方便、舒适程度	舒适	较舒适	一般	不太舒适	不舒适

（三）市场导向的海洋文化资源分类模型构建

采用二维 Kohonen 神经网络建立海洋文化资源的市场导向分类模型，根据资源的蕴藏价值进行分类。Kohonen 神经网络是 1984 年由美国学者 T. Kohonen提出，着重将拓扑意义下相似的输入信息映射到相似的输出节点上，实现输入信息非线性降维映射，在各领域聚类分析方面有着广泛运用①。具体算法②为：

设 m 为样本数，经过标准化处理后，则样本 d 的 r 个指标向量即输入节点可表示为：

$$X_d = (X_d1, X_d2, \cdots, X_dr)\ T\ (d = 1, 2, \cdots, m)$$

第 j 个输出节点到输入节点的连接权向量为：

$$W_j = (W_j1, W_j2, \cdots, W_jr)\ T\ (j = 1, 2, \cdots, s)$$

赋予 W_{ji} 为 0—1 之间的随机数，并设初始循环次数 $t = 1$。

设 W_j 中与 X_d 距离最小的连接权向量为 W_h，即取胜单元 h 的连接权向量，则：

$$\| X_d - W_g \| = \min_{1 \leqslant j \leqslant s} \| X_d - W_j \|$$

该距离为 Euclid 距离，表示任意 2 个 n 维向量如 Y 和 Z 的距离可定义为：

$$\| Y - Z \| = \sqrt{\sum_{i=1}^{n} (y_i - z_i)^2}$$

设取胜单元 h 的领域为 N_h，将 N_h 中各单元连接权向量不断向 X_d 靠近，则权重调整方程为：

$$w_{ji}(t+1) = \begin{cases} w_{ji}(t) + \alpha(t)\,[x_{di} - w_{ji}(t)] & (j \in N_h) \\ w_{jt}(t) & (j \notin N_h) \end{cases}$$

其中，x_{di}为第 d 个样本第 i 个输入节点的标准值，w_{ji}为第 i 个输入节点与第 j 个输出单元的连接权值，$\alpha(t)$ 为第 t 次迭代的学习速率，通常取 $0 \leqslant a(t) \leqslant 1$，令 $t = t + 1$，不断重复该计算过程，待网络收敛之后，根据输出节点的结果，将样本归结到各自的种类中。

---

① Vellido A, Lisboa P. J. G., Meehan K. Segmentation of the on-line shopping market using neural networks, Expert Systems with Applications, 1999, 17 (4).

② Melody Y. K. Extending the Kohonen self-organizing map networks for clustering analysis, Computational Statistics and Data Analysis, 2001, 38 (2).

Kohonen 模型能够自动确定最佳输出节点数（即种类数量），保证收敛网络具有最优拓扑结构，在样本训练过程中自动赋予最佳权值，因此，降低了样本类间混叠程度，一个样本只导致一个输出节点（即种类）被激活，不存在复合类型的情况，具有较高的分类准确率。

以山东海洋文化资源为例，将已掌握的山东半岛蓝色经济区 7 个地市海洋文化资源进行编号，运用 Excel 随机选择其中 49 项海洋文化资源样本，样本涵盖资源导向型的海洋景观资源 6 项、海洋遗迹资源 12 项、海洋文艺资源 11 项、海洋民俗资源 11 项、海洋娱教资源 6 项、海洋科技资源 3 项。随后，邀请 14 位海洋文化与经济领域专家和 7 位各地市文化局工作人员对此 49 项资源目前体现出的 12 项市场价值依据表 2 中标准进行打分，而后取平均值，进行标准化处理，即形成输入节点向量 X_d。12 项判断指标经专家打分皆为 0 的资源可视为不具备市场价值，不予以进行市场导向分类及产业化开发，本文未有此类样本。

利用 Matlab7.0 进行 Kohonen 神经网络训练和仿真，经过多次训练 49 项样本在市场导向价值判断的 12 维度输入，在 2×2—3×3 的输出节点阵，发现选择最大学习速率 0.2. 最小学习速率 0.05、迭代步数 10000 步时，Kohonen 模型得到较好分类结果，为 4 类，有输出响应的节点为1—4 号节点。根据海洋文化资源各聚类中心指标，可按照市场价值将海洋文化资源划分为观赏型、教育型、体验型和服务型 4 类，划归各类的样本在相应的观赏价值、教育价值、体验价值和服务价值方面表现最突出。49 项样本在输出节点的响应情况如表 2 所示。

从分类结果可以看出，将海洋文化资源重新按照市场导向的价值分类后，呈现出明显的块状分布，类型界限明显，一方面表示 Kohonen 模型分类算法取得了良好的效果，另一方面证明了按照市场导向分类可显著地体现资源蕴藏的某类突出价值，对其当前开发存在的缺陷也能有所影射。例如，海洋景观资源除具备观赏价值之外，在体验价值尤其是服务价值方面也有突出表现；海洋民俗资源的体验价值相较于观赏价值更为明显；海洋科技资源更多具备的是服务价值。而目前许多具备教育价值或体验价值的海洋文化资源，如青岛即墨金口天后宫、威海石岛渔家大鼓、日照渔民节、烟台登州古船博物馆，由于价值挖掘不够、开发不到位，目前仅仅展现出粗浅的观赏价值。

表 2 **49 项海洋文化资源的市场导向分类响应情况**

资源分类		市场导向分类体系			
		观赏型	教育型	体验型	服务型
资源导向分类体系	海洋景观资源	威海仙姑顶	—	滨州沾化徒骇河入海口	青岛胶州湾海湾大桥、潍坊寿光羊口港、东营仙河镇、东营港
	海洋遗迹资源	威海卫塔、日照海上碑	青岛胶州板桥镇遗址、烟台长岛北庄遗址、日照两城镇遗址、潍坊双王城盐业遗址群、滨州杨家古窑址、滨州海丰塔、东营垦利海北遗址、东营南河崖遗址群	青岛马濠运河、威海靖海卫古城	—
	海洋文艺资源	青岛珍贝瓷盘、烟台海阳沙雕、烟台长岛海洋渔号、威海石岛渔家大鼓、日照满江红、滨州沾化渤海大鼓、东营芦苇画	—	青岛渔祖郎君爷传说、威海荣成赤山明神传说、日照鱼骨庙传说、潍坊柳毅传说	—
	海洋民俗资源	青岛即墨金口天后宫、青岛即墨田横岛周戈庄祭海、日照渔民节、潍坊羊口开海节、滨州碣石山古庙会	—	烟台毓璜顶庙会、威海荣成海草房民居建筑技艺、威海荣成海参传统加工技艺、日照踩高跷推虾皮技艺、潍坊寿光卤水制盐技艺、滨州百万公亩盐田	—
	海洋娱教资源	烟台登州古船博物馆、日照海战馆、潍坊北海渔盐文化民俗馆	—	—	烟台莱阳丁字湾滨海度假区、滨州无棣大河口海滨旅游度假区、东营瀚海海上休闲区
	海洋科技资源	—	—	—	烟台兴瑞庄园、潍坊滨海经济开发区、东营胜利油田科技展览中心

二　我国海洋文化资源产业化开发存在的问题

（一）海洋文化资源开发不均衡

从产业结构来看，目前中国的海洋文化产业仍然以滨海旅游业为主导和支撑，其他领域海洋文化资源的产业化开发，如休闲渔业、涉海庆典会展业、涉海工艺品业等大多依托滨海旅游业发展起来，涉海历史文化资源、民俗文化资源等更具社会和经济价值的资源产业化转化仍然较少，涉海新闻出版业、广播影视业等发展较为落后，涉海网络文化业等新兴产业尚未起步，许多海洋文化资源没有得到充分的开发利用，社会、经济价值未能深入挖掘，不仅严重阻碍了海洋文化产业结构的升级换代，制约了多元化均衡产业格局的形成，而且造成了诸多珍贵的海洋文化资源的浪费甚至消失。总体而言，中国的海洋文化产业仍然处于初级发展阶段，尚不能形成完整、成熟、上下游契合密切的文化产业链，海洋文化资源的经济与社会综合效益有待在更广范围、更深层次实现发挥。

从空间格局来看，中国海洋文化产业发展亦存在明显的地区差异。海洋文化资源较为贫乏的省市，如河北省、广西壮族自治区、海南省等，海洋文化资源开发规模较小，产业化发展相对薄弱。而海洋文化资源较为丰富的省市，如辽宁省、山东省、浙江省、上海市、福建省、广东省等，也由于资源配比结构的不同，造成了海洋文化产业发展态势的差异。例如，辽宁省、山东省、福建省等仍然以海洋文化资源的原始粗放式开发为主，而浙江省、上海市和广东省则依托充足的资本供给和丰富的创意人才支持，逐步实现了对海洋文化资源的集约式开发，资本密集型、创意密集型海洋文化产业业态已有初步发展，资源产业化前景更为广阔。

（二）海洋文化产品类型雷同

在海洋文化资源产业化开发过程中，由于技术、创意等高级生产要素的限制，沿海地区生产的许多海洋文化产品，如滨海旅游产品、休闲体育产品、涉海节庆、涉海会展、涉海工艺品等都存在较大雷同性，很多海洋文化产品缺乏吸引力，盲目模仿，不仅造成了资源的严重浪费，也未能依靠比较优势实现市场竞争力拓展。例如，青岛、烟台、威海、日照的滨海文化旅游资源开发遍地开花，观光、度假等旅游产品皆趋于同质，甚至人为建造的现代旅游设施，如海洋世界、赶海园、游乐场等都基本类似，容易出现无序的低价竞争，妨碍市场的正常发育。

众多海洋文化企业都由于不能依托差异化产品进行明确的市场定位，在激烈的低质竞争下，海洋文化企业普遍规模较小、市场拓展能力较差，在很大程度上制约了海洋文化产业的规模化发展。由于自主创新的不足，目前绝大多数海洋文化企业都只是对海洋文化资源进行简单的加工、仿造，海洋文化产品制造和服务供给肤浅，真正的文化含量极低，附加值不高，社会与经济效益较差。同时，由于严重受到文化发展体制的限制，海洋文化企业与产业的发展同其他产业领域相比仍有较大差距，规模化扩张亟待松绑。

（三）海洋文化资源开发“碎片化”

当前，大部分沿海地区都拥有天然的海洋文化资源优势，但开发程度却各有不同，主要是由于许多地方居民和政府没有充分意识到海洋文化资源开发的价值，未能将其当作有市场潜力的产品来看待。同时，现有对海洋文化资源的开发利用仍然以举办节庆会展、建设博物馆和旅游景点等传统形式为主，诸多新兴的开发途径，如网络推广、产业联合、技术接恰等尚未全面铺开，海洋文化资源的开发依然停留在浅层次、窄渠道状态。海洋文化产业属于高成长性产业，其在充足动力的推动下具有持续挖掘资源的潜力，可在不同途径呈现整体扩张态势，例如，滨海文化旅游资源既可开发观光旅游产品、度假旅游产品，亦可开发海上探险、涉海娱乐等产品，但是当前中国的海洋文化资源开发仍然集中在沙滩、海滨等近海区域，开发广度与深度远远不够。更未能触及超越文化的精神层面，难以让消费者形成强烈的品牌定式，资源转化为生产力的程度较低。同时，由于海洋文化企业经营管理能力较差，网络式的海洋文化产业链远未建立，资源潜能有待进一步大规模释放，海洋文化产业发展活力亟待激发。

此外，中国海洋文化资源开发的协作体系也尚未形成，海洋文化资源开发主体仍然以企业和政府为主，学校、相关科研机构、投资机构等其他主体尚未全面介入。在大部分沿海地区，仅仅是政府提出海洋文化产业发展战略，并进行宏观经济指导，对海洋文化资源所有可能的参与主体没有进行有效的政策部署和联系恰接，产学研关系网不够紧密，三者之间有效的信息交流机制、协作开发机制、利益交换机制等尚不成熟，导致海洋文化资源转化为产品的过程较为缓慢，相对零散，资源开发“碎片化”问题严重，不仅对资源造成极大浪费，也延迟了精神成果向产品的高效转化。

三　我国海洋文化资源产业化的一般路径探讨

海洋文化产业在合理规划和开发下，具有持续挖掘未利用资源潜力的能力，可发展成为具有优良预期的产业。我国海洋文化资源产业化在国家政策与地方政府的推动下，已经取得了相当的成就，大批海洋文化资源通过产业化加工进入消费领域。然而，海洋文化资源开发不均衡、雷同度高以及开发活动“碎片化”等问题一直存在。为此，借鉴资源产业化尤其是文化资源产业化的相关研究和实践成果，从理论层面提出海洋文化资源可选择的产业化发展扩张路径，能够在一定程度上增强海洋文化资源产业化研究的现实意义，为开发主体提供理论支撑，从而促进海洋文化价值在海洋文化产业化进程中的高速、高效实现。

（一）核心扩散路径

核心扩散路径既与海洋文化资源产业化的产品开发范围有关，也与其兴起的地理区域有关，如图1所示。

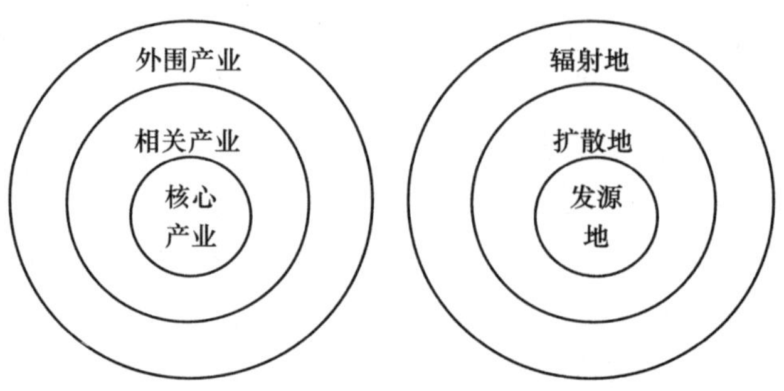

图1　海洋文化资源产业化核心扩散路径

在产品开发范围方面，最初的海洋文化资源开发者从实际出发，以最具产业化价值的资源为依托，挖掘到资源开发的“第一桶金”。伴随产业的纵深发展，第一批海洋文化产品逐渐在市场中站稳脚跟，优胜劣汰下来的产品逐步成为海洋文化产业的核心产品。等待核心产品的市场占有率日趋稳定，可以在时机成熟时继续拓展与核心产品密切相关的产品领域，实现成本内化及规模经营。进而在产业的进一步扩张下，逐渐“触类旁通”，完成产品类型的多样化、系统化进程。例如，一些有实力的海洋旅游资源开发企业，可以涉足海洋演艺、海洋影视等相关业务，乃至海洋工艺品制造领域，逐步发展成为海洋文化产业巨头。

在地理区域延展方面，鉴于不同海洋文化资源能够实现的地理扩散范围不同，一些海洋文化资源能够在产业开发的基础上实现第一轮扩散，超越发源地辐射到周边区域，甚至继续完成第二轮、第三轮扩散，影响到全省、全国乃至全球文化市场。实现海洋文化资源产业化在最大地理范围内的扩散是资源开发者的主要目标，但由于海洋文化资源开发的现实性制约，诸多海洋文化资源远未实现。海洋文化资源的产业化开发可以通过有形与无形两种方式实现地理区域扩散。其中，有形扩散可以通过企业布局、产业空间延展来进行；无形扩散主要涵盖广告扩散、品牌扩散、互联网扩散等方式。

（二）链条扩散路径

此处所概括的海洋文化资源产业化链条扩散途径，主要包括价值链扩散途径、生产链扩散途径、供应链扩散途径、产业链扩散途径和空间轴线扩散途径 5 种。图 2 给出了各类链条扩散途径之间的关系。价值链形成于参与海洋文化资源开发的文化企业生产的基本环节或辅助环节；生产链反映了参与开发的文化企业与其上下游企业之间的供给与需求关系；如果考虑市场中的消费者，生产链便继续延伸为海洋文化市场供应链；继而不同海洋文化业态之间的合作、供需联系，便能促成整体海洋文化产业的产业链条；产业链沿着交通干线，在相邻的区域蔓延，就由此形成了海洋文化产业的空间轴线扩散途径。

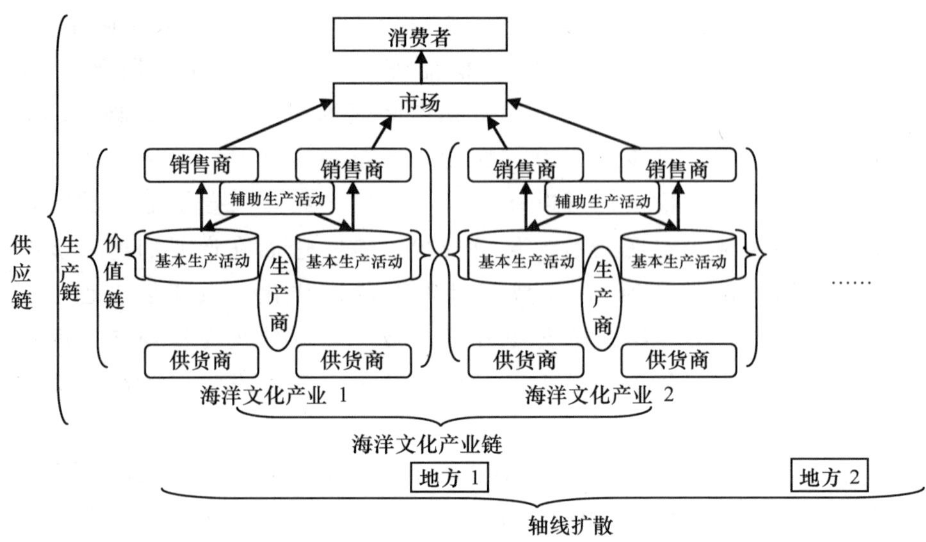

图 2　海洋文化资源产业化链条扩散路径

对于参与海洋文化资源开发的文化企业而言，在不同的发展阶段制定适当的链式扩散战略，将有助于海洋文化产业不断发展壮大。在产业初创时期，文化企业可以由海洋文化资源价值链的某个节点入手，进行资源价值的增值创造；进而，可以通过加盟、代理、合作、兼并、收购等方式进行上下游拓展，成为生产链中的重要组成部分；同时，着力进行市场开拓，以优良的销售渠道、营销方式与消费者发生密切、高效的联系，有效地参与到产业供应链中来；如果文化企业不仅完成了纵向一体化，而且开始进行相邻产业的多元化生产，则能够进一步增强对海洋文化市场的控制力，实现产业链在企业的内部化。至此，文化企业亦可以逐步沿着铁路、公路、航道等交通线路向周围区域延伸，通过委托代理、特许经营、合作销售、设立分店乃至收购兼并等方式实现空间拓展。如果扩散地与发源地有相似的海洋文化资源，那这种空间扩散便容易产生接入性，成功概率较高；若资源相差较大，便需要处理好“入乡随俗”的难题。当然，伴随文化企业生产规模的扩大，一部分企业会更加注重核心业务的完善，对于供应链的其他环节可能会通过业务外包、企业剥离等形式逐渐分脱，从而使自己更加专注于核心业务的成长，提高运行效率，但此时外部风险将进一步增大，便需要其与受托文化企业建立起牢固的品牌联盟、知识联盟、供给联盟、市场联盟，在激烈的竞争中共担风险。

（三）融合扩散路径

海洋文化资源中的无形文化资源，如涉海民间习俗、涉海信仰、海洋节庆、涉海文学作品、涉海民间文艺、涉海传统技艺等数量众多，但往往难以直接产业化，就需要通过与其他产业业态融合的途径，实现其历史、文化、科学及经济的价值。具体而言，无形海洋文化资源的产业化途径大致有三种，第一种是将无形的海洋文化资源进行物化开发，如可将涉海的民间传说印刷在海洋旅游纪念品的包装上，将涉海传统技艺开发为精美的商品；第二种是与第一产业或第二产业融合，如可将渔作物加工成土特产，将涉海信仰雕刻于建筑物上；第三种是与服务业尤其是文化产业融合，如可将涉海习俗拍摄为音像制品，将涉海文学作品开发为戏剧、话剧等形式的表演，以海洋节庆为舞台充分展现涉海民间文艺，等等。可见，沿海地区需要努力探索、挖掘本地特色海洋文化，并与其他产业绑定，将浓厚的本土化海洋文化内涵蕴藏于形式各异、能够满足消费者不同需求的产品或服务中，在带给消费者无限遐想的同时，扩大海洋文化的影响力和收益力。

结　　语

（1）通过对海洋文化资源的分析和特征归纳，着重构建了基于市场导向的海洋文化资源价值判断指标和标准，在专家的帮助下，运用二维Kohonen神经网络建立起资源分类模型，通过模型的训练与测试，将海洋文化资源依据市场需求划分为观赏型、教育型、体验型和服务型4种类型，显示出该模型良好的分类效果，且分类结果较之资源导向更加明确、更符合实际产业化开发工作的需要。

（2）在当前海洋文化资源产业化对策研究中，通常建议利用政策驱动、技术促进、投融资支持等传统经济技术手段推进海洋文化资源开发，立足于市场需求，针对目前海洋文化资源开发范围窄、产品类型粗浅、“碎片化”严重等问题，尝试总结出核心扩散、链条扩散、融合扩散3种海洋文化资源深入产业化可选择的一般路径，在一定程度上增强海洋文化资源产业化研究的前瞻性与实用性，以期推进海洋文化资源产业化开发的实际进程。

（作者单位：中国海洋大学文学与新闻传播学院）

创意思维方法探究

李 蓓

【摘要】 在全球传统行业发展疲软，国内经济发展开始转型的大背景下，我们进入一个“创意为王”的新时代，“创意”的核心作用不言而喻。人们曾经认为创意的产生是无法解释的，假设其是一种偶然现象。实际上，“创意”是通过方法的运用而产生的一门科学，它的产生需要通过探索得到某些规律，只要方法运用得当，创意的发生是可解释的必然的结果。

【关键词】 创意　创意思维　创意方法

“创意”不是昙花一现的潮流，而是历久弥新的恒长。在我国“创意”最早出现在汉王充《论衡超奇》中：“孔子得史记以作《春秋》，及其立义创意，褒贬赏诛，不复因史记者，眇思自出于胸中也。”之后宋程大昌《演繁露·纳粟拜爵》：“秦始皇四年，令民纳粟千石，拜爵一级，按此即晁错所祖效，非错刱意也。”王国维《人间词话》云：“美成深远之致不及欧秦，唯言情体物，穷极工巧，故不失为第一流之作者。但恨创调之才多，创意之才少耳。”都有提及。

当今，全球传统行业发展疲软，国内经济发展开始转型的大背景下，我们进入一个“创意为王”的新时代，“创意”的核心作用更是不言而喻。人们曾经认为的创意的产生是无法解释的偶然现象，实际上是通过方法的运用而产生的一门科学，它的产生是需要通过探索运用某些规律进而必然发生的结果。

一　创意的界定

（一）创意的定义

创意是人类的一种创新思维活动，是在创新意识指导下的实践行为。其中“创”可以理解为：第一次做到的，前所未有的，通过经营等活动获取的。这一解释涉及所有的创新、创造和创意，无一不是对旧的、经验性的、已知的、传统的、习惯的和固有的突破之后而建立起来的一个新的价值体系。“意”即为新的主意，包括建议、构想、意义、意境、意思等。创意行为的核心为“原创、首创、独创”。

（二）创意的本质

创意是人某一时刻的“突发奇想”，就是在平凡上加上点不平凡的，让人耳目一新。创意可以理解为一种注意力经济。其中独特性、销售力、人性化是它的三大支点。由此，创意可延伸理解为：对现实存在事物的理解以及认知，所衍生出的一种新的抽象思维和行为的潜能。是创生新意，是新思想和现有事物的新组合。创意从一定角度上可以理解为创新、创造，是与单纯的模仿截然不同的，我国现阶段大力推行的“创意立国”，国内企业正逐渐从劳动密集型向创新创意密集型过渡。

创意的本质是科学技术和艺术的结合，是融合逻辑思维、形象思维、逆向思维、发散思维、系统思维等多元思维为一体，不同领域的经验具备相通性并且可以互换利用，各学科之间可以进行相通概念的借喻，将事物置于不同环境比较，有利于获得对该事物的正确认识。[①] 从不同的思维尺度来观察思想的火花，将比从单一尺度进行研究，更容易发现一些有价值的发展模式。因此创意产生的跨学科性特点越发凸显。跨学科合作的，以人的综合知识体系、经验、直觉和灵感为基础，通过多种认知方式，综合运用现代手段和方法的创造性思维的过程。

（三）创意与创造、创新的区分

创新、创造与创意这三个概念都是指通过人类的创造性劳动，产生一

① 王珉等：《创意学理论与案例分析》，浙江工商大学出版社 2012 年版，第 2 页。

种前所未有的事物或思想。创意是在社会文化领域的新观念、新思想、新设计，与人类的精神文化活动相互联系。在很多情况下，创意也会借助某种载体表达出来，如新奇的服装设计、独特的产品造型等，是一种文化体验，通常是停留在想法上。

创造是常常与发明联系在一起，指人们在自然科学和工程技术领域“做出前所未有的事物”。其核心是指在科学技术上取得的新成果，通常付诸实践。

创新则是涵盖了创造和创意的精髓，适用于各个领域，广义的创新是指通过创造或引入新的技术、知识、观念或创意，创造出新的产品、服务、组织、制度等新事物并将其应用与社会以实现其价值的过程。它们都是穿梭于整个人类发展过程中，作为一种驱动力，驱使人类不断地从新的角度发现问题，分析问题并最终解决问题①。

实际上，上述三个概念经常混淆，例如，单纯的技术发明有时也被称为“创新”，而一种有助于技术发明的新设想、新观点也被称为创意等情况时有发生，致使一部分学者主张将任何形式的具有创造性和创新性特征的产业都归结为创意产业，因此现今“创意产业”替代“文化创意产业”的现象也时有发生。

但这种泛创意的概念对正确认识文化创意产业的内涵和特征势必会造成影响。在现阶段将创意界定于社会文化领域与科学技术领域的创造和经济商务领域的创新区别开来，对发现和研究文化创意产业的独特价值②。

二　创意思维

思维能力的提高是人类社会发展的前提，人类社会不断发展的过程、人们不断地认识和改造世界的过程，正是创意思维不断产生的由思想变为现实的过程。

（一）思维与创意思维

伯尔尼（Bourne）于1971年综合前人的研究，将思维从发生学的角

① 此处的价值包括经济价值、社会价值、学术价值、艺术价值等。——作者注

② 王珉等：《创意学理论与案例分析》，浙江工商大学出版社2012年版，第4页。

度做了一个较为完整的描述：第一，思维是一个错综复杂的、多侧面的过程；第二，思维主要是一个内在的或内隐的且有可能是无行为表现的过程，思维是在外化为行动之前预先存在的一系列隐蔽的心理活动；第三，思维是运用不直接存在的物体的符号表征来进行的；例如，利用记忆、思维就可以预测尚未发生的事件，也可以想象各种从未发生过的事件；第四，思维是行为的一个决定性因素，行为只是思维这一内在过程的产物。因此，产生和控制外显行为就是思维的基本作用所在①。

（二）创意思维的功能

1. 在创新能力中的重要性

从人的主体性来看，创新思维是人类主体能动性的最高体现。创新能力就是创意思维加上创造性实践。思维的创意是人类历史上所有新事物出现的开始，创意思维的力量就是人类历史进步的重要动因，不可忽视。

2. 在企业级市场经济竞争中的重要性

人才在广义上可以分为两种：一种是技术型人才，这种人才能使企业获得局部效益或短、中期效益见长；另一种是智囊型人才，这种人才则能使企业获得长期效益、整体效益，甚至对企业产生无可估量的价值。创意既是技术型人才又是智囊型人才的基本要求，创意人才逐渐成为市场竞争的热点。

3. 在实现自身价值中的重要性

创意有大有小，在日常生活中可以有不同形式、内容的创意。要满足人们不断增长的需求就要靠创意思维和创意思维指导下的创新实践。社会的进步在于创意思维，个人自身价值的视线也在于创意思维。就像拿破仑所说："创新是力量、自由及幸福的源泉。"②

（三）创意思维的方式

1. 换个角度看世界

每天我们都站在同一个角度看待身边的所见所闻，这虽不失为认识事

① 王珉等：《创意学理论与案例分析》，浙江工商大学出版社 2012 年版，第 7 页。

② ［挪威］詹·法格博格、［美］戴维·莫利、［美］理查德·纳尔逊：《牛津创新手册》，知识产权出版社 2009 年版，第 117 页。

物的一种方法，但这种单一的观察视角大大限制了我们的思维。很多时候我们从不质疑这种思维习惯，想当然地认为透过它就可以正确地认识世界。殊不知，要想提高想象力必须要学会怀疑和改变惯常的思维方式。答案就在于表述问题的方式不同。实际上同一个问题不同的提问方式会带来不同的答案。提问方式变了，答案也就随之而变。

爱因斯坦曾说："如果给我一个小时解答一道决定我生死的问题，我会花 55 分钟来弄清楚这道题到底在问什么。一旦清楚了它到底在问什么，剩下的 5 分钟时间足够来回答问题。"站在不同的角度看问题对提高想象力特别重要。角度不同，看到的风景就不同。①

2. 寻找需求从提问开始

另一种换个角度看问题的方法就是多问几个为什么。如在线音乐商店 CD baby 的创始人德雷克·西弗斯（Derek Sivers）在 TED（Technology Entertainment Design）做过一次题目为"怪事还是仅仅与我们不同而已"的演讲。演讲中提到日本的城市规划。在美国，街道都有自己的名字，建筑也有自己的编号；但在日本，只有街区才有名字，街道只不过是街区与街区之间没有名字的地理地带而已。而且街区的编号不是按地理位置而是按竣工时间排序的。对那些从小在街区长大，看着新建筑一栋栋出现的当地人来说，这样的命名方法一点都不奇怪。这个例子告诉我们生活中的大多数事情都有多种不同的做法。很多事情并非只有一种解决方法，有时换个思考角度，就能找到其他合适的解决途径。换个角度看问题能让你看到别人看不到一面，但要想获得这种能力，要学会换位思考站在他人立场上看问题，多问几个为什么，这样你就能养成新的思维习惯。②

三　创意思维的形成方法

首先以艺术创作为例，针对艺术创作中的主旨、类型、手法、思想内涵、形式美感和色彩表现等方面，发挥创作的想象能力，不拘泥于经验和现实的界限是十分重要的。爱因斯坦说："想象力比知识更重要，因为知

① ［美］蒂娜·齐莉格：《斯坦福大学最受欢迎的创意课》，吉林出版集团 2013 年版，第 4 页。

② 笔者翻译自 TED。

识是有限的，而想象力概括这世界上的一切，推动者进步并且是知识进化的源泉。”与科学一样，一件艺术作品向具有永恒[①]的生命力和感染力，富有想象力的创作是不可或缺的。

创意思维绝非感性而发，而是通过理性方法训练产生的一种科学方法。如视觉创作中，作画时较为注重视觉对象与周围环境关系的处理，这种知觉选择性与知觉对象的转化关系在现代视觉艺术中称为图（视觉对象）底（周围环境）反转。这便是对视觉艺术家普遍的思维训练方法之一。

（一）利用思维特性进行创意

1. 思维独创性

不安于现状、不落于俗套，标新立异、独辟蹊径，这些都是创意思想者不懈追求的。在各种各样的艺术思维中，艺术创作始终强调在艺术风格、内涵、形式、表现等诸多方面强调与众不同。

“标新立异”就是人们在各种思维中不顺从已有的思路，采取灵活多变思维战术，多方位、跳跃式地从一个思维基点跳到另一个思维基点，从而获得新观念、新思想、新艺术的方法。在平常的艺术创作中若总是一板一眼会令人生厌。因此艺术设计领域，出现许多例如通过视错觉和矛盾空间造型的训练方法获得标新立异的视觉艺术思维能力等方法。视错觉又称错视，指在特定条件下，由于受到外界刺激而引起的错觉。比如，坐在停止的火车上，旁边驶来一辆急速行驶的火车。

2. 思维广度与深度

善于全面地看待问题是思维广度的基本要求。假设将问题置于一个立体空间内，可以围绕问题多角度、多途径、多层次、跨学科地进行全方位研究，以此称为立体思维。思维的广度在视觉艺术领域主要表现在取材、创意、造型、组合等各个方面的广泛性上。思维的广度的重要性不言而喻。例如，环境艺术设计时，不仅需要艺术素养，还需要建筑学、数学、人体工程学、人文、历史、环境保护等多方面知识。

考虑问题是要深入客观事物的内部，抓住问题关键、核心，即事物的

---

① ［挪威］詹·法格博格、［美］戴维·莫利、［美］理查德·纳尔逊：《牛津创新手册》，知识产权出版社 2009 年版，第 451 页。

本质部分进行由远到近、由表及里、层层递进、步步深入的思考，这是思维的深度。此种思维方式称为“层层剥笋”法[①]。

3. 思维流畅性与敏捷性

思维在一定时间内向外“辐射”出来的数量和对外界刺激物作出反应的速度就是思维的流畅性和敏捷性。思维的流畅性与敏捷性通常是通过遇到问题后在最短时间内对某事物的用途、状态等作出准确的判断，并提出最多的处理方法来表现出来。研究人员发现，思维的流畅性和敏捷性是可以通过“头脑风暴法”训练出来的。

头脑风暴法[②]是一种集体开发创造性思维的方法，就是让一群人聚在一起，围绕特定的话题，自由地思考，大胆地提出各种想法，然后在他们的观点的基础上建立新观点。如果运用得当，头脑风暴法可以帮助快速跳过浅显答案，迅速找到高效、富有创造性的解决方法。[③] 亚历克斯·奥斯本是头脑风暴法的创始人，他在 1953 年出版的《应用想象学》一书中首次正式提到这个概念，此后便风靡全球。人们往往只想出一个办法就停止思考，Think 资本公司的合伙创始人蒂姆·哈德逊在他的书《不换思想就换人》中也提到了这点。第一种境界是轻易满足于已找到的解决方法，就此停步；第二种境界是继续探索，直到找到更好、仍欠创意的方法；第三种境界是不懈努力，直到发现新颖、高效的解决方案，这是最高也最难达到的境界。只要想找到最有效最具创新性的解决方法，就不能满足于浅显的答案，要提出不同的想法，从中筛选出理想答案 。

开展头脑风暴时需要注意的原则，其中 4 点尤为重要：延迟评判、追求数量、禁止批评和想法整合。这是要求对抗本能，克制住冲动的方法。多提出具有挑战性的或出人意料的想法，帮助与会者打开思路。

（二）利用不同思维方式进行创意

1. 想象与联想

想象是一种特殊的思维形式。是人在头脑里对已储存的表象进行加工改造形成新形象的心理过程。[④] 它能突破时间和空间的束缚。想象能起到

---

① ［英］大卫·史密斯：《创新》，上海财经大学出版社 2008 年版。

② ［美］杰森·R. 瑞奇：《头脑风暴》，金城出版社 2010 年版，第 19 页。

③ Tina Seelig（2015）. *InsightOut*. USA：HarperOne.

④ ［美］乔纳·莱勒：《想象——创造力的艺术与科学》，浙江人民出版社 2014 年版。

对机体的调节作用，还能起到预见未来的作用。联想是通过赋予若干对象一种微妙的关系，从中展开想象而获得新的形象的心理过程。联想既有依据具体形象进行直接的、相关的联想形式，也有概念相近的或多种元素组合起来进行联想的形式，某些看似毫不相干的元素通过联想可以实现某种内在联系。创意的关键在于把互不相关或联系不大的旧事物结合起来，产生新的事物。要想做到这一点，就必须依靠丰富的想象力。换句话说，要想有所创新，就必须学会发挥想象，重新认识、开发现有资源。

不一样的文化和思维总能擦出创意的火花。创意需要把不同的事物联系起来，而当不同文化、不同想法发生碰撞时，必然会擦出新的火花。《地区优势》的作者安娜里·萨克森认为，创新很多时候是社交活动的产物，需要人与人之间沟通与交流。沟通的形式多种多样，如观察他人、寻求建议或者直接合作。沟通的形式越多样化就越可能实现创新。

创意思维的产生首先要从想象和联想的训练入手。例如，图形创意训练，随意选取的自然界中的一片树叶作为创作题材，通过联想创造出众多别具特色的艺术造型。由叶子产生的形的联想，如小手、小花、小鸟等；由叶产生意的联想如轻柔、飘逸、生命联想既有依据具体形象进行直接的、相关的联想形式，也有概念相近的或多种元素组合起来进行联想的形式，某些看似毫不相干的元素通过联想可以实现某种内在联系。再如，设计一款有创意的杯子，在满足杯子基本功能的基础上，能够与众不同将看起来不相关的东西联系起来，给大脑插上想象的翅膀，就会诞生很多有趣的奇思妙想。虽然这些发明现在还不具备使用价值，但为今后的进一步创新奠定基础。

TRIZ 理论方法也是常用的方法之一，其意译为发明问题的解决理论，是基于知识的、面向人的发明问题解决系统化方法学。成功地揭示了创造发明的内在规律和原理，着力于澄清和强调系统中存在的矛盾，其目标是完全解决矛盾，获得最终的理想解。它不是采取折中或者妥协的做法，而且基于技术的发展演化规律研究整个设计与开发过程，而不再是随机的行为。[①] 创意的关键在于把互不相关或联系不大的旧事物结合起来，产生新的事物。要想做到这一点，就必须依靠丰富的想象力。换句话说，要想有

① 檀润华：《TRIZ 及应用技术创新过程与方法科学与自然管理》，高等教育出版社 2010 年版。

创意，就必须学会发挥想象，重新认识、开发现有资源。

超越现有的认识和现存的事物也是一种创意产生的途径。画家借鉴前人的创作经验，音乐家汲取前人的艺术精华，作家从前人的作品中得到启发，发明家也是得益于前人的研究成果。正如毕加索说的："好的艺术家复制，伟大的艺术家窃取。"

1994 年苹果公司的联合创始人和前行政总裁史蒂夫·乔布斯在一次采访中也提到毕加索的这个观点。他说创新的关键在于"去接触人类最新的研究成果，然后让他为你的产品服务"。在他看来，麦金塔电脑①之所以伟大，就在于它是音乐家、诗人、动物学家、历史学家和计算机科学家等各行业优秀人才的智慧结晶。苹果公司正是在人类已有知识和经验的基础上不断创新，不断发展。

2. 求同思维与求异思维②

可以用一个形象的比喻来说明求同思维与求异思维。这两种思维就是以人的大脑为思维的中心点，思维模式从外部聚合到这个中心点，或从中心点向外发散出去。以此为基础，又引发出思维的方向性模式，就是思维的定向性、侧向性和逆向性发展。

在艺术创作过程中，把所感知到的对象、搜集到的信息按照一定的标准集聚起来，探求他们的共性和本质特征，这就是求同思维。求同思维在运动过程中，最先表现的是处于模糊状态的各种信息和素材，这些信息和素材可能是杂乱的、无序的、其特征也并不明显和突出。但随着思维活动的不断深入，创作主体思路逐渐清晰明确，各种素材或信息的共性逐渐显现出来，形成彼此相互依存、相互联系，具有共同特征的要素，焦点也逐渐地聚集于思维的中心，使创作的形式逐渐地完善起来。

以思维的中心点向外辐射扩散，产生多方向、多角度的捕捉创作灵感的触角，这就是求异思维。这种思维形式通常不受常规思维定式的局限，综合创作的主题、内容、对象等多方面的因素，以此作为思维空间中的一个个中线点，向外发散吸收诸如艺术风格、民族习俗、社会潮流等一切可能借鉴吸收的要素，之后综合在视觉艺术思维中。由此，求异思想法是视

① Macintosh computer，苹果公司 1984 年推出的一种机型。——作者注

② 本理论是在吉尔福特的"求同思维与求异思维"相关研究的基础上的总结提炼。吉尔福特（J. P. Guilford，1897—1987）美国心理学家，主要从事心理测量方法、人格和智力等方面的研究。——作者注

觉艺术思维的重要形式之一，是推动视觉艺术思维向深度和广度发展的动力。在思维过程中，求同思维与求异思维是相辅相成的两个方面。在创作思维过程中，以求异思维法去搜集素材、自由联想，为创作提供多种条件。然后运用求同思维去所的素材进行筛选、归纳、概括、判断就会产生正确的创业和结论。当然此过程需要多次反复。

求同思维与求异思维就是以人的大脑为思维的中心点，思维模式从外部聚合到这个中心点，或从中心点向外发散出去。以此为基础，又引发出思维的方向性模式，就是思维的定向性、侧向性和逆向性发展。在艺术创作过程中，把所感知到的对象、搜集到的信息按照一定的标准集聚起来，探求他们的共性和本质特征，这就是求同思维。

求同思维在运动过程中，最先表现的是处于模糊状态的各种信息和素材，这些信息和素材可能是杂乱的、无序的、其特征也并不明显和突出。但随着思维活动的不断深入，创作主体思路逐渐清晰明确，各种素材或信息的共性逐渐显现出来，形成彼此相互依存、相互联系，具有共同特征的要素，焦点也逐渐地集聚于思维的中心，使创作的形式逐渐地完善起来。

以思维的中心点向外辐射扩散，产生多方向、多角度的捕捉创作灵感的触角，这就是求异思维。这种思维形式通常不受常规思维定式的局限，综合创作的主题、内容、对象等多方面的因素，以此作为思维空间中的一个个中线点，向外发散吸收诸如艺术风格、民族习俗、社会潮流等一切可能借鉴吸收的要素，之后综合在视觉艺术思维中。由此，求异思想法是视觉艺术思维的重要形式之一，是推动视觉艺术思维向深度和广度发展的动力。在思维过程中，求同思维与求异思维是相辅相成的两个方面。在创作思维过程中，以求异思维法去搜集素材、自由联想，为创作提供多种条件。然后运用求同思维运用的素材进行筛选、归纳、概括、判断就会产生正确的创业和结论。当然此过程需要多次反复。

3. 侧向思维与逆向思维

侧向思维在日常生活中是比较常见的。比如，人们在思考问题时“左思右想”，说话时“旁敲侧击”，这都是侧向思维的表现。在创作过程中，当顺着某一思路思考无果时可以试着让思维左右发散或作逆向推理，有时能得到意外的收获，从而促成创作思维的完善与成功。这种情况在艺术创作中非常普遍。

侧向移入指跳出本专业、本行业的范围，摆脱习惯性思维，侧视其他方向，将注意力引向更广阔的领域；或者将其他领域已成熟的、较好的技术方法、原理等直接移植过来加以利用；或者从其他领域事物的特征、属性、机理中得到启发，导致对原来思考问题的创新设想。侧向转换指不按最初设想或常规直接解决问题，而是将问题转换为他的侧面，或将解决问题的手段转为侧面的其他手段。侧向移出与侧向移入相反，侧向移出指将现有的设想 、已取得的发明、已有的感兴趣的技术和本厂产品，从现有的使用领域、使用对象中摆脱出来，将其外推到其他意想不到的领域或对象上。这也是一种立足于跳出本领域 ，克服线性思维的思考方式。

要想打破常规思维方式，逆向思维是首选。按照常规的思路作品往往会缺乏创造性，这时尝试逆向思维法打破原有的思维定式，反其道而行之，开辟新径。例如，古希腊神殿中有一个同时向两面观看的两面神，无独有偶，中国的罗汉堂里有个半张脸笑、半张脸哭的济公和尚。我们从这种形象中引申出“两面神思维”方法。依照辩证统一的规律，在进行视觉思维时可以在常规思路基础上作逆向性思维，将两种相反的事物结合起来，从中找出规律。当然也可以按照对立统一的原理，置换主客观条件，使视觉艺术思维达到特殊效果。

4. 发散性思维

美国心理学家吉尔福特（J. P. Guilford）在对创造力进行详尽的因素分析基础上，提出了“智力三维结构”模型。人类智力应由三个维度的多种因素组成：第一维是指智力的内容，包括图形、符号、语义和行为四种；第二维是指智力的操作，包括认知、记忆、发散思维、聚合思维和评价五种；第三维是指智力的产物，包括单元、类别、关系、系统、转化和蕴涵六种。这样，由四种内容、五种操作和六种产物共可组合出 120 种独立的智力因素①

吉尔福特认为，创造性思维的核心就是上述三维结构中处于第二维度的“发散思维”。在此基础上提出了关于发散思维的四个主要特征：流畅性，在短时间内能连续地表达出的观念和设想的数量；灵活性，能从不同角度、不同方向灵活地思考问题；独创性，具有与众不同的想法

① 在 1971 年和 1988 年吉尔福特又对该模型作了两次修改、补充，最后成为具有 180 个因素的三维结构。——作者注

和独出心裁的解决问题思路；精致性，能想象与描述事物或事件的具体细节。[①]

5. 思维导图法

思维导图是由英国著名的心理学家东尼·巴赞（Tony Buzan）于20世纪60年代发明的一种思维工具。思维导图又叫心智图，是表达发射性思维的有效的图形思维工具，它简单却又极其有效，是一种革命性的思维工具。[②] 无论使用何种方法获得创意，思维导图法都是帮助推论、整理创意产生、形成过程的必备方法。

思维导图运用图文并重的技巧，把各级主题的关系用相互隶属与相关的层级图表现出来，把主题关键词与图像、颜色等建立记忆链接，思维导图充分运用左右脑的机能，利用记忆、阅读、思维的规律，协助人们在科学与艺术、逻辑与想象之间平衡发展，从而开启人类大脑的无限潜能。思维导图因此具有人类思维的强大功能。它是一种将放射性思考具体化的方法。放射性思考是人类大脑的自然思考方式，每一种进入大脑的资料，不论是感觉、记忆或是想法——包括文字、数字、符码、香气、食物、线条、颜色、意象、节奏、音符等，都可以成为一个思考中心，并由此中心向外发散出成千上万的关节点，每一个关节点代表与中心主题的一个连接，而每一个连接又可以成为另一个中心主题，再向外发散出成千上万的关节点，呈现出放射性立体结构，而这些关节的连接可以视为个人的记忆，也就是个人数据库。

“思维导图”是应用于记忆、学习、思考等的有效思维模式，利于人脑的扩散思维的展开。与传统的思维工具不同，整个导图呈放射状，图文并茂，重点突出，有清晰的层次，是各个主体之间的关系一览无余。比如，现在利用思维导图分析一本悬疑小说里的某个阴谋。首先，把小说的名字放到整个导图的中央，作为导图的中心（第一级中心），再把相关的人物、场景、情节和历史背景等因素围绕这个中心排开；每个因素又是一个新的中心（第二级中心），以他们为中心又可以形成其他中心（第三级中心），以此类推。

① ［美］吉尔福特：《人类智慧的性质》，1967年版。

② ［英］东尼·博赞、巴利·博赞：《思维导图》，化学工业出版社2015年版。

四 结论

创意研究的基本问题是创意如何发生的。创意曾经被主流社会科学忽视的其中一个原因是人们认为创意的产生是无法解释的。因此人们通常假设创意是一种偶然现象。① 尽管创意的重要性不言而喻，但在学术上的研究却未得到相应的重视，如“研究长期经济变迁的学者过去关注资本积累、市场运作机制等因素，而忽略创意创新”。研究艺术设计的学者多数关注于美的法则而忽略于创意的方法。直到近年“对于创新在经济和社会变迁中的作用的研究有所增长”，对于创意方法研究中的不同领域的经验具备相通性并且可以互换利用，生物学和文化之间、经济学与设计之间都可以进行相通概念的借喻，也可以将事物置于不同环境比较，有利于获得对该事物的正确认识并产生创意。从不同的思维角度来观察创意的火花，将比从单一角度的研究更容易发现一些有价值的创意方法。因此创意方法的跨学科性特点越发凸显。

通过本文的论述认为创意是通过方法的运用而产生的科学，只要方法运用得当，创意的发生是可解释的必然的结果。注重研究的开放性和关联性对于最终催生创意将更加有利。

(作者单位：中国海洋大学文学与新闻传播学院)

① ［美］史蒂文·约翰逊：《伟大创意的诞生》，浙江人民出版社 2014 年版。

战略与对策

“一带一路”战略上的文创机遇与挑战

蔡尚伟　车南林

【摘要】本文认为“一带一路”战略不仅包含了文创，还需要文创带路、搭台，让文创搭车；中国与沿线国家签订的相关协议、计划，部分国家经济需要、文化消费需求，沿线交通枢纽以及大型金融体系等为文创提供了机遇。但全球经济整体下滑，“一带一路”战略所涉国家文化与中国文化存在差异，沿线部分国家经济、社会、政策、盗版风险，国内部分区域文创欠发达以及缺乏“一带一路”文创人才等挑战也影响着文创的发展。因此，本文在深入梳理“一带一路”文创基础、机遇与挑战的基础上，对中国文创发展提出了相关建议，以期助力中国文创打造升级版、国际版。

【关键词】“一带一路”　文创　机遇　挑战　建议

2013 年 9 月和 10 月，中国国家主席习近平先后提出了共建“丝绸之路经济带”和“21 世纪海上丝绸之路”（以下简称“一带一路”）的战略。“一带一路”战略不仅仅是经济战略，也是文化战略，更包含了文创。中国与沿线国家在政治上互利互信，在经贸上的密切合作，为各国文创的发展都提供了良好的机遇，但是全球经济下滑，沿线国家与中国在文化上的差异及其政治、经济、版权保护不利等问题，中国国内部分区域文创欠发达以及缺乏文创人才等因素对中国文创也形成一定的挑战。因此，要如何充分利用机遇，迎接挑战，促进中国文创在“一带一路”战略上大放异彩就变得极为重要。

一 “一带一路”战略格局

(一)“一带一路”战略

“一带一路”战略，是中国应对美国TPP、TTIP战略，统筹国际、国内两个大局，促进东西方经贸文化往来，构建全方位开放新格局，实现中华民族伟大复兴中国梦的重大“顶层设计”。为推动该战略顺利实施，2015年3月，国家发改委、外交部、商务部联合发布了《推动共建丝绸之路经济带和21世纪海上丝绸之路的愿景与行动》(以下简称《愿景与行动》)。《愿景与行动》指出了“一带一路”涉及的国外空间，即“丝绸之路经济带重点畅通中国经中亚、俄罗斯至欧洲(波罗的海)；中国经中亚、西亚至波斯湾、地中海；中国至东南亚、南亚、印度洋。21世纪海上丝绸之路重点方向是从中国沿海港口过南海到印度洋，延伸至欧洲；从中国沿海港口过南海到南太平洋。”根据这一提法，中国社会科学网指出了“一带一路”战略主要涉及亚洲43国，中东欧16国，独联体4国，非洲1国，共64国。此外，《愿景与行动》也详细指出了“一带一路”涉及的国内空间，即新疆、内蒙古、青海、甘肃、宁夏、陕西、云南、黑龙江、吉林、辽宁等西北、东北地区；广西、云南、西藏等西南地区；浙江、福建、上海、天津、香港、澳门等沿海和港澳台地区；重庆、成都、郑州、武汉、长沙、南昌、合肥等内陆地区。

为不断推进实施“一带一路”战略，中国与沿线各国纷纷采取了相关措施。中国不仅建立丝路基金，推动建立亚投行，还在交通、电力、建材、通信、文化等方面积极与沿线各国合作。为畅通与各国的物流，中国还专门在中亚通往欧洲的“丝绸之路经济带”东侧——江苏省连云港，建成了“一带一路”战略提出后的首个项目——连通哈萨克斯坦的合作物流基地。此外，中国推行的包括地面丝路、海上丝路、空中丝路、能源丝路、电力丝路、信息丝路在内的六大丝路也正在沿线国家积极开展。沿线国家为推进“一带一路”战略，不仅在交通、能源、管道等方面积极与中国开展多项合作，还在金融方面给予一定支持。比如2014年11月12日，哈萨克人民储蓄银行在当地发行了首张银联芯片借记卡，支持“一带一路”。

（二）"一带一路"战略与文创的基本关系

1. "一带一路"战略内容包含文创

"一带一路"战略的内容本身就包含了文创。在《愿景与行动》提出沿线各国要"扩大相互间留学生规模，开展合作办学，中国每年向沿线国家提供1万个政府奖学金名额。沿线国家间互办文化年、艺术节、电影节、电视周和图书展等活动，合作开展广播影视剧精品创作及翻译，联合申请世界文化遗产，共同开展世界遗产的联合保护工作。深化沿线国家间人才交流合作。加强旅游合作，扩大旅游规模，互办旅游推广周、宣传月等活动，联合打造具有丝绸之路特色的国际精品旅游线路和旅游产品，提高沿线各国游客签证便利化水平。推动21世纪海上丝绸之路邮轮旅游合作。积极开展体育交流活动，支持沿线国家申办重大国际体育赛事。"而这些，本就是文创的核心领域。

2. "一带一路"战略需要文创带路

"一带一路"战略涉及亚、欧、非沿线众多国家，而每个国家的国情又截然不同。若沿线各国的合作仅仅停留在基础设施建设上，并不能真正使双方之间实现"民心相通"。而能够引起共鸣的文创先行带路，可以让各国民众领略异域风情、人文情怀，真正心心相印、惺惺相惜，也就更能促进沿线的基础建设及经济合作。因此，"一带一路"战略需要电影、电视、纪录片等文创带路，让各国民众通过荧屏了解各国的自然风光、人文社会、经济潜力等，从而树立国家形象、社会形象、企业形象；需要教育培训业、文化旅游业等文创带路，以增进民众的文化认同感，增加民众间的信任感；需要会展、话剧、旅游演艺等文创带路，丰富各国民众日常生活，提高各国民众生活质量。

3. "一带一路"战略需要文创搭台

沿线国家各有各的文化。本国文化于他国而言又总是神秘、多彩。但是在"一带一路"广泛的区域中，政治格局错综复杂，导致各国交往沟通较少，甚至存在隔阂、冲突。而文化的先天优势就在于具有跨越国界、超越时空的作用，能够连接各国、各民族民众，让民心相通、心手相连。只有通过文化交流与合作，才能让各国民众了解彼此，加深感情。因此，"一带一路"战略的实施，需要沿线各国利用文创为政治交往搭台，为经贸往来搭台，为旅游深度发展搭台，从而不断深化交流与合作，形成利益共同体、文化共同体甚至命运共同体。

4. “一带一路”战略可让文创搭车

从表面上看，“一带一路”战略属于经济战略，但是在经济交往的过程中，文化就像是人体的血脉一样，始终贯穿其中。经济交往、文化交流过程中最直接、最彻底、最广泛的方式就是文化消费、文化贸易、文化创意产业，是产业方式的文化。因此，“一带一路”战略在实施过程中，可以让文创搭车，输出本国特色文创产品，传播本国好声音，让世界更加了解真实的国家。此外，“一带一路”沿线涉及60多个国家，44亿人口，经济总量约21万亿美元，具有强大的文化消费能力。在“一带一路”战略实施过程中，让文创搭车将带来巨大的文化消费，带动就业，促进各国增加文创收入，最终增加各国GDP。

二　“一带一路”战略上的文创基础

（一）沿线文化交流合作营造了良好的文创氛围

中国与吉尔吉斯斯坦、哈萨克斯坦、乌兹别克斯坦、土库曼斯坦等中亚国家的文化交流十分密切，为中国与中亚各国文创共同发展奠定了良好的基础。比如，吉国出版了3种文字对照的《李白》诗集；中哈两国经常举办中国文化节和阿拉木图文化节。中国与西亚、东南亚、南亚、中东欧、非洲国家的文化交流合作也较多，比如，宁夏《月上贺兰》作为中国对外文化交流的项目在卡塔尔演出，其浓郁回族特色和伊斯兰风情使观众产生了强烈共鸣；[①] 中国与泰国、缅甸等经常开展旅游文化、佛教文化等交流活动；在波兰首都华沙举办了中国西藏文化周活动，其“雪域风采”图片唐卡展、“魅力西藏”歌舞演出等让波兰真正了解到神秘的西藏高原；在斯洛文尼亚，已经举办了三届中国文化月活动；中埃双方经常开展的文化周、电影节、文物展、图片展等活动深受双方民众的欢迎。总而言之，中国与“一带一路”沿线各国的文化交流合作，为中国与沿线各国的文创发展奠定了非常坚实的舆论基础，营造了良好的文创氛围。

---

① 《透视“一带一路”文化战略：新“丝路”要有新“思路”》，《光明日报》2015年7月30日。

（二）日渐密切的经贸旅游往来奠定了文创基础

通过“一带一路”沿线亚欧大陆桥、中欧班列等铁路，国际航线，公路及口岸等交通枢纽，沿线国家经贸、旅游往来已相当成熟。在经贸方面，有数据显示，1990—2013 年，全球贸易、跨境直接投资年均增速为 7.8% 和 9.7%，而“一带一路”相关 65 个国家同期的年均增速则分别达到 13.1% 和 16.5%。2013 年，中国与“一带一路”沿线国家的贸易额超过 1 万亿美元，占中国外贸总额的 1/4，过去 10 年中国与沿线国家的贸易额年均增长 19%，较同期外贸年均增速高 4 个百分点。[①] 2014 年，中国与沿线国家的经贸合作更加紧密，是大多数国家的贸易伙伴。进入 2015 年，中国是大多数国家重点出口市场与进口来源地的地位进一步得以稳固。比如截至 3 月，中国分别是新加坡、泰国、哈萨克斯坦、印度等的第一、第二、第三、第四大出口市场，同时也是他们的第一大进口来源地。另外，2015 年 1—6 月中国与土耳其双边贸易额为 135.9 亿美元，增长 1.3%；斯里兰卡对中国双边货物贸易额为 19.8 亿美元，增长 26.1%；[②] 中国与沿线国家日渐密切的经济贸易往来，会带来巨大的人流量和优秀的文创产品。

在旅游方面，中国与沿线国家的旅游合作也日渐密切。2015 年1—6 月，入境外国游客人数为 1236.36 万人。其中，“一带一路”沿线主要国家入境人数及目的如表 1 所示：

表 1　2015 年 1—6 月“一带一路”沿线部分国家入境游人数及目的

单位：万人

国别	合计	目的				
		会议/商务	观光休闲	探亲访友	服务员工	其他
朝鲜	8.97	1.37	0.06	0.00	4.73	2.81
蒙古	48.08	5.57	2.32	0.02	10.32	29.85

① 《“一带一路”战略引领中国开放经济新格局》，新华网，http://news.xinhuanet.com/fortune/2014-12/16/c_1113666080.htm；中华人民共和国商务部，http://countryreport.mofcomgov.cn。

② 中华人民共和国商务部，http://countryreport.mofcom.gov.cn。

续表

国别	合计	目的				
		会议/商务	观光休闲	探亲访友	服务员工	其他
菲律宾	46.47	1.65	9.60	0.14	29.69	5.39
泰国	30.90	1.98	17.12	0.14	8.03	3.63
新加坡	43.58	9.81	11.67	2.67	3.22	16.21
印尼	24.86	1.33	15.10	0.17	5.72	2.54
马来西亚	49.90	7.41	29.30	0.64	4.58	7.97
巴基斯坦	5.40	1.68	1.43	0.04	0.40	1.85
印度	35.01	9.70	8.47	0.18	7.05	9.61
尼泊尔	2.31	0.37	0.71	0.02	0.20	1.01
斯里兰卡	2.69	0.69	0.27	0.01	1.11	0.61
哈萨克斯坦	11.99	0.90	5.95	0.26	2.62	2.26
吉尔吉斯坦	1.95	0.05	0.76	0.01	0.91	0.22
俄罗斯	64.12	22.25	23.01	0.19	11.67	7.00

数据来源：中华人民共和国国家旅游局。

由表1可知，来华旅游人数较多的“一带一路”沿线国家主要包括俄罗斯、马来西亚、蒙古、菲律宾、新加坡、印度、泰国等。这就增加了这些国家与中国之间交往的机会，为中国面向这些国家民众提供文创产品奠定了基础。

另外，中国游客前往“一带一路”沿线国家旅游的人数整体上呈现上升趋势。2013年，中国游客前往“一带一路”沿线国家主要是泰国、越南、柬埔寨、马来西亚、新加坡、印尼、马尔代夫等。以泰国为例，到泰国旅游的中国游客数量比2012年大幅增长，游客人数从2012年的270万增至2013年的470万，增幅达68%。[①] 进入2014年，由于马航失联、人质事件，泰国政变及《旅游法》出台等原因，前往泰国、马来西亚、印尼等东南亚国家的中国游客大幅减少，同比下降达34.3%。但这反而使中国游客前往马尔代夫、印度等南亚及匈牙利等中东欧国家人数有所增

① 《2013年赴泰旅游中国人数创新高 “泰囧”影响大》，中国新闻网，http://www.chinanews.com/gj/2014/01-23/5773593.shtml。

加，比如，2014年共有363626名中国游客到访马尔代夫，比前一年增长9.6%；[①] 仅2014年中国游客到匈牙利达到近9万，一年内增长20%。[②] 进入2015年，随着交通枢纽的畅通，社会局势的好转，沿线国家民众旅游增长量就比较明显，1—7月，外国游客前往印尼人数总计达54.7万人次，比去年同期增长2.69%，其中中国游客增长率居首达20%。[③] 国家民众之间的旅游往来，会带动销售文创产品，为文创整体发展奠定基础。

（三）现有优秀文创实践提供了文创发展的经验

随着文创成为各国经济增长的重要力量以及交通枢纽的便捷，中国文创“走出去”，国外文创“走进来”，已经成为比较常见的事情。中国文创在“一带一路”沿线的典型案例要属华强集团的探索。作为国内唯一一个具有成套设计、制造、出口大型文化科技主题公园的华强文化科技集团采用“文化+科技”的模式在伊朗、乌克兰、南非等地建设运营了“方特欢乐世界”“方特梦幻王国”，并向俄罗斯、新加坡等100多个国家和地区出口其原创动画，向意大利等40多个国家和地区出口70多套“环幕立体电影系统”及配套CD。华强集团还在南非约翰内斯堡市投资文化科技主题公园——方特欢乐世界，占地77万平方米，总投资2.5亿美元。整个项目分为中国文化区、非洲文化区和世界文化区。在中国文化区，将通过四维电影、动漫特技等高科技手段，展现“兵马俑”“水漫金山”“盘丝洞”“悟空归来”等大量以中国文化为背景的文化科技主题项目。[④]

近年来，国外文创“走进来”比较典型的例子是智慧宫。2011年，埃及小伙艾哈迈德·白鑫与合伙人张时荣联合创办了宁夏智慧宫文化传媒公司，主要从事中阿文互译工作。4年来，公司先后翻译及版权输出阿拉伯语图书440余册，目前智慧宫已获得中国和阿拉伯国家中阿文互译市场70%以上的份额。据介绍，在阿拉伯图书市场看到的90%的中国图书是

---

① 《台媒：中国游客数量下降致马尔代夫面临挑战》，环球新闻网，http：//oversea.huanqiu.com/article/2015-03/5789975.html。

② 《中国航空公司重返中东欧地区》，新华网，http：//news.xinhuanet.com/fortune/2015-03/19/c_1114695116.htm。

③ 《印尼旅游部：今年中国旅客增长率居首达20%》，中国出境旅游网，http：//www.outbound-tourism.cn/detail.asp? newsid=News_2885&class=209。

④ 《华强投2.5亿美元在南非建主题公园》，晶报多媒体数字报，http：//jb.sznews.com/html/2009-05/19/content_628362.htm。

智慧宫贡献的。[①] 不断壮大的智慧宫与中国接力出版社于2015年8月28日在北京召开的2015北京国家图书博览会现场举办了“2015中阿童书出版社论坛暨接力出版社埃及分社创办签约仪式”，帮助中国和阿拉伯国家少儿出版的合作发展。国外文创走进来还比较典型的例子当属印度的瑜伽文创。走在中国的街头，四处可见各式各样的、大大小小的瑜伽馆。总而言之，现有优秀文创探索，为中国文创“走出去”与国外文创“走进来”提供了经验。

三　“一带一路”战略上文创的机遇

(一) 相关协议、计划、政策等为文创发展提供基本保障

1. 中国与各国签订的协议、计划等开创了文创新舞台

中国与“一带一路”沿线国家都签订了相关协议、计划，比如中国与哈萨克斯坦、土库曼斯坦等签署了《中华人民共和国和哈萨克斯坦共和国关于全面战略伙伴关系新阶段的联合宣言》《中华人民共和国和土库曼斯坦关于发展和深化战略伙伴关系的联合宣言》等。其中，《中华人民共和国和土库曼斯坦关于发展和深化战略伙伴关系的联合宣言》专门提到“相互支持对方举办大型文体活动及互办文化日，推动文艺团组互访，加强博物馆和档案馆间交流；加强互派留学生和语言教学方面的合作；支持两国高校建立合作联系；推动两国学术机构间加强合作；加强两国体育主管部门和协会间的合作，鼓励在双方商定项目上开展运动队、教练员和专家之间的交流；促进两国旅游主管部门和企业建立直接联系，为双方公民赴对方国家旅游创造良好条件，并欢迎双方旅游业经营者相互参加对方国家举办的主题推介展会；加强西安市和马雷市全面合作，推动山东省和列巴普州，陕西省和阿哈尔州建立友好关系。充分利用中国—亚欧博览会平台，加大土方同中华人民共和国新疆维吾尔自治区合作。”[②] 双方之间不断加大文化交流与合作，就会不断诞生新的文创项目，为文创发展提供新舞台。此外，一些专门促进文化交流合作的协议、计划，如《中华人

---

① 《新“丝路”要有新“思路”——透视“一带一路”文化战略维度》，《光明日报》2015年7月30日。

② 中华人民共和国外交网，http://www.fmprc.gov.cn/mfa_chn/zyxw_602251/t1155093.shtml。

民共和国文化部和格鲁吉亚文化和古迹保护部 2012—2015 年文化合作议定书》《中华人民共和国文化部和泰王国文化部 2015 年至 2017 年文化交流执行计划》《中埃两国政府文化合作协定 2015—2018 年执计划》《中埃两国文化部关于 2016 年互办文化年的谅解备忘录》等，更指定了双方可能在文化层面的具体合作事项。只要有合作、有源头，就能产生相应的文创项目。因此，各种协议、计划为文创发展开创了新舞台。

2. 中国国内各项政策提供了中国文创"走出去"的动力

中国国内的各项政策有利于中国文创在"一带一路"上的发展。2014 年，中国陆续发布了《国务院关于加快发展对外文化贸易的意见》《境外投资管理办法》《营业税改增值税跨境应税服务增值税免税管理办法》《关于支持文化服务出口等营业税政策的通知》等政策。2015 年，中国又陆续发布了《关于加快发展服务贸易的若干意见》《关于改进口岸工作支持外贸发展的若干意见》《关于促进跨境电子商务健康快速发展的指导意见》《关于促进服务外包产业加快发展的意见》等政策。比如，《关于加快发展服务贸易的若干意见》提出"要积极推动文化艺术、广播影视、新闻出版、教育等承载中华文化核心价值的文化服务出口，大力促进文化创意、数字出版、动漫游戏等新型文化服务出口，加强中医药、体育、餐饮等特色服务领域的国际交流合作，提升中华文化软实力和影响力"。总而言之，中国国内政策为中国文创"走出去"提供了政策、资金、税收、保险等方面的支持，为中国文化艺术、广播影视、商业巡演等文创及中医、体育、餐饮等特色文创"走出去"提供了强大的动力。

3. 中国国内各项政策指明了国外文创"走进来"的路径

从整个国家层面讲，中国一些政策的放松十分有利于外资进入中国，比如，商务部今年最新修订的《外商投资产业指导目录（2015 年修订）》放开了外资能够进入的范围，提到外商可以在中国投资教育系列中非学制类职业培训机构，卫生和社会工作中的老年人、残疾人和儿童服务机构、养老机构，音像制品（除电影外）的分销（限于合作），文化、体育和娱乐业中的演出场所经营和体育场馆经营、健身、竞赛表演及体育培训和中介服务；允许外资投资摄影服务；鼓励外资投资物联网技术开发与应用，工业设计、建筑设计、服装设计等创意产业。从具体的省市层面讲，陕西、甘肃、青海、北京等省市为进一步对接"一带一路"战略，加大与沿线各国的合作力度，也纷纷制定相关政策，迎接外资。比如《北京市服务业扩大开放综合试点总体方案》，提出“在国家法律法规许可范围内，鼓励国内外著名文化创意、制作、经纪、营销机构与北京市文化企业合资合作。扩大教育开放合作，鼓励外商投资设立外籍人员子女学校（香港特别行政区、澳门特别行政区、台湾地区的投资者参照执行），支持外商通过中外合作办学方式投资设立教育培训机构及项目，积极引进世界知名院校开展中外合作办学，实现教育资源良性互动。”换句话说，中国国内对外资开放的各项政策指明了外商可在教育培训业、养老服务业、健身、摄影服务、创意设计、部分文化、体育和娱乐业等方面“走进来”，获得投资发展的新空间。

（二）各国经济转型、平衡、升级的需要是文创发展前提

“一带一路”沿线大多数国家都属于国际货币基金组织所定义的新兴市场和发展中经济体。这些国家主要以农业、工业、原油、天然气、重金属等作为支柱产业。随着文创对经济的贡献力量逐渐得到认可，沿线国家亟须经济转型，改变国家经济结构，开创新的经济增长点。比如，因国际能源与原材价格下降而经济一路下滑的俄罗斯为拯救经济，总统梅德韦杰夫和普京先后推出《2020 年前俄罗斯社会经济长期发展战略》、反危机计划和“经济现代化”方案，希望俄罗斯从能源出口型的经济模式转向以高新技术、人力资本为基础的创新型经济发展模式。梅普政策中尤其强调摆脱依赖能源和矿产的产业结构，发展新型经济。也正是俄罗斯采取新经济政策，才导致其文创这几年有较大的增长，并在一定程度上调整了经济结构。

像哈萨克斯坦、塔吉克斯坦、土库曼斯坦、吉尔吉斯斯坦、乌兹别克斯坦等农、工业大国也希望通过发展文创转变经济增长方式，调整或升级经济结构。比如，哈萨克斯坦总统纳扎尔巴耶夫 2014 年 11 月 11 日宣布“光明大道”新经济计划，即通过一系列投资促进哈萨克斯坦经济结构转型，实现经济增长。哈萨克斯坦文化领域的优先发展方向是增加居民接触文化宝藏的机会，推动本国文化产品服务市场的发展。2020 年前国家图书馆基金将实现全面综合数字化。博物馆将获得优先发展，实施博物馆基础设施现代化和扩充收藏量的措施。而像卡塔尔、阿联酋、科威特、沙特阿拉伯、白俄罗斯等以石油、天然气、重金属及其他工业为主的国家也非

常重视将从中获得的财富转向文化创意产业。比如，卡塔尔将依靠石油获取的大量财富转向大型文化项目，形成了涵盖传媒产业、知识经济、艺术品收藏、文化旅游、旅游地产等多个产业门类的文化产业的发展业态。[①]此外，部分第三产业占比较大的国家也希望拓展新的文创，以平衡、升级经济结构。

（三）文化消费需求的旺盛与差异化提供了文创产品市场

1. 中国国内文化消费需求旺盛成为文创的重要市场

客观上说，"一带一路"战略更能为中国文创提供更大的市场，这主要是中国国内整体文化消费比较旺盛。1991—2001 年，全国城乡文化消费总量从 668.21 亿元增长至 10126.19 亿元，增加了 9457.98 亿元，20 年间总增长 1415.42%，年增长 14.56%。[②] 12 年之后的 2013 年，中国实际文化消费规模约为 1.0388 万亿元。[③] 2014 年民众的文化消费也有所增长，主要消费在文化旅游，图书、期刊、杂志，电影，文化娱乐活动，网络文化活动，收藏，动漫，游戏，教育培训业，互联网文创产品等方面。文化消费整体旺盛就意味着需要更多的文创产品，也就为文创的发展提供了重大的市场。

2. 沿线国家文化消费需求差异化形成不同文创市场

"一带一路"沿线各国经济情况十分不同，这就决定了他们消费的文创产品存在差异化。一部分国家在原油市场积累的财富可以迅速转化到文化消费方面。比如卡塔尔。早在 2012 年，《福布斯》对全球 182 个国家和地区的人均 GDP 进行评估时，就得出卡塔尔是世界上最富有的国家，人均 GDP 高达 88222 美元。[④] 这样，卡塔尔用于高端的艺术品收藏的文化消费实力就强。早在 2007 年卡塔尔王室就以 7280 万美元的价格从洛克菲勒家族手中购买马克·罗斯科的油画 white center。2011 年又以高达 2.5 亿美元的成交价购买了保罗·塞尚的 card players。这是当时艺术品市场最

---

① 张胜冰、徐向昱、马树华:《世界文化产业导论》，北京大学出版社 2014 年版，第 270 页。

② 王亚南、高书生：《中国文化产业供需协调增长测评报告（2013)》，社会科学文献出版社 2013 年版，第 2 页。

③ 《调查显示：我国文化消费存在 3.66 万亿元缺口》，新华网，http：//news.xinhuanet.com/fortune/2013 - 11/09/c_ 118074450.html。

④ "The Word's Richest Countries", *Forbes*, 2012 年第 2 期，第 22 页。

大金额的收购。2014 年人均 GDP 为 43180 美元的阿联酋，文化消费也较大，主要是迪拜的高端现代休闲游和沙迦的文化旅游。而俄罗斯天生的战斗性，又非常喜好战斗性强的手机游戏。

另外，西亚、东南亚、南亚、中东欧、非洲国家也有自己比较特殊的文化消费需求，为文创提供了差异化的市场空间。以西亚逐渐发展起来的约旦为例，虽然 2014 年人均 GDP 只有 5422.6 美元，但是约旦的各种社会活动、正式会议婚礼、订婚、毕业典礼和生日派对等都要求摄影师前来摄影。换句话说，摄影服务和摄影教育培训业在此能够有一个新的市场空间。泰国由于天然的环境、特殊的人妖文化，文化旅游及影视产业成为突出文创市场。而人均 GDP 较高的中东欧国家，如斯洛文尼亚（23962.6 美元）、爱沙尼亚（19719.8 美元）、捷克（19553.9 美元）、斯洛伐克（18416.5 美元）、立陶宛（16444.8 美元）、脱维亚（16037.8 美元）、波兰（14422.8 美元）、匈牙利（13902.7 美元）、克罗地亚（13507.4 美元）等，也有差异化的文化消费需求，比如，立陶宛需要影视和软件信息产业，而波兰更倾向琥珀文化艺术。这样，差异化的文化消费需求就为文创提供了差异化的市场。

（四）沿线升级、新建交通枢纽等设施将做大文创的市场

除现有的交通枢纽之外，升级或新建包括铁路、航空、公路等在内的交通枢纽能够促进转换人流量的方向以及增加人流量。从目前来看，可迅速升级、新建向西的交通枢纽（“一带”交通枢纽）和向东的交通枢纽（“一路”交通枢纽）。如升级、新建中亚、南亚、东南亚的铁路、航空、公路等将进一步增加中国与这些地方的人流量；升级、新建中国到中欧的交通枢纽又能把欧洲的人带入中国国内，增加他们在中国国内的文化消费量；加速推进建设海上高速公路，升级海运则又能推进与印度尼西亚、马来西亚、菲律宾、澳大利亚等地人流流动，带来新的文创消费，加速做大文创市场。

在交通枢纽中，新疆对接丝绸之路经济带的北中南三条大通道，最能扩大人流量。北通道起于“环渤海经济圈”，经哈萨克斯坦至俄罗斯；中通道起于“长三角经济圈”直通中亚至欧洲；南通道起于“珠三角经济

圈”南下至印度洋沿岸的瓜达尔港。[①] 升级、新建三条通道上的铁路、公路、航空将加速俄罗斯、中亚、南亚等地与中国的联系，推进文化旅游、特色文创的加速发展。陕西、甘肃、青海、宁夏、内蒙古、云南、四川、重庆等地新开至阿拉木图、伊斯坦布尔、罗马、悉尼（或布里斯班）、拉脱维亚等的国际航线，又将增加各地的人流量，从而带动当地酒店、餐饮、休闲创意等的不断发展。

另外，中巴、中尼、中印等的铁路、公路、航线，中亚的“三横两纵”国际通道如“新亚欧大陆桥”“杰兹卡兹甘—别伊涅乌”铁路、土—阿—塔铁路、俄—哈—吉—塔铁路、国际“北—南”运输走廊等以及中国企业将承建的塞尔维亚泽蒙—博尔察大桥，以色列特拉维夫轻轨，肯尼亚蒙内铁路，埃塞俄比亚铁路，坦桑尼亚基甘伯尼大桥，哈萨克斯坦阿斯塔纳轻轨，乌兹别克斯坦铁路、中缅、中泰、中老铁路，中巴喀喇昆仑公路，斯里兰卡汉班托塔港等也能促进人流量的流动，打开更大的文旅市场，进而扩大文创市场。

（五）金融体系、各地资金及文产基金等提供了资金保障

1. 丝路基金、金砖银行、亚投行等大型金融体系

总的来说，丝路基金、金砖银行、亚投行、中国—中欧合作基金，中—欧亚经济合作基金，亚洲区域合作转向资金、中国—东盟海上基金、中国—东盟合作基金 + 周边友好交流专业基金、上海合作组织银联体、新布雷顿森林体系国际金融平台等大型金融体系，在为“一带一路”战略的实施提供了强大资金支持的同时也为文创的基础设施建设提供了资金保障。但要注意在丝路基金、金砖银行、亚投行三大金融体系中并未明文支持文创。以亚投行为例只说了会“振兴包括交通、能源、电信、农业和城市发展在内的各个行业投资”。虽然亚投行没有具体表述将为文创提供资金保障，但支持像文化广场之类城市发展基础设施建设就为文创的发展奠定了基础。此外，在《亚洲基础设施投资银行协定》第十一条业务对象及方法中明确规定，银行可以向任何成员或其机构、单位或行政部门，或在成员的领土上经营的任何实体或企业，以及参与本区域经济发展的国

---

① 《新疆对接一带一路方案已获批：打通四大公路》，澎湃新闻，2015 年 9 月 13 日，http://www.thepaper.cn/newsDetail_forward_1374524。

际或区域性机构或实体提供融资。换句话说，亚投行也能支持相关文化企业。

2. 文化部及陕西、甘肃、广东等地的相关资金

为配合“一带一路”战略的实施，文化部办公厅下发了《关于开展“中华优秀传统艺术传承发展计划”民族音乐舞蹈专项扶持工作的通知》。该通知提到2015年中国民族音乐舞蹈扶持发展工程将重点资助国内艺术院团、艺术机构赴“一带一路”沿线地区进行采风和体验生活，收集、提炼、加工当地的民族音乐舞蹈素材，汲取艺术营养，创作演出一批“一带一路”主题剧（节）目。根据资助标准，大型剧目采风创作的资助金额不超过70万元，中小节目采风创作的资助金额不超过30万元。同时，各省级文化行政部门要对入选项目给予配套资金扶持，资助资金原则上不低于文化部的资助额度。此外，陕西省除西安丝绸之路经济带建设专项资金之外，还拟设立规模500亿的丝绸之路经济带产业发展基金；甘肃成立中广丝绸之路文化创意产业基金和中广丝绸之路文化产业投资基金；广东省政府设立“21世纪海上丝绸之路建设基金”等。这就为文创在“一带一路”上的发展奠定了坚实基础。

3. 可协助“一带一路”文创发展的文化产业基金

就中国而言，有上百个文化产业基金。从中国文化产业基金到各省市的相关文化产业基金。这些基金都可以为“一带一路”上文创的发展提供资金保障。另外，“一带一路”在国内的核心区域大部分在藏羌彝文化产业走廊，因此，该走廊上的一些基金为“一带一路”文创提供资金支持。比如川港文化产业基金、贵州民营文化产业创投基金、云南文化产业引导基金、云南省文化（旅游）产业发展基金、西藏高山文化发展基金会、西藏文化发展基金会、陕西文化产业投资基金、甘肃省文化产业发展基金等。

四　“一带一路”战略上文创的挑战

（一）全球经济持续下行使得部分文化消费市场或将萎缩

金融危机、欧元区危机等遗留影响在全球依然清晰可见，深层次的影响逐渐凸显，无论是美国、英国等先进经济体，还是中国、俄罗斯、哈萨克斯坦等新兴经济体，整体经济还处在下行阶段。2014年，俄罗斯、马

来西亚、乌克兰等国家经济下滑严重。而 2015 年 1—7 月，俄罗斯经济同比就下滑了 3.6%。7 月俄罗斯国内生产总值（GDP）同比下降 4.6%，出口同比下降 39%，为 282 亿美元；进口同比减少 41.9%，为 170 亿美元。8 月 28 日，国际评级机构穆迪公司下调 2016 年俄经济预期。该机构的专家认为，明年俄罗斯 GDP 将下滑 0.5%—1.5%。俄罗斯国立高等经济学院的专家估计，2015 年经济未必能恢复增长，2016 年大概还会继续滑坡。[①] 国际货币基金组织的预测也证明这个观点。另外，哈萨克斯坦、塔吉克斯坦等的经济也有所下滑。在这种全球经济下滑的大背景，人们的文化消费支出就会受到一定的影响。像艺术收藏、奢侈品、奢华旅游、文化地产等涉及金额较大的文创，消费或将萎缩。

（二）部分国家对中国文化的不适应影响文创的整体推进

沿线国家各有各的文化，对中国的文化有一定的不适应性。这就导致沿线部分国家将“一带一路”解读为中国的“马歇尔计划”“中国威胁论”，甚至将“一带一路”与帝国主义、殖民主义、谋求地区主导权相挂钩。比如，在中印战争中战败的印度担心中国国家意识形态的侵蚀，认为中国的“一带一路”伤害到印度在印度洋的安全及贸易，就于 2014 年 6 月形成了“跨印度洋海上航路与文化景观”计划[②]抗衡中国，其目标是希望通过这样一个计划，拓展印度在印度洋上的海洋、文化、战略及心理上的存在，让人们记住为什么这片大洋会被称为“印度洋”。[③] 印度甚至在 2015 年 2 月第 17 届亚洲安全大会（ASC）上，公然推出了“季节”计划，规划一个由“印度主导的海洋世界”，重建古印度文明圈，对中国的“一带一路”战略进行反制。[④] 此外，中国与越南、马来西亚、菲律宾在

---

① 《俄罗斯 7 月 GDP 同比下降 4.6% 衰退或将持续至 2018 年》，2015 年 8 月 30 日，新华网，http：//www. xinhuatone. com/ckxxDetail. jsp？ class_ id =63&con_ id =666119。

② Parth Shastri & Paul John，Mausam to link 10 Gujaratsites to Indian Ocean World，Jul 24，2014. htp：//www. unesco. 0 new/ leadmin/M U IM EDIA/FIELD/New — Delhi/images/time—sofindia_ 35. pdf.

③ AkhileshPilalamari，ProjectMausam：IndiagAnswertoChinagMaritimeSilkRoad. Sep—tember18，2014. http：//thediplomat. com/2014/Og/project—mausam—indias—answer—to—chinas—maritime—silk—road/. MinistryofCulture. GovernmentofIndia. MAUSAM/MAWSIM ： MARITIME ROUTESAND CULTURAL LANDSCAPES，http：//ignca. nic. in/PDF— data/Mausam_ Concept. pdf.

④ 王义桅：《“一带一路”机遇与挑战》，人民出版社 2015 年版，第 68 页。

南海问题上的一些争端，也可能导致他们对中国“一带一路”战略有不同的想法。

部分国家在政治上对中国的态度仅仅是这些国家对中国文化不适应的一个方面，而部分国家在宗教、风俗、习惯、礼仪等文化方面本身就与中国的文化存在极大的差异。比如，沿线国家大多数强调伊斯兰教、基督教、天主教、佛教等宗教文化而中国强调的程度并不高；伊朗在女性文化上相对保守而中国则强调女性的自由与解放；泰国因人妖而性文化相对开放而中国则相对保守；哈萨克斯坦开诚布公而中国则谦虚含蓄。总而言之，部分国家与中国文化上的差异、冲突，会影响双方在文创上寻求合作点，并最终影响双方的整体推进。

（三）各国经济、社会、政策、版权等风险影响文创实践

1. 部分多家经济欠发达影响民众消费文创产品

据世界银行数据，塔吉克斯坦是世界上最穷的国家之一。到 2012 年，塔吉克斯坦 46.7% 的人口还生活在贫困线以下，即每日生活费用低于 2 美元。塔吉克斯坦全国平均月工资水平为 110 美元，最低仅为 17 美元。整体收入较低，民众就难以消费文创产品。另外，从 2014 年世界银行统计的国家 GDP 和人均 GDP 来看，与美国的 17.4 万亿美元、日本的 4.8 万亿美元相比，“一带一路”国家整体经济情况还是较差。这样，建设和消费就都比较难。比如柬埔寨、孟加拉国、吉尔吉斯斯坦、塔吉克斯坦、东帝汶、老挝、乌兹别克斯坦、越南人均 GDP 分别才 1090、1093、1114、1280、1269、1759、2037、2052 美元。经济不发达，民众手里的钱不够就严重影响了文化消费。

2. 部分国家不确定因素影响文创的投资与消费

沿线部分国家社会不确定因素一方面表现在诸如泰国、缅甸等政局不稳定，经常换届选举，影响国家对外政策；另一方面表现在诸如叙利亚、阿富汗、约旦、以色列、巴勒斯坦、科威特、土耳其等国家的战争、毒品、颜色革命、三股势力等问题也比较突出。沿线国家的极端组织存在的目的就在于通过冲突、战争、恐怖行为等形式打击现存政权，掌握国家权力。这就与“一带一路”意在实现地区繁荣富裕、财富共享的目的相冲突。即使到 2015 年 9 月 14 日，中国驻土耳其大使馆都还在提醒中国公民不要前往土东南部地区，特别是土叙（利亚）边境地带。总而言之，部

分“一带一路”国家的社会稳定性较差，不仅影响了文创投资的积极性，更影响了本地文化消费和外地到此来进行文化消费的积极性。

3. 沿线国家相关政策的限制影响文创全面发展

尽管“一带一路”沿线国家有心发展文创，但是各国所制定的相关政策可能会影响文创的全面发展。比如，尽管伊朗电影在最近几年不断在国际电影节上获奖，电影产业有所发展，但是伊朗的电影电视审查制度还是相当严格。该审查制度为电影、电视规定了种种禁忌：电影中禁止出现“紧身的女性服饰、男女之间的身体基础、暧昧的语言，关于军队、警察或家庭的笑话，外语或粗鄙的语言、外国音乐或其他类型的欢快音乐，以及留有络腮胡的反面角色（因为伊斯兰所尊崇的蓄胡须可能使观众角色同宗教形象相联系）。”① 国外各项政策不仅影响中国文创到当地发展，也进一步制约了当地文创的融合升级。而中国虽然允许外资进入，但《外商投资产业指导目录》（2015 年修订）对外资还是有所收紧，比如，对于“高等教育、普通高中教育、育幼教育机构”，增加了“中方主导”的要求，投资模式限于“合作”；而“高等教育机构、普通高中教育机构、育幼教育则“限于合作、中方主导”。《目录》还禁止外商投资网络出版服务；经营文物拍卖的拍卖企业、文物商店等。而中国专门针对影视文创的《广播电视管理条例》《关于加强互联网传播影视剧管理的通知》《电影企业经营资格准入暂行规定》《关于进一步加强和改进境外影视剧引进和播出管理的通知》《关于进一步加强电视剧引进、合拍和播放管理的通知》等也影响了国外影视文创到中国的发展。

4. 沿线各国盗版现象严重影响文创人才积极性

俄罗斯、印度、泰国、马来西亚等国都制定了《版权法》来保护文创人才的版权利益，但是盗版影响文创收入的问题依然存在。比如，俄罗斯每年因网络盗版损失 600 亿卢布（约合 112 亿元人民币）。另外，据 WIPO 前几年的统计，孟加拉国、亚美尼亚的盗版率高达到 92%，斯里兰卡、阿塞拜疆、摩尔多瓦的盗版率达到了 90%，也门、巴基斯坦的盗版率分别是 89%、86%，印度尼西亚、越南、伊拉克的盗版率是 85%，黑山也达到了 83%。而土耳其、以色列、柬埔寨、塔吉克斯坦、吉尔吉斯

① 张胜冰、徐向昱、马树华：《世界文化产业研究导论》，北京大学出版社 2014 年版，第 281 页。

斯坦、东帝汶、老挝、乌兹别克斯坦等的盗版现象也较为严重。虽然近年这些国家的盗版率稍有下降，但盗版严重的问题仍然未得到彻底解决。这就会严重损害创意人才的经济利益，最终影响文创人才的积极性。

（四）国内部分核心、重点区域文创欠发达影响文创品质

中国人民大学第五次发布的“2014 中国省市文化产业发展指数”显示，文化产业发展综合指数前十位依次是北京 82.1；江苏 81.1；浙江 79.7；广东 79.6；上海 78.8；山东 77.7；辽宁 77.2；河北 75.2；湖南 75.1；江西 74.2。北京、江苏、浙江等省市文化产业综合指数排名前三甲，较发达。比如，2014 年，北京文化创意产业增加值达到了 2794.3 亿元，在 GDP 中的占比已经突破了 13%。而作为“一带一路”核心区域、重点区域的新疆、西藏、青海、甘肃、宁夏、陕西、云南、内蒙古、黑龙江、吉林、辽宁、广西、海南等地的文创与北京、东部、沿海地区等地的文创相比，欠发达。比如，甘肃文化产业增加值仅为 133 亿元，与北京、上海、江苏、浙江等的文化产业增加值超过 1000 亿元相比，差距甚大。总而言之，“一带一路”国内部分的文创欠发达将影响文创在“一带一路”上发展的品质。

（五）缺乏“一带一路”文创人才将影响文创发展的进程

首先，中国缺乏对“一带一路”沿线国家基本国情、经济、文化等系统了解的人才，造成对沿线国家的文创发展情况了解不足，积累研究不足。其次，由于中国文创人才对“一带一路”沿线国家不了解，无法深刻了解沿线国家民众的文化消费习惯、喜好，也就难以开发出适应当地民众需求的文创产品。最后，文创的高端人才也十分匮乏。缺乏“一带一路”文创人才将影响中国文创“走出去”。此外，缺乏文创人才也将影响中国文创在国内的发展。数据显示，2013 年我国文化产业从业人员数为 774.06 万人，文化产业劳动力占比只有 1.01%，与美国文化产业劳动力人数占 8.26% 相比，我国尚有 5584.24 万的文化产业人才缺口。另外，我国文化、体育和娱乐业中，大专及以上学历的就业者仅占 37.75%，与互联网信息服务业的 59.07%、证券业的 75.09%、计算机服务业的

42.41%相比，相差较大。[①] 换言之，中国国内文创人才的缺乏将影响文创汲取国内外优秀的文化资源，借助政策、文化科技等将中国国内文创做好做大，进而影响中国文创的发展进程。

五 对中国发展文创的初步建议

（一）分期分批调研国际国内文化现状，加速编制《丝路文化产业战略规划》

“一带一路”文创要统筹国际国内两个环境。一方面，沿线六十多个国家各有各的民族，比如哈萨克斯坦就有140个民族，缅甸有42个民族135个支系；各有各的文化，比如伊斯兰教、佛教、基督教、印度教等宗教文化，民族音乐、舞蹈等艺术文化，风俗、节庆等传统文化；各有各的文创发展特点，比如阿联酋以奢侈休闲文化旅游为主，泰国以文化旅游和影视产业为主，印度以媒体与娱乐产业为主，斯洛文尼亚以出版产业、影视产业为主，立陶宛以影视和软件信息产业为主。总而言之，国外文化现状十分不同。这就需要选派中国优秀的文创专家、研究者及业界精英组成不同梯次的调研团队分期分批地前往沿线各国考察、调研具体的发展情况，汇总相关调研报告以便推进《丝路文化产业战略规划》国外部分的落实。另一方面，中国国内涉及新疆、内蒙古、青海、甘肃、宁夏、陕西、云南、黑龙江、辽宁、吉林、广西等众多省份的文化资源丰富而多样但文创又相对落后。因此，需要组织文创专家团队对这些地方的文创开展深入而详尽的调研，以推进《丝路文化产业战略规划》国内部分尽快落实。只有迅速推进编制《丝路文化产业战略规划》，才能从宏观上统筹不同地区、不同业态的发展，给予文创更多的导向，才能最终促进文创在“一带一路”战略上大放异彩。

（二）审视各国文创需求，依靠优势品牌，打造中国文创的升级版、国际版

中国的文创只有不断与国际接轨，才能依靠优势文创品牌，打造中国文创的升级版、国际版。从客观上讲，中国文创要与各国文创合作，前提

---

① 《文化产业高端人才在哪里?》，《中国文化报》2015年1月24日。

就是要了解各国的文创需求。因为各国的文化需求直接决定了中国生产何种文创产品。中国只有在掌握各国文创需求的基础之上，才能结合自己的优势文创，做大中国文创的国际市场。以中国与土耳其、巴基斯坦、卡塔尔、阿联酋、哈萨克斯坦等国合作文创为例，据 WIPO 统计，土耳其2009年、2010 年、2011 年进口广播、电视、VCR 和 CD 播放器数量连续三年都保持着增长，而巴基斯坦的进口艺术品则连年增长。卡塔尔、阿联酋、哈萨克斯坦等国家则在艺术收藏等方面的需求有所增长。而俄罗斯、印度等在互联网文化产业方面的需求又相对旺盛。因此，中国就要针对他们的需求，进一步把诸如《还珠格格》《非诚勿扰》等影视文化品牌，万达、华强、华侨城、保利、宋城、BAT 等优势文创企业品牌输出去，单独开设文创基地或与他们合作文创项目，打造更适合当地民众在影视文化、主题公园、旅游演艺、艺术收藏、互联网文化等方面需求的文创产品。此外，东南亚、南亚国家民众进入中国旅华人数逐年增长，但经济富足的中东欧国家却相对较少，比如 2014 年这些地方进入中国的游客还不足 30 万。不过，随着中国与沿线国家的交通枢纽逐渐成熟，政策逐渐完善以及“一带一路”战略的深化，对中国文化认同度较大的民众进入中国国内消费的机会将日渐增加。这就增加了中国文创与沿线文创在文化旅游、教育培训方面的合作机会。总而言之，选派专门的文创人才，仔细审视沿线各国的文创需求，再统筹国际国内两个市场，依靠中国优势文创，就能打造中国文创的升级版、国际版。

（三）建立国家级丝路文化产业基金，促进中国文创分批次、分阶段“走出去”

“一带一路”战略涉及众多国家，不同国家国情不同，对中国文创的态度也不同，这就增加了中国文创“走出去”的难度。因此，中国文创要大踏步“走出去”还需要强大的资金做后盾。尽管中国文创在“走出去”的过程中可以从丝路基金、亚投行、金砖国家银行等大型金融体系中获得部分资金帮助，但是这些金融体系还是重在支持沿线的基础设施项目。换句话说，大型金融体系无法准确根据文创的特点去提供资金帮助，而文创重创意、高收益、高风险等特点也的确需要专门的资金给予全面的支持。因此，只有专门建立针对“一带一路”沿线国家特色文创的国家级“丝路文化产业基金”，才能给予中国文创更加安心的保障。

除了建立国家级丝路文化产业基金为文创保驾护航之外，还要注意无论是对沿线国家还是对文创的种类，中国文创“走出去”都要分批次、分阶段。在国家方面，从此次中国北京“9·3阅兵式”来看，对中国文化比较友好的俄罗斯、哈萨克斯坦、埃及、蒙古等可以作为中国文创“走出去”的首批成员国。在确定文创发展首批国家之后，要考虑把泰国、巴基斯坦等作为第二批或第二阶段国家，还要思考与印度、缅甸、越南、菲律宾、斯里兰卡、马来西亚、印尼等的另类合作。在文创种类方面，从中国与各国的经贸旅游来看，首先还是要促进文化旅游、教育培训业、体育产业、影视产业方面的文创“走出去”，再促进其他类别文创产业与沿线国家深度合作。此外，针对“一路”还要研究海洋文化产业的分批次、分阶段策略。

（四）加大欠发达与发达地区文创合作力度，促进文创“走出去”与“引进来”

“一带一路”战略国内部分核心区域新疆文创欠发达。“一带一路”战略涉及的青海、西藏、甘肃、宁夏、陕西、云南、内蒙古、黑龙江、辽宁、吉林、广西等文创也相对欠发达。但是这些地方又具有丰富的文化资源并且与“一带一路”的国外部分接壤，交通相对便利。“一带一路”涉及的北京、浙江、江苏、上海、天津、香港、澳门、台湾等省市文创又相对较发达。因此，需要加大欠发达地区与发达地区文创的合作力度，引进先进人才、技术，依靠国家政策，共同挖掘国际国内的文化资源，开发文创新创产品，促进中国文创“走出去”。其实，青海为弥补文创的短板曾促进青海卫视与湖南卫视在2010年合作，只是双方在观念、技术等方面的差异使得双方在2013年终止了合作。这说明，欠发达地区与发达地区的合作还需要在运营思维、人员、技术等方面不断融合。此外，欠发达地区需要与发达地区的优势文创品牌合作，一起“走出去”，比如搭华强主题公园的车、智慧宫图书出版的车输出当地文创产品。除了“走出去”，欠发达地区需要与发达地区合作，学习发达地区的文创经验，培育“引进来”的氛围，促进沿线国家的文创企业积极“走进来”做文化旅游，教育培训，养老服务，音像制品分销（电影除外）服务，文化、体育和娱乐业中的演出场所经营和体育场馆经营、健身、竞赛表演及体育培训和中介服务，摄影服务，工业设计、建筑设计、服装设计等方面的文创。

(五) 扩大培养文创人才规模，分清培养人才梯次，保障提升文创的国际品质

无论文创是在“一带一路”战略的国内区域发展还是在国外区域发展，关键还是要解决人的问题。一方面要解决缺人的问题，另一方面要解决培养不同层次文创人才的问题。就目前而言，中国只有四川文化产业职业学院和山东文化产业职业学院两所专门的学校培养专门的人才。但是从这两所学院的招生规模、质量与培养模式来看，满足中国“一带一路”战略文创的需求还是存在问题。当然，一些学校也设立了二级学院培养文化产业基础人才，艺术学院也培养了艺术人才。但是这种培养人才的方式与文化产业极为发达的美国、英国、日本、韩国来比，还是存在巨大的差距。此外，在培养文化产业高端人才方面，问题就更为突出。不仅硕士、博士点较少，甚至有的高校将文化产业专业的学生放在新闻学、传播学下面去招生。这样不管在导师配备上还是课程设置上都还是需要去协调。由于文化产业在带动就业、增加国家 GDP 方面有着举足轻重的作用以及“一带一路”战略对中国国际地位的重要性等原因，都亟须通过国家重点院校调整培养人才的思路，扩大培养人才的规模，分清培养人才的梯次，真正保证基础文创和高端文创的发展。此外，中国要出台扶持政策，采取扶持措施促进中国各地的文化产业研究机构、重点文创企业、品牌文创企业与国内重点高校开展实战培训与合作项目，联合培养高端人才，以保证创新文创产品，提升文创的国际品质。

(作者单位：四川大学文化产业研究中心)

“一带一路”战略下的中国海洋形象塑造与动漫符号传播*

——兼论实现“中国梦”的海洋强国建设

李　涛

【摘要】“一带一路”战略是中国21世纪的蓝色梦想，是中国强国战略的重要支持，是世界新一轮竞争的主战场，而海洋强国与海洋文化产业发展息息相关，海洋意识需要海洋文化传播，海洋文化产业的发展可以有利地推进海洋强国梦想的实现。本文运用符号学分析了日本和美国改编的动漫文化样本，论述了海洋强国与动漫海洋文化符号传播的关系。

【关键词】一带一路　中国梦　海洋文化产业　海洋强国　动漫

提到“中国”，世界文化的联想是瓷器和丝绸，无论是世界各博物馆中国分馆中的主要陈列，还是迄今民间交往的礼尚往来的主要礼品；而瓷器和丝绸都是美好的符号，尤其是后者。曾经，主要从中国长安出发的丝绸之路和主要由郑和主导的海上丝绸之路，是经济领先文化优越的古中国，与世界交往的方略。如今，世界经济一体化进程日益加速，包括中国在内的各国各区域都在谋求更好的发展之路，那就是合作共赢。于是，在世界政经版图一个新的战略构想从容铺展：“丝绸之路经济带”和“21世纪海上丝绸之路”。2013年9月7日，习近平在哈萨克斯坦纳扎尔巴耶夫大学发表演讲时表示，“为了使各国经济联系更加紧密、相互合作更加深入、发展空间更加广阔，我们可以用创新的合作模式，共同建设‘丝绸之路经济带’，以点带面，从线到片，逐步形成区域大合作”。2013年

---

* 本文系《“中国梦”影视创作与传播策略研究》（15ZD01）阶段成果。

10 月 3 日，习近平主席在印尼国会发表演讲时表示，“中国愿同东盟国家加强海上合作，使用好中国政府设立的中国—东盟海上合作基金，发展好海洋合作伙伴关系，共同建设 21 世纪‘海上丝绸之路’”。

“一带一路”，这是跨越时间和空间的构想，时间维度上，2100 多年前张骞出使西域到 600 多年前郑和下西洋，海陆两条丝绸之路为沿途各国区域带去文明和友好，收获贸易的共赢和赞誉，它是从历史深处走来的，却又融通古今；从空间维度上，发端于中国，贯通中亚、东南亚、南亚、西亚乃至欧洲部分区域，东牵亚太经济圈，西系欧洲经济圈，它是世界上跨度最长的经济大走廊，也是世界上最具发展潜力的经济带。“一带一路”是沿线各国各区域应对金融危机、加快转型升级的休戚与共命运连接线。

一　“中国梦”、海洋强国与海洋文化

“一带一路”战略是伟大复兴中国梦的构想。“21 世纪，人类进入了大规模开发利用海洋的时期”，中国以大陆岸线长、管辖海域面积等地域优势，坐拥“建设海洋强国”的自然客观条件。然而，十八大报告已然为我们解读，建设海洋强国需要拥有提高海洋资源开发、发展海洋经济、保护海洋生态环境、维护国家海洋权益的四项实力，这些能力的培养和提高首先面对的关键词是“海洋意识”。虽然早在 20 世纪 90 年代已经有明确的“21 世纪是一个海洋世纪”概念，但 21 世纪已经轰轰烈烈过去了 13 年，中国人的“海洋意识”其实没有到位，往往不是有所不足就是有所偏差。①

建设海洋强国，首要之举是强化全民族的海洋意识。海洋意识不仅仅是大洋科技、经济、法律等知识的普及，更是凝练和弘扬包括大洋意识、极地意识、深潜意识在内的海洋意识，形成关注海洋、热爱海洋、保护海洋的浓厚氛围。

21 世纪是海洋的世纪，建设海洋强国，是实现“中国梦”的重要组成部分。中国海洋强国是梦，为什么是“梦”？

---

① 黄建钢：《海洋十论：进入“海洋世纪”后对“海洋”的初步思考（2001—2010 年）》，武汉大学出版社 2011 年版，第 7 页。

中国这一长期依托于土地的古老农业国，虽然历史上创造了5000年辉煌的人类文明，但是当前也面临着资源短缺、生态失衡、环境恶化等重大问题。现今，许多国家确立了大土地理念，向海洋、太空拓展新的生存空间和发展空间。而占地球总面积71%的海洋，成为人类首选的拓展空间，如何更好地开发和利用海洋资源、如何更快地发展海洋经济，不仅关系着现前的经济发展，关系着提升国际竞争力，关系着掌握未来的主动；美国、英国、日本等国都制定了海洋开发战略，在控制海洋的国家战略中，海洋文化及其传播的地位等同于国家海洋安全，是海洋竞争力的主要体现，而对海洋文化生产与传播最为有力的海洋文化产业是贯穿于整个海洋战略的核心产业之一，是软实力和硬实力的有机结合和效力倍增，是实施海洋强国战略的必由之路。然而，中国的海洋文化还没有建立成为体系，也还未有效地传播于世界，中国的海洋文化产业才刚刚起步——这是中国的蓝色梦。

中国的海洋蓝色梦，是通过建设海洋强国实现和平发展利益，是通过建设海洋强国实现小康社会目标，是通过建设海洋强国实现中华民族伟大复兴。中国既是陆地大国，也是海洋大国，但大多数中国人更多地认识陆地、关心陆地；更少地关注海洋、经略海洋。事实上我们人类赖以生存的地球主要部分是蓝色的，然而，那占据地球表面71%比例的疆域却是神秘的地域，我们对它的熟悉远不及业已开发殆尽的陆域。这种文化意识不扭转，中国建设海洋强国真的只是一个梦；所以，进一步关心海洋、经略海洋是中国实现海洋强国梦的方向和途径。

经略海洋最为重要的是建设海洋文化，筹划海洋意识及其传播。天下观是一种大国意识，是中华民族的宝贵财富；而海洋观是另一种国际意识，关乎民族在海洋时代的生存发展，关乎国家的海洋国际地位，关乎海洋可持续资源供给，关乎海上战略安全。中华民族安居乐业于农耕文化，陆地意味着脚踏实地，大海意味着飘摇不定，难以对海洋产生感性认识，更缺乏对海洋的愿景、敏感、前瞻和勇闯。经略海洋，仅仅出台海洋强国战略的政策，鼓励勇闯大海、开发大海、科技创新还远远不够；在认识层面上，要建立并传播陆海互养意识，依海富国意识、以海强国意识、人海和谐意识，以及海洋资源开发意识、海洋国土保卫意识、海洋人文和谐意识、海洋生存生活意识等，这些基本海洋意识的全民认同氛围营造是认识大海的基础，而建设海洋文化是重要途径。

东方与西方，俨然是陆地文明与海洋文明的区隔。其实不然，身处地球东半球的中国与西方是共同彰显普世的海洋意识的，中华海洋文化与西方地中海文化有着惊人的相似和同期。远古神话中，中国的精卫填海和希腊的伊卡洛斯，都反映了中西早期的海洋心理；公元前480年前后，中国越国渡海北上与吴国的大型海战、西方波斯与希腊的萨拉米斯大海战，均影响了世界版图；公元15世纪，中国郑和（1371—1433年）的200艘船、两万水手下西洋和意大利哥伦布（1451—1506年）3艘船90名水手横跨大西洋，皆是影响世界的大航海家。中华海洋文明不仅早就融入中华民族的血脉中，而且在海洋原型心理意识、海事海防意识和海洋探险意识方面，与西方海洋文化同步或更早。中国海上丝绸之路为人类文明贡献巨大；但是，黑格尔的名著《历史哲学》载，“尽管中国靠海，尽管中国古代有着发达的远航，但是中国没有分享海洋所赋予的文明，海洋没有影响他们的文化。”此论调也传播于世，成为中华古老的海洋文化走向深蓝世纪航程中的不谐和音。虽然，我们的文字也有辟谣之举，如宋朝孟元老的《梦华录》、明朝屈大钧的《广东新语》、清朝吴竞的《吴趋风录》、清朝厉真秀的《真州风土记》均对龙舟文化详尽记载，但毕竟不能与黑格尔的传播力度同日而语——这就为我们提出了一个严肃的课题，中国应该更有力地创作海洋文化，并更有效地传播海洋文化。

2012年5月12日至8月12日在韩国海滨城市丽水市举行的2012年韩国丽水世博会（Expo Yeosu，2012），主题确定为“生机勃勃的海洋及海岸——资源多样性与可持续发展”，着眼于海洋和海岸的重要性，传达了人类希望与地球、生命、生态系统和谐发展的愿望。通过三个副主题“海岸开发与保护”“创意海洋文化活动”和“新资源技术”倡导与可持续性理念相关的海洋文化；鼓励知识的融会与传递、经验的交流以及普通大众的参与、相关机构之间的讨论和对话；促进大众对海洋资源所面临的挑战与机遇的认识；展示来自世界各地的成功范例和重大创新。世界各国提出了各自不同的海洋理念，例如，乌拉圭的“乌拉圭，大西洋的绚烂之光”，土耳其的“土耳其：连接海洋和大陆的文明之国”，俄罗斯的“海洋与人类，从过去到未来的旅程”，日本的“日本的未来与海洋”，美国的“多样性、敬畏心及海洋法”等；而中国提出的“人海相依”理念宣告着在世界各国推动海洋文化的共识声中，中国也迎来了全面开发海洋的新时代。

二 海洋文化产业与海洋动漫产业

"人海相依"是中国的海洋强国之梦，它是蓝色之梦，是和谐之梦。要真正实现这个梦想，海洋文化产业由此提到议事日程。

海洋文化产业既是海洋经济的组成，又能带动海洋文化的提升，是海洋经济与海洋文化的交叉部分，是驱动海洋经济功能和发挥海洋文化价值的载体，所以，可以说海洋文化产业是建设海洋强国四项能力的重要路径。

据"竞争战略之父"迈克尔·波特（Michael E. Porter，1947— ）对经济发展的四阶段划分法，海洋经济发展也需要经历"要素驱动"阶段、"投资驱动"阶段、"技术驱动"阶段和"创新驱动"阶段，而海洋文化产业因其具有内容意义和主体意义，是帮助海洋经济发展从前三个阶段惊人一跳到第四阶段的助力产业；同时，创新是文化价值、思维方式和心理认知的革命性飞跃，从个人的创造力、技能和天分中获取发展动力的正是创新驱动型经济，通常包括的广告、建筑艺术、艺术和古董市场、手工艺品、时尚设计、电影与录像、交互式互动软件、音乐、表演艺术、出版业、软件及计算机服务、电视和广播等产业，正是创新驱动型经济，也正是文化产业。此外，我国海洋经济的发展历程正由第三阶段向第四阶段跃迁，这一阶段的显著表现莫过于文化与经济的共生共融。因此，海洋文化产业建立在海洋经济和海洋文化的基础上；发展海洋文化产业既可以促进海洋经济转变增长模式和经营方式，又可以促进海洋文化走上协调和可持续发展的轨道。海洋经济是海洋文化发展的动力和源泉，海洋文化尤其是海洋意识制约着海洋经济的发展；两者呈现一种相互制约、相互促进的关系。① 最近读到两则好消息：一则是青岛建成国内首个海洋文化产业园"中艺 1688 文化创意园区"。园区以"三个中心"（设计、交流、传播）和"六大职能定位"（产业集聚、品牌创新、创业孵化、文化旅游、商贸办公、配套服务）发展海洋文化创意产业；另一则是海洋文化产业首次提上国家层面的议程。"十二五"期间，海洋文化产业将呈现滨海旅游

① 李涛：《走向海洋时代的中国经济与文化研究》，《中国传媒报告》2012 年 8 月，第 22 页。

业、新闻出版业、广电影视业、体育与休闲文化产业、庆典会展业五龙竞进的局面，海洋文化产业预计达到约12%的增速，“十二五”末总产值可逼近10000亿元——标志着中国海洋文化产业日益得到应有的重视。

在海洋文化产业起步阶段，作为文化产业研究的一名学者，特别提请大家重视极易被忽视的海洋动漫产业。

动漫产业的文化传播力是影响和控制青少年的软实力。“在应试教育下长大的我们这批孩子，所接受的一切东西都是按规定给的，只有一个例外，那就是日本动漫。”[①] 日本借助动漫跨越疆界的文化感召力，潜移默化中加大日本文化的宣传力度，在外交手段上实施柔性化调整，以此影响他国的社会舆论，改变世界民众的价值认同。1985年，日本政府明确提出要以动画片为渠道介绍和展示日本的经典文化，使日本从一个经济大国转变为一个文化输出大国。2006年，当时的日本外相麻生太郎在一次题为“文化外交的新构想”的演讲中，提出了“动漫外交”[②] 的策略，即通过推广日本的漫画书和动画片，以生动的动画形象来赢得包括中国在内的各国民众的心。本身就是漫画迷的麻生外相对日本动漫产业高度评价，“你们（指动漫业人士）所做的事情已经抓住了包括中国在内的许多国家年轻人的心，这是我们外务省永远也做不到的事情”[③]。由此可见，动漫文化能够有效地影响青少年的意识和观念，那么发展海洋动漫产业，有利于建立青少年的海洋意识和海洋观念。

根据中国十城市青少年动漫观影与文化形成的跟踪调研，揭示出从小收看动漫的受众会形成动漫语言，对动漫传播方式形成特殊的接受能力，动漫语言是动漫受众圈的共同语言，这些动漫迷们会形成新媒体形态下的社交群体，以喜爱的动漫形象和动漫语言交流，达成文化共知和意识共识。重视海洋动漫产业能有力地吸引了中国的“75后”“80后”“90后”“00后”的关注度，可以有效地引导他们建立正确的海洋意识。

另外，动漫语言是跨越国界的世界通用语言，不懂得汉语的英语系统、法语系统、日语系统甚至阿拉伯语系统的青少年都可以通过观看中国的海洋动漫作品，了解中国的海洋文化，接受中国的海洋意识。

---

① 蔡平：《中国动漫不好玩》，《中国青年报》2004年9月1日。

② 参见崔磊、王晓露《动漫成为日本外交轻武器：潜移默化传播日本文化》，《环球》2006年12月。

③ 李涛：《美日百年动画形象研究》，光明日报出版社2008年版，第12页。

三　海洋动漫文化符号传播与国家形象塑造

美国和日本是世界的动漫大国，美日动漫的一个重要特点是准确地把握受众的接受心理，巧妙地把现实与虚幻融合在一起，构建神话或童话的深层文化内涵，排除空虚印象，增加接受度。这些附着了神话文化符号的少男少女们使用现代化的飞机、电话等科技产物作为道具，青少年动漫迷们热忱地相信这些故事的真实性，从而认同动漫媒介宣扬的观点，效仿片中动漫角色的行为。事实上，对日本动漫废寝忘食的中国痴迷者们，为了避开官方翻译对某些对白或情节的置换，为了能更直接地观赏原版日本动画片，不需要任何人督促，自觉自愿地刻苦学习日语，这种现象也从侧面说明动漫文化对青少年的巨大影响力。喜爱日本动漫的中国青少年在长期的潜移默化中，日渐接受日本的文化观点和价值理念。[①] 动漫文化无疑是国家软实力的重要组成部分。

动漫的这种文化影响力和控制力是典型的文化软实力。"软实力"是奈尔（Joseph S. Nye）提出的，"在国际政治中，一个国家可以通过这样的方式来获得它想要的结果：其它的国家追随它，欣赏它的价值，模仿它的榜样，热衷于它的繁荣和开放程度。……这种想让别人想你之所想的力量，我称之为软实力。"[②] 在动漫文化的产业格局中，软实力是一种有效的意识形态的政治力量。可见，中国要从文化和经济的角度建立和发展海洋动漫产业的运行机制，还需要对动漫进行文化内涵和受众接受心理的深度分析和研究。

世界动漫产业的市场赢家是美国、日本。中国海洋动漫产业要避免走入市场困境应当运用"内生模仿"理论，首先借鉴世界海洋动画电影成功之道，继后探索建制从"中国制作"到"中国创意"的海洋动漫产业发展机理。所以，中国海洋动漫产业理论的研究面临的第一命题是解析美国迪斯尼和日本吉卜力，美、日成功的海洋动画电影运用什么制作规则赢得中国观众尤其是青少年观众的偏好。缘起于这一思路的动画电影理论研

① 参见崔磊、王晓露《动漫成为日本外交轻武器：潜移默化传播日本文化》，《环球》2006 年 12 月。

② Joseph S. Nye, *The Paradox of American Power*, New York, NY: Oxford University Press, 2002, pp. 8, 9.

究（李涛主持的国家社科项目“基于国家形象塑造的动画传播社会核心价值研究”）进程中，获得了一个典型的参比文本：安徒生童话小说《小美人鱼》、美国迪斯尼改编成海洋动画电影《小美人鱼 1》（*The Little Mermaid* 1）、日本吉卜力改编为海洋动画电影《悬崖上的金鱼姬》（*Gake no ue no Ponyo*）。这个特殊的对比文本，为解读美国迪斯尼和日本吉卜力的海洋动漫内容生产机制、海洋文化建构和国家海洋形象塑造具有较清晰的透视效果。

符号学是文科量化分析的一种有力工具，是文科从主观意见走向客观分析的一个有效路径；20 世纪 20 年代开始应用于文学研究，20 世纪 60 年代开始应用于电影研究。最初的符号学电影语言研究主要借用直接意指和含蓄意指，建立沿这两个轴心传达意义的电影叙事意指；随后，电影符号学理论家麦茨引入的准语言学主义的研究方法推动了电影符号理论发展。本研究便是在符号意义具体释义内容中，小说的读者、动画电影的受众凭借阅读文本被当作“行动图示”（schma d’ action）来介绍的“生活意义”（sens de la vie）组织想象。根据格雷马斯的叙述性陈述（énoncénarratif）的规则形式可以推导出：

EN = F（A1，A2……）　　其中，EN = 叙述陈述，F = 功能（fonction），A = 行动元（actant）。

安徒生童话故事《小美人鱼》的海洋文化符号和国家形象：

童话《小美人鱼》开篇就描述海洋，又唯恐读者不能从文字想象出海洋的样貌，毫不吝啬笔墨地用陆地上的物品来比喻和类比海洋，例如，海水的蓝像“最美丽的矢车菊那么蓝”；“像水晶那么清澈”；海洋的深度是“深得没法用锚链来测量它的深度”；大鱼小鱼在枝干间游来游去“就像我们这里地面上鸟在树木间飞来飞去那样”……

安徒生童话《小美人鱼》的叙事符号，可以归纳其叙述性陈述公式：

$$\frac{EN}{\text{灵魂}} = F\left(\frac{A1}{\text{小人鱼收藏人类石像}}, \frac{A2}{\text{人鱼公主舍身求人类}}, \frac{A3}{\text{割舌换人类双腿}} \cdots\cdots \frac{A_x}{\text{人鱼公主人间为奴}} \cdots\cdots \frac{A_y}{\text{弃刀化泡沫}}, \frac{A_z}{\text{升到精灵的世界}} \cdots\cdots\right)$$

小美人鱼雕像是丹麦的国家形象代言，丹麦被称为童话王国很大程度缘起于小美人鱼。小美人鱼为丹麦带来的是怎样的国家形象?

安徒生童话《小美人鱼》外延性符号系统解码非常明确:小美人鱼追求王子的爱情和婚姻,不是为了人间的物质财富和王妃尊贵地位,是为获得忠贞爱情和婚姻带来的"灵魂分享"。小美人鱼以每走一步便像是踏在刀刃上一样的高昂代价,完成了从海底生物到人间的蜕变;用不惜自己化为泡沫的善行,实现了从人到神的跨越历程。于是,"爱""思想""灵魂""善良"对象词项,成为丹麦的国家形象;并随着小美人鱼童话故事的流传,丹麦正面的、友善的国家形象有效地传播开来。

美国迪斯尼动画电影《小美人鱼1》的海洋文化符号和国家海洋形象:

安徒生童话《小美人鱼》将海洋和陆地描述成为截然不同的两个世界,而且是两个互不认同的世界。小美人鱼的几个姐姐"上去就想回到海下面来","她们说水底下美丽多了,而且在外面哪有在家快活"。小美人鱼的老祖母说,"你那条鱼尾巴在我们看来是如此美丽,但在陆地上却被认为非常难看,他们不懂得任何更美一点的东西,以为要美就要有两条粗壮的支撑棍,他们称它们做腿"。不同于安徒生童话《小美人鱼》,美国迪斯尼动画影片《小美人鱼1》将海洋文化设置在"海面"和"海滩",即海洋和陆地的交界处。美国迪斯尼动画电影《小美人鱼1》文本基本意义如下:百般受宠的爱丽儿公主的愿望是拥有人类的双脚,能和意中人跳舞;"若有一天,能出水面,我愿用生命换得一切。不论付出多少代价,我也都愿。"爱丽儿偶然营救了遇船难的亚力克王子,在海滩,爱丽儿对昏迷中的亚力克王子唱出爱慕的心声,希望能和亚力克王子漫步在沙滩,坐在沙滩望夕阳,成就人间爱情。

美国迪斯尼动画电影《小美人鱼1》的叙事符号,可以归纳其叙述性陈述公式:

$$\frac{EN}{\text{爱情}} = F\left(\frac{A1}{\text{爱丽儿公主收藏人类器物}}, \frac{A2}{\text{爱丽儿救人类王子}}, \frac{A3}{\text{用声音换人类双腿}}, \cdots\cdots \frac{A_x}{\text{公主与王子恋爱}} \cdots\cdots \frac{A_y}{\text{斗败横刀夺爱的女巫}}, \frac{A_z}{\text{获得人间王子婚姻}} \cdots\cdots\right)$$

美国迪斯尼动画电影《小美人鱼1》的外延性符号系统解码:可以从

人鱼王国的美丽公主爱丽儿的三段主题歌唱词中提炼出“爱情”“漂亮”“漫步海滩”“与爱共舞”能指符号，这些系统符号既建立该片的基本意义结构，也是塑造美国国家形象的符号体系。

美国的影视作品一直是塑造和传播美国国家形象的利器，一项对美国国家形象的联想树的焦点小组访谈的调研揭示，没有去过美国的受访者，知晓美国的情况主要来源于排名第一位的是媒体，占据有效百分比是76.53%，媒体主要包括电视、电影、书刊、网络等。①

日本吉卜力动画电影《悬崖上的金鱼姬》的海洋文化符号和国家形象：

日本吉卜力动画电影《悬崖上的金鱼姬》将海洋和陆地描述成为一个和谐的整体。陆地上的理纱、耕一和宗介家庭，耕一是小金井丸号的船长，与海洋有着浓厚的感情；妻子理纱和仅五岁的宗介都拥有与海船无线通信和发送信号灯的本领。当发生海啸时，理纱嘱咐五岁的宗介要留守，用灯光给海船信号与希望。海洋中的藤本、海神和波妞家庭，藤本是人类，却与海神结婚，并生育了半人半鱼的波妞。藤本认为人类太脏，千方百计阻止波妞接触陆地上的人类，但在波妞和宗介的影响下，接纳了波妞放弃人鱼的魔法，成为普通人类女孩的选择；母亲海神不断救助海难中的人类，并支持波妞成为人类女孩。

日本吉卜力动画电影《悬崖上的金鱼姬》的叙事符号，可以归纳其叙述性陈述公式：

$$\frac{EN}{\text{亲情}} = F\left(\frac{A1}{\text{金鱼公主被人类男孩救}}, \frac{A2}{\text{宗介呵护在人间的波妞}}, \frac{A3}{\text{金鱼公主爱慕人间亲情}}, \cdots\cdots \frac{A_x}{\text{金鱼公主逃离父亲掌控}} \cdots\cdots \frac{A_y}{\text{海啸中人类亲如一家}}, \frac{A_z}{\text{宗介通过考验}} \cdots\cdots\right)$$

日本吉卜力动画电影《悬崖上的金鱼姬》的外延性符号系统解码：具有魔法的金鱼公主波路米赫鲁殿，偷偷驾着水母溜出来玩的时候撞进了废玻璃瓶子里，被生长在临海小城的5岁小男孩宗介捡到救出，金鱼公主愉快地生活在陆地上，金鱼公主宁愿放弃魔法和公主身份，变成陆地女孩

① 李涛：《动画符号与国家形象》，浙江大学出版社2012年版，第179页。

波妞。纯真的宗介说：“不管是鱼、半人鱼、人类，我都喜欢波妞。”[①]“人海和谐”跃然于银屏。《悬崖上的金鱼姬》展示了两个小家庭（理纱、耕一和宗介家庭，藤本、海神和波妞家庭），两个中家庭（向日葵之家——瘫痪老人和年轻护理员相互尊重和理解，幼儿园之家——母亲与幼儿园老师攀谈中亲人般的托付）和一个大家庭（小岛的邻里居民；管理渡口的工人尽职尽责中表现的亲人关爱；小镇水淹后，同舟共济的邻里犹如一个大家族）的亲情符号结构和“人海和谐”的基本意义，对象词项“亲情”“人海和谐”是贯穿动画影片始终的符码，是塑造日本国家形象的符号系统。

日本是一个动漫大国，长期以来，日本一直致力于用它精心打造成“动漫帝国”来影响年青一代，其文化倾销策略无疑已经成为日本宣扬民族文化、提高国际影响力、增强价值观认同感的“倍增器”。日本政府希望通过世界闻名的日本动漫艺术“打磨日本的形象，推销日本的梦想”，通过“动漫外交”和文化输出让人听到“日本”一词，立刻想到的是“明快、温暖、漂亮和 Cool”。事实上，正是在青少年喜闻乐见的动画、漫画以及电玩游戏中，张力十足的对白、曲折刺激的故事情节、强烈的视觉冲击尤其是活泼可爱的动漫形象将受众眼球牢牢吸引住，其间杂糅着的日本化的思维模式、价值观念和是非善恶标准也得以迅速而广泛的传播。[②]

在“一带一路”战略背景下，中国的蓝色梦想是“中国梦”的重要部分，依然是“少年强则中国强”，发展中国海洋动漫产业，生产中国海洋意识和海洋文化，并通过动漫媒体向中国青少年和世界青少年传播，建构中国海洋文化和塑造国家海洋形象，打造海洋强国的有效途径。

（作者单位：浙江大学中国海洋文化传播研究中心）

① 李涛：《商业动画电影的符号学解读：改编与意义再生产》，《当代电影》2010 年第 8 期。

② 李涛：《美日百年动画形象研究》，光明日报出版社 2008 年版，第 12 页。

“十三五”强化科技对文化支撑作用的渠道与路径*

傅才武　蔡武进

【摘要】文化与科技历来如影随形。特别是在当今时代，新科技的迅猛发展更是极大地丰富了文化的表现形式和发展样态，拓展了文化的传播和传承方式，为文化的改革、创新、发展带来了无限可能。“十三五”期间，必须从国家宏观战略的高度，重视科技对于文化改革发展的支撑作用，要从文化领域关键技术的研发、文化领域技术标准的制定完善、文化科技平台及文化资源库的建设等方面，配合国家科技创新和文化创新两大战略规划，形成“十三五”国家文化科技发展规划和行动方案。

【关键词】文化　科技　融合　规划

“十二五”时期，我国文化科技支撑体系已经初步形成，文化与科技融合逐步推进，现代科技在促进我国文化改革发展上成效显著。“十三五”时期，有必要立足于“十二五”时期文化改革发展的成绩，面向“互联网＋”的时代环境，把握新科技革命的契机，回应新常态下我国文化建设与发展的新诉求，进一步强化文化科技支撑，提高文化发展的科技含量和科技水平，推进社会主义文化强国建设。

* 本文为国家科技部软科学项目（2010GXS5B137）“推进我国文化创新体系建设的政策与路径研究”的前期研究成果。

一 提升文化领域科技支撑力

科技是第一生产力，是文化发展的引擎和驱动力。强化文化科技支撑首先要从文化领域关键技术的研发、文化领域技术标准体系的完善、文化科技平台及文化资源库的建设等方面入手，着力提升文化领域科技支撑力。

（一）推进文化领域关键技术的研发

文化科技支撑以关键性科学技术的支撑为前提。当前我国文化领域关键技术，特别是自主性、创新性高新技术尚极为薄弱。因此，应当坚持产学研相结合，加强技术攻关，全面推进着力推进文化科技基础技术的研发，加强高新技术引进、吸收、再创新，加强战略性、前沿性关键技术的攻关，不断提升我国文化科技自主创新能力和国际影响力。

第一，推进文化产业领域关键性技术的研发。面向文化产业的科技需求，以移动互联网技术、云计算技术、大数据技术、物联网技术的研发和推进为核心，深入开展关乎文化内容创作、生产、管理、传播与消费等文化产业发展的关键技术的研发，提高文化产品的创造力、表现力和传播力。其中，重点研发增强舞台艺术表现力的声光电综合集成应用技术、基于虚拟现实的舞美设计与舞台布景技术、移动舞台装备制造技术和演出院线网络化协同技术等演艺关键支撑技术；研发适应"互联网+"时代需求的广播电视网关键支撑技术、地面数字电视与有线和直播卫星协同覆盖与综合管理技术、影视动漫生产与集成制作技术以及新媒体集成管理与分发传播技术等广播影视产业关键技术；研发全媒体资源管理与集成技术、语义分析搜索及自动分类标引技术、多介质多形态内容发布技术、彩色电子纸等新兴数字显示技术、数字印刷和绿色环保印刷技术、数字版权保护关键技术等新闻出版产业关键技术。

应当重点加强彰显文化创意设计与展示自主文化品牌的核心技术和装备的研发，形成整体技术集成解决方案；研究动漫游戏与虚拟仿真技术在设计、制造、科普、教育、体育、建筑、旅游、商务等产业领域中的集成应用，加强动漫衍生品综合开发及文化娱乐装备的集成制造，促进动漫创意文化元素与相关产业的融合发展。加强研发网络原创文学、微博、网络剧、微电影等新兴网络文化形态、网络信息集成传播技术及前沿引导技术；研发基于互联网群体互动的新型文化生活服务集成应用技术；研发网络社会系统安全监控监管技术，引导新兴网络社交服务业规范健康发展。

第二，推进公共文化服务领域关键性技术的研发。立足于我国公共文化服务体系建设之诉求，加强文化馆、图书馆、博物馆、美术馆、科技馆等文化公共服务平台的网络化和数字化技术的研发。重点研发智慧公共文化场馆体验与分享技术、公共文化空间全视域虚拟体验展示技术等。

第三，推进文化遗产保护领域关键性技术的研发。加强文化资源数字化保护和开发利用，重点针对文物、典籍、民俗、宗教等各类物质与非物质文化遗产传承和保护的需求，研发突破文化资源数字化关键技术。开展出土、出水文物保存、无损检测及保护技术研发；加强高新技术与传统工艺结合的文物保护与修复方法与技术的研发，提高文物保护的安全性、可靠性和科学性。

第四，推进文化市场管理领域的关键性技术的研发。针对多种形态网络环境中各种形式文化内容的传播安全需求，研究文化安全信息监管、文化安全评价及文化传播平台安全管控技术，形成文化安全监管整体技术解决方案；强化文化执法科技化手段，推进文化执法裁量评估和规制技术的研发。

（二）完善文化领域的技术标准体系

技术标准体系的完善对文化科技发展极为重要，科学技术对文化领域的支撑最为基础的反映为相应的技术标准体系的支撑；文化科技国际竞争在相当程度上体现为文化领域技术标准之争。

当前，完善我国文化领域的技术标准体系尤为重要的是：其一，加强文化技术标准的研发制定，促进标准制定与科研、开发、设计、制造相结合，同时要积极参与国际文化技术标准的制定，推动中国标准成为国际标准。其二，完善文化产品评估标准体系，研究制定文化资源统一标识、核心元数据、分类编码和目录体系、数据格式和数据交换等通用技术标准规范，促进文化资源整合和共享。其三，研究制定文化艺术、广播影视、新闻出版、网络文化等重点文化行业技术和服务标准规范，引导和规范相关产业和行业健康发展。

（三）推进文化科技平台建设

科学技术对文化建设与发展的支撑以文化科技平台的支撑为核心。推进文化科技平台建设就是要通过相应的平台打造，强化文化科技支撑的针对性、带动性，集成化、效能化和现代化。

第一，推进文化产业领域的文化科技平台建设。其中，构建专业化媒体超算与协同式创意设计云服务平台，面向广告、会展、工艺品等文化创意设计开展社会化服务，提升文化创意设计的表现力和创作力，提高创意设计效率和质量。推进推进版权公共管理与举证服务平台建设，保护著作权人合法权益。推进文化资源与旅游服务业态融合的OTO线上线下联动的服务平台建设；推进新型网络娱乐化学习模式与云服务平台建设，在促进文化娱乐产业健康发展的同时，聚合中华传统文化教育学习资源开展应用示范，弘扬中华传统文化和社会主义核心价值观。

第二，推进公共文化服务领域文化科技平台建设。其中，推进文化消费平台建设，回应民众的公共文化消费需求，强化文化消费激励；重点针对农村、边疆少数民族地区、社区及工地等的精神文化生活实际需求，实现对公众文化产品的普惠和精准投放，推动全社会文化共享，提高国民文化消费力；促进文化市场消费与公共文化消费的互联互通，带动文化产业与文化事业的全面发展。充分利用官方和民间文化交流渠道，聚合国际文化交流资源，推进网络化国际文化交流服务平台建设，架设国际文化互通的桥梁，弘扬中国传统文化。应用数字网络技术建立统一的公共文化综合服务平台，实现了资源、产品和服务提供的“一站式”。

第三，推进文化遗产保护领域的文化科技平台建设。充分利用物联网和云计算技术，推进文物保护单位的信息化管理平台建设，加强文化的登记管理、保护，提高文化管理的效率。推进非物质文化遗产多媒体数据平台建设，充分运用多媒体资源数字化、资源元数据、资源对象、资源关联、资源组织管理、资源长期保存等现代多媒体资源与技术，加强我国民间音乐、舞蹈、戏曲等非物质文化遗产的多媒体数字资源保护。

（四）推进文化资源库建设

文化科技资源库是支撑文化建设与发展的关键。只有充分运用现代科学技术建立相应的文化资源库，对文化信息、文化数据、文化资源等进行采集、保存、分析，才能提升文化政策的科学性，确保文化发展路径、方式、方法的科学性和适应性。当前，应当着力推进以下几个方面的数据库建设：

推进国家公共文化大数据库建设，构建涵盖公共文化参与人口统计、公共产品竞争力分析、文化财政投入绩效评价等公共文化评价与管理功能的数据库子系统，着力打造以全网方式覆盖全国，在全国范围内以数字转化加工、数字化传播、数字化管理为主要业务的“互联网＋公共文化服务”新模式。

融合中华民族地理文化资源和旅游资源，推进中华地理风情和民族文化信息资源库建设，开展红色旅游和我国少数民族地区文化走廊旅游服务应用示范，繁荣文化旅游服务经济。

加强高新技术与陶瓷、漆器、织造、印染、雕刻等中国传统工艺有机结合，推进文化艺术品知识数据库建设，在传承民族传统工艺特色的基础上，推陈出新，增进我国文化艺术的生命力和创造力。

二　提高文化科技应用水平

科学技术已经在促进我国文化建设与发展过程中展现了强大的作用了。“十三五”时期，推进我国文化改革发展也必然要以提高文化科技的应用水平为要件，只有把科技进步的最新成果渗透文化创作、生产、传播和消费的每一个环节，贯穿文化事业文化产业发展的各个方面，我国社会主义文化的大发展大繁荣才成为可能。

（一）应用现代科技促进传统文化产业的转型升级

传统文化产业是文化发展的重要基础，在市场竞争日益激烈的情况下，只有提高科技含量，加快转型升级，才能焕发新的生机活力，获得新的发展空间。要适应广播电视发展的新趋势，加快推进广播电视有线网络的数字化转换和双向改造，跨部门集成文化资源、产品和服务，更好地拓展广播电视的服务业务。要进一步提高数字电影制作生产能力，加快城镇数字影院建设，发展数字院线，实现电影产业的升级换代。充分应用互联网和数码技术，引导和促进出版企业开发和制作数字图书、数字报刊，发展电子阅读、有声阅读，鼓励印刷复制企业加快生产流程和设备更新改造，逐步实现传统出版向数字出版的转型。要加快高新技术在演艺业中的应用，加强舞台艺术的数字化采集和传播，延伸产业链条，实现文化生产模式的转变。

（二）运用现代科技促进新的文化业态的培育和发展

新兴文化业态是文化与现代科技结合的最新产物，是文化产业中最具潜力的部分，也是我国发挥后发优势、实现跨越发展的重要支撑。“十二五”时期，文化与科技的融合不断衍生出各种新的文化产品和文化服务，新兴文化业态增长势头迅猛。“十三五”时期，有必要充分依托“互联网+”的时代背景和科技环境，及时掌握高新科技发展最新成果，大力发展文化创意、设计服务、数字出版、移动多媒体、网络电视、动漫游戏、文化旅游等新兴文化产业，拓展文化产业发展领域，不断提升新兴文化业态的比重。要加快发展文化装备制造业，提高我国出版、印刷、传媒、影视、演艺、网络、动漫等领域技术装备水平，增强文化产业的核心竞争力。

（三）运用现代科技强化文化产品的表现力、吸引力和感染力

科技进步不仅大大提高了文化生产的效率，而且可以大大拓展艺术想象的表现空间。事实上，舞台艺术借助现代声光电技术和影视特效，已经为我们呈现了气势磅礴、美轮美奂、精彩纷呈的舞美效果。数码电影技术极大丰富了电影的表现手段，球幕电影、交互电影等，给人们带来了前所未有的审美体验。“十三五”时期，有必要更加充分地运用高新技术，增加现代科技元素，为文化创意的实现提供强大技术支持，增强文化产品的思想表现力、艺术冲击力、内容感染力，使内容与形式、艺术与技术有机融合、相得益彰，不断提升我国文化产品的品位、价值和内涵。

（四）应用现代科技提升我国公共文化服务的发展水平

其一，以现代科技促进公共文化服务全面覆盖。即积极应用现代科学技术，特别是数字网络技术，突破传统公共文化产品和服务提供的时空、渠道、手段的局限，推广在线远程提供、实时同步提供、专用装备就近便利提供，以及交互式、体验式、跨区域提供等现代化的公共文化服务供给方式，促进公共文化服务全面覆盖之实现。

其二，以现代科技促进公共文化服务均衡发展。公共文化服务不仅仅是推进地域空间的有效覆盖，还必须逐步深化区域、城乡均衡发展，不断提高不同人群之间享受公共文化服务的均等化水平。运用现代数字网络技术，灵活采用“数字文化一体机”、小型无线发射装置、远程实时辅导系统、专用视听设备等技术手段，实现大量、快捷、精准、低成本地传送公共文化产品和服务，并且在更宽阔的领域实现产品远程更新、服务实时同步、需求和评价即时反馈，从而为下一步快速有效地提高老少边穷地区公共文化服务均等化发展水平，实质性地创设新的技术环境。

其三，应用现代科技改进公共文化服务方式、提高服务效能。应当积极运用现代互联网技术和信息集成技术，改进图书馆、博物馆、文化馆等文化场馆的服务方式，提高其服务效能，实现公共文化服务平台互通、信息互联、服务共享；应当积极运用现代数字网络技术，提升公共文化服务在时空上的便利性。

其四，应用现代科技新拉动文化消费、带动相关产业发展。近年来，随着数字文化馆、数字博物馆建设的快速推进，多家大型知名高科技企业以及一批“专精特新”中小文化企业开始大举进入文化科技领域，文化技术装备的研发和制造在激发和拉动文化消费的同时，又不断孵化出一大批新兴行业。更重要的是，实践表明，科技创新实质性地改变了过去文化事业与文化产业相互孤立发展的格局。当前，我们应当进一步强化现代科技的支撑作用，进一步发挥文化公共文化带动产业发展的“溢出效应”，进一步转变文化经济方式、调整相关产业结构。

三　加强文化科技创新发展环境建设

科技支撑文化建设，文化与科技融合都必然要建立在良好的文化科技创新发展环境的基础上。“十三五”时期，尤其紧要的是要加强以下三个层面的文化科技创新发展环境建设。

（一）加强文化科技创新载体建设

依托国家高新技术产业开发区、国家可持续发展试验区等，建立一批各具特色的国家级文化和科技融合示范基地。重点选择若干文化产业特色突出、条件好的国家高新技术产业开发区，加强文化科技产业集群建设，探索集群式发展、创新链和产业链互动结合的新模式。研究完善促进高技术企业和文化产业发展的相关政策，培育一批带动性强的文化科技创新型领军企业，促进文化产业的集聚发展。加强项目、基地、人才和政策的统筹，加速推进科研成果的产业化。

（二）加强文化科技创新服务体系建设

以提高文化科技创新能力为目的，建立和完善文化科技创新服务体系。充分利用和整合现有资源，依托高等院校、科研院所及文化科技企业，培育建设若干文化科技国家工程（技术）研究中心，开展文化科技发展战略和政策研究、共性技术研究和国际交流合作，提高文化领域基础科技创新能力。加强文化科技专业孵化器和国家大学科技园建设，促进文化科技成果转化和创新创业人才培养，培育和扶植文化科技类中小企业快速成长。加强产学研用的紧密结合，构建以技术创新型企业、文化综合服务运营商及骨干文化企业为主体的文化技术创新战略联盟。面向文化事业与文化产业发展，加强文化产品与设备测试服务平台建设，建立测试服务体系，提供社会化检测和咨询服务。

（三）完善文化科技工作体系和统计评价体系

以促进文化科技创新发展为目标，加强部门间的沟通协调，积极探索跨部门合作新机制，鼓励地方科技部门、文化部门建立文化科技协调工作机制，形成有利于文化科技发展的工作体系。加强文化科技工作统计制度、指标体系、调查方法的研究，逐步探索建立一套适用于评价文化科技发展速度、发展水平、发展潜力以及投入产出效益的评价指标体系。加强文化科技创新发展的宣传、知识普及和教育工作，在全社会形成支持文化科技创新发展的良好氛围。

四　加强文化科技支撑的保障措施建设

文化科技支撑的实现根本上依托于相应的保障措施的推进。“十三五”时期，尤为重要的是从以下几个层面保障文化科技支撑的落实。

(一) 推进文化科技领域体制机制改革

当前，我国文化科技领域的体制机制较为滞后，多头管理、过度干预、效率低下等问题仍较为突出，这已经越来越严重地阻碍到文化科技的融合发展。因此，推进文化科技领域体制机制改革就成为强化文化科技支撑的关键性环节。

其一，建立相关管理部门之间的联动机制。文化科技创新工作涉及面广，既有跨部门、跨区域的共性技术研究，又有行业和区域协调的应用示范，需要各方面密切协作，整体规划推进。建立由科技部、中宣部、发改委、教育部、工业和信息化部、财政部、文化部、广电总局、新闻出版总署、国家文物局、中国科学院、中国工程院等部门参加的文化科技创新工程部际联席会议机制，建立专家咨询机制，创新组织方式，加强整体协调，跨部门、跨区域联合推动工程各项具体工作，保障工程的顺利实施。

其二，进一步减少行政审批，并发挥社会组织的力量，下放和转化政府的部分行政管理权。文化科技审批事项应限定在重大公益性层面，文化科技行政管理应坚持必要性原则，能够通过行业组织或其他社会组织自律管理的，政府及其职能部门不得干预，以减少行政束缚，为文化科技创新提供自主、宽松的环境。

(二) 完善国家文化科技创新扶持政策

把文化科技重大项目纳入国家相关科技发展规划和计划，予以持续稳定支持，支持开展文化科技创新。文化科技类企业符合相关条件的，按规定享受高新技术企业税收优惠政策和现行有关鼓励企业技术创新和科技进步的税收优惠政策。支持科研机构和科技企业技术成果向文化企业转移，支持文化企业提升科技研发和技术集成应用能力。

(三) 建立健全文化科技投融资体系

综合运用资助、贷款贴息、政府购买服务等中央和地方财政投入支持方式，通过政府资金引导，带动社会资本、金融资本参与文化科技相关领域的研发和产业化。鼓励民间创业投资机构、科技担保机构搭建文化科技投融资服务平台，为文化科技企业提供创业投资、贷款担保和银行融资服务。推动条件成熟的文化科技类企业上市融资。

（四）加强文化科技学科建设与人才培养

加强理工学科与人文、管理学科的交叉融合，支持高校设立文化科技交叉学科，支持科研院所开展文化科技专业研究生培养，培养文化科技融合人才。依托高校、科研院所，建设文化和科技融合的综合性研究中心。依托国家各类人才计划，注重对高端文化科技人才的引进，培养造就专业化、复合型的人才队伍与团队，为文化科技创新的可持续发展提供人才支撑。

（五）积极开展文化科技领域的国际交流与合作

支持文化科技相关高校、科研院所和企业开展国际交流与合作。加强文化科技的引进、吸收、再创新，提升我国文化科技整体水平。推动建立内地与港澳台在文化科技领域的合作机制，深化双边、多边和区域文化科技合作，提升我国文化科技影响力；支持我国文化科技企业和科研机构主导或参与制定国际标准，推动文化领域自主标准国际化。

（作者单位：武汉大学国家文化发展研究院）

中国文化企业海外投资经营：战略与政策

吴承忠

一　文化企业境外投资经营的概念界定及重大战略意义

文化企业境外投资经营是指我国文化企业在我国大陆以外的外国及我国港澳台地区进行投资和经营的活动，这种投资包括两种类型，即兼并重组和直接投资。

本文分析了当前我国文化企业海外投资经营方面与发达国家存在的巨大差距，总结了我国文化企业海外投资经营过程中面临的政策困境，研究预测未来文化企业海外投资经营是我国文化走出去，文化企业走出去的高级阶段，是我国文化产业发展的必然趋势，是增强我国文化软实力和文化产品国际竞争力的必经阶段和重要途径，是带动我国对外文化贸易大发展的重要推手。因此呼吁中央制定中国文化企业海外投资经营的国家战略，破解文化企业海外投资经营的政策困境，并提出了一些具体的对策建议。

当前，我国文化企业海外投资经营与发达国家差距很大，严重制约我国文化产业国际竞争力提升，需要引起中央重视。

（一）文化企业海外投资经营对于我国文化走出去具有重要的战略意义

自 2002 年“十六大”报告正式提出“走出去”战略以来，政府不断加强和完善对文化产品和服务走出去的指导和服务，“文化走出去工程”取得了明显效果，尤其表现在文化产品和服务的对外贸易额有了很大增长。商务部和文化部的统计显示，2001—2010 年，我国文化产品和服务出口规模分别增长了2.8倍和8.7倍。我国文化部文化产业司网站的数据显示：2011年世界文化市场的格局中，美国、欧盟、日本、韩国所占比重依次为43%、34%、10%和5%，而我国仅为4%。这表明以文化企业为文化"走出去"主体的我国国际文化贸易逆差的局面还没有根本改变。文化企业实行国际化经营战略、海外经营战略或全球化经营战略是我国文化产业壮大的关键内容。文化企业"走出去"除了涉及货物贸易、服务贸易、技术贸易和承包劳务等之外，还有资本的输出，即文化企业直接对外投资经营。文化企业对外投资经营可以统筹国内市场和国外市场，可以为我国文化产品和服务的国际贸易发展打造全球性全方位的平台，将大大促进中国文化"走出去"工程的实施。

(二) 我国文化企业海外投资经营尚处于初级阶段

据统计，2014年，我国境内投资者共对全球156个国家和地区的6128家境外企业进行了直接投资，累计实现非金融类对外直接投资6320.5亿元人民币。以美元计，全年累计实现非金融类对外直接投资1028.9亿美元，同比增长14.1%。截至2014年年底，我国累计非金融类对外直接投资3.97万亿元人民币（折合6463亿美元）。我国工业企业海外投资规模十分可观，但文化企业海外投资占比极小。2013年我国住宿和餐饮业对外直接投资净额为8216万美元，文化、体育和娱乐业对外直接投资净额31058万美元。2003年至今共发生我国文化企业海外投资事件77起。我国文化企业海外投资经营的规模也远远不及发达国家，没有形成一批如美国新闻集团这样的国际知名的跨国文化企业集团。这与我国相关政策支持不足、文化产业投资体系不健全和企业战略不明晰有关。这滞后于全球化时代文化企业集团化跨国发展的新形势，严重制约我国文化产业国际竞争力提升，需要引起中央高度重视。

二　中国文化企业境外投资政策环境

(一) 专项文化企业海外投资政策空白

目前，我国国务院和各部委还没有颁布专门的促进海外文化投资的政策的文件，有关政策只是在有关文件中简单涉及，更多在促进我国对外文化贸易的文件中涉及。如2014年国务院《关于加快发展对外文化贸易的意见》更多谈的是文化出口的政策支持。文化部《“十三五”文化贸易发展规划》中也只是将鼓励企业海外投资简略提及。也就是说国家关于文化企业海外投资的具体支持政策较少。这反映了目前国家层面上重视文化贸易，忽视境外投资经营的客观现实。我们认为目前中国中央政府应该由以前的重点抓对外文化贸易阶段转向对外文化贸易和文化海外投资并重阶段，实行“双轮驱动战略”，尤其是要通过战略和政策引导，充分发挥出文化海外投资带动对外文化贸易的重要作用。

（二）国家没有给予民营文化企业足够的身份认同

首先，国家虽然意识到文化企业海外投资经营对于国家文化宣传的重大意义，但是从当前的政策上看，没有给民营文化企业足够的身份认同。其次，虽然各省市每年都有很多“走出去”的文化项目，但是民营文化企业却难以获得机会来实施这些项目。最后，民营文化企业和国有企业的合作方面也缺乏政策支持。此外，民营企业在境外没有领导或协调机构。这些企业管理机构涉及文化部、商务部、国家广电总局、信息产业部等单位。缺乏一个专门的领导机构来倾听“走出去”的“文化企业”的心声，企业有时候甚至都不知道该找哪个部门来解决问题。

（三）政策的无效性

1. 政策无落实

其一，融资政策无落实。在文化企业融资评估时，律师认为你所经营的项目没有合法性，找不到现行法规中与这件事情相对应的政策文件，那么律师就会下一个定论：这具有政策风险，这样投资方就不会去投资。

其二，财税政策不落实。在税收方面存在不合理政策，如减免税、退税收政策不落实、双重征税。指导性的文件多，可操作性的地方实施细则少，落实起来困难。

2. 政策不灵活

目前我国各级政府针对文化企业的奖励和扶持政策仍然以投资量、设施建设规模等为考量标准，大中型企业和小微型企业扶持奖励标准存在“一刀切”现象，这对于中小型文化企业缺乏公平。

3. 政策滞后性

国家目前对文化企业的扶持和奖励还停留在实体设施建设层面，针对一些建设播放渠道和生产播放终端的企业进行奖励，这种思路还停留在制造业时代，对文化产品和内容方面的重视程度不够。符合国外观众思维方式和观看习惯又突出中国特色的优秀文化产品较少，导致中国文化企业走出去过程中缺乏有力的文化产品。

4. 政策不连续，不配套

现有的支持文化企业境外投资经营的政策缺乏连续性，政策变动性强，往往导致项目申报时经常受阻，增加了项目申报的困难。另外，政策支持缺乏连续性还表现在企业刚开始“走出去”投资的时候会有很多政策支持，但后续往往缺少跟进性的配套的相关支持政策。

（四）人才引进的政策困境

目前没有关于文化企业海外投资的专门政策。而民营文化企业既未享受到大都市对文化创意产业人才的相关支持，更享受不到国家的人才引进政策。

三 中国文化企业境外投资经营现状

2000—2013 年，我国文化产业海外投资增长加快，主要投资的行业集中在广播电影电视服务、网络动漫游戏、信息传播服务领域及旅游产业。演艺产业和新闻出版发行行业的海外投资规模也在扩大。如前所述，我国目前文化海外投资处于初级阶段，主要表现在规模偏小，投资领域和地区较单一，投资方式以渠道投资为主。

（一）广播电影电视行业

近年来中国广播影视服务行业的海外投资主要集中在渠道和技术投资上，包括广播电视频道海外落地，收购电影院线，建立分公司或者办事处。2001—2010 年，我国每年基本有一两起广播电影电视企业的海外并购。2001—2015 年，共发生了 22 起中国广播电影电视企业海外并购的重要案例。据不完全统计，从 2001 年到 2015 年 6 月，中国广播电影电视企业海外并购的重要案例总计投资在 50. 877 亿美元（人民币 352. 62 亿元）以上。从 2012 年开始，中国广电企业的海外并购数量开始逐年增多，同时境外投资的资金数额也越来越大，2012 年万达全额收购美国的 AMC，用资达 26 亿美元。从金额来看，这无疑是中国民营企业在美国最大一起企业并购，也是中国文化产业最大的一次海外并购。至此，越来越多的文化企业开始谋划“走出去”，近年来，光线传媒、华谊兄弟和华策影视等企业纷纷走出国门，大胆地走向世界市场上。2014 年以及 2015 年上半年中一共发生了 9 起海外并购事件，并且每一起并购的资金都基本过亿。四达时代在非洲多个国家为建立数字电视运营平台，已经投资了 20 多亿元人民币。蓝海电视在北京建立了面向全球的英文电视台和英文视频通讯社。截至 2012 年年底，中国国际广播电台完成了 13 个整频率落地项目，海外整频率落地电台达 83 家。与此同时，民营资本也大举进军电视台投资领域。2006 年，温州商人王伟胜并购了阿拉伯·阿里巴巴商务卫视；2008 年，蓝海电视台成立；2009 年，西京集团有限公司收购 PROPELLER 电视台；同年，松联国际传媒和天星传媒收购了美国洛杉矶的天下卫视华语电视台，2010 年，俏佳人并购美国 ICN 国际卫视。总体而言，民营文化企业在海外投资过程中的胆略和优势在近年来有比较充分的展现，并购额度远远高于海外直接投资的额度。

（二）网络动漫游戏行业

设立海外分公司是中国网络动漫游戏公司在海外投资时最常用的策略。海外分公司作为母公司在海外文化投资的平台，力图适应国外的市场环境。以近年来势头强劲的智明星通为例，截至 2014 年，其在大陆以外设立的 100% 持股的分公司共有 10 家，其中 7 家在中国香港，1 家在美国，还有 1 家在巴西圣保罗，另外 1 家在中国台湾地区；主营业务包括信息技术服务、咨询服务，经营范围大都是互联网产品的研究、开发、生产和贸易以及游戏软件的开发和销售。

从 2004 年开始，以盛大网络为首的大型互联网动漫游戏企业开始了海外并购动漫游戏企业的新征程。自 2010 年起，海外收购现象频发，大部分收购以现金支付方式完成。各大收购案例中支付金额最高的为 2014 年 3 月腾讯以 5 亿美元收购韩国游戏公司 CJ Games，希望可以借此拓展国际游戏市场。从 2004 年 1 月到 2015 年 5 月总共发生了 16 起中国网络动漫游戏企业海外收购的案例，总投资额度 41.6235 亿美元（249.741 亿元人民币）。这些收购案例集中在国内 8 家企业。其中，盛大网络完成 2 起收购，盛大游戏完成收购 2 起，完美世界和完美时空各完成 1 起，腾讯完成收购 7 起，阿里巴巴完成 1 起，森宝食品/完美世界完成 1 起。就国别来看，美国有 9

家公司被收购，韩国有 4 家，加拿大有 1 家，日本有 1 家，中国台湾有 1 家。其中，1 亿美元以上的收购有 8 起，其中 10 亿美元以上的有 2 起，均为腾讯公司完成。

（三）演艺行业

目前中国的演艺产业“走出去”仍然以贸易式的简单出口为主流模式，海外并购、设立子公司这类境外直接投资的方式对于中国的演艺企业来说依旧是一个较新的“词汇”。但仍有多家拥有优秀作品和探索精神的演艺企业，在政策支持的大背景下，率先出海，通过购买剧场、设立子公司、收购股权等方式打入海外市场，成为演艺企业境外投资的“领头羊”。相对于贸易式出口，它们的投入和风险更大，但是主动性和掌控性更强，更有助于扭转我国文化企业在国际渠道上的弱势地位。

表 1　2009—2014 年我国演艺企业境外投资情况总览

演艺企业	时间	投资项目	投资方式	投资目的
中国天创国际演艺制作交流有限公司	2009 年	以 354 万美元的价格购买美国密苏里州布兰森市的白宫剧场	海外并购	打造完整的产业链，从创意生产到出口销售的每个环节都由自己掌控，降低出口风险，增加演出利润
东上海国际文化影视集团	2010 年	于美国田纳西州大雾山旅游区收购两家剧院	海外并购	搭建国际推广平台，保证企业演出产品在国际市场“落地生根”
云南文化产业投资控股集团	2010 年	在柬埔寨投资制作并演出《吴哥的微笑》剧目	投资 500 万美金	打造文化品牌，进行文化的跨国经营。实现“在地化”与“国际化”的有效融合
中国天创国际演艺制作交流有限公司	2010 年	与奥地利维也纳控股集团、维也纳城市大厅管理公司合资成立“维也纳 - 北京天创公司”，天创掌握 50% 股权	合资新设	中奥共同开发、策划、实施各类文化活动，将戏剧、音乐、杂技等演出活动以及与之相关的文化和教育培训活动进行市场化运作；将中国的演艺产品推向欧洲市场；将奥地利及欧洲各国的优秀作品介绍到中国市场
重庆演艺集团	2013 年	出资在西班牙巴塞罗那设立 ELAI 文化传播有限责任公司	独资新设	海外演出市场连点成线、连线成网；重庆演艺集团乃至全国的优秀剧目引入海外市场开展商业演出，把握演出的定价权和收益分配权，减少中间环节，增加演出收入

续表

演艺企业	时间	投资项目	投资方式	投资目的
中国对外文化集团	2013 年	与美国国际管理艺术集团在纽约合资成立中美环球演艺股份有限公司	合资新设	更有效地进行本土化运作，更近距离地直面终端消费者，更好地实现 B2B 模式与 B2C 模式的双轮驱动发展
宋城演艺发展股份有限公司	2014 年	出资 5000 万港元，在香港设立宋城演艺国际发展有限公司	独资新设	促进大文化产业链的扩张布局和宋城生态系统的打造。加强国际交流与合作，积极投资布局海内外优质文化旅游项目，持续扩充公司演艺事业的版图，加快公司海内外、产业链上下游的兼并重组、股权投资等步伐，继续积极向旅游演艺、娱乐综艺、影视传媒、互联网平台等大文化领域拓展，构建一个以演艺为核心的繁荣生态圈

数据来源：课题组据公开资料整理所得。

可以看出如下特点：

第一，境外投资的主体以国有企业为主，民营企业占少数。

第二，境外投资的模式逐渐改善，投资水平逐渐提高，注重利益最大化。从一开始的购买剧场和简单的资金投入到后期的建立合资企业和新设全资子公司，中国演艺企业的境外投资经历了简单到复杂，由单一到多元的成长过程。中国企业开始注重演艺产业全产业链的打造和国际市场的整体开拓，不断提高演艺产品“走出去”的广度和深度。

（四）新闻出版发行行业

我国新闻出版发行行业近年来在海外投资经营方面有较大进展。主要表现在五个方面：

自文化体制改革以来，我国新闻出版发行走出去已经在多个方面获得较大突破。十八大之后，我国出版业“走出去”更是稳步发展。

1. 版权贸易逆差得到较大改善

宏观上来说，2013 年，全国累计出口图书、报纸、期刊 2375.31 万册（份）8115.46 万美元，与上年相比，数量增长 15.21%，金额增长

11.44%。[①] 全国版权引进与输出比从2003年15∶1的发展到2014年1.66∶1，2014年我国共输出版权10171项，版权贸易逆差已经得到较大改善。[②] 如图1所示。我国已经从过去的以文化接收为主的单一模式逐步发展成为现如今的接收输出并重模式，这一现象说明我国图书等文化出版发行渠道正在逐步拓宽，新闻出版发行企业“走出去”已获得初步成果，其他国家对中国文化的接收及认可程度也在不断提高。

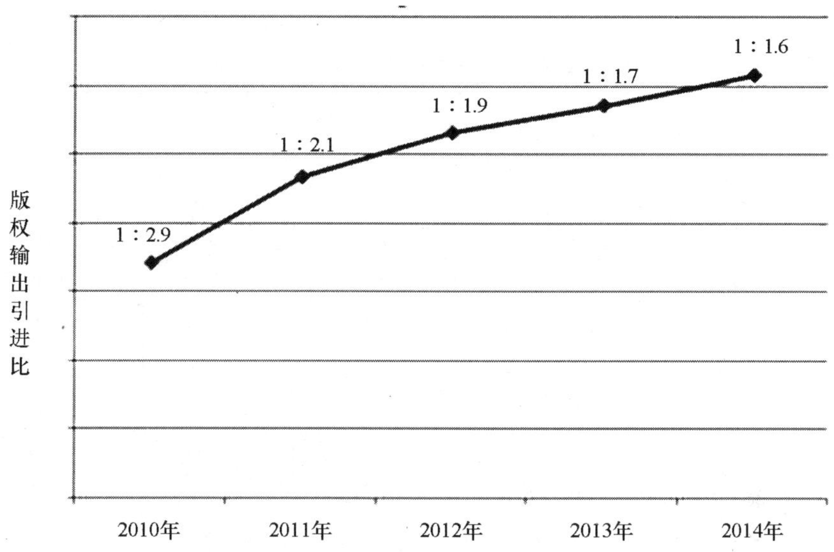

图1　全国版权输出品种与引进品种比例变化情况

数据来源：《2014年新闻出版产业分析报告》，全国新闻出版统计网，http://www.ppsc.gov.cn/xwzxl2015071t20150717_168602.html。

2. 海外新闻出版发行网络已经初步建成

1978—2014年，中国图书产品数量共计59257种，出版国家（包括中国）已经达到55个，其中中国企业出版总量约占25%[③]。中国新闻出

① 中商情报网：《2013年中国出版物进出口情况统计》2014年8月28日。

② 张贺：《中国出版大步往外走　图书年输出版权超万种》，《人民日报》2015年5月22日。

③ 李霄：《外国人眼中的中国出版：主题图书海外传播状况调查》，《中国新闻出版报》2015年3月31日。

版发行企业经过多年发展，已经在全球各国建立起三百多家出版发行网点。以中国出版集团公司为例，截至2015年5月，公司目前已经形成遍布美国、英国、俄罗斯、日本等多国的跨地区、跨国、跨所有制的全球最大出版发行网络，海外出版网点达29家。新闻出版发行行业海外上市公司数量不断增加，公司市值及收入利润逐年提升。如表2所示。中国新闻出版公司的海外影响力正在增大，新闻出版海外发行网络已经基本建成。

表2　**2014年各类上市公司主要指标及其变动情况**

指标		合计	书报刊出版公司	发行公司	印刷公司
总市值	金额	2901.85	1793.93	378.45	729.47
	增长速度	30.01	30.92	33.44	26.15
	所占比重	100.00	62.29	10.64	27.07
	比重变动	0.00	1.63	-0.07	-1.56
营业收入	金额	932.57	580.89	99.26	252.43
	增长速度	15.92	19.03	15.19	9.62
	所占比重	100.00	62.29	10.64	27.07
	比重变动	0.00	1.63	-0.07	-1.56
利润总额	金额	115.59	76.67	11.14	27.78
	增长速度	39.40	21.51	28.19	149.60
	所占比重	100.00	66.33	9.64	24.03
	比重变动	0.00	-9.77	-8.05	10.61

数据来源：《2014年新闻出版产业分析报告》，全国新闻出版统计网，http://www.ppsc.gov.cn/xwzxl2015071t20150717_168602.html。

3. 新闻出版发行企业海外并购频繁

随着中国出版发行企业在海外的稳步发展，渠道建设被认为是现阶段中国文化企业进入海外主流媒体的重要手段，整合与并购活动作为直接投资方式开始变得愈加频繁。2013年，安徽出版集团全资收购波兰时代马尔沙维克集团，中国出版集团注资1亿元人民币成为英国出版科技集团股东。2014年，凤凰传媒以8500万美元收购美国出版国际有限公司（PIL）的儿童图书业务，广西师范大学出版社用200万美元收购澳大利亚视觉出版集团，获得其全部优质图书版权。[①] 这一方面表明海外机构对中国新闻出版发行企业实力和发展前景的看好；另一方面也能够说明中国的新闻出版发行公司海外投资目标不再单一，已经从过去的渠道建设拓展到版权购买和技术及人才抢占方面。

4. 电子出版刊物版权输出不断提高

而我国在国家“走出去”政策的积极引导下，电子出版刊物的海外贸易也在逐年增加，贸易结构不断优化。随着近年来莫言和《三体》作者刘慈欣获得全球知名的文学奖项，我国凭借优秀的文化 IP 优势取得愈来愈多的版权输出总量。这种先天性地优势与国际上知名度的不断增加，虽然短期内我国的数字出版产品还存在着一定的贸易逆差，但是，未来我国的电子出版物国际贸易必将具有更大的发展空间。

5. 新闻出版发行企业发展模式多元化

在我国各类文化企业当中，新闻出版发行企业无疑占据了相当一部分比例，在总体规模与文化产能方面具有较为明显的行业优势，据中央文化企业国有资产监督管理领导小组办公室正式发布《国有文化企业发展报告（2014)》称，截至 2013 年年末，新闻出版发行服务企业资产总额 6067 亿元，实现营业总收入 2313.2 亿元，占比分别为 27% 和 21.6%。同期，广播电视电影服务企业资产总额 1822.4 亿元，实现营业总收入 750.8 亿元，占比分别为 8.1% 和 7%。

另外，我国新闻出版发行企业在运用过程中也愈加呈现多元化趋势，传统发行企业的体制改革、兼并已取得显著成效，新闻出版发行企业的运营发展也呈现联盟合作、产业群体化、产业链融合等多种模式。这些都意味着我国的新闻出版发行市场逐渐形成规模效益，具有较强的综合实力，在国际上的影响力也在逐步提升，我国新闻出版行业正在进入快速成长期。

（五）旅游行业

国家统计局没有对旅游业海外直接投资的数据，目前只能得到 2013 年的和旅游业相关的产业数据。其中，住宿和餐饮业对外直接投资净额为 8216 万美元，文化、体育和娱乐业对外直接投资净额 31058 万美元。

---

① 《2014 年中国文化企业的海外并购继续风生水起》，《国际商报》2015 年 1 月 12 日。

早在20世纪80年代，北京、上海等地的旅游企业就开始尝试跨国经营，比如，当时的上海锦江集团等饭店就分别在欧美和日本、韩国等地合资开办了近10家餐饮企业。90年代后期，国内旅行社开始尝试在境外布点。中青旅1998年收购香港中青旅，目前已在日本和加拿大两国设立了子公司。中国国旅在全球10个国家和地区设有12家全资和控股子公司。

1993年港中旅投资的美国锦绣中华景区。这是中国旅游企业第一次将主题公园带入海外。1993年，美国锦绣中华成立，在佛罗里达州的奥兰多市兴建锦绣中华主题公园，并成为当年中国政府支持的最大涉外文化产业。

据国家统计局的统计数据显示海外酒店业已经成为近几年来最受中国企业欢迎的投资领域。自2007年以来，中国企业在境外饭店市场连续出手投资、收购境外优良酒店资产。我们选取了首旅集团、港中旅酒店有限公司、北京华荣建业房地产开发有限公司、万达集团、海航集团、开元旅业集团、浙江君澜酒店集团、河南中州国际集团、新疆米兰房地产开发有限公司、安邦保险集团、阳光保险集团、中国国旅、深圳新世纪集团、富华国际集团、中国兴力达集团、康德集团、绿地集团、锦江集团、复星集团、锦江之星、东呈酒店集团、中工国际、中国进出口银行等23家企业进行了初步统计。根据不完全统计，2007—2015年，中国大陆这些企业在海外投资了34家酒店，或进行品牌输出，建立以自己公司品牌为特色的酒店，或购买他国当地酒店品牌及资产，或合资建立酒店，或进行授权经营等，总投资额度达到123.0779亿美元，折合人民币738.4674亿元。1亿美元以上的投资事件有11起，10亿美元以上的有6起，最大的一起投资事件是2011年中国进出口银行与国外企业合资建设酒店，出资26亿美元。民营企业和国有企业共同成为我国旅游酒店海外投资的主体。从投资国别来看，涉及的国家有白俄罗斯、几内亚、德国、英国、澳大利亚、比利时、帕劳、乌兹别克斯坦、美国、柬埔寨、西班牙、法国、菲律宾、韩国、印尼、新加坡、马来西亚、老挝、巴哈马。在欧洲的投资有12处，美洲10处，亚洲7处，大洋洲4处，非洲1处。就国别而言，德国2处，法国4处，英国1处，美国8处，澳大利亚4处，西班牙2处，韩国2处，其他亚洲、欧洲、非洲、美洲国家各有1处。

表 3　**部分中国境外酒店投资概况**

企业名称	投资对象	投资类型	投资金额	投资时间
安邦保险集团	纽约华尔道夫酒店	收购酒店物业	19.5 亿美元	2015 年
中国国旅	柬埔寨暹粒酒店	收购酒店物业	约 7357 万美元（0.7357 亿美元）	2015 年
锦江集团	卢浮集团	购买境外品牌附带资产	约 13 亿美元	2015 年
复星集团	地中海俱乐部集团公司	购买境外品牌附带资产	约 10.5 亿美元	2015 年
阳光保险集团	纽约巴卡莱特酒店	收购酒店物业	2.3 亿美元	2015 年
阳光保险集团	悉尼喜来登公园酒店	收购酒店物业	约 3.38 亿美元	2014 年
万达集团	澳大利亚万达文华酒店	品牌输出	9 亿美元	2015 年
万达集团	伦敦万达酒店	品牌输出	约 10.9 亿美元	2013 年
首旅集团	白俄罗斯明斯克北京饭店	品牌输出	未知	2014 年
港中旅酒店有限公司	几内亚卡鲁姆酒店	品牌输出	未知	2014 年
河南中州国际集团	帕劳中州国际海上度假酒店	品牌输出	未知	2014 年
富华国际集团	墨尔本柏悦酒店	收购酒店物业	约 9481 万美元（0.9481 亿美元）	2014 年
中国兴力达集团	洛杉矶国际机场万豪酒店	收购酒店物业	1.65 亿美元	2014 年
康德集团	巴塞罗集团圣地亚哥酒店	收购酒店物业	6600 万美元（0.66 亿美元）	2014 年
万达集团	芝加哥万达大厦项目	投资酒店物业	9 亿美元	2014 年
锦江之星	印尼金锋集团	特许经营	未知	2014 年
锦江之星	韩国首尔明洞酒店	特许经营	未知	2014 年
锦江之星	韩国 SANGWON HOUSING CO. LTD 公司	特许经营	未知	2012 年
锦江之星	菲律宾上好佳（国际）	特许经营	未知	2011 年
锦江之星	法国卢浮酒店集团	特许经营	未知	2011 年

续表

企业名称	投资对象	投资类型	投资金额	投资时间
北京华荣建业房地产开发有限公司	法兰克福华荣阳光酒店	品牌输出	未知	2013 年
开元旅业集团	德国法兰克福开元大酒店	品牌输出	约 1152 万美元收购及约 3220 万美元投资（0.4372 亿美元）	2013 年
浙江君澜酒店集团	澳大利亚珀斯水边套房酒店	品牌输出	约 2482 万美元（0.2482 亿美元）	2013 年
绿地集团	洛杉矶房地产	投资酒店物业	10 亿美元	2013 年
海航集团	欧洲 NH 酒店集团	购买境外品牌附带资产	未知	2013 年
绿地集团	西班牙索梅利亚通过股权置换交换酒店	互换品牌股权置换	约 2.4 亿美元	2013 年
新疆米兰房地产开发有限公司	乌兹别克斯坦米兰国际酒店	品牌输出	未知	2012 年
东呈酒店集团	新加坡及马来西亚安达瑞酒店管理公司	授权代理	未知	2011 年
中工国际	老挝琅勃拉邦酒店项目	合作投资	3700 万美元（0.37 亿美元）	2011 年
中国进出口银行	巴哈马 Baha Mar 酒店	合作投资	26 亿美元	2011 年
深圳新世纪集团	洛杉矶万豪酒店	收购酒店物业	6000 万美元（0.6 亿美元）	2011 年
	洛杉矶喜来登酒店		9000 万美元（0.9 亿美元）	2010 年
无锡谢菊宝个人投资	纽约金海马假日酒店	收购酒店物业	未知	2009 年
海航集团	布鲁塞尔的赛德酒店	品牌输出	约 5487 万美元（0.5487 亿美元）	2007 年

国内在线旅游服务商领导者携程旅行在这样的大形势下，布局海外市场。2013 年 12 月携程旅行网战略投资定位北美旅游市场的途风旅游，开拓更加宽广阔的北美旅游市场。

就目前我国旅游企业的投资目的来看，多数企业选择投资对象考虑更多的是对象国的入境和出境市场的发展。面对庞大的出境游群体和强劲的消费能力，有能力的旅游企业采取了跟随战略，即出境业务在哪里，分支机构就设在哪里，主要目标市场还是我国客源。旅行社的境外布点既可服务于招揽海外客户，又可作为地接社为我国的出境游客提供境外旅游服务。

图 2　我国旅游企业境外投资布点的主要目的地

资料来源：中国旅游集团发展报告——中国旅游企业国际化成长（1979—2010），http：//www. ctaweb. org/html/2011 - 12/2011 - 12 - 2 - 15 - 58 - 96736. html。

目前，我国已经实施跨国经营的旅游企业主要集中于北京、上海、广州、深圳等经济发达的沿海城市，以国有大型旅游企业（集团）或旅游相关企业为主，经营领域主要集中于旅行社、饭店、餐饮和主题公园等。总体来说，我国旅游企业进行跨国经营呈现如下特点：投资主体基本上是国内知名旅游大企业；个别民营大型的非文化企业在海外旅游投资中十分活跃，如地产企业；跨国经营企业数量仍很少，规模也较小；跨国经营企业股权结构比较单一，国有投资占主体；跨国经营业务范围比较窄，主要集中于旅行社和餐饮行业。近几年才有少数企业开始在我国出境旅游者比较集中的国家和地区经营酒店业务。

四　促进中国企业境外文化投资经营的对策建议

（一）从中央和国家层面建立包括战略规划政策在内的支持文化企业海外投资经营的制度体系

1. 将促进文化企业海外投资经营战略上升为国家战略，使文化企业海外投资成为文化“走出去”工程的重要组成部分。

2. 制定中国文化企业海外投资“十三五”发展规划和年度计划。

3. 制定财税、贷款、人才与知识产权保护等在内的系统的海外文化投资支持政策体系。加强相关立法，出台配套的政策体系，加快制定《国务院关于促进我国文化企业海外投资的指导意见》。

（二）成立专门领导机构领导和协调我国文化海外投资事业

建议成立中央促进文化企业海外投资与贸易领导小组；或者国务院部际议事协调机构——国务院文化企业海外投资与贸易领导小组（或者叫国务院文化走出去领导小组），通过部际联席会议制度，统筹协调我国对外文化投资与文化贸易发展，副组长由文化部部长担任，办公室设在文化部，由文化部部长担任办公室主任。吸收文化部、商务部、人力资源和社会保障部、外交部、海关总署、财政部、公安部、国家税务总局等机构的领导为领导小组成员。在文化部设立对外投资合作司和文化贸易司，对外投资合作司则成为日常管理对外文化投资的主要管理机构，逐步实现境外文化投资从核准制向备案制的转变，加快形成权界清晰、分工合理、高效透明的管理体系。建立海外文化投资风险信息及防控平台。

（三）制定专门扶持民营文化企业海外文化投资的政策，明确企业身份，有效落实政策

民营文化企业因为没有官方色彩，市场意识和营销能力强，更适合在海外开拓市场，弘扬和传播中华文化，将成为我国文化走出去的主体。因此，需要对民营文化企业制定专门的扶持政策。如对海外投资过程中弘扬中华文化成效显著的民营媒体，官方应进行身份、资质的官方名词界定，放宽对播放权的管制，给予媒体资质。制定财政税收贷款人才等方面的支持政策。应该赋予海外投资经营的民营文化企业更多的权利，如赋予民营

文化企业一定的出口权，适当放宽管制等。另外，给予海外投资经营的民营文化企业更多的项目支持。

（四）出台财政金融税收政策，破解资金不足困境

多方筹措资金，引导鼓励风险投资、基金、银行贷款、民间资本等资金供应来源，扩大文化产业海外融资渠道。

合理对我国援外资金在行业间进行分配，设立援外文化补贴资金，相关补贴按照纳税额按贡献进行发放。

成立中国文化海外投资专项基金，由文化部拟建的对外投资合作司管理，实行按项目评审制度，对文化企业的海外投资经营从文化生产到交易和服务环节予以补贴和奖励。基金中可考虑设立中小文化企业项目。也可设立国家文化对外投资合作重点企业奖励项目。

在税收政策方面，应进一步完善支持海外投资经营的文化企业的税收政策，实施更优惠的税收政策。首先，大幅度地减少企业海外经营收入的税收，甚至在文化企业“走出去”的初期免收经营所得税，降低出口产品和服务的增值税，免收海外工作人员所得税。其次，运用税收抵免、延期纳税、免税、加计扣除等多种税收优惠政策，鼓励文化企业对外投资。另外，在外汇政策方面，逐步放宽国外汇款最大限额的审批限制，便于国外项目的及时拓展。

完善无形资产评估及抵押贷款制度。首先，应由政府出面，设立具有官方背景的无形资产评估委员会，以国家的信誉来保证评估的权威性；其次，银行证券机构，应针对无形资产抵押贷款出台详细的具有可操作性的程序和规定，国家应根据对我国文化“走出去”战略影响力的情况，为商业银行承担一部分的无形资产抵押风险，减少其顾虑。

相关部委联合推出金融支持政策。如在股票市场融资中，政府应尽快建立完善文化产业板块，并扩大创业板融资。

（五）促进文化企业集团化和跨国经营

采取措施促进不同所有制的文化企业之间通过兼并重组、股份制改造等方式打造一批具有一定规模和海外投资实力的股份制文化集团，鼓励跨国经营。鼓励非文化企业进行海外文化投资。成立中国对外文化投资合作集团。

鼓励和支持在海外设立从事对外投资业务中介服务的事务所和金融机构。

尝试在国外设立中国文化产业园区，成为我国文化企业海外投资的基地。

组建中国海外文化投资行业协会，以规范海外文化企业的投资行为，对恶性竞争行为进行惩戒。

选择若干高等院校，资助建立一批国家级文化海外投资研究院和研究基地、人才培养基地，培养国际文化产业管理方向的本科生和研究生；建设若干国家级智库，提供战略规划政策方面的咨询和研究，发布海外文化投资市场国别年度报告，出版中国文化企业海外投资经营年度报告。同时，多部门协调制定国际文化贸易、国际文化投融资、国际文化企业管理、国际投资法等方向的高级人才培养和吸引政策，包括户口、住房、子女教育等政策。

建议国家留学基金委员会设立"文化走出去人才培养项目"，选拔优秀文化企业管理者和文化产业管理专业学生去海外交流访问学习或者企业实习。

（作者单位：对外经济贸易大学文化与休闲产业研究中心）

文化产业互补视野中的海峡出版创意产业集群构建*

尚光一

【摘要】出版创意产业是闽台文化产业最具互补基础的领域，构建海峡出版创意产业集群具有良好的现实基础。构建海峡出版创意产业集群，要审慎选择集群的集聚模式，最终形成政产学研结合的超级出版创意产业集聚区联合体。融资方式上，要加大政府投资，积极引进外资，鼓励民营社会资本介入以及运用 PPP 模式。地理布局上，要基于闽台一体的宏观视角，以平潭综合试验区为集聚中心，确保产业集群空间紧凑，引导集聚并科学规划集聚区。管理举措上，要提高政策扶持有效度，创新集聚区管理体制，优化集聚区服务功能，推进闽台出版创意企业深度合作。运营机制上，要培育宽松的运营政策环境，并设置特殊的出版运营规则。

【关键词】出版创意产业　海峡　产业集群

2013 年，福建文化产业增加值 1180 亿元，增速达到 17.7%，高于同期 GDP 增速 7.3 个百分点，占地区生产总值比重为 5.4%。[①] 在福建文化产业发展态势良好的形势下，之所以要加快发展海峡出版创意产业集群，

* 福建省社科规划项目“大陆传媒创意产品在台湾传播力研究”（FJ2015C069）；福建省中青年教师教育科研项目“大陆出版传媒产品在台湾传播效果研究”（JAS150207）；福建师范大学研究生教育改革研究项目“闽台合作视角下的文化产业硕士联合培养模式研究”（MSY201416）；福建师范大学教学改革研究项目“闽台合作专业教师教学资源共享机制研究”（I201503028）；福建省财政厅课题补助经费项目“闽台文化产业合作研究及人才培养”（2070699009）的阶段性研究成果。

① 中国经济网：福建文化产业增加值持续高于同期 GDP 增速［EB/OL］．（2014 - 05 - 27）．http：//www. ce. cn/cultwre/gd/201405/27/t20140527/620140527 - 2876861. shtml。

是由于与传统的出版创意产业发展模式相比，促进出版创意产业优化组合、集聚发展、形成产业集群，能产生巨大的集聚效应和规模效益。正如美国学者迈克尔·波特的钻石模型所显示的那样，地理上的集聚，能够对产业的竞争优势产生广泛而积极的影响。[①] 可以说，出版创意产业集群的构建是出版创意产业发展过程中“质”的飞跃。

一　出版创意产业集群的界定

出版创意产业集群就是出版创意产业领域中众多相互独立又相互关联的出版创意企业和相关社会机构，为了达到资源共享、减少风险、降低成本、提高收益，而在某一个地理空间上集聚，并结成相互分工、相互合作、相互竞争的网络结构的一种现象。作为一种产业组织形式，出版创意产业集群具有互惠共生、竞争协同、资源互补、优势放大等特征。2013年11月9—12日，中国共产党十八届三中全会审议通过的《中共中央关于全面深化改革若干重大问题的决定》指出，要“推动文化企业跨地区、跨行业、跨所有制兼并重组，提高文化产业规模化、集约化、专业化水平”,[②] 高度强调了培育壮大文化产业集群的重要性。出版创意产业作为文化产业最主要的组成部分，在当前产业体系转型升级中具有举足轻重的地位。国家统计局发布的《文化及相关产业分类（2012)》提出了我国目前普遍采用的文化产业分类标准，其中“新闻出版发行服务”被归为“文化产品的生产”的第一大类，从而使出版创意产业在文化产业统计中成为首先需要关注的产业。[③]

同时，出版创意产业是闽台文化产业最具互补基础的领域。在文化“走出去”和两岸文化深入交流的大背景下，构建海峡出版创意产业集群，有助于提升闽台出版创意产业竞争力，有助于推动闽台乃至全国文化产业的发展，有助于促进闽台文化交流乃至中华文化“走出去”，对“海

① M. E. Porter, Competition and Economic Development: Local Clusters in a Global Economy, Economic Development Quarterly, 2000 (1): 15-35.

② 新华社．中共中央关于全面深化改革若干重大问题的决定［EB/OL］．(2013-11-15)［2013-11-25］. http://www.gov.cn/jrzg/2013-11/15/content_ 2528179. htm。

③ 国家统计局:《文化及相关产业分类》(2012)［EB/OL］．(2012-7-31)［2013-11-15］. http://www.stats.gov.cn/tjsj/tjbz/201207/t20120731_ 8672. html。

峡经济区”文化产业的发展起着独特的引领作用，对于两岸文化统一进程也意义深远。

二　海峡出版创意产业集群的放大效应

（一）有利于形成规模效益和节约成本

产业集群有利于聚合资源、形成规模。统观这些年来文化产业的发展历程也可以看出，产业集群的形成是文化产业发展的巨大飞跃。就出版创意产业而言，集群在形成规模效益和节约成本方面同样表现明显。例如，上海金山国家绿色创意印刷示范园区，规划面积245公顷，明确重点发展绿色印刷、创意印刷、数字化印刷、印刷（新）材料及印刷（新）设备等绿色环保和新型产业，截至2013年3月，园区共引进项目10个，投资总额达36亿元，其中外资项目4个，投资总额为5800万美元；内资项目6个，投资总额为33亿元，[①] 显示了产业集群的集聚效应。可以说，出版创意产业集群是当代出版创意产业发展的方向，也是创新出版创意产业形态的制高点，具有高知识性、高附加值、强融合性等特征。通过形成出版创意产业集群，将有利于实现规模效益、节约成本、明显提升产业集群内出版创意企业的竞争力。

（二）有利于集中提供优质服务

形成出版创意产业集群，将有利于集中提供优质服务。首先，有利于集中资源为产业集群内的出版创意企业搭建良好的公共基础设施、提供优质的公共服务，包括产业集群内共享的餐厅、球场、展厅、T台、会议中心、活动室等。其次，有利于引进银行、投资机构、交易机构等辅助行业机构进驻各集聚区，为产业集群提供各项专业服务。再次，有利于集中引进外部智力支持和教育培训服务。最后，有利于吸引各类出版研究机构、图书工坊、出版沙龙等专业机构参与产业集群的发展。近年来，从国内外众多案例可以看出，产业集群对优质服务的吸引十分明显。例如，2010年1月12日，中国工商银行北京市分行与北京市创意产业促进中心举行

---

① 陆绮雯：《金山国家绿色创意印刷示范园区初具规模》［EB/OL］.（2013－3－18）［2013－8－1］. http：//jsq. sh. gov. cn/gb/shjs/zwxx/zwzt/userobject1ai75799. html。

了战略合作签约仪式，将每年为文化创意企业贷款提供100亿元的授信额度，其中优先支持出版创意产业集群等产业集群建设，[①] 体现了出版创意产业集群在集中提供优质服务方面的优越性。

（三）有利于获取各类优惠政策

政府通过优惠政策促进文化产业集群发展是亚洲各国的普遍特点，出版创意产业形成集群后，将更容易得到政府政策上的支持和保护，也更容易获得决策层面的优先指导和照顾，这对于出版创意产业领域里占多数的中小企业尤为有利，很大程度上降低了这些企业的经营风险，帮助这些企业平稳快速成长。例如，浙江杭州国家数字出版产业基地，2012年已集聚了近200家数字出版企业，形成了以城市为单位，数字出版核心园区和八大功能园区组团式发展，市、县（区）联动的格局，涌现了一批如中国电信天翼阅读平台、中国移动手机阅读基地、华数传媒、杭州日报报业集团、影天印业、淘花网等在全国数字出版领域具有重要影响的企业，[②] 显示了政府优惠政策对出版创意产业集群发展的巨大促进作用。

（四）有利于缩短出版创意产业链条

由于出版创意产业的自身特性，往往一个出版产品的不同工序会由不同企业分别完成。形成产业集群之后，大量联系密切的出版创意企业及相关支撑机构会在特定的空间内聚集，从而有效缩短了出版创意产业的链条，同时也有利于产业链上游、中游、下游的出版创意企业协同创新、缩短创意转化生产要素的时间以及加快企业的升级换代。例如，北京出版创意产业集群首批有32家企业入驻，其中图书策划公司有27家，包括北京磨铁图书公司、北京时代华语图书公司等龙头企业，2010年园区销售总码洋达70亿元，利税总额达15亿元。[③]

为推动出版创意产业发展，缩短创意出版产业链条，近年来福建省也

---

① 李文蕊：《破解融资难　北京文化创意产业获专项授信》，《科技日报》2010年2月1日。

② 白玫、孙凯：《杭州国家数字出版基地　汇集一个城市的力量》［EB/OL］.（2012－02－14）［2013－8－1］. http：//www.hzwh.gov.cn/syfz/xwcbsy/szcbjdjs/201203/t20120315_307151.html。

③ 方文国：《北京出版创意产业园两周岁，出版改革试验区问路前行》［EB/OL］.（2012－7－29）［2013－8－1］http：//reader.gmw.cn/2012－07/29/content_4662529.htm。

积极作为，已提出或推动建设多个园区项目，如海峡出版物流中心、海峡出版物数字信息投放平台、海峡创意印刷产业园、中国包装印刷基地（晋江）、南靖海峡印刷工业园等。2013年6月，国家新闻出版广电总局又在第五届海峡论坛上发布“批准设立海峡国家数字出版产业基地”和“批准设立国家海峡版权交易中心”。这些园区项目的构想或实施，为构建海峡出版创意产业集群提供了前提条件、奠定了现实基础，也在某种程度上先期发挥了缩短创意出版产业链条的作用。

（五）有利于放大闽台产业互补优势

近年来，在福建成功举办的海峡两岸文化产业博览交易会、海峡两岸图书交易会等活动，已成为两岸出版创意产业展示、交流和交易的重要平台。就福建出版创意产业而言，形成产业集群后，将有利于吸引具有独特优势的台湾出版创意企业来福建考察、入驻、合作，为双方出版创意企业创造大量接触机会，不但能够密切两岸出版创意产业的交流，也为福建出版创意产业的发展提供新的视角、理念与途径。通过构建海峡出版创意产业集群，除便于引进集聚台湾知名出版创意企业和个人工作室外，还将有利于借鉴台湾知识产权保护方面的经验，打造惠及两岸的出版创意产权交易平台，从而为两岸出版创意产业的合作保驾护航。同时，也将便于福建借鉴和参考台湾出版创意产业的经验，放大闽台出版创意产业的互补优势，深远影响两岸出版创意产业的发展脉络。

三　海峡出版创意产业集群的集聚模式

2012年，我国大陆年出版图书总量已经超过40万种。据不完全统计，库存数量应不少于700亿。可见，我国大陆出版创意产业事实上存在着产能过剩的问题。一段时间以来，许多地方为发展出版创意产业，催生了众多文化地产项目。然而许多项目未能因地制宜地选择集聚模式，从而导致“有园无业”，无法形成出版创意企业的有效集聚。从现实来看，各个集聚区构成了产业集群的物质载体和客观基础，因而构建海峡出版创意产业集群，首先要根据闽台业界现状和产业发展的层次阶段，审慎选择集群的集聚模式。一般而言，出版创意产业集群的集聚模式分为出版创意产业园区、出版创意产业街区、出版创意产业集聚区联合体、政产学研结合的超级出版创意产业集聚区四种模式。

（一）出版创意产业园区模式

由政府主导建立文化创意园区是当前打造文化产业集聚区的重要途径，也有不少成功案例。如“中关村科技园区雍和园”在北京市政府的主导下，集聚了北广传媒集团、歌华文化集团等1700家文化创意企业，被认定为“北京市文化创意产业集聚区”和“国家版权贸易基地”。就这一模式而言，应由政府整体规划、单独划定区域建设并提供配套设施。在全国各地，由政府规划建设文化产业园区是构建文化产业集群的重要手段。

就福建而言，为推动出版创意企业集聚，目前已设想或推动的海峡出版物流中心、海峡出版物数字信息投放平台、海峡创意印刷产业园、中国包装印刷基地（晋江）、南靖海峡印刷工业园、海峡国家数字出版产业基地等园区项目，体现了政府主导在产业集聚方面的影响，为闽台出版创意企业的集聚提供了初步条件和前期平台。不过，要真正构建海峡出版创意产业集群，要十分注意园区入驻企业间的产业关联性，否则，“园区内的企业集而不群，企业间的产业关联性不强，无法实现产业集群的协同效应。”① 同时，为深化集聚程度、共享“国家海峡版权交易中心”等资源服务，应参考空间布局与产业特性，确定集群的集聚中心，通过中心集聚区有效整合已有或在建的相关园区，打造出各环节紧密配合的出版创意产业链条。

（二）出版创意产业街区模式

文化产业街区的形成一般为民间首先自发汇聚，接着商业机构和配套设施跟进，随后政府予以扶持，从而在某一街区内形成出版创意产业集聚。从原初条件来看，这些街区往往具有发展文化产业的先天优势，台湾的莺歌陶瓷艺术街区、北京的798艺术区就是文化创意街区的典范。就出版创意产业集聚而言，出版创意产业街区因主要靠自发形成，目前在国内比较少见、比较突出的是江西红谷滩出版创意产业街区。该街区系江西省

① 李艳波、郭肖华:《海西文化创意产业集群的集聚模式与发展策略》,《厦门理工学院学报》2011年第2期。

规模最大的图书卖场，通过提供按需印刷以及画册、照片、家谱、个人回忆录等个性出版服务，带动了周边 IMAX 超五星级影院、个性化数字生活体验馆、新华晨光文具生活馆、艺术沙龙、教育培训等业态，形成了一站式的出版创意消费与服务体系，已成为具有鲜明特色的出版创意产业街区。

今后，在构建海峡出版创意产业集群时，应将出版创意产业街区作为辅助策略。如在整合台湾的出版创意产业时，可推动台湾业界结合“台北都会中心文创双 L 轴带”等街区优势，因地制宜，在诚品书店等基础上推动出版创意产业街区不断发展，实现出版创意产业升级，以发挥出版创意产业街区的集聚效应和规模效益。

（三）出版创意产业集聚区联合体模式

由于政府规划和自然形成相互交错等原因，文化产业集群可能并不完全集中在一个特定区域内，而是由几个相邻的文化产业集聚区构成一个联合体。例如，伦敦文化产业集群不仅存在于伦敦市中心，而且分布在哈克尼、伊斯林顿、卡姆登城、布里斯顿、哈默史密斯等近郊区，以及泰晤士河南岸到绍斯沃克和德普特福德，这些文化产业集聚区组成了伦敦文化创意集聚区联合体。

不过，这种文化产业集聚区联合体的模式需要产业链条不断延伸、有效整合各个集聚区，要求政府合理规划并有较高投入。因而，如采用该模式，在构建海峡出版创意产业集群时需要将已有的或构想中的集聚区项目（园区、街区）进行有效对接，密切出版创意产业链各环节的相关性，以充分发挥产业合理集聚所带来的资源共享、风险减少、成本降低、收益提高等优势。

（四）超级出版创意产业集聚区联合体模式

在文化产业的发展过程中，由于历史条件和现实机遇等综合作用，有些地区还形成了政、产、学、研结合的超级文化产业集聚区联合体。在这样的超级文化产业集聚区联合体内，政府、高校、研究机构、文创企业能够很好地优势互补、形成合力和加快产业升级，如澳大利亚的昆士兰文化产业集聚区联合体。不过，这一模式往往由多种因素共同作用形成，需要一定发展过程，属于产业集群的成熟形态。

在构建海峡出版创意产业集群的过程中，要因势利导，为实现政、产、学、研有机结合逐步创造条件。今后，要在管理部门的主持设计下，合理规划海峡出版创意产业集群的布局，围绕中心集聚区，有机链接海峡出版物流中心、海峡出版物数字信息投放平台、海峡创意印刷产业园、南靖海峡印刷工业园、海峡国家数字出版产业基地等不同环节，并有效整合相关高校、科研机构，为形成政、产、学、研结合的超级出版创意产业集聚区联合体奠定基础。

综上所述，出版创意产业园区、出版创意产业街区是出版创意产业集群的初始形态，而构建海峡出版创意产业集群应高起点、远规划，从一开始即要秉持出版创意产业集聚区联合体的理念，努力协调构想中、规划中或推进中的各出版创意产业园区、街区项目，并通过不断密切出版创意产业链条各环节的关联性，使政府、高校、研究机构、出版创意企业优势互补、形成合力。另外，要围绕中心集聚区，整合各集聚区的优势特点，最终形成政、产、学、研结合的“超级出版创意产业集聚区联合体”这一成熟的集聚模式。

四　海峡出版创意产业集群的融资方式

要构建海峡出版创意产业集群，必须保证有充足的资金。要实现这一目标，可从加大政府投资、积极引进外资、鼓励民营社会资本介入、运用PPP模式四个方面入手。

（一）加大政府投资

政府投资是众多文化产业集群在初创阶段的重要资金来源，例如，为形成产业集群，昆士兰文化产业集聚区总投资达6000万澳币，其中1500万澳币由昆士兰省政府资助。① 考虑到闽台合作的现实情况，在海峡出版创意产业集群形成初期，政府需要进行前期投资、奠定物质基础，以确保出版创意产业集群稳定成长、逐步做大做强。具体形式上可通过由政府下属的国有企业投资出版创意产业集聚区的硬件、配套设施、服务机构等方

---

① 李宇红、赵晶媛：《文化创意的人文理论和产业研究》，中国物资出版社2010年版，第78页。

式，为海峡出版创意产业集群的成长搭建良好平台。

（二）积极引进外资

当前，外资已成为中国文化产业的主要投资力量，投资规模占比超过八成。数据显示，在202起文化产业投资事件中，外资投资机构参与其中的108起投资事件，占54%。从投资比重来看，投融资事件涉及美元规模为488889.69万美元，占投融资总规模的76.17%，投融资事件涉及港元规模为138200万港元，占79.09%。[①] 因此，在构建海峡出版创意产业集群的过程中，应把引进外资作为集群建设资金的重要来源。特别是，在不涉及国外文化渗透、国家文化安全的产业环节，应充分发挥福建“先行先试”的优势并完善版权保护措施，积极引进外资。特别是，应利用与台湾交往密切和台湾出版创意企业作为集群组成部分的便利，积极吸引台资参与海峡出版创意产业集群的构建。

（三）鼓励民营社会资本介入

要确保出版创意产业集群健康、快速形成，充足的资金是必不可少的要件。要构建海峡出版创意产业集群，仅仅依靠政府投入和吸引外资显然是不够的，积极鼓励民营社会资本介入是应有之义。为此，福建应降低投资准入门槛，通过政策杠杆来撬动民间资本，积极引导民营社会资本参与海峡出版创意产业集群的构建。这一方面，国外的一些做法经验可资借鉴。例如，为促进文化产业的发展，英国1998年成立了民间机构——英国创意产业局，下设风险投资机构和咨询评估机构，“从成立至2005年，创意产业局在英国培育了12万家文化创意企业”[②]。在借鉴国外先进经验做法的基础上，福建可通过支持社会力量建立出版创意产业发展基金、出版创意产业融资平台等方式，来鼓励民营社会资本介入海峡出版创意产业集群的构建。

（四）运用PPP模式

鉴于发展文化产业具有高风险、高回报的特点，为了降低投资风险并

---

① 余彦君：《文化产业投资　外资分食八成》，《晶报》2012年2月21日。

② 李宇红、赵晶媛：《文化创意的人文理论和产业研究》，中国物资出版社2010年版，第125页。

扩大投资主体，在构建海峡出版创意产业集群时，可考虑运用 PPP 模式（公私合作模式）。该模式下，由政府和社会资本组成项目公司，针对特定项目或资产，与政府签订特许经营合同，并由项目公司负责项目设计、融资、建设、运营。政府按照特许经营协议履行合同义务和监管责任，并承担相应的法律、政策风险，但不给予项目公司过高的补贴承诺、不兜底市场风险。此类投资模式，在构建文化产业集群方面已有不少成功案例。例如，为推动香港数字设计集群发展，香港特区政府与电讯盈科集团共同投资建设了香港数码港，总投资达 158 亿港元。其中，特区政府负责为数码港建设所需的基础设施，其营运资金主要来源于前期出售的住宅收益，部分来自香港创新及科技基金。① 迄今为止，香港数码港运营状况良好。因此，在筹措海峡出版创意产业集群建设资金方面，可考虑采用 PPP 模式，整合政府资金引导、银行贷款、民间资本投资等，实现投资主体的多元混合，降低各方风险，达到快速融资与风险分担的较好效果。

五　海峡出版创意产业集群的地理布局

（一）闽台一体的宏观视角

一段时期以来，由于行政体制条块分割，我国地区间在文化产业发展上各自为战、缺乏协调、发展思路单一，结果导致产业结构雷同、重复建设和资源浪费等现象。为破解资源区域分割的难题，近年来，福建大力推进海峡经济区建设，密切闽台合作，涉及基础设施、信息服务、基本公共服务、要素市场建设、产业融合发展五个方面，从而为两岸共同构建出版创意产业集群营造了产业协作、优势互补的良好环境。因此，在规划海峡出版创意产业集群布局时，要以福建为立足点，将闽台融为一体综合考察，并根据双方出版创意产业在功能和产业链条上的相互关系，进行优势互补、合理布局。提升市场一体化水平，促进海峡出版创意产业集群的比较优势得到充分发挥。

（二）以平潭综合实验区为集聚中心

平潭综合实验区位于台湾海峡中北部，是祖国大陆距台湾本岛最近的

① 花建：《文化产业的集聚发展》，上海人民出版社 2011 年版，第 59 页。

地区，具有对台交流合作的独特优势，目前已获得了国家和福建给予的众多特殊政策，为出版创意产业集群的落地提供了核心载体和集聚条件。其中，《平潭综合实验区优惠政策》在财税政策中专条提出文化产业享受减按15%税率征收企业所得税的优惠，并且可同时享受其他国家各项所得税优惠；①《关于加快发展福建省新闻出版产业的意见》也提出，加快建设两岸出版交流实验区，大力实施闽台出版交流合作工程，重点推动海峡两岸出版物物流中心、海峡版权交易平台等项目建设。

如果以平潭综合实验区为海峡出版创意产业集群的集聚中心，可与相关优惠政策有效对接，包括特殊的通关制度可以建立出版创意产品物流集散中心，提高出版创意产品进出口贸易的便利性；优惠的税收政策，可以很好地吸引众多出版创意企业入驻中心集聚区；“双币制”的实行有利于入驻园区的台资出版企业资本融通及交易结算等，都对产业集群的构建和发展提供了有力的支持。另外，2013年3月18日，中国文化传媒集团与福建平潭综合实验区管委会在京签署战略合作协议，强化央地合作，通过5年时间引入国内外一流文化资源、落地一批文化项目、打造一批文化品牌，把平潭综合实验区建设成国内一流、国际知名的“国际文化岛”②，也为平潭综合实验区成为集聚中心提供了先期基础。

鉴于上述优势条件和现实基础，海峡出版创意产业集群的应以平潭综合实验区为集聚中心，并通过其辐射产业链条上承担不同功能的闽台各个集聚区。特别是，平潭综合实验区的对台优势，有利于引入各类台湾出版业态。这将有利于发挥两岸出版创意产业的各自优势。通过密切合作、形成合力，进行深层次开发与合作，提升华文出版的知名度和核心竞争力，从而使平潭综合实验区成为两岸出版界创作、交流、合作、产业发展的中心以及两岸出版创意产品的集散地、两岸人民的心灵家园。

（三）确保产业集群空间紧凑

出版创意产业集群在空间上应保持紧凑，这是产业集群本身的特性所决定的。就海峡出版创意产业集群而言，产业集群内的企业在空间上应紧

① 平潭综合实验区管委会编：《平潭综合实验区优惠政策（摘要）》2014年第4期。

② 郭人旗：《中国文化传媒集团与福建平潭综合实验区签约》，《中国文化报》2013年3月19日。

凑分布，关联紧密的企业应处于同一集聚区内，要避免由于企业间空间距离过远而影响集群效应的发挥。具体来说，出版创意产业集群空间上的紧凑，可以促使产业集群内部竞争加剧，增强出版创意企业的竞争力；可以促使产业集群内互相协作和成功经验交流；可以促使产业集群形成以闽台区域为基础的品牌，使产业集群内所有出版创意企业受益；可以促进基础设施的建设和优质服务的集中供给；可以更有效地吸引外部投资。当然，空间上的紧凑只是创造和保持出版创意产业集群优势的一个方面，如果产业集群内的企业无法形成产业合作和有机联系，集聚效应同样无法显现。因此，除了空间上的靠近，还应确保产业集群所涵盖的出版创意企业具有内在关联度和产业互补性。

（四）引导集聚并科学规划集聚区

为构建海峡出版创意产业集群，福建应引导关联出版创意企业集聚，科学规划集聚区，提高集群内的产业关联度，加强集群内不同企业的互补合作，发挥集聚效应，以形成互为基础、互相依存的完整产业链。一方面，构建海峡出版创意产业集群，要根据实际情况，基于闽台地域特点，以平潭综合实验区为集聚中心，高标准打造产业链条上的各个集聚区，并做好这些集聚区的规划和配套。同时，严格控制筛选，重点引进科技含量高、资源消耗少、附加值高的出版创意企业入驻，以真正将各集聚区融为一体，形成集群。另一方面，要在已有基础上规划、引导现有的“海峡创意印刷产业园”等集聚区进一步发展，与平潭综合实验区的集聚中心紧密依存互补，实现产业升级、更好地发挥集群的集聚效应。同时，也要强化现有集聚区内关联企业的聚合，加快海峡出版创意产业集群的形成。

六　海峡出版创意产业集群的管理举措

（一）提高政策扶持有效度

为构建海峡出版创意产业集群，福建省要强化扶持力度，优化各项优惠措施。首先，要积极落实国家、福建有关出版创意产业的各项优惠政策和扶持资金。例如，《国家文化产业振兴规划》要求大幅增加中央财政扶持文化产业发展专项资金和文化体制改革专项资金的规模，不断加大对文化产业发展和文化体制改革的支持力度。① 这些优惠政策和扶持资金如涉及海峡出版创意产业集群，都应积极落实。其次，要制定针对海峡出版创意产业集群构建的各项优惠政策，包括进一步加大出版创意产业建设资金在政府财政预算中的比重、建立海峡出版创意产业集群发展专项基金、在各集聚区的地价租金等方面给予企业优惠等，为海峡出版创意产业集群的构建提供政策保障。再次，通过退税或补贴来扶持相关出版创意企业，以税收杠杆来调动其积极性，鼓励其参与海峡出版创意产业集群的构建。最后，对出版创意产品出口实行奖励政策，鼓励相关出版创意企业扩大对外贸易，参与国际出版创意产业的竞争。总之，应积极优化扶持政策，增大优惠力度，通过有吸引力的利益分配机制来激发产业集群内出版创意企业的积极性和竞争力，推动产业集群快速发展。

（二）创新集聚区管理体制

要加快海峡出版创意产业集群的形成，进一步加强各集聚区的建设是最直接的方式，但要发挥出产业集聚的优势，仅仅依靠投资硬件是不够的，还应高度重视集聚区管理体制的创新。要在管理策略、合作形式上先行先试，包括邀请台湾相关部门及企业积极参与；充分考虑集聚区内出版创意企业的利益，努力提供完善的设施租用制度、专业的融资管理体系、高效的服务机制和常态的政策指导；简化审批手续，建立完善的进入机制和退出机制；鼓励集聚区内的出版创意企业形成各自的特色，实现专、精、特、新的企业性格。

具体模式上，首先，可由政府派出机构进行管理。这一模式的优点在于能更为直接有效地落实相关优惠政策，但要注意防止干预过多，影响出版创意企业的主体地位和创造性。其次，可由投资主体管理或集聚区内的企业联合管理。这一模式的优势在于能更好地发挥相关企业的自我管理功能，不过在制度建设上应注重避免权责不清，确保管理的效率。最后，可采用委托中介机构或专业协会来进行管理。这一模式有利于为集聚区发展提供专业化的管理与服务，缺点是费用较高。考虑到闽台合作的特殊性，构建海峡出版创意产业集群应发挥企业的主体作用，构建产业集群管理机

① 国务院：《文化产业振兴规划》，2009 年 9 月 26 日，http：//news. xinhuanet. com/politics/2009 – 09/26/content_ 12114302_ 4. htm。

构和协调机制，并与台湾业界组织积极合作，学习和借鉴他们在促进出版创意产业发展、提供管理服务等方面的经验，并在条件成熟时引进台湾相关机构、协会、专家、业主来共同组织管理机构，因地制宜做好各集聚区的制度建设和日常管理，降低入驻企业的交易成本，为集聚效应发挥提供管理保障。

（三）优化集聚区服务功能

要构建海峡出版创意产业集群，还应多渠道优化各集聚区的服务功能。集聚区服务功能的完善与否，是影响产业集群发展的重要因素。在构建海峡出版创意产业集群的过程中，要统筹利用闽台区域资源，通过多种手段、方式、渠道来优化各集聚区的服务功能，高标准地为集聚区内各出版创意企业提供所需的各种功能性服务，促使各集聚区间形成包含研发、投资、孵化、制作、培训、交易在内的完整创意设计产业链条，从而充分释放产业集群的集聚效应。就具体服务项目而言，通过走访调查，闽台出版创意企业主要需要两大类服务，今后应有所侧重，如表 1 所示。

表 1　**闽台出版创意产业服务侧重点**

服务类别	主要项目
基础服务	公共交通、网络通信、餐饮购物、热力中心、物流服务、呼叫中心、人才招聘、劳动保障、公寓出租、财务代理、营销服务、论坛沙龙、休闲娱乐、法律咨询
专业服务	项目筛选、产业咨询、专利申请、风险投资、天使基金、研发外包、产权交易、改制上市、融资担保、孵化空间、小额贷款、专业知识培训、专业信息共享、专业设备共享

（四）推进闽台出版创意企业深度合作

台湾出版创意产业起步较早，出版创意产业形成了比较成熟的理论策略、运营模式和人才培养方式，产业链条相对完整，形成了一批有实力和有影响力的出版创意企业，如城邦出版集团、大块文化出版股份有限公司、金典书局企业有限公司、天龙图书有限公司、青龙国际出版股份有限公司、皇冠出版社、远景出版事业有限公司、时报文化出版企业有限公司、幼师文化事业有限公司、阿布拉教育文化有限公司、台湾商务印书馆等。而且，台湾业界强化了与福建“共同策划、共同投资、共担风险、共享权益”的“四共模式”合作，如“漳州历史文化丛书”和台湾历史文化丛书中的《安平晚渡——台南》就是“四共模式”的产物。同时，由于内地出版业一直未开放外资投资，合资成立从事出版业务的文化公司或图书公司逐渐成为较为常见的出版创意产业合作模式，如联经出版公司与上海季风图书有限公司合并为“上海三辉咨询有限公司”等。

就福建而言，近年来也努力尝试开展更深入的闽台出版创意产业合作。例如，2010 年海潮摄影艺术出版社更名为海峡书局出版社有限公司，在国有控股的前提下，吸收台湾资金入股，其中海峡出版发行集团出资60%，城邦媒体控股集团出资 40%，合作成立了海峡书局股份有限公司。[①] 另外，海峡书局还获得了互联网出版资质，成为首家两岸合资的互联网出版企业，这都体现了两岸出版创意产业合作方式的创新。因此，在构建海峡出版创意产业集群过程中，要重视借鉴台湾出版创意产业的经验，并利用闽台间交通便利的优势，积极将台湾知名出版创意企业、机构、工作室纳入产业集群，引进台湾出版创意培训机构来闽培训专业人才，强化闽台出版创意产业的深度合作与密切联动。

七 海峡出版创意产业集群的运营机制

（一）培育宽松的运营政策环境

为保证海峡出版创意产业集群平稳运营，有关管理部门要本着先行先试的宽容态度，努力为产业集群运营培育宽松的政策环境。

第一，提供土地及办公场所使用优惠。要对各集聚区和出版创意企业的土地使用给予优惠，对出版创意企业办公用房租金给予减免。

第二，提供税收减免优惠。要根据国家、福建对出版创意产业的扶持政策，为各集聚区、出版创意企业提供各项税收减免优惠。特别是，要结合平潭综合实验区的特殊优惠政策，给予入驻中心集聚区的企业最优惠的税收政策。

第三，提供书报刊号支持。鉴于我国大陆只有出版社才有资格从事图书出版活动，同时报刊号也十分紧缺，为解决集群内出版创意企业的书报

① 海峡出版发行集团：《两岸出版合作共同作业平台启动》，2013 年 3 月 26 日，http：//www.fjxwgd.gov.cn/show.aspx？id = 123954 & ctlgid = 872781。

刊号需求，特别是台湾出版创意企业在大陆的编辑出版需要，可参考北京出版创意产业园区配套设立北京联合出版公司、为入驻企业提供书号的先例，在平潭综合实验区特别成立海峡联合出版公司，专门为集群内出版创意企业提供书号和报刊号。民营工作室、台湾出版创意企业等可在所出版书报刊封面上署名，从而为集群内出版创意企业开展核心业务、传播自身形象、打造出版品牌提供支撑。

第四，提供资金扶持。要构建海峡出版创意产业集群，必须保证有充足的资金。为此，要积极争取国家新闻出版广电总局及福建省人民政府等机构关于出版创意企业发展的专项资金；与银行牵线搭桥，协助贷款申请；扶持企业申报政府资金项目等，以解决困扰闽台出版创意企业的融资问题。

第五，提供人才引进便利。要实现海峡出版创意产业集群的正常运营，需要充足的人才支撑，为此要优化人才引进政策，以创造性的方式为各集聚区、出版创意企业引进人才提供优惠。例如，由福建出版管理机构牵头解决中、高级编辑职称评定问题；对符合人才引进条件的企业家或员工，提供高效的居住证及户籍办理服务，对台湾人士给予同等公民待遇；对各集聚区、出版创意企业引进的高学历、高技术人才给予住房补贴；对做出一定贡献的闽台出版创意企业经营者给予相应的荣誉奖励等。

（二）设置特殊的出版运营规则

要构建海峡出版创意产业集群，设置特殊的出版运营规则必不可少。

首先，设置特殊的出版机制。出版机制方面，首先要为产业集群专门设置海峡联合出版公司，为闽台出版创意企业提供书报刊号支持。同时，集群内的台湾出版创意企业可与大陆出版创意企业联合出版书籍、报刊，符合一定条件也可在配属国内书号的前提下单独出版。

其次，设置特殊的发行机制。海峡出版创意产业集群要按照闽台合作的精神，将集群打造成为两岸出版产品交流的平台和中转站，允许集群内出版创意企业制作的出版物以简体字版在大陆流通、以繁体字版在台湾流通，同时福建新华发行集团要在发行渠道上给予特别支持。

再次，设置特殊的监测审读机制。构建海峡出版创意产业集群的过程中，为避免政治风险，确保出版物质量，并为出版物资助、奖励和处罚提供依据，需要实行特殊的监测审读机制。鉴于闽台合作的特殊性，主要应由第三方机构入驻集群开展监测审读，构筑产业集群日常监测与专项审读相结合的严密体系。具体而言，包括由福建省出版物监测与研究中心进行内容审读，国家新闻出版总署出版产品质量监督检测中心福建分中心进行形式质量检测，中国新闻出版研究院海峡分院进行质量分析研究等。通过这些特殊的监测审读机制，将确保产业集群所催生的出版创意产品导向健康、质量过硬、特色鲜明，从而为海峡出版创意产业集群的发展壮大奠定坚实基础。

（作者单位：福建师范大学文学院）

中国网络漫画市场现状的分析研究

尹　敏

【摘要】 当前中国政府推动的“互联网 +”和“大众创业、万众创新”[①] 国家发展战略政策，为我国文化内容产业再次创新提供了契机，近几年原创网络漫画市场随着在线平台的发展也快速发展起来，形成了初具规模的产业内容平台。但参照国际漫画内容强国，我国还有相当的距离，借助中国在线最庞大的网民市场，中国漫画产业由传统纸质出版流通体系逐步转变到了在线数字平台的消费模式。由早期免费提供的网络漫画服务给国内消费者提供了形式多样的原创漫画，引起数量上的快速增长，人气优秀的网络漫画内容也逐渐以收费模式出现。如何让网络漫画形成收费模式和多次产业转换的盈利模式是本研究的目的。

【关键词】 漫画　网络漫画　产业转换　收费模式

一　网络漫画的三种表现形式

（一）大型综合网站运作的服务形式

以腾讯的 ac. qq. com 和新浪的 manhua. weibo. com 可说是目前主导我国网络漫画服务的最大运营商。目前，访问其网络漫画平台数量的消费者，点击量达到亿次以上的作品陆续出现。两大互联网公司旗下的这两个网站设有免费和收费漫画消费体系，但主要还是以免费为主，正在逐步拓展为内容平台的多样性消费模式。

---

① 中国政府网（www. gov. cn），2015 年 8 月 5 日。

（二）漫画杂志社运作的服务形式

有我国代表性漫画杂志社“漫友”运作的91ac. com和知音漫客运作的mkzhan. com，他们主要以杂志社拥有的纸媒内容为主，提供网络漫画二次内容服务，也都设有免费、收费两种模式。

（三）母公司已有的内容拓展为漫画内容相关的服务商运作形式

“盛大游戏”旗下的u17，是运作与盛大游戏、数字图书和漫画相关联的内容提供商。前期是采用以免费、收费服务共同运作的发展模式，到2012年后以VIP会员制为中心，创新其运作模式，带有很强烈的盛大游戏会员制的消费特征。

表1是目前中国代表性网络漫画服务商网站的运营情况，比较可以看出各有不同。

表1　**目前中国代表性网络漫画服务商网站运营情况**

序号	网站名称	服务形式	特点
1	ac. qq. com	免费（开放型平台） 收费（大都是韩国漫画） （每页收费：0. 01元、0. 02元、0. 03元）	- OSMU漫画服务事业 - 不仅局限于内容收费收入，也把整个内容联系管理 - 可推动二次产业创新
2	manhua. weibo. com	免费 收费（一部分日本漫画） VIP会员制管理	- 以已有的新浪微博平台为依托的开放型运作 - 通过免费服务挖掘优秀作品，推动后期授权业务 - 一部分漫画角色开发衍生产品
3	91ac. com	免费 月套餐（29元） 量贩式（每页0. 03元）	- 以“漫友”杂志为平台，吸收已有的读者层
4	mkzhan. com	免费 月套餐（10元） 电子版单行本（1. 5—2. 5元）	- 以“知音漫客”为平台，吸收已有的读者层
5	U17. com	免费 月套餐（10元）	- 给VIP会员赋予权利，确保人气作品的版权，重开发游戏或动画片 - 拥有7个母公司的数字图书平台

续表

序号	网站名称	服务形式	特点
6	ifenghui. com	免费 月套餐（10 元、20 元）	- 漫画杂志发行刊物 - 以成人漫画为主
7	ishangman. com	免费 量贩式（每集：0. 11 元）	- 以漫画杂志“尚漫”为依托

二　我国手机漫画市场现状

我国智能手机用户数量持续增加，2014 年总数已达 12. 86 亿户①，手机成为消费者享受娱乐、收集信息的最主要媒介平台。而且也是以视觉消费为主导的网络漫画内容最适合的视屏媒介。目前，主导我国手机网络漫画服务的中国移动通信提供商，正在整合动漫相关产业资源，给在线用户提供数字文化服务以及动漫内容消费平台，此主要原因就是网络媒体媒介工具快速发展，带来消费方式平台的革新跟进。

目前，消费手机在线动漫服务 95% 以上是 18—35 岁的中青年②，这和手机使用年龄阶层基本一致，和动漫内容主要针对对象也完全一致。手机动漫对用户最大的吸引点是到处随时都可以享用。手机动漫是在线亲自直接购买自己喜欢的内容，而且不用去书店排队，很简便、节省时间。

表 2　手机动漫与传统动漫的差异

类型	手机动漫	传统动漫
读者	18—35 岁	18 岁以下
享用方式	简便携带、随时到时享用	固定的场合上享用
费用	免费、收费兼备	TV 和在线动漫是免费
作品特点	短而小容量	长而大容量
内容	观看动漫、衍生产品	观看动漫
形式	个人携带、简便、可参与	单向
推销方式	有针对的销售对象	对大众销售

① 中国新闻网（http：//www. chinanews. com），2015 年 1 月 21 日。

② 2014 年中国移动互联网动漫产业报告。

据调查结果，中国享用动漫内容的人数达 2 亿，其中表示对手机动漫有兴趣的人有 54. 3% ，而且每月为享用手机动漫可付 5 元以上的人也有 58% 。[①] 2012—2014 年是手机动漫市场从发展阶段升为成熟阶段。相关统计数据显示，截至 2014 年年底，中国手机动漫用户累计规模达 2. 8 亿元，手机动漫市场规模达到 23. 1 亿元。包括中国移动、中国电信在内的各大移动通信运营商，也都在近年来纷纷布局手机动漫市场。以中国移动手机动漫基地为例，自 2010 年以来，截至目前该动漫基地已经签约近 1000 家战略合作伙伴，在线正版动漫作品数量超 25 万集，累计使用用户近 2 亿人。2010 年实现收入超 3 亿元，缔造商实现了元年开门红。2013 年，手机动漫基地继续保持快速增长，全国累计收入超 10. 23 亿元，累计注册用户达 1. 4 亿元。[②] 2010 年 4 月 26 日，中国移动通信在厦门建立了手机动漫基地。此公司表示，自 2011 年向后 5 年投资约 50 亿元，推动中国手机动漫发展，培养 2500 多个动漫企业，创出 10 万人的工作规模。[③]

表 3　**中国手机动漫市场现状**　（亿元/万人）[④]

区分	2010 年	2011 年	2012 年	2013 年	2014 年
中国移动通信动漫基地市场规模		0. 5	3. 0	8. 6	23. 0
收费用户数量		183. 3	971. 6	1433. 3	2916. 7
中国手机动漫市场规模	7. 2	9. 0	16. 25	22. 75	30. 25

中国移动通信手机动漫的核心是以原创漫画为依托的漫画内容。手机动漫从 2011 年在福建省等 6 个省进行示范运作，自 2012 年正式展开全国服务，但实际上到 2012 年年末才扎根。服务方式有 wap 和 app 方式，以收费服务为依托开展业务。

① 中国行业研究网，www. chinaim. com。
② 翔通品牌故事网，2014 年 12 月 2 日。
③ 2014 年中国移动互联网动漫产业报告。
④ 中国通信网，www. ccidcom. com。

表 4　**中国移动通信手机动漫服务的主要特点**

区分	内容	备注
服务形式	以收费为主	
收费方式	每集收费（0.3 元、0.5 元）随着作品价钱会变动 量贩式（50 集：3 元、100 集：5 元） 部分杂志等另外有收费制	
服务方式	串流方式 下载方式	通过提前评审严格管理

中国移动通信手机动漫的前 10 排名作品 1 个月销售额已经达到 1 亿元以上。这些作品以在线人气为依托，再次在杂志上连载、单行本出版、制作动画片、制作电视剧和动画电影等推出多层次的产业盈利模式，已展露出以原创漫画为依托发展的成功模式。仅仅 2012 年中国移动手机动漫业务全网商用开通以来，截至 11 月 25 日，其收入已超 2.17 亿元。中国移动动漫基地已引入海内外逾 500 家内容提供商，获得近 900 个动漫形象授权，上线近 40000 集动画、近 50000 集漫画、6000 余套主题、16000 余个彩漫作品，同时还对接 28 个国家动漫基地。①

手机在线动漫服务不仅是购买漫画内容，而且利用角色的 MMS、手机桌面画、背景画等可提供多样的服务。如果有受欢迎的漫画内容产生时，可进行二次漫画和 Flash 动画创作，并提供更多的服务拓展内容。另外，中国联通、中国电信也和中国移动通信一样几乎前后开创了“爱动漫”等相同的手机动漫服务平台，以动漫为中心和中国移动通信展开差别化竞争，但规模与中国移动通信还是有一定的差距。

中国网络漫画服务 2012 年之前一般是以在线免费服务为主，自 2012 年开始中国移动通信开始手机动漫收费服务，提高了网络漫画的商业价值。其他的网络服务公司也通过自己开发手机软件，快速跟进到手机网络漫画服务市场并展开竞争。

目前，大多数企业在线和线下服务是分开运作的，并逐步完善一次性收费支付模式，也可使用在线和线下服务联系系统，扩大和引导在线消费的方便性，提高服务质量来达到盈利目的，这已基本成为主要的消费方

① 《中国移动手机动漫商用一周年：业务收入已超 2.17 亿元》，中国通信网，http：//www.c114.net 2012/11/30。

式。如中国移动手机动漫基地以“构建全新的发行平台，培育全龄的动漫文化，打造全赢的创意产业”为发展目标，在优秀动漫资源和手机客户需求之间搭建起桥梁，实现精确分发，通过“一点接入，一点结算，全网服务”的商务模式，大幅度提升产业价值，助力企业扩大收入规模。①

以中国移动投入约50亿元在厦门软件园三期建设的“中国移动手机动漫产业园区”来看，将成为亚洲最大的手机动漫产业园，具备产品研发、产业集群推进、手机动漫“云”平台、业务合作交流等多项功能。“十二五”期间累计实现手机动漫业务总收入约60亿元，用户规模超过8000万，成为中国最大的在线免费服务提供商。②

三 中国网络漫画原创产业面临的困境

虽然中国原创漫画产业快速成长，以数字平台为中心顺利发展并转型，但也存在以下几个方面的问题：

（一）创意性人才短缺导致优秀漫画内容严重不足

近几年来，国内从事原创漫画的人数急速扩大，随着中国市场的需求量和产业成长速度增长而供不应求。内容产业的最核心问题是创作内容的供给，供给严重不足的状况下不能支撑产业的稳定良性发展，原创内容贫血现状已成为中国漫画市场持续成长的重要障碍。

（二）影响力巨大的垄断性服务平台公司（国有通信大公司和大型综合网站）

这些国家控制下的垄断性公司提供的平台、用户信息库、结账支付系统等已变成对原创漫画产业的主要控制工具。这些平台内容提供商设置了很多的审批程序，通过大资源控制手段，提高自身绝对垄断的影响力。这种垄断性已较大地制约了国内市场中生产优秀原创动漫、制作动漫的中小

① 《中国移动手机动漫商用一周年：业务收入已超2.17亿元》，中国通信网，http://www.c114.net，2012/11/30。

② 同上。

公司和个体原创动漫的发展，而中小公司及个体作家恰恰是中国网络漫画市场中原创的驱动力。

（三）创造多样性漫画内容的盈利模式还不成熟

中国的网络原创漫画产业历史发展还比较短，因而通过原创漫画内容来创造多样性产业的能力还不成熟。以在线为主的免费服务虽然是给线下漫画家提供了稳定的稿费，支持线下漫画家的创作工作，但多数情况下的大部分作者，还是向平台运营商提供免费作品发行或微利收入发行，因而国内线下漫画家供给不足的情况频繁出现。因此，无法确保供给内容的稳定性和作品的高质量性，这对原创网络漫画拓展的第二次、第三次产业再发展起到了阻碍作用。也有少数通过手机在线收费服务的优秀作品获得了很大的成功，但对整个网络漫画市场规模和今后发展潜力来看，还起不到推动性的作用，同时，产业结构不合理，导致创造多样性盈利模式能力的不足。

结　　语

根据 2014 年中国文化部出台的《关于扶持动漫产业的若干意见》出发，提出四点研究建议：一是完善国家顶层设计层面的政策制定与扶持计划，从点到面——除大企业外更多需要扶持中小团队和优秀个人创作家，各级政府相关机构需要长期持续化、制度化地推动各种层次、各种形式的内容和作家推选模式，挖掘和培养中国新一代的漫画家、漫画企划及产业专家；二是分批重点打造中国国际化动漫文化新形象、新角色和新内容，开发国际化多语言的网络漫画内容平台，如腾讯、百度、阿里巴巴等，打造中国网络漫画内容产业平台的新模式；三是在中国和全球数字内容的发展初期，抢占急速成长的漫画、动画文化产业内容市场，通过“引进来”再“走出去”的发展模式，展开出版社、大学、国外文化管理机构和一流产业资源（包括网络平台运营商、内容提供商及个体作者）的四方合作，打造中国互联网 + 漫画产业发展的创新平台产业；四是优化推动产业链中原创内容的二次、三次、四次产业盈利发展的再创新能力。提高内容知识产权的保护力度，引导消费者有偿高质量的消费习惯，逐步改变免费内容提供的商业模式，对产出国际一流的原创网络漫画角色和内容至关重要。同时还需要在人才培养模式革新、尖端技术开发、产业链资源整合与优化、国外最优质内容资源引进与消化的政策保障等，也都是网络漫画创新与培育一流产业模式至关重要的推动力量。以上四点建议是本研究探索的一点心得，供参考研究。

（作者单位：青岛科技大学传播与动漫学院）

青岛市白领群体图书阅读与购买现状和对策研究

葛　卉

【摘要】青岛白领群体图书阅读呈现出阅读目的专业化、阅读地点多元化、性别分化明晰等特点，其购买状况与收入直接关联，购买方式受教育程度影响大，以上诸多因素对青岛市白领图书市场影响重大。只有搭建与消费者沟通的平台、细分消费者市场、有效处理出版社、经销商与中间商的关系，才能够实现出版产业的繁荣。

【关键词】青岛　白领　阅读特点　购买特点　市场营销渠道

一　“白领”的界定

“白领”这一名词最早出现于20世纪20年代初。它的范围包括一切受雇于人而领取薪水的非体力劳动者，因而有“白领职工”之称。他们一般工作条件比较整洁，穿着整齐，衣领洁白，包括技术人员、管理人员、办事员、推销员、打字员、速记员、文书、会计、店员及教师、医生、律师、普通职员等。这些人的经济收入和工作条件较好。尽管如此，由于不掌握生产资料，他们仍处于受雇佣地位。在发达资本主义国家，白领总数超过蓝领，占工人总数的60%—70%。白领阶层福利好、收入高、职位稳定，是令人羡慕的职业。

按美国的标准，白领是指年薪在8万美元、从事纯粹脑力劳动的人。除了个别技术性特强的行业，大多数的“白领”都是有生存危机的。劳动制度的不够完善，使白领无法具有应有的保障。但是到1996年，8万的数字已经赶不上时代的发展速度。当然各国甚至是各地区收入水平差异很大，因此白领没有统一的标准。而中国最大的白领网站“白领公社”则认为，白领泛指在企事业单位从事脑力劳动的员工。

2007 年 11 月，中国社会科学院公布了 2007 年全国主要城市的白领工资标准，（以人民币计）青岛的白领标准为 4000 元。而我们调查的结果，有 39.7% 的白领收入在 1800—3500 元，收入在 3500 元（不含 3500 元）以上至 5000 元的占 23.5%，5000 元（不含 5000 元）以上至 8000 元的占 15%，8000 元（不含 8000 元）以上至 10000 元的占 6.4%，10000 元（不含 10000 元）以上的只占 5.8%。也就是说，至少有近四成的白领的收入实际上没有达到 4000 元的标准。如果把第二收入段（3500 元至 5000 元）中 4000 元以下的人考虑进来，估计将有近六成的白领没有达到中国社会科学院公布的收入标准。约三成（27.2%）高于 5000 元收入的白领，他们的收入能够将整个群体的收入拉高到 4000 元吗？这是我们的疑问。坦率地说，在做调查之前，我们对青岛白领的收入状况估计比实际状况要高。调查之后，才了解到并不是我们想象的那样。进一步分析青岛白领从事的具体工作与收入这两项数据，可以看出两者之间有很高的关联度——按照我们的三层级分法——收入低层的白领多从事行政工作，收入中层的白领多为技术人员，收入高层的多是管理人员。

当然，以下分析报告，是建立在调查数据的基础上，而我们的调查数据又是建立在我们对白领的界定基础上的。

二　调查方法

对调查对象进行明确界定之后，笔者设计了调查问卷，并于 2012 年 4 月，带领所在高校编辑出版专业的学生在青岛市白领聚集的写字楼阳光百货、海信广场、书城，采取随机取样的方式，发放问卷 800 份，回收 681 份，有效问卷 588 份，有效率为 86%。其中，男性白领 301 份占 51%，女性白领 287 份占 49%。符合问卷调查的有效率、均衡性、代表性要求。

三　阅读的现状与特点

（一）对阅读的态度

被调查者中，有 24% 的访问对象每年读书的数量在 5 本以下，38%

的访问者在5—10本之间，38%的被访问者在10本以上。也就是说，所有的白领都是喜欢阅读的，并保持了较高的阅读量。根据收入状况以及阅读数量综合分析。收入在2000—3000元的并没有表现出在某一种区间的集中分布，每一种人数都在10人之上，几乎各占1/3。收入在3000—4000元的白领，也几乎是三种数量各占1/3。但是收入达4000元之上的白领，则表现出较为明显的集中分布，10本以上的占了50%以上，5本以下的只占不到20%。这说明这个阶层的白领相比较其他收入阶层的白领，更喜爱阅读。

就性别与阅读状况而言，5—10本的男性占男性数量的近50%，10本以上的男性占男性数量的30%，5本以下的占20%左右。女性白领中，5本以下以及5—10本的各占25%左右，10本以上的占近50%。这个结果显示，女性白领比男性白领更喜欢阅读，并且阅读的数量也多于男性白领。

（二）阅读目的

调查显示，近七成的白领阅读目的在于，个人爱好与休闲并列第一位，提高修养与专业需要排在第三位、第四位，但是差距很小。这显示这个群体的主要阅读目的主要是在专业需要以及知识，娱乐和个人爱好方面。从性别来看，男性排在前三名的是专业需要、扩展知识和个人爱好、提高修养；女性排在前三名的是休闲娱乐、扩展知识、个人爱好。女性的阅读目的最主要的是休闲娱乐，男性最主要的是专业需要。这和我们社会的社会分工以及不同性别面临的不同的社会压力有关，男性要面临更大的工作压力，所以阅读的目的显示出更多的实用取向。而女性阅读则显示出更多的娱乐取向。

（三）经常阅读的种类

为了进一步了解白领经常阅读的内容，我们根据市场上的出版物，列举了11种类型，这一题可多选。调查结果中可以看出，喜欢文学类、财经类、生活休闲娱乐类的白领占了总体的一半，也就是说，进军青岛市白领市场可以从这几类图书做起，从而打开青岛市白领的图书市场。

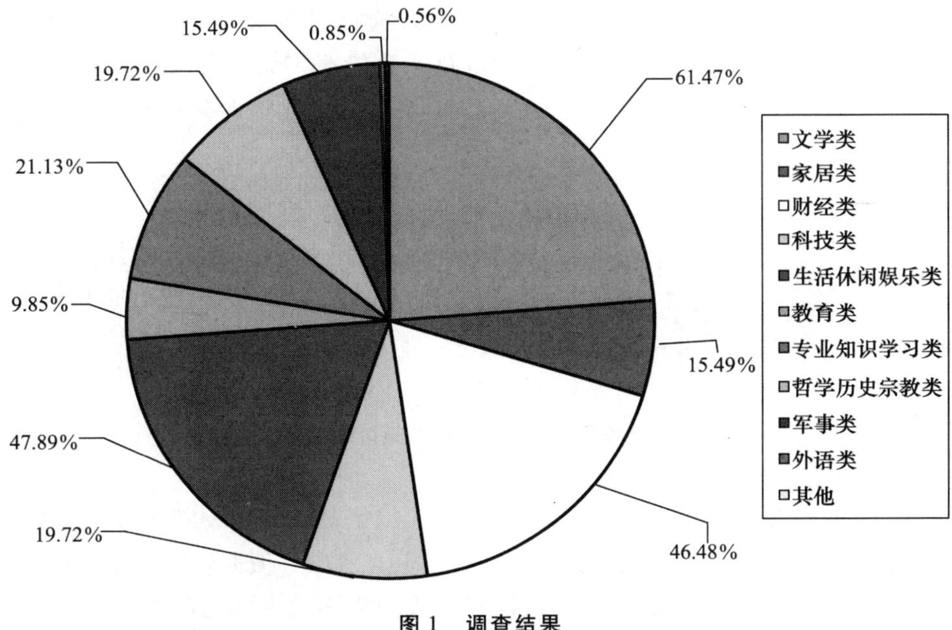

图 1　调查结果

以下对文学类、财经类、生活休闲类图书进行详尽的分析。

1. 在 588 份有效问卷中，总共 361 人选择了喜欢阅读文学类图书，其中男性 235 人，女性 126 人。根据男女收入的不同和选择的人数，结果如图 2 所示。

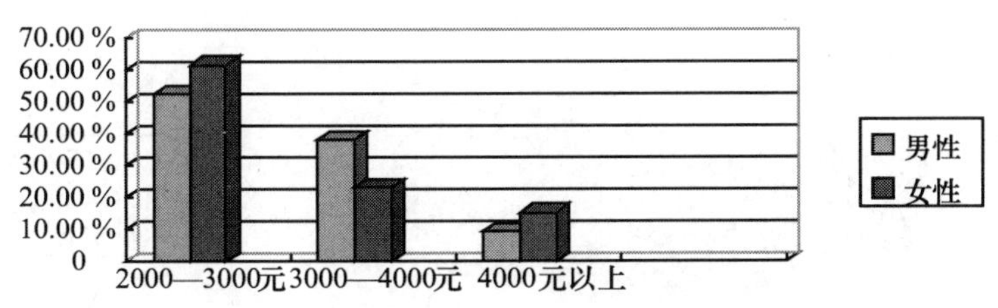

图 2　男女白领收入与选择文学类的比例

从图 2 中，我们可以发现喜欢文学类的男女比例几乎是持平的，但是随着收入的区间不同，喜欢阅读此类图书的男女比例有所不同而已。但是收入在 2000—3000 元之间选择文学类图书的人数居多，而在此类人群中，能接受的图书单价是以 20—30 元之间的居多。

2. 在 588 份有效问卷中，总共 276 人选择了喜欢阅读财经类图书，其中男性 190 人，女性 86 人。男性占总人数的 68.7%，所以以男性市场作为主要的进军市场。随着收入的不同，其选择的比例也有所不多，结果如图 3 所示。

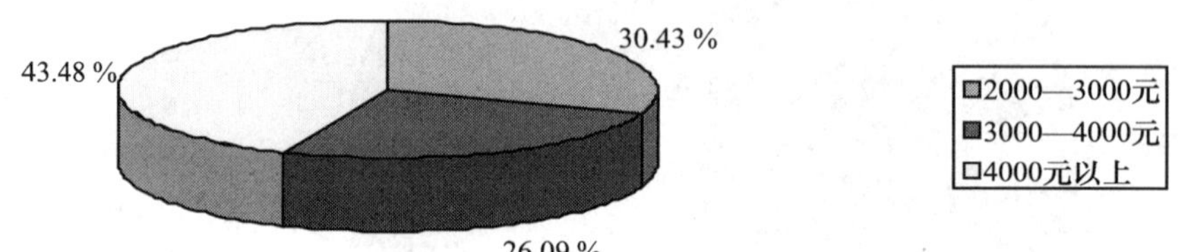

图 3　男性白领在不同收入区间选择财经类图书的状况

在我们的调查结果中，收入在 4000 元以上的男性白领都选择了喜欢阅读财经类图书。随着现在金融市场的复苏，股票、债券以及各种期货的高投资、高收益的"钱生钱"的投资已成为大多数有能力的人投资赚钱的主要方式。当然，白领占很大一部分，尤其是更具有理性思维的男性白领。

3. 在 588 份有效问卷中，总共 282 人选择了喜欢阅读生活休闲娱乐类图书，其中男性 92 人，女性 190 人。女性占总人数的 67.65%，应该以女性白领市场作为此类图书的目标图书市场。根据其收入不同，录入的结果如图 4 所示。

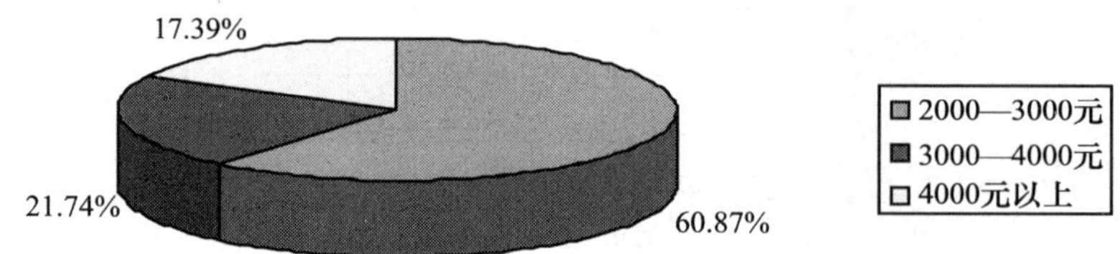

图 4　女性白领在不同收入区间选择生活休闲娱乐类图书的状况

从结果中可以看出，无论是收入多少元，女性白领均喜欢生活休闲娱乐类图书，只不过是以收入在 2000—3000 元的人数居多。能接受的价格也是在 20—30 元居多。打开女性白领市场的主流就是开发与创新出好的又有吸引力的生活休闲娱乐类书，价位随着收入的变化而变化。

4. 阅读目的。从调查结果中，我们发现，白领的阅读目的多是提高自己的个人修养和专业技能以及休闲娱乐的需要，由此可以看出从事脑力工作的白领人群中也是遵从劳逸结合的方法来工作和享受生活，其精神世界是十分丰富多彩的。

在男性和女性的阅读目的中，偏于理性的男性白领对专业需要占的比例大，占整个男性市场的58.4%，并且随着收入的增加，对专业的需求越大；而对于偏感性的女性白领来说，对休闲娱乐需要的比例占很大一部分，占整个女性市场的73.33%，占绝对优势。另外还发现，在女性白领市场中，无论收入为多少，休闲娱乐依然是大多数女性的阅读的目的的因子。

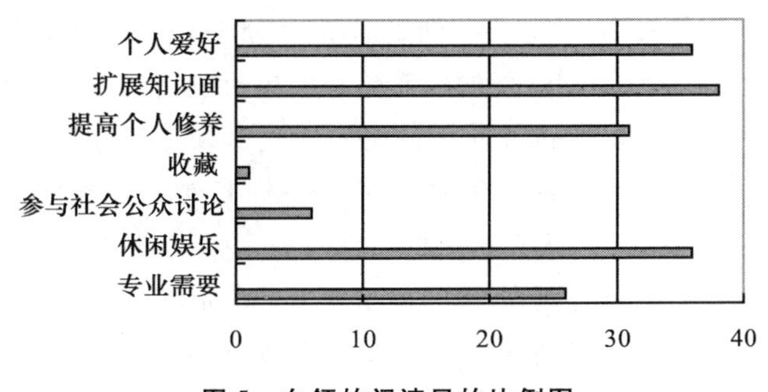

图 5　白领的阅读目的比例图

5. 关于阅读时间。就调查结果显示，近50%的白领每天的阅读时间在1—2小时、半小时以下以及2小时以上的都在10%左右，半小时到1小时的占30%。这个结果说明，近90%的白领都保持着每天的半小时以上的阅读时间，而60%的白领每天阅读时间在1个小时以上，这说明大部分白领依然保持着常规性的阅读习惯。从收入习惯与3000—4000元和4000元以上的白领显示出较为一致的取向，时间在1—2小时的占50%以上，半小时以下以及2小时以上的都较少。而收入在2000—3000元的白领，近一半的白领阅读时间在半小时到1小时之间，而半小时以下以及2小时以上的较其他收入区间的白领来说数量都多，各为不到18%。从性别与阅读时间来看，男女在阅读时间的分布来说，并没有多么大的区别，都有1/3以上的被访问者阅读时间在1—2小时之内，女性白领在半小时以下以及2小时以上的比重都多于男性。男性在半小时到1小时以及1—2小时之间的比重大于女性白领。

四　购买的现状与特点

（一）高价图书接受能力强

出版物的价格调查显示，对单本出版物可接受的价格，选择 15 元以下、15—20 元以及 30 元以上的都较少，超过一半的白领选择了 20—30 元区间的图书。

根据不同收入区间的数据来分析，可以发现收入在 3000 元以上的白领没有人选择 20 元以下的图书，而收入在 3000 以下的白领则有 1/3 选择了 20 元以下的图书。这可以看出收入对于白领选择图书价格的影响。选择 3000 元以上的白领在各个收入区间的比重，分别是 10%、28%、12.5%。可以看出收入在 3000—4000 元的白领购买的单价较高的图书比重更大。

从性别比例以及表中的数据来分析。男性白领在各个图书单价区间的比例分别是：2.5%、7.3%、29.2%、46.3%、17%；女性分别是 16.6%、13.3%、43.3%、20%、13.3%。这组数据表示，女性选择低单价图书的比重明显高于男性，而男性在 25—30 元以及 30 元以上单价区间的比重比女性分别高了 26 个和 3.5 个百分点。这表明女性白领对于价格更敏感，而男性更能接受高单价的图书。

另外，对于促销活动的方式，白领最喜欢的是打折。这与目前图书价格较高以及白领生活压力较大有关。然后是排行榜，排在第二位，而对于抽奖、积分、广告、签售等常见的商品促销方式，白领对此并不感冒，这是由于图书这种商品的图书属性决定的。这与北京开卷图书市场研究所《2006 中国六城市读者调查报告》（以下简称《六城市报告》）的调查结果（59.1%）一致，说明出版物与其他产品一样，打折是一种有效地吸引消费者购买的促销手段。

（二）阅读与购买途径日趋网络化

表 1　传统与网络阅读与购买渠道对比表

	传统	网络
阅读地点	家、公司	家、公司

续表

	传统	网络
阅读介质	印刷纸质书	电子书
阅读时间	半小时—两小时	半小时 - 两小时
获得图书信息的方式	朋友推荐	网络
购书方式	图书卖场（书城）	网上书店
购买的图书单价	20—30 元	20—30 元
吸引购书因素	打折	图书排行榜

注：以上的结果并不绝对，是相对于对立方而言的，是主要的变量，不是所有的变量。

我们选择阅读介质、获得图书信息的方式、购书方式以及吸引购书因素为主要的变生量进行细化的分析。

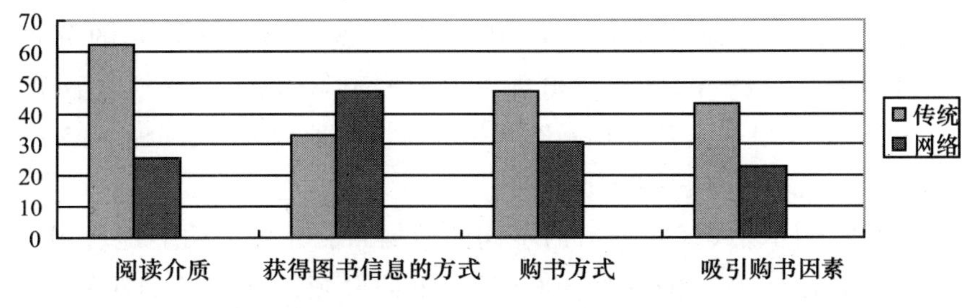

图 6　传统与网络主要变量的对比图

在图中，我们不难发现，随着网络数字信息化的到来，网络的力量正在发展壮大，紧随着传统的步伐。出版社应该发现这样的趋势，抢先占有这样的网络市场，以此来扩大自己的市场，也要巩固传统的市场。有超过一半的白领选择获取图书的主要方式为网络，这对出版社以及发行方的广告宣传有很大的启示。此外，白领阶层大多是有较高学历，但是由于工作较为繁忙，对于社会话题往往有参与的想法但是又没有足够的时间每天关注报纸或者网络，所以往往会参考相应的排行榜（如票房榜销量榜等）来选择商品，以免自己无法参与到社会讨论中。

（三）读者对出版社的品牌意识淡薄

为了了解读者对出版社的品牌认知程度，我们在问卷中设置了开放式命题“请你写下喜欢的出版社”这一问题，出乎意料的是，有53%的人答选择空白，只有20%的人填写自己偏好的出版社。这与2002年《第二届全国国民阅读与购买倾向抽样调查报告》中所说的“出版业品牌价值开始凸显，出版业品牌竞争的时代已经来临”有一定出入。根据调查及访谈结果显示，出版业的品牌效应远不如其他行业，如家电、个人护肤品、食品等行业那样明显，在这些行业，品牌意识早已深入消费者的心，影响消费者的购买决策。白领读者群品牌意识薄弱是一个值得注意的现象。作为内容生产商，怎样才能占领这些消费者的心，使自己的品牌成为竞争的强有力工具，尚待努力。

（四）购书花费与收入成正比

据2004年开卷《六城市报告》，六城市的读者每年用于购书的花费集中在200—1000元（占总体的59.3%），相比之下，青岛市白领平均每月购买书刊的费用总体偏低，在100—200元与200—500元的分别占39%，100元以下的占13%，500元以上的占3%。这个数据可以显现出，购书总价100元以下以及500元以上并不占主要地位，大部分的白领每年花在买书上的钱在100—500元之间。

1. 按照不同收入区间得出的不同的数据来看，可以明显地看到收入对购书总花销的影响。收入在3000元以下的白领，有23%的花销在100元以下，而3000—4000元和4000元以上的分别为26.6%和36.6%，可以看出收入越高，用于购书的费用相应也高。

2. 从性别以及各自得到的数据来看，男性在各个花销区间的数据分别是10%、34%、48.7%、7.3%；女性白领在各个花销区间的比例是20%、26%、36.6%、16.6%。男性白领的数据显示，男性白领主要集中在中间的花销，在两端的不占主要地位；女性白领的数据显示，这个群体在购买花销上呈现较为平均的趋势，最少的是500元以上，但也占到了16.6%。

从数据来看，也许会令人不解，作为高学历、高收入的白领人群，为什么比一般居民的购书费用还要低？经过分析，这可能与白领能够充分利用网络进行免费阅读有关。

五 市场营销渠道发展策略

随着出版市场的相对饱和，个性发展才是决定出版社存活的最大力量。那么如何做才是有个性的发展呢？根据美国成功的营销策略，我们发现出版社要想个性发展，就要抢先发现市场的空白点，而这就需要细分自己的图书市场，确定一个适合自己的细分市场。细分自己的目标读者群，将性别、年龄、工资水平、职业及个人爱好等因素考虑在内，培育自己的品牌和特色，只有这样，策划出版的书才能既畅销又长销。

（一）目前，大多数的白领依然保持着常规的阅读习惯以及购买图书的习惯。但是每年购买图书的数量以及花销并不多，这表示出白领在购买图书的问题还是有所保留，而购买图书的白领，相当部分的白领是根据图书排行榜的数据来购买图书以追逐社会的主要话题。所以，出版社在进行后期宣传时候，要做好前期的图书排行榜的制作。才能保持图书的畅销，取得更高的销量。

（二）白领的主要购买方式，是传统的图书卖场以及最近流行的网店，所以出版社应该将这两种作为最主要的宣传阵地，做好工作。根据传统卖场的方式，可以结合悬挂广告牌、购买卖场显著位置来给图书做好宣传。而白领由于自身繁忙，对于青少年以及发烧友喜爱的图书签售活动并不是特别热衷，所以并不用将这些作为主要的宣传方法。针对白领另一个主要选择网店，要结合网店的自身特点来做好宣传，可以进行邮箱投寄目录以及团购优惠等措施来吸引白领的注意力。沟通是指出版社及书店应同读者进行积极有效的双向沟通，在当今竞争激烈的图书零售市场环境中，与读者沟通比选择适当的书籍、价格、地点、促销手段更为重要，更有利于长期发展。我们可以开展读者见面会、读者俱乐部，以及邮寄新书书目单、网络投票等与读者、中间商建立良好的沟通。需要强调的是，我们应该建立完善的数据库系统，搭建沟通的平台。

（三）就不同性别所展现出不同的阅读取向以及影响因素，出版社要根据自身的定位进行不同的选择。女性白领还是主要以娱乐为阅读目的，而男性白领则主要是专业需要。出版社在进行出版选题与策划的时候，就要根据不同的阅读目的来选择不同的图书类别进行出版。

（四）便利性是强调在制定营销策略时，要更多地考虑读者的方便。

可以效仿美国和日本的营销模式，在书店布置咖啡设施、电脑上网设施、营造良好的阅读氛围。同时出版社也要有良好的售后服务，比如允许退货、进货时享有折扣等。出版社不仅要给读者方便，也要给中间商方便，从而得到双赢的效果。另外，就是网络购书，这样既能方便很多读者，也能获利。

（作者单位：青岛科技大学传播与动漫学院）

创意与人才

试论文化创意产业中的个人品牌营销

孟 岗

【摘要】 本文通过绘画、小说与音乐等不同领域的案例，探索与总结文化创意产业领域中的个人品牌营销策略。成功的文化创意企业，不仅依靠个体的创造性，同时也需要个人品牌营销方面的策划与经营。

【关键词】 文化创意产业　个人品牌营销

通常，我们对于文化创意产业的理解多强调创意人才的重要性。这方面的代表性著作当属美国学者佛罗里达的《创意阶层的崛起》。依据佛罗里达教授对于创意人才的理解：创意阶层的最大特点是具有创意和创造力。创意阶层成员从事各种不同的行业，但他们共有的一个特点是：他们经常会有创新的想法，发明新技术，从事创造性工作。创意人才充满激情和活力，比习惯于社会积习并肩负社会和家庭重担的中年人更具活力和冲劲，从而能够随时随意地发挥自身的创造能力。本文认为，创意人才在创意产品的设计和生产方面固然重要，但同时也在产品的营销与推广领域，创意人才通过个人品牌营销的方式，也同样发挥着不可或缺的重要作用。

一　个人品牌营销理论概述

关于品牌，不管是在西方国家还是中国经济发展史上都可以找到源头。“品牌”一词源于英语单词“brand”或“trademark”，意思是“打上烙印”。在西方，品牌的最初含义是欧洲中世纪后，手工艺者在自己的手工艺品上烙下独有的标记以方便消费者识别所购产品的产地与生产者，这为以后品牌的出现打下基础。品牌的出现源自市场竞争，品牌的出现有助于人们区别不同的生产者。大卫·奥格威给品牌作出如下定义：品牌象征属于一种错综复杂的象征，它产品主要涵盖了属性、名称、历史声誉、包装、价格、广告方式等，品牌同时也因消费者对其使用的印象及自身经验而有所界定。而个人品牌营销则是产品品牌营销的延伸。1952年被雷斯·瑞夫斯把推广产品的方法应用到艾森豪威尔的总统竞选中，这也被认为个人营销的先驱。

至于为什么人们的眼光会从一般商品的营销扩展到个人营销，美国营销大师科特勒认为："在个人营销领域使用'品牌'一词，是人们追求通过个人服务来获取超额利益的自然结果。首先，对于商业等行业的人来说，这个词要比'名人''明星''偶像'等词更易于接受和理解。其次，与过去借由历史人物和娱乐界人士而形成的'名人'词汇相比，'品牌'一词毫无疑问涉及更多商业领域的营销理论、做法和实践。最后，随着高知名度日益成为企业管理的利益中心，人和商品的关系更加明显，'品牌塑造'一词更能反映某一领域成功人士对于知名度的追求。一个最基本的事实就是，越来越多的人正致力于成为某个特定人群中的品牌。"

依据科特勒的观点，每个人都可以被塑造为品牌。随着市场竞争的不断升级，"品牌为王"的市场现实促使越来越多的人希望将自己的名气打造成个人品牌，依靠品牌认知度、美誉度而获得社会长久的关注和支持。人们开发、利用名字、声望、形象、影响力的商业价值，经营盘活声誉资产，以提升个人和组织的市值。这一现象体现了残酷竞争所带来的巨大压力，尽管与高知名度相伴的不仅是高效益，也有高风险，但与其所带来的权力和财富相比，承担风险也在所不惜。"拥有高知名度品牌的多是那些杰出而聪颖的人物，他们都想在其所在的领域取得领先位置。其不同之处在于，他们将自己的技能转化为一个高度知名的品牌，以便从竞争中脱颖而出。"

应当强调的是：个人品牌营销不仅是个体成功的需要，同时也是组织竞争、组织发展的需要。很多拥有个人品牌的人是组织或群体中的成员，或在组织中具有重要地位，或是具有较大的影响。他们不仅以自己的能力、品质、人格魅力、杰出贡献等成为组织的核心人物，而且成为组织的代表人物，个人形象与组织形象交织起来，个人品牌与组织品牌、产品品牌具有趋同性。人们会将他们的名字与他们所在的组织联系起来，从他们的作为、业绩、名气等联想到他们所在组织的成就，从他们的个性风格联想到组织的特点。如比尔·盖茨与微软、张瑞敏与海尔 、俞敏洪与新东方、百度与李彦宏、搜狐与李朝阳，以及最近在极力打造自己的美誉度的格力电器老总董明珠。他们的社会声誉越高，对其组织越有利；他们的个人品牌价值越高，创富能力越强，给组织带来的利益越大。一些个人品牌的知名度、美誉度和影响力甚至超过了其所在组织或团队，公众往往是在了解了这些人之后才知道其组织或团队。他们本身就是组织的宝贵资产，甚至是组织中价值最高、最重要的那一部分资源。从这个角度说，个人品牌不仅是个人价值的综合体现，也是组织价值的体现。而在文化创意产业领域，杰出个体的价值更为突出。在艺术、电影、音乐、创意写作等领域，往往整个行业都是围绕着个人品牌而进行的。

二 文化创意产业中的个人品牌营销

目前国内对于文化创意产业的研究大多受到佛罗里达教授的影响，很多研究集中在创意人才的培养上面，而极少涉及创意人才的个人营销方面。依据佛罗里达教授的理论体系，我们认识了创意人才的各种特征：例如，知识和能力的复合型、很强的专业性、创新性和科技性以及团队归属上的流动性。但是佛罗里达教授并没有就创意人才的个人营销方面有所论述。而实际上，很多一流的创意人才都具有很高超的个人品牌营销的策略和技巧，值得深入研究。我们下文将通过绘画、写作、音乐等不同领域的案例，探究文化创意产业中个人品牌营销的规律。

（一）绘画领域的个体品牌营销大师：安迪·沃霍尔

安迪·沃霍尔作为美国波普艺术的代表，同时也是世界艺术品市场的代表人物。“作为一个世界级的成功的艺术家，安迪沃霍尔对于题材的选择，他在公场合的发言，以及他所使用的整合营销传播的手段，都明确地表达出，他是一个精明的消费心理的观察者，以及一位营销大师。”安迪·沃霍尔是一个成功地进行个人品牌营销的艺术家。安迪·沃霍尔通过各种方式，成功地把自己打造成了一个品牌。正如研究者奥莱利（O’Reilly）所评价的：“他在博取名声上面具有超凡的手段。”安迪·沃霍尔有着极为明晰的品牌意识，他曾经表示：“他的策略是我将会以个人的名义推出下列任何一类产品：时装、AC - DC、香烟、胶纸、摇滚唱片、电影器材、食物、氮、鞭子、钱!"

如何把自己塑造成品牌，安迪·沃霍尔的个体品牌营销手段主要包括自画像、重塑自我形象、利用大众媒体制造话题等。"沃霍尔对大众文化所做的最大贡献就是，通过个极其统一的人格面具的塑造，表现了一个个人神话的演化。"安迪·沃霍尔对自我的形象非常着迷，应该说他是非常自恋，他在职业生涯中完成了很多自画像。通过众多的自画像，他塑造了一个平静、冷漠、非常酷的安迪·沃霍尔范儿。他很早就意识到：仅仅做一个重要的画家是不够的，他必须成为一张"脸"。他依照好莱坞模式，打造了一个供公众消费的角色，一个所谓的"艺术家沃霍尔"。为了让自己符合心目中的品牌形象，他也把自己的名字从 Andrew Warhola 改成了他认为可以叫得更响的 Andy Warhol。他重塑自我形象的方式还包括染发。他最初把头发染成了金黄色，当他的头发变得很稀薄的时候，他就开始带假发。最初的假发是灰色的，而且相当自然，但逐渐变得越来越人为化，颜色也变成了金黄色、白色和银色，这几种假发也最终变成了他的商标(LOGO)。此外，安迪·沃霍尔非常善于利用媒体。他是先锋纪录长片的导演，他制作了摇滚乐巨星《地下丝域乐队》的第一张专辑，并亲自为唱片绘制封套和宣传品。他创办了第一份名人杂志《访谈》，这份杂志后来成了八卦杂志的始祖。他出版了阐述自己的艺术思想的书籍《安迪·沃霍尔的哲学》以及《60 年代：波普主义》，还发行了长达千页以上的日记。

可以说，安迪·沃霍尔是艺术领域中个人品牌营销的样本。在安迪·沃霍尔生活的时代，艺术和经济作为两个比较疏离的场域，人们的观念和意识普遍会将艺术与经济和营销区隔开来。安迪·沃霍尔正是通过自己的实践活动打通了艺术场与经济场之间的区隔。作为无师自通的艺术市场的营销学大师，安迪·沃霍尔引导着后来的艺术家们思考如何去吸引人们的注意力，如何将自我品牌化和商品化。当代的艺术家们应该从安迪·沃霍尔这里学会如何做一个出色的品牌经营者。

(二) 创意写作领域中个体品牌营销成功案例：郭敬明

从很多文学批评家的立场来看，郭敬明被很多人视为是肤浅的文化商人和三流的小说家，但是从文化创意产业经营的角度来看，作为作家兼文化商人的郭敬明依赖与众不同的个体品牌营销策略，获得了丰厚的市场份额。例如，在小说版税方面，作为小说家的郭敬明取得的成绩非常惊人，“2007 年第二届中国作家富豪榜郭敬明以 1100 万元的年度版税收入问鼎。2008 年第三届中国作家富豪榜郭敬明以 1300 万元的年度版税收入蝉联冠军。2011 年第六届中国作家富豪榜郭敬明以 2450 万元的年度版税收入第三次登顶。”① 作为电影导演的郭敬明，取得的成绩同样骄人，“2013 年，《小时代 1》首日创造 8000 万元票房，最终以 4.84 亿元收官。同年 8 月《小时代 2》趁热打铁推出，在骂声一片中又获 2.9 亿票房。2014 年，《小时代 3》再度上映，以 5.2 亿收官。”②

作为“80 后”作家，郭敬明走的是与前辈作家不同的道路。他与韩寒一道，都是通过将自身明星化的策略而扩大自己的粉丝/读者市场。他们在竭力打造明星刊物的同时，还要以各种方式包装自己：他们频繁出现在各种文化活动现场（秀场）或者电视节目当中，做演员、歌手、赛车手、拍 MV 等，像明星一样生活在聚光灯下。郭敬明本人具有非常鲜明的包装和营销意识，他曾经在接受采访时说：“包装和营销很重要，现在是个广告时代，人们已经习惯了各式各样的商品推荐放在眼前任凭挑选。如果不在包装和营销上花费力气，东西再好也难得到应有的关注。”

郭敬明的包装意识既体现在他的作品上，也体现在他本人的形象上。早在他出版自己的第一部小说《幻城》的时候，郭敬明就参与图书的插图和美术设计。而他对于自我的包装上更是苦心经营。他从出道伊始就以青春偶像的形象出现，他会精心准备以最佳形象出现在摄像机面前，他本人的艺术照也出现在他门下出品的杂志书中。与他拍摄的电影《小时代》中的主人公一样，郭敬明本人追求奢华与炫富。他的名牌服饰、家具和收藏会通过精心修饰的艺术照进而传播到各种媒介。

与安迪·沃霍尔一样，郭敬明也善于利用媒体炒作和制造话题，各种看似无关紧要或者不可能的话题也能被他拿来利用。比如他的身高问题曾经很多次引发网络争论成为关注热点。当网友嘲讽他的身高时，他本人却能通过机智的反击来获取大家的同情心。在其个人品牌的引领下，郭敬明的文化创意的生意越做越大。在 2003 年凭借《幻城》一书走红之后，他

① http：//szb. hkwb. net/szb/html/2015 -07/13/content_ 9776. htm.

② Ibid..

出版了《梦里花落知多少》《岛》等一系列畅销书，随后成立了柯艾文化传播有限公司，并与长江文艺出版社进行合作。柯艾文化团队为将郭敬明运作成出版业的明星，一方面对他的形象进行精心包装，另一方面利用网络、图书杂志、微博、电视等媒介持续炒作，使其能够始终以超高人气出现在公众视野之中。本文认为，站在道德立场上对郭敬明产品的媚俗和虚假展开意识形态批判很容易，但从市场营销的角度来看，郭敬明身上无疑有很多值得人们学习和借鉴的地方。

（三）音乐领域中的个人品牌营销大师：Lady Gaga

对于一般中国公众来说，Lady Gaga 是一个总能制造话题不走寻常路的美国著名歌星。但是文化市场营销的角度来看，Lady Gaga 称得上是一位当之无愧的个人品牌营销大师。美国学者尼克·布朗曾经就此现象写了一本研究专著《Lady Gaga：个人品牌营销的个案》（*Lady Gaga：A Study of Fame in Personal Branding*）。

Lady Gaga 在个人品牌营销方面的成功对于我们普通人来说有什么帮助？在这本书里，尼克·布朗在总结 Lady Gaga 经验时提到如下观点：（1）如果要学习 Lady Gaga，就应该一天二十四小时活在自己的品牌之中。“跟很多明星不同，Lady Gaga 从头到尾都活在她的角色里。她从来不以穿着奇怪的演员的样子出现在公众面前，她把自己装扮为一个独特的、有创意的艺术家。”（2）要制造自己的曝光率。“Lady Gaga 经常出现在新闻里。为什么？因为她把自己放进去了。”无论是什么场合，Lady Gaga 总要出现在现场。（3）人们需要自己主动界定自己，而不要被动等待小报记者来抹黑自己。（4）在自己的品牌之内保持持续更新。“很多明星当他们找到了自己的‘形象’之后便固守不变了。而 Lady Gaga 则经常改变自己的形象，这使得她经常出现在头版。她坚持自己的核心品牌，但是她也会通过变化来避免形象陈旧。”（5）保持独特性（细分市场）。“没有人能像 Lady Gaga。她本身就是一个品牌。她的名字、音乐和风格能够被人立刻辨识出来，更为重要的是，能够立刻被人们记住。她太过独特了，任何试图模仿她的人都会使人觉得是廉价货。”从营销学上看，Lady Gaga 能够从众多的歌手之中脱颖而出且让追随者望尘莫及的主要原因是她找到了属于自己的品牌定位。“找到自己的独特之处并不容易，一旦你知道了就马上捉住，它会马上让你与众不同。”

Lady Gaga 深谙市场细分之道：她的歌迷们崇拜她，但也有很多人对她不感兴趣。“很明显，当 Lady Gaga 筹划演出的时候，她并不是想要取悦大多数人。她忠实于自己，相信自己的歌迷理解自己并被自己感动。” Lady Gaga 的细分市场的意识，正符合菲利普·科特勒在《塑造知名度》一书中所说的情况：“曾经有段时间，对市场进行宽泛的划分就足够了，如把人分类为年轻人、老人、病人和喜爱运动的人。近几十年来，对上述市场的细分已经变得越来越具体，如将 18—34 岁的人口，进一步分类成婴儿潮一代、新新人类、开车带孩子参加体育运动的妈妈、‘无尽的任务’的游戏玩家等。在此过程中，市场也变得越来越具体，从而要求产品更具渗透力、与市场关系更为紧密。为了顺应这些市场细分潮流，有志者还需要形成特定受众而非普遍受众的观念。”

结　语

文化创意产业要比一般产业更为强调个体的创造性。而在营销方面，文化创意产业要比一般产业更为强调创作者个体的品牌价值。文化创意产业领域中的个人营销是应该值得营销学领域重视的一个主题。尤尔根·塞伦布赫的《创意个人品牌营销》（*Creative Personal Branding*）便是这个领域中的先行者。正如尤尔根·塞伦布赫所说的，在创意经济的时代，要求人们要学会创造性思考、行动和个体品牌营销。正如本文通过对文化创意产业历史的考察所揭示的，成功的艺术家和作家往往都具有高人一等的个人品牌营销意识和策略，他们能够寻找到独特的可以满足细分市场的品牌定位，同时能够非常聪明地利用各种媒介。总结文化创意产业中成功的个人品牌营销的经验，能够为文化创意产业提供更多的营销智慧。当然，如何在当今的文化与媒介环境下经营个人品牌，这些都是摆在我们面前的新课题，学界也应该在此领域展开深入研究。

（作者单位：中国海洋大学文学与新闻传播学院）

大数据时代文化创意产业盈利模式探析
——以建筑设计产业为例

刘 佳 郑 鑫

【摘要】 伴随着数据应用的日渐广泛，人类社会进入强调数据分析的时代。在大数据应用普及的今天，文化创意产业的盈利模式也发生了较大的变化。一方面，大数据为文化创意产业的发展带来了新的改变和机遇；另一方面，又为其发展带来了一些新的挑战和问题。文化创意产业应当利用大数据时代新的技术，强化创意创新内容，转换盈利模式，发展壮大产业，完善产业结构。

【关键词】 文化创意产业　大数据　盈利模式

随着计算机技术的发展与普及，网络应用越来越广泛，相应的，也出现了越来越多的网民，人、机、物三者的融合引发了数据规模爆炸式的增长，也带领着人类社会进入强调数据分析的时代，一个由网络、手机等新媒体技术构成的全媒体时代来临，世界进入了网络化的大数据时代。据著名咨询公司 IDC 的统计，2011 年全球被创建和复制的数据总量为 1.8ZB（10 的 21 次方），其中 75% 来自个人（主要是图片、视频和音乐），远远超过人类有史以来所有印刷材料的数据总量（200PB）。[①] Google 公司通过大规模集群和 MapReduce 软件，每月处理的数据量超过 400PB；百度每天大约要处理几十 PB 数据；Facebook 注册用户超过 10 亿，每月上传的照片超过 10 亿张，每天生成 300TB 以上的日志数据；淘宝网会员超过 3.7

---

① Dealing with data. Science, 2011, 331 (6 018): 639 - 806. 转引自李国杰、程学旗《大数据研究：未来科技及经济社会发展的重大战略领域》，《中国科学院院刊》2012 年第 6 期。

亿，在线商品超过 8.8 亿，每天交易数千万笔，产生约 20TB 数据。①

所谓“大数据”，是指无法在可容忍的时间内用传统 IT 技术和软硬件工具对其进行感知、获取、管理、处理和服务的数据集合。② 我们认为，大数据拥有三个特征：规模性（volume）、多样性（variety）和高速性（velocity）。除此之外，也有人尝试在 3V 的基础上再加上一个 V，但是并没有形成统一的说法。国际数据公司（IDC）认为大数据还应当具有价值性（value），强调大数据的价值呈现出稀疏性的特点；而 IBM 认为大数据必然具有真实性（veracity）。③

创意文化产业以知识经济为背景，在全球化趋势不断加强、国际竞争日趋激烈的今天发展起来，强调创意和内容，借助新技术进行扩展，在产业结构中不断凸显出来，推动区域产业结构升级，促进经济发展。同时，由于创意产业是朝阳产业，目前尚未形成统一的发展模式和商业模式，因而，还存在极强的可塑性，有着巨大的发展空间。

杨凤鲜、王信东在《文化创意产业盈利模式分析的技术经济分析》一文中将文化产业与“微笑曲线”相结合，分析文化产业的盈利模式。文中认为，文化创意产业与其他产业可以在微笑曲线的不同阶段采取不同的结合方式，形成自己的盈利模式。第一，文化创意产业可以与微笑曲线的上游即产业或者服务的研发创新阶段结合，文化创意产业可以提供文化创意支持，帮助消费者获得独特体验，实现产品的盈利；第二，文化创意产业可以与微笑曲线的中游即生产环节相结合，在这一环节，文化创意介入较少，但可以与这一环节的资源要素进行结合，以规章表现企业的流程创新，塑造企业文化，实现盈利；第三，文化创意产业可以与微笑曲线的下游即产品或服务的销售阶段相结合，开发市场，创建品牌，打造在消费者心目中的核心竞争力。文中概括总结了文化创意产业的六种盈利模式：概念创新模式、企业文化塑造、工艺流程创新模式、新市场开发、品牌运营创新、渠道创新模式。④

---

① 李国杰、程学旗：《大数据研究：未来科技及经济社会发展的重大战略领域》，《中国科学院院刊》2012 年第 6 期。

② Big Data：http：//en. wikipedia. org/wiki/Big_ data.

③ 转引自孟晓峰、慈祥《大数据管理：概念、技术与挑战》，《计算机研究与发展》2013 年第 1 期。

④ 杨凤鲜、王信东：《文化创意产业盈利模式分析的技术经济分析》，《工业技术经济》2010 年第 6 期。

余伟萍在《文化产业企业盈利模式探析》一文中则提出了文化产业盈利的六种模式：专业化利润模式，即文化产业通过其核心创意和专长在市场中获取盈利；卖座大制作影片模式，即通过在最短时间内尽可能提高发行的数量来获取盈利；拳头产品模式，即通过打造系列拳头产品获取盈利；速度创新模式，尽可能地提升创新速度保持领先优势，获取盈利；利润乘数模式，通过创建品牌打造系列产品，借助某一品牌、某一形象或者某一产品重复获利；价值网模式，以某一产品或服务为核心不断扩展价值网。[①]

李文明、吕福玉在《网络文化产业盈利模式探析》一文中采用边际效应原理分析了网络经济中的边际成本和边际收益，探索网络文化产业的盈利模式。文中指出，由于互联网技术的特殊性，网络经济生产以边际成本递减和边际收益递增为主，而网络经济消费则与边际效益增减并存。因此，发展网络经济产业需要整合内容产业的相关资源，创新技术和内容创意，最终实现盈利。而在构建网络经济的盈利过程中需要通过价值发现、价值匹配和价值管理三个步骤。[②]

陈少峰、陈晓燕在《基于数字文化产业发展趋势的商业模式建构》一文中分析了数字文化产业的发展趋势，并提出了五种商业模式构建方法。在此基础上，文章构建了五种数字文化产业的商业模式：品牌化和延伸产业链相互促进的商业模式、五位一体的平台模式的商业模式、数字全产业链产业集聚的商业模式、用数字技术来提升娱乐内涵和艺术表现力的商业模式、现实借鉴的本土化结合的商业模式。[③]

由以上研究我们可以发现，目前针对创意文化产业盈利模式的研究多集中在宏观层面，缺乏具体的操作性的构建，同时，对数字技术时代盈利模式的研究较少，大数据时代背景下创意文化产业的盈利模式尚未涉及。

本文以量化研究为主，采用了内容分析、问卷调查、访谈、田野观察等方法，对青岛市 15 家建筑设计单位进行调研，了解大数据对其管理、盈利模式带来的影响，掌握其在数字技术时代发展存在的相关问题，并针

---

① 余伟萍、谭娟：《文化产业企业盈利模式探析》，《商业时代》2008 年第 8 期。

② 李文明、吕福玉：《网络文化产业盈利模式探析》，《西南民族大学学报》（人文社会科学版）2011 年第 11 期。

③ 陈少峰、陈晓燕：《基于数字文化产业发展趋势的商业模式建构》，《北京联合大学学报》（人文社会科学版）2013 年第 2 期。

对这些问题提出相应的解决措施。

一 大数据时代数字技术在建筑设计行业的运用

大数据在国外的建筑设计行业已经有了不少应用，也推出了很多概念性的理念和产品。DPR 建筑公司是加州大学旧金山分校医学中心价值 15 亿美元的建筑合同的总包商。这也是首个完全基于大数据模型建设的医学中心建筑。DPR 使用了 Autodesk 公司的三维技术，设计师们能整合空气流动、建筑朝向、楼板空间、环境适应性、建筑性能等多种数据，形成一个虚拟模型，各种数据和信息可以在这个模型中实时互动。建筑师、设计师和施工队伍通过这个模型可以在接近真实的完整的运营环境里，以可视化的方式观察数以百万计的数据标记。①

在中国，随着数字技术的发展，新技术被越来越多地运用到建筑设计行业中，数据的大量使用也为建筑设计行业的设计创新、管理模式以及盈利模式带来很多新的变化。

第一，技术更新速度加快，越来越多的新技术运用到建筑设计行业中。传统的设计图纸完全是由手工绘图完成的，随着计算机技术的普及，建筑设计行业开始使用计算机技术进行设计。Autodesk 公司旗下 CAD（计算机辅助设计，利用计算机及其图形设备帮助设计人员进行设计工作）软件、3DMAX（效果图以 3D 立体效果呈现）软件、Autodesk Civil 3D（土木工程道路与土石方解决的软件包，可以加快设计理念的实现过程）软件等被广泛运用到建筑设计行业的各个领域，并随着实践的应用而不断进行技术升级；Google 草图大师的 sketchup 被用来推敲建筑模型，呈现设计模块；而最新出现的 BIM 技术则实现了基础数据分析、计算工程量、全专业建模的有效整合，通过云计算实现企业的精细统计分析。

第二，数据统计和云计算有助于建筑设计行业数据信息的挖掘，发展智能化建筑。广联达公司开发了一系列的工程项目管理、工程造价等相关的软件，主要通过数据分析提供建筑材料价格等相关信息，为建筑设计行业提供数据服务；克而瑞公司则主要分析中国一、二线城市的土地售价、

① 王萌:《改变生活的八个大数据应用》，IT 经理人，http：//www. ctocio. com/ccnews/11945. html。

住宅户型面积、房屋数量、房屋价格等相关数据，并将调研报告出售给建筑设计单位。

第三，数据统计有助于更精细明确地反映社会现实，有助于标准图册的出现，降低工作量。根据对建筑设计单位的相关访谈，在针对 57 位管理者的访谈中，有 34 位认为大数据时代的来临，将会导致数据计算的精细化和明确化，客户的需求、土地的使用、户型的调整等完全可以使用数据来构建标准化模型，这将最终导致标准图册的出现，简化设计的烦琐程序，降低设计单位的工作量。相应的，设计师的设计更为强调独特的创意，标准化设计和创意性设计明显区分开来。

第四，大数据统计和云计算细化标准，促使相关部门调整设计标准。3 位从事建筑设计的工程师认为，由于云计算的出现，设计标准将更为细化，精细明确的统计数据会带来设计标准的适当调整，标准要求更为详细。

第五，客户越来越重视数据分析，相应地促使设计单位重视相关数据分析。访谈过程中，曾为万科房地产做过设计的建筑设计师介绍了设计过程中的一个问题，万科在其住宅小区范围内特地要求设计了食堂，原因就在于万科在开发之前进行了数据调研和分析，数据显示，目前有意向购买万科房子的多为 23—34 岁的年轻人，而这些年轻人大多“远离庖厨”，创立食堂有助于其房屋更好地销售。该案例证实，作为房地产开发商的甲方越来越重视数据分析，也希望设计师的设计能根据市场调研和数据分析来完成。

二　大数据时代建筑设计行业发展存在的问题

大数据时代背景下，数字化生存不仅影响了人们赖以生存的城市规划和城市建筑，更为建筑设计行业带来了新的设计技术和设计模式；既为建筑设计行业带来了发展机遇，也带来了大量的崭新的问题需要整个行业解决。

第一，大数据的出现，为建筑设计行业带来了新的技术变革，也带来了新的技术难题，新的技术不能普及使用。随着大数据的发展，BIM (building information models) 技术成为行业前沿的技术，是行业发展的大趋势，是建筑设计行业新的技术战略，更成为建筑设计行业新的技术挑战。BIM 技术的核心价值在于将工程实体成功创建成具有多维度结构化的数据库的工程数字模型，且数据对象粒度可以达到构件级。[①] 实质上，BIM 就是一个工程项目高细度数据库，大幅提升了项目管理的数据能力，让建筑设计行业具备项目管理一直需要强大支撑平台，可以随时随地、快速获取最新、最准确、最完整的 7D 结构化工程数据库，在项目协同上，也有了创建、管理、共享数据高效协同平台，并能在数字样品上，通过实现虚拟建造，大大缩小与制造业的差距，在施工前避免施工中可能出现的大量问题。但由于 BIM 技术由国外提出，在国内建筑设计行业选择时存在使用成本过高、投入产出效益不大，同时，在方案选择上、实施方法上都存在技术上的误区，导致 BIM 技术的使用仍然局限在某些大型建筑设计公司，尚未得到普及。一位小型建筑设计企业的管理者强调，BIM 的确是个好技术，可以简化设计过程，优化设计质量，但是公司如果使用 BIM 设计技术，首先每年需要花费 30 万元左右聘请专门的技术员工，而由于 BIM 技术造价过高，目前市场大量的设计不能使用 BIM 完成，因此 BIM 技术的使用成本相当高，限制了中小型企业的广泛使用。新的数据技术不能普遍性地运用在所有类型的建筑设计行业中，影响建筑设计的效率与质量。

第二，大数据出现后，更为强调创意设计的创意创新，对设计人员创新能力提出更高的要求。大数据的出现，云计算的使用，测量数据日益精细，导致设计标准日趋统一，建筑设计生产呈现标准化生产的态势。好的建筑设计要想在标准化设计中凸显出来，必须借助于建筑设计师独特的创意，标准化设计与创意性设计区分明显，也更加重视设计人员的创新设计能力。

第三，大数据出现后，对建筑设计行业的管理者提出更高的要求。首先，从体制层面来看，1999 年国务院办公厅以国办发 101 号文，转发建设部等部门关于工程勘察设计单位体制改革的若干意见，自此，建筑设计单位开始了体制改革。进入大数据时代后，体制变革已经基本完成，但由于大的建筑设计公司以往都隶属政府部门，在企业内部管理体制上还有很多薄弱环节，不能适应数字化生产时代；其次，大数据的广泛使用导致建筑设计行业生产模式和盈利模式的转变，对建筑设计管理也提出更高的要求。建筑设计是一个专门性的行业，同时也是综合性很强的行业，随着数

① 杨宝明：《BIM，是必须的战略》，《建筑时报》2013 年 12 月 2 日。

字化生产方式的出现，建筑设计生产模式也发生了很大的改变，新的技术不断出现。盈利方式也随之发生调整，这些都对建筑设计行业的管理者提出新的要求；再次，大数据时代，建筑设计行业的人员流动速度加快，也对建筑设计行业的管理者提出更高的要求。随着大数据的出现，从业人员对职业的相关变动更为敏感，也更容易接触到相关信息，薪酬制度、考核机制、企业文化等都影响了从业人员的流动，也为建筑设计行业的管理者提出更高的要求；最后，大数据时代的到来促进了建筑设计行业的业务转型。随着大数据的频繁使用，公司业务类型也随之发生较大转变，例如，由施工图向方案设计的转变，由下游公司向上游公司的转变，由经营生产向投资型企业的转型等，这都需要建筑设计行业采用更高水平的内部管理。

第四，进入大数据时代，国际竞争日趋激烈，对我国建筑设计行业提出更高的要求。自中国加入 WTO 后，国外的建筑设计事务所大量涌入国内，对国内建筑设计单位带来较大的冲击。国外建筑设计企业优秀的企业文化、丰厚的薪酬待遇、个人奋斗的价值观、精心设计的职业生涯、开拓的创新设计观念等，对设计师和设计市场均具有无穷的吸引力。大数据时代后，国外优秀的建筑设计单位更早接触新的数字技术，可以更娴熟地使用相关数据进行市场调研和勘察设计，也更具市场竞争力。因而，为了在竞争中取胜，我国建筑设计行业也需要尽快推广新技术，改变设计经营理念，开拓创新。

三 大数据时代文化创意产业盈利模式的调整

大数据、云计算已经改变了很多行业的盈利模式，如销售业、报业、投资业等。而今，大数据技术又将带来新一轮的头脑风暴，改变文化创意产业的盈利模式。以上文分析的建筑设计行业为例，我们可以发现，文化创意产业的盈利模式必须进行调整，以适应数据时代的需要，在激烈的竞争中获胜。

第一，根据企业情况科学制定大数据规划，制定全面完整的“大数据蓝图”。牛津大学赛德商学院与 IBM 商业价值研究院发表的研究报告《分析：大数据在现实世界中的应用》白皮书建议：“以客户为中心，制定前期‘大数据战略规划’；制定全面完整的企业‘大数据蓝图’，从现有数据入手，设定并完成短期和阶段性的‘大数据战略目标’。”[①] 因而，文化创意产业要适应大数据时代的挑战，必须根据大数据的要求，了解客户需求，并在此基础上制定长远的大数据发展规划，必须从全局进行顶层设计，既要突出重点，也要兼顾全面；既要强调技术，也要考虑管理；既要着眼时代，又要体现现实。

第二，重视技术、创意的结合，既能操作先进的技术工具，又能生产出创新的内容。企业要采用多种途径，对现有从业人员进行培训和培养，努力提高他们使用新技术的能力。但是技术只能是文化创意产业发展盈利的手段，内容才是其盈利的核心。尤其是进入大数据时代，一方面技术在不断更新，需要掌握新技术的使用方式；另一方面标准化生产大量出现，只有拥有新颖独特的创意才能在竞争中脱颖而出。

第三，结合大数据背景塑造企业文化，创新工业流程。在文化创意型企业中，要培养企业良好的大数据文化，提高服务意识。各级人员要充分认识到大数据所蕴藏的巨大商业价值及其在现代企业经营管理中的重要作用，培养大数据意识和大数据服务理念；掌握大数据理论和方法，有较强的大数据服务能力，熟悉大数据技术和工具，提高大数据利用的效果。

第四，根据数据工具改革绩效管理模式，强化创新激励。文化创意产业是基于个体、组织知识创新、团队协作为竞争基础的行业，是一个基于创新而生存的典型的知识密集型服务性行业，而行业当中那些拥有专业技术、技能与专业知识的知识型员工是行业中最活跃、最具潜力的生产要素。进入大数据时代，对员工的技术使用能力、内容创新能力都提出了更高的要求，也就需要企业制定有效的绩效管理模式，激励员工，进行创意创新。例如，由美国著名的管理大师罗伯特·卡普兰和复兴方案国际咨询企业总裁戴维·诺顿所提出的平衡计分卡，从财务状况、客户价值、内部流程、学习和成长四个不同的视角将企业战略目标逐层分解，转化为各种具体的相互平衡的绩效管理指标体系，并对这些指标的实现状况进行不同时段的评估，从而为企业战略目标的完成建立起可靠的执行基础。[②]

第五，重视市场分析，从客户的需求出发制定企业盈利模式。根据亚

---

① 李佳师：《大数据：观念影响速度》，《中国电子报》2013 年 5 月 31 日。

② Robert S. Kaplan & David P. Norton. The balanced score-card- measures that drive performance [J]. Harvard Business Review, 1992, January- February: 71 – 77.

历山大·奥斯特瓦德与伊夫·皮尼厄的《商业模式新生代》中商业模式画布理论方法①，商业模式有九个基本要素（如图 1 所示）。

<table>
<tr><td rowspan="2">重要合作</td><td>关键业务</td><td rowspan="2">价值主张</td><td>客户关系</td><td rowspan="2">客户细分</td></tr>
<tr><td>核心资源</td><td>渠道通路</td></tr>
<tr><td colspan="2">成本结构</td><td colspan="3">收入来源</td></tr>
</table>

图 1

从图中我们可以发现，这九个基本要素都围绕着客户展开，根据客户的需求设计关键业务，利用核心资源制定价值主张，通过客户细分和客户关系，利用销售渠道销售产品，获取盈利。进入大数据时代，市场分析更为细化，客户需求也更为明确，作为文化创意产业，就需要关注客户市场，利用数据分析深入了解客户需求，提供更合适的产品和服务。

第六，健全信息组织和信息制度，优化企业大数据支撑平台。在大数据环境下，为了提高创意文化企业大数据能力，就必须要建立决策参谋式的信息组织结构，业务流程要规范、科学，业务功能划分要明确，业务部门设置要合理，尤其要突出数据挖掘和智能分析在组织功能中的重要地位。同时，创意文化企业必须要针对大数据及其工作的特征，结合大数据工作实际，制定科学、合理、操作性强的系统化的信息制度，在具体企业大数据实践中，要严格按照相关制度来执行，加大制度的执行力。同时，创意文化产业加大对大数据支撑平台的建设，构建先进的大数据技术支撑平台。要优化文化创意企业的内联网和外联网，积极建设企业各种管理信息系统及集成化信息系统，优化企业大数据支撑平台，为企业大数据工作提供良好的技术支撑，优化企业知识开发管理和利用能力。

① ［瑞士］亚历山大·奥斯特瓦德、［比］伊夫·皮尼厄：《商业模式新生代》，王帅、毛心宇、严威译，机械工业出版社 2011 年出版，第 8—9 页。

结　语

大数据的出现为文化创意产业的发展带来了一系列的挑战，同时，也为文化创意企业提供了新的机遇。文化创意产业要把握机遇，迎接挑战，借鉴大数据带来的技术便利加快发展，创新生产模式、管理模式和盈利模式，以适应市场的需要，在竞争中能够脱颖而出。

（作者单位：中国海洋大学文学与新闻传播学院）

论文艺编导人才开发

薛永武

【摘要】 本文在研究文艺编导人才的内涵、分类与作用的基础上，对文艺编导人才的开发提出了具体的途径和方法。开发文艺编导人才是一个系统工程，涉及国家政策、企业创新、学校教育体系等诸多方面，需要统筹协调，形成开发文艺编导人才的合力。

【关键词】 文艺编导　人才　开发

随着文化产业的迅速发展，各种影视艺术、戏剧以及其他文艺演出节目越来越进入大众的消费视野。无论是从发展文化产业的角度，还是随着大众对文艺节目要求的提高，以及艺术家对艺术规律的认识和尊重，整个文艺界愈加需要大批高素质的具有编导能力的文艺编导人才。

一　文艺编导人才的内涵、分类与作用

文艺是指文学与艺术的统称，或称之为艺术，是一个非常大的概念。文艺概念的丰富性和复杂性客观上直接决定了文艺编导人才的丰富性和复杂性。

（一）文艺编导人才的内涵

文艺（Literature and art），泛指文学和艺术。因为文学是语言的艺术，因而文学也属于艺术的范畴，文艺之所以指文学和艺术，是因为文学在艺术中是一个很大的门类，在社会人生中具有非常重要的作用，因此人们才把文学从艺术中提取出来与艺术并列，这就构成了文学和艺术，简称

文艺。因此，我们要掌握文艺编导人才的内涵，就必须先了解文艺和编导的含义。

1. 什么是文艺

文艺作为文学和艺术的统称，其本质是文学家或艺术家以审美的态度，以特定的艺术媒介，通过塑造艺术形象，反映社会人生，表达思想感情，揭示生活本质和规律的一种艺术样式。从其本质上来看，文艺是一种审美的意识形态和审美文化，也是文艺家表达思想情感的重要方式。

从审美主体审美感受和直觉方式的角度来看，艺术（文艺）可以分为语言艺术、表演艺术、综合艺术和造型艺术四大类。语言艺术即文学，具体包括小说、诗歌、散文、影视艺术剧本、相声小品剧本、报告文学等多种体裁；表演艺术包括音乐、舞蹈和曲艺；综合艺术包括影视艺术、戏剧艺术和戏曲艺术；造型艺术包括绘画艺术、雕塑艺术、书法艺术、建筑艺术和摄影艺术。

2. 什么是编导

从编导的工作性质来看，“编”，可以理解为编写、编撰、编排、编辑、编剧等；“导”可以理解为指导、引导、领导、导向、导播、导演等。

编导就是“编”和“导”的组合，既是一种专业技术工作岗位，又是指一种复合型的专业技术人才。从人才的角度来看，编导就是既能“编”又能“导”的复合型专业技术人才。

在广播电视行业中，人们经常使用“编导”的概念。编导是电视节目制作中最主要的核心创意工作，具体是指从现实生活中选取有价值的题材，通过策划、采访、制定拍摄提纲、组织拍摄、编辑制作等途径和方式，对电视节目进行审美判断和价值判断，最后对电视节目进行把关检查的系统性创作活动。

编导是一个范围很广的概念，不局限于对电视节目的编导，也广泛运用于广播节目和其他节目制作的编导方面。

3. 什么是文艺编导

文艺编导是编导的一部分，是指对文艺作品的编排、演练、录制和表演等进行策划、设计，包括编写、编撰、编排、编辑、编剧、指导、引导、领导、导向、导播、导演等一系列创作和管理过程。

文艺编导与广播电视编导之间既有联系，又有区别，即有的文艺编导是广播电视编导，有的广播电视编导则是文艺编导，二者在逻辑上是交叉关系，你中有我，我中有你。

一般来说，广播电视编导主要体现在具有广播电视节目策划、创作、制作等方面的基本知识、基本理论和基本技能，能在全国广播电视系统、影视制作机构和文化部门从事广播电视节目编导、策划、撰稿、社教及文艺类节目主持等方面的编导能力，包括电视节目编导（电编)、电视文艺编导（文编)、电视综艺编导（综艺编导）或称广播电视编导电视编辑方向、文艺编导、综艺编导和电视节目制作等，还包括广播电视节目中的文艺编导这部分。

文艺编导则不仅存在于广播电视节目中，而且还包括日常文艺节目的策划与编排，其范围又大大超出了广播电视编导的范畴。

4. 文艺编导人才的内涵

如上所述，文艺编导既包括广播电视中文艺节目的编导，又包括其他文艺节目的编导。文艺编导的这一特点直接决定了该岗位所需要的复合型知识结构和能力结构，应该是复合型的高级专业技术人才。

文艺编导体现在广播电视文艺节目的编导方面，文艺编导应该具备广播电视文艺节目策划、创作、制作等方面的专业知识，具有较高的政治水平、美学理论修养和文艺鉴赏能力，掌握影视数字化制作技术，特别是对于拍摄影视作品，编导更应该具有综合的复合型的知识结构和能力结构，包括影视基本知识和基本理论，影视作品拍摄技巧和作品的先进理念等。

文艺编导体现在其他文艺节目的编导方面，文艺编导应该具备策划、设计和编排文艺作品创作和表演的编导能力，如大型文艺晚会的策划设计等，不仅需要对全部演出作品的内容与形式的总体把握，而且还需要对整场演出进行宏观的把握，包括各种不同作品的内容与形式的协调，晚会的节奏、高潮设计与审美风格的变化，作品之间内容与形式的有机衔接等，都需要了如指掌，做到心中有数。

因此，文艺编导就是通晓文艺基本特点和基本规律，具有编辑、改编、策划和创造文艺作品的能力，能够按照正确的艺术标准进行审美鉴赏作品和评价作品的专业技术人才。文艺编导只有具备了上述能力，才能编导出人民大众所需要，并经得起文化市场检验的优秀文艺作品。

（二）文艺编导人才的分类

文艺编导人才包括影视艺术编导、戏剧艺术编导、电视文艺节目编导、广播文艺节目编导和一般文艺晚会编导。其中，电视文艺节目编导又包括电视综艺晚会编导、电视文学节目编导、电视戏曲节目编导、电视音乐节目编导、电视舞蹈节目编导、音乐电视——MTV 节目编导。

1. 影视艺术编导

影视艺术是艺术家运用蒙太奇电影组接技巧，根据视觉暂留原理，运用照相与录音技术的融合手段，把外界事物的影像（以及声音）摄录在胶片上，通过播放将活动影像投射到银幕上的现代艺术形式。

影视艺术编导是指能够对影视艺术的创作进行编剧、策划和导演的专业技术人才。目前，中国已经成为全球第二大电影消费国、第三大影视产业生产国，客观上需要大批高素质的影视艺术编导。

影视艺术是时间艺术与空间艺术的复合体，它既像时间艺术那样，在延续时间中展示画面，构成完整的银幕形象，又像空间艺术那样，在画面空间上展开形象，使作品获得多种手段和多种方式的表现力。

影视艺术编导具备编撰影视文学剧本的能力，这是当好编导的第一个环节。编撰影视文学剧本，又包括两个方面：一是根据拍摄影视作品的需要，直接编写某个剧本；二是根据已有的小说，特别是文学名著，直接把名著改编为影视文学剧本，然后以此为基础，再撰写导演剧本。要把文学名著改编为影视文学剧本，编导需要了解改编的一般规律和特殊规律，了解在改编过程中可能出现的自觉不自觉的艺术变形现象。

当然，影视艺术编导要具备能够编撰影视文学剧本的能力，但不一定非要亲自编撰不可。编导的重要职责在于能够导演剧本，把剧本改编为影视导演剧本，然后以此为基础，组织和安排演员，分配角色，指导演员拍戏。

2. 戏剧艺术编导

戏剧艺术是指以语言、动作、舞蹈、音乐、木偶等形式达到叙事目的的舞台表演艺术的总称。文学上的戏剧概念是指为戏剧表演所创作的脚本，即剧本。戏剧的表演形式多种多样，常见的包括话剧、歌剧、舞剧、音乐剧、木偶戏等。

戏剧是由演员扮演角色在舞台上当众表演故事的一种综合艺术。戏剧艺术编导是指能够对戏剧艺术的创作进行编剧、策划和导演的专业技术人才。戏剧编导既要懂得戏剧文学的基本特点和规律，又要懂得戏剧作为综合艺术的基本特点和创作规律。

对于作为剧本的戏剧文学，编导应该熟悉人物语言的个性化，具有容易“上口”和容易“入耳”的两个特点，一方面使演员舞台演出时语言表达比较清晰流畅，不拗口；另一方面使观众看戏的时候，容易听懂演员说话的内容，即“入耳”。

对于作为综合艺术的戏剧，编导还应该熟悉戏剧演员动作的虚拟性，因为舞台空间比较狭小，不容易反映和表现比较复杂的社会生活，因此就需要演员通过虚拟性的动作作为戏剧的艺术符号，以代表或象征复杂的社会生活。如表现千军万马的战斗场面，不需要像电影的真实性一样，而只需要敌对双方演员在舞台上来回虚拟性的打斗几个回合就可以了。

作为戏剧艺术编导，还应该在选材方面特别注意抓住戏剧是具有矛盾冲突的艺术这一特点，善于抓住能够反映社会生活中的矛盾，对其进行典型化，加以审美的反映或表现。

3. 电视文艺节目编导

电视文艺节目编导的范围比较宽泛，大致包括电视综艺晚会编导、电视文学节目编导、电视戏曲节目编导、电视音乐节目编导、电视舞蹈节目编导、音乐电视——MTV 节目编导。

第一，电视综艺晚会编导。

电视综艺晚会，是指在舞台空间演出并由电视传播的综合性文艺节目。电视综艺晚会有两个特点：一是表演与观赏的空间较大，可容纳较多的演员与观众，注重观众与演员的互动；二是以歌曲、舞蹈、相声、小品等文艺表演为主，同时包括魔术、杂技等其他形式的表演，多种艺术门类共同参与表演，综合多种艺术门类于一体，故名综艺晚会。

关于电视综艺晚会的具体分类，电视综艺晚会按播出形态来看，电视综艺晚会可以分为直播型晚会与录播型晚会；从晚会主题的角度来看，电视综艺晚会可以分为主题晚会与娱乐晚会；从播出时间来看，电视综艺晚会可以分为节庆晚会与常规晚会；从主办方的行业性质来看，电视综艺晚会可以分为行业晚会和非行业晚会。

明确了电视综艺晚会的特点和性质，就可以明确电视综艺晚会编导了。所谓电视综艺晚会编导，是指对电视综艺晚会进行编导的专业化技术人才。

第二，电视文学节目编导。

电视文学是指运用文学创作的一般规律，通过特殊的屏幕造型手段，以语言为媒介，塑造艺术形象，表达思想感情，给观众以美感的电视艺术作品，如电视小说、电视散文、电视诗、电视报告文学等。

电视文学是一个很宽泛的概念，在内涵上，它包括遵循文学创作规律和文学的审美特征所创作的电视作品，如电视小说、电视散文、电视诗、电视报告文学等；在外延上，它包括电视屏幕上的一切文学形式，即电视专题片、电视纪录片、电视文学剧本和电视艺术片内部构成中的文学部分。

电视文学是在电视技术发展和普及的基础上，顺应大众的审美方式和审美需要，通过电视以声画结合的方式播放出来，创造出视听结合的审美境界，能够给观众以美的愉悦。

电视小说，是指把已发表和出版的小说，通过对其进行图像与音乐的加工，把小说搬上电视荧屏，把小说的内容和艺术风格通过画面和音乐这两大电视语言表达出来。

电视散文，是指把散文作品用电视语言画面和声音展现出来，通过对散文的美读和朗读，追求散文情景交融的艺术境界，达到言已尽而意无穷的艺术目的。

电视诗，是指把优秀的诗歌配上音乐和画面，再配上朗读者优美的画外音，创造出了声、情、乐三位一体的电视诗节目。

电视报告文学，是指文学与新闻相互融合而形成的一种新兴的电视文学式样。电视报告文学通过文字旁白的叙述方式，通过实地拍摄，配上音乐的旋律，把报道的对象展现在观众眼前。电视报告文学中的纪实文学风格，已经成为大众喜闻乐见的重要节目形式。

电视纪录片，是指运用新闻镜头，客观真实地记录和反映生活中的真人、真事、真情、真景，对新闻题材进行纪实报道的纪录型的电视专题报道类节目。

通过以上对电视文学节目的分析，所谓电视文学节目编导，是指对电视文学节目进行编导的专业技术人才。

第三，电视戏曲节目编导。

电视戏曲节目，是指运用电视的技术手段，突破戏曲的时空局限，适当采用实景以及镜头组接艺术来表现戏曲艺术、反映戏曲文化现象的一种电视文艺形式。

电视戏曲节目编导，是指对电视戏曲节目进行编导的专业技术人才。由于电视戏曲节目兼具电视和戏剧两种艺术的特性，因此，电视戏曲编导应该具备电视节目策划设计与戏曲节目策划设计的编导能力。

近年来，中央电视台及地方台推出了一系列戏曲类的综艺节目，这些节目既能体现电视节目本身的特性，如打擂台、PK，又能兼顾戏曲艺术本体，像《美猴王争霸赛》《一鸣惊人》《2013 寻找七仙女》《越女争锋》《首届全国少儿京剧电视大赛》《非常有戏》等。这些节目不仅获得戏曲界的认可，更为电视台带来收视率的几何倍数增长。全国少儿京剧电视大赛执行总导演钱皓总结了创造收视奇迹的秘诀，他对少儿京剧电视大赛的定位是“好看、好玩儿”，因此，中央电视台少儿京剧电视大赛仅复赛阶段的观众就达 3 亿人次①。

电视戏曲节目编导在把握电视与戏曲的关系时，应该注意在戏曲与电视的结合中，戏曲应该向电视靠拢，而不是用戏曲改变电视，让电视成为戏曲的仆人。换言之，在电视戏曲节目中，戏曲虽然是主要内容，但电视绝不仅是形式，而且本身就是推动戏曲发展的重要载体和大众媒体。

第四，电视音乐节目编导。

电视音乐节目是以电视为特殊手段，对原有的各类音乐表演进行二度创作，通过电视屏幕传播给广大观众的电视音乐形态。

从形式上来看，音乐节目分为声乐和器乐，电视音乐节目分为电视声乐节目，如《同一首歌》和电视器乐节目，如《中国名曲欣赏》；从内容和主题来看，电视音乐可分为电视音乐专题片、电视音乐风光片和电视片音乐。

电视音乐具有三个特征：一是以声乐或器乐为主，画面为辅，音乐发挥叙事抒情以及说明和阐释的作用，画面是创作者对音乐意境的感悟的具体表现；二是注重艺术境界时空的广阔性，时空特征多具有表意性，具有浓郁的艺术特征；三是以创意作为电视音乐的灵魂，画面表现多采用音画对位的方式。

电视音乐节目编导，是指对电视音乐节目进行编导的专业技术人才。

---

① 张成：《电视戏曲节目为何也创高收视率》，《中国艺术报》2013 年 12 月 16 日。

编导在策划设计电视音乐节目时，要充分利用电视的手段，根据对音乐歌曲内涵和节奏的理解，进行具体策划、设计、创作，拍摄出包括演唱者在内的既有思想感情又有多组艺术画面有机结合所形成的艺术形象的电视音乐节目。

第五，电视舞蹈节目编导。

舞蹈是以人体动作为物质媒介，以音乐伴奏为依托的典型的动态艺术，通过音乐与舞蹈的结合，借助于电视的传媒形式，把数字化技术与舞蹈的意境美融为一体。

电视舞蹈作为电视与舞蹈相结合的一种新的艺术形式，赋予了舞蹈拓展时空的广阔空间，超越了现实中的舞台局限，在较大程度上实现了舞蹈艺术的“永生”。

电视舞蹈节目编导，是指对电视舞蹈节目进行编导的专业技术人才。电视舞蹈节目编导一方面需要了解舞蹈艺术的特点，另一方面需要了解电视媒体的特点，在电视与舞蹈的融合中把握电视舞蹈的交叉渗透与创新性特征，其中，要根据舞蹈内容以及情感表达的需要，妥善安排音乐作为舞蹈的伴奏，力求达到音乐、画面与人体动作三位一体的和谐统一，构成具有动态特征的鲜活艺术形象的电视舞蹈形象。

第六，音乐电视节目编导。

音乐电视（即 MTV）是运用电视技术手段，以音乐语言为抒情表意方式，以画面语言为烘托辅助的表现形态，能够给观众审美愉悦的电视艺术形式。

音乐电视肇始于 20 世纪 80 年代美国开播的无线电音乐频道，简称 MTV。音乐频道一诞生，就成为一种音乐时尚和潮流，风靡欧美等国，并于 20 世纪 90 年代初传入中国。1993 年开始，中央电视台连续举办的中国音乐电视大奖赛，极大地推动了中国 MTV 的蓬勃发展和成熟。

随着新数字时代的到来，音乐与画面的融合已经成为电视艺术的重要形式，它主要以歌曲为表现主体，以演唱者为表现形式，通过镜头语言把歌词的内涵与意义、音乐的主题与完整的旋律以及所赋予的情感表现出来。在音乐电视中，画面与音乐互为补充、相互协调，形成更广阔的艺术时空，能够完整统一地表现同一个主题。音乐电视注重音乐与画面相互贯通，相互交融，以电视手法构成情景交融、声情并茂的电视画面，形成统一的音画关系，呈现出独特的艺术品位，这是音乐电视追求的艺术境界。

音乐电视节目编导，是指对音乐电视——MTV 节目进行编导的专业技术人才。它要求编导要熟悉音乐的基本特点，了解电视媒体的特征，通过音乐节目与电视媒体的融合，促进音乐电视形式的产生。

4. 广播文艺节目编导

广播文艺节目是指利用广播电台的形式，把文艺节目与广播结合起来的一种艺术形式，一般经过采访者、广播编辑与演播者、音响的全新加工，共同创造出来的立体鲜活的有声艺术。

广播文艺节目是在广播中以文艺表现手法为主体的节目形式，也是广播节目的重要组成部分，包括广播文学节目、广播音乐节目、广播戏曲节目、广播曲艺节目、综合文艺版块广播节目多种文艺节目。

广播文艺节目编导，是指按照广播文艺节目的审美要求，对广播文艺节目的形式、内容和文艺节目的总体安排，进行编辑、策划、设计和指导的专业技术人才。

在我国的广播文艺节目中，北京广播电台广播文艺《空中笑林》《小说连播》《早安北京》《说学逗唱》《子夜柔情》《评书连播》《午夜拍案惊奇》《演艺群英会》《武林天下》《幽默集装箱》《健康乐园》《广播剧场》《新音乐风暴》《音乐一线牵》《娱乐 72 变》《开心茶馆》《专题文艺》《戏迷乐》《笑语欢歌》《今晚我们说电影》《评书演义》等节目都各具特色，异彩纷呈，显现了独具特色的艺术魅力。

天津人民广播电台广播文艺节目集文学、音乐、戏曲、曲艺、广播剧、综艺、娱乐、资讯之大成，既具有充分浓郁的民族特色，又兼顾与时俱进的新鲜活泼，深受广大听众的喜爱。《曲苑大观》《每日相声》《相声大会》《新音乐 60 分》《京剧大戏院》《娱乐磁场》等节目，受到听众的普遍欢迎。

5. 一般文艺晚会编导

文艺晚会，亦称综艺晚会或综合晚会，是晚间举行的文艺演出的活动形式。文艺晚会是区别于专题性晚会的一种晚会形式，是雅俗共赏、深受观众喜爱的一种艺术形式。

从文艺晚会演出的场地来看，文艺晚会可以分为室内和室外（广场）两大类。

从文艺晚会演出的时间来看，文艺晚会可以根据节日的特点，进行演出的节日文艺晚会，如元旦文艺晚会、三八文艺晚会、五四文艺晚会、六一文艺晚会、中秋文艺晚会、国庆文艺晚会、春节文艺晚会等。

从文艺晚会演出的专题（或主题）定位来看，文艺晚会可以分为若干不同主题的文艺晚会，如廉政文艺晚会、护士节文艺晚会、建军节文艺晚会、军民联欢文艺晚会、庆丰收文艺晚会等。其中，护士节文艺晚会和建军节文艺晚会既是专题晚会，又属于节日文艺晚会。

从活动组织的角度来看，文艺晚会可以分为艺术节文艺晚会、运动会文艺晚会、开幕式文艺晚会、颁奖文艺晚会等。

从行业组织的角度来看，文艺晚会可以分为工商文艺晚会、国土文艺晚会、社区文艺晚会、校园文艺晚会、军营文艺晚会等。

文艺晚会编导就是对文艺晚会演出进行策划设计和总体安排的专业技术人才。文艺晚会编导在晚会前应该完成文艺晚会策划书，设定文艺晚会节目单等。特别需要注意的是，编导应该把握文艺晚会的主题与多种文艺节目的关系，既要突出晚会主题，又要生动活泼、丰富多彩，彰显多种艺术风格，把握观众对文艺节目的审美需要与心理特征，注意演员与观众的互动等。

（三）文艺编导人才的作用

文艺创作及其作品既是文学领域和文化领域需要关心的问题，也是发展文化产业必须高度重视的大问题。文艺作品是否能够满足群众的需要，是否能够成为发展文化产业的重要引擎，不仅直接取决于文艺的管理者，而且也直接取决于各类文艺编导人才。

1. 把握文艺作品的主题

文艺作品主题是否积极进步、健康文明，是否符合社会主义核心价值观，直接决定着文化产业的意识形态性质，直接影响和制约着文化产业的生产、消费等，因为文化产业是文化的产业，带有鲜明的、审美的意识形态性质，不同于一般的产业形态，因此需要文艺编导对文艺作品主题给予必要的把握。

在把握文艺作品主题方面，作品的创造者具有最直接的责任，而文艺编导则具有对作品主题进行把关、包括按照美学和历史的观点，能够对拟进行产业化的文艺作品进行审核、修改与完善，给予正确的引导和指导。

2. 把握文艺作品的风格

发展文化产业，在确定具体的文艺产品方面，编导应该根据特定文化产品的消费市场，包括特定的消费者进行科学的分析与定位，不仅要考虑到文艺作品的主题、题材、体裁，而且还应该认真分析研究文艺作品的具体风格，因为不同的观众或听众，往往喜欢不同风格的文艺作品。

编导为了把握文艺作品的风格，首先，应该了解各种文艺风格的基本特征，比如在艺术体裁方面，是影视艺术、音乐艺术、戏剧艺术、舞蹈艺术，还是其他艺术，对此，编导要根据市场需求以及自己的文艺编导能力考虑清楚；其次，编导还需要掌握不同风格的艺术魅力及其所适应的消费群体，比如豪放、壮美、阳刚、豪迈、雄伟、崇高、潇洒、豪华、洒脱、浑厚、雄浑、华丽、优美、秀丽、婉约、清新、飘逸、率真、平淡、淡雅、静美、蕴藉、沉郁、含蓄、圆融、隽永、朴实、自然等风格异彩纷呈，各具特色，各有韵味。文艺编导可以根据作品的具体内容以及消费者对作品的审美需求，引导艺术家对作品的艺术风格进行提炼和妥善安排设计。

3. 满足大众的审美需要

文艺编导对作品编导的目的，就是通过编导出优秀的文艺作品，以满足大众对文艺作品的审美需要。

在文化市场发展还不健全的情况下，在大众文化素养尚需提升的前提下，文艺编导需要对大众的审美需要进行科学的分析和定位。从大众对文艺作品的审美需要来看，大众的审美需要既有健康积极的一面，也有某些消极的甚至不健康的需要的一面，因此，作为文艺编导，对大众健康积极的审美需要，应该给予满足，而对于大众存在的消极甚至不健康的一面，就需要进行审美矫正，为此，文艺编导需要处理好普及与提高的辩证关系，需要处理好“下里巴人”与“阳春白雪”的辩证关系，在审美理想的统摄下，对大众的审美需要进行新的提升，通过引导大众对文化产品的消费，潜移默化地提高大众的文化水平和审美水平。

4. 促进文化产业的发展

优秀的文艺编导能够作出优秀的文艺作品，通过市场化的运作，使文艺作品赢得消费者青睐的同时，使文化企业获得更大的经济效益，促进文化产业的发展。

《变形金刚 4：绝迹重生》是派拉蒙影业、中国电影频道以及家赋公司联合制作的一部机器人科幻电影，由迈克尔·贝导演，伊伦·克鲁格编剧，马克·沃尔伯格、妮可拉·佩尔茨、史坦利·图齐、杰克·莱诺、李冰冰等人主演。该片2014年6月22日被选为上海国际电影节闭幕影片，6月27日在中国及北美同步上映。截至7月27日，该片获得19.79亿元人民币，刷新中国内地放映史上最高的票房纪录，全球票房累计约10亿美元。这是继美国大片《阿凡达》之后，又一部获得巨大经济效益的电影。由此可见，编导对于促进文化产业的发展，能够发挥非常重要的作用。

5. 引领社会的审美取向

文艺作品往往能够体现时代价值变迁的走向，具有引领时尚和潮流的特殊功能。一部成功的文艺作品，由于受到观众、读者或听众的喜爱，往往能够深入人心，打动人心，成为引领社会审美取向的重要动力引擎。

电视连续剧《渴望》就曾经引领了当时社会的审美取向。北京电视艺术中心拍摄的50集电视连续剧《渴望》1990年出品，由鲁晓威、赵宝刚执导，张凯丽、李雪健、黄梅莹、孙松、蓝天野主演。该剧1991年被评为第九届大众电视金鹰奖优秀连续剧，李雪健获得第九届大众电视金鹰奖最佳男主角，张凯丽获奖最佳女主角，孙松获最佳男配角，韩影获最佳女配角。该剧还被评为第11届飞天奖优秀长篇电视剧（见表1）。

表1　**电视剧《渴望》获奖①**

获奖时间	奖项名称	获奖
1991年	第九届大众电视金鹰奖优秀连续剧	《渴望》
	第九届大众电视金鹰奖最佳男主角	李雪健
	第九届大众电视金鹰奖最佳女主角	张凯丽
	第九届大众电视金鹰奖最佳男配角	孙松
	第九届大众电视金鹰奖最佳女配角	韩影
	第11届飞天奖优秀长篇电视剧	《渴望》

《渴望》讲述了几个年轻人复杂的爱情经历，揭示了人们对爱情、亲情、友情以及美好生活的渴望。在播放《渴望》的很多晚上，很多人都在家里看《渴望》，大街小巷几乎出现空巷的现象，轰动全国，感动千万

① 参见金鹰艺术节网站首页《激赏金鹰二十春——金鹰奖历届主要获奖者一览》。

人，“举国皆爱刘慧芳，举国皆骂王沪生，万众皆叹宋大成”，成为当年的一道独特风景。更有甚者，甚至出现了择偶“找女婿，要找宋大成；找媳妇，要找刘慧芳”的价值新取向。

二　文艺编导人才开发的内容与方法

文艺编导人才开发的内容丰富多彩，需要开发多种素质和多种能力，开发的方法既有一般规律，也有特殊规律，应该根据文艺编导人才的特殊性，采取灵活多样的开发方式。

(一) 文艺编导人才开发的内容

文艺编导人才开发的内容非常丰富，包括素质和能力两个大的方面。

1. 文艺编导人才的素质

开发文艺编导人才的多种素质，包括高度的社会责任感、较高的艺术敏感度、多方面的艺术素养、审美趣味的丰富性、拓宽国际文艺视野、发现市场的敏感度。

第一，高度的社会责任感。

作家是人类灵魂的工程师，而一切艺术家作为创造美的主体，也都具有启迪审美主体心灵的特殊作用。文艺编导不仅要具备作家艺术家的创造能力，还应该具有编辑、修改、引导和管理文艺的功能，只有具备了高度的社会责任感，才能够在为文艺作品定位时，克服文艺产业化可能带来的局限性，才能有利于实现文艺的教化功能。文艺只有通过贺拉斯“寓教于乐”的方式，才能在产业化的同时，实现文艺作品的教育价值。可以设想，文艺编导如果没有社会责任感，一切仅仅为了产业化的经济效益，唯利是图，那么，文化产业的发展很可能误入歧途，而仅仅成为企业赚钱的工具。

法国启蒙运动领袖狄德罗说过，对于一个人来讲，最应该懂得的就是真善美。因此，他从历史哲学的高度出发，从社会发展进步的制高点上为艺术家定位，确立了艺术家的宗旨和神圣职责。在《画论》中，狄德罗明确指出了艺术家应有的宗旨和责任。他说：“使德行显得可爱，恶行显得可憎，荒唐事显得触目，这就是一切手持笔杆、画笔或雕刻刀的正派人的宗旨。”[①] 围绕艺术家的责任，狄德罗提出了著名的“四者”，即要求艺术家应该成为“人类的教导者、人生痛苦的慰藉者、罪恶的惩罚者、德行的酬谢者”。[②] 这“四者”高度概括了艺术家作为人类灵魂工程师的本质特征，为文艺编导确立自己的社会责任感提供了启迪。

第二，较高的艺术敏感度。

文艺编导如同艺术家，也应该具有较高的艺术敏感度。所谓艺术敏感，是指艺术家面对具体的生活素材，能够见微知著，触景生情，激发感情的涟漪，随时产生艺术创作的灵感冲动的灵敏性。

人们常说一个歇后语：猪八戒吃花椒——麻木不仁。艺术家与此相反，很多人面对生活中的具体事件，可能感到无所谓，但艺术家却需要目光敏锐，感觉灵敏，需要触景生情，具有较高的敏感度。如陆机《文赋》所言：“遵四时以叹逝，瞻万物而思纷。悲落叶于劲秋，喜柔条于芳春。”善于感悟生活，善于发现生活中的艺术要素，并且善于及时把艺术灵感转化为新的艺术意象。文艺编导也应该如此，在选择素材向题材转化的过程中，在选择具体的艺术体裁过程中，在选择具体的艺术内容和艺术风格过程中，都需要具有较高的艺术敏感度。文艺编导只有对生活敏感，对艺术敏感，善于把生活与艺术熔为一炉，才能够编导或创造出新的文艺作品。

第三，多方面的艺术素养。

文艺编导作为文化创意的高级人才，应该具有多方面的艺术素养，这是由文艺编导工作的性质和特点所决定的。

文艺编导不同于一般的文艺创作。一般的文艺创作主要是由一个艺术家独立完成，很少由众多艺术家集体完成的。但文艺编导需要面对的不仅仅是具体的文艺作品，而文艺作品大多是复合型的文艺作品，如影视艺术编导、戏剧编导、广播文艺编导等，许多文艺节目都具有综合性质，如果文艺编导没有多方面的艺术修养，是很难对这些复合型的文艺作品进行编导的。

根据文艺编导的需要，一般来说，文艺编导应该具有复合型的知识结构和能力结构，需要了解文学、绘画、音乐、影视、戏剧、舞蹈等艺术的

---

① ［法］狄德罗：《狄德罗文集》，王雨、陈基发编译，中国社会出版社 1997 年版，第 359 页。

② 同上书，第 360 页。

基本原理，并且能够根据编导的需要，对相关的艺术进行融会贯通，进行综合的顶层设计。

第四，审美趣味的丰富性。

审美趣味的丰富性，是指文艺编导对文艺作品的内容和形式应该具有比较广泛的爱好，喜欢不同的艺术内容和多种艺术风格，具有审美趣味的丰富性。

文艺编导要对文艺作品进行编导，而编导的目的就是要基于满足大众的审美趣味，为此，文艺编导首先就需要了解大众的审美趣味，然后通过自己丰富的审美体验，能够把社会需要的雅俗共赏的审美趣味总结和提炼出来，通过对文艺作品的正确编导，能够编导出大众所喜闻乐见的文艺作品。

文艺编导的审美趣味如果比较单一或者比较狭隘，就不可能编导出满足大众需要的文艺作品，正如一个偏食的厨师，不可能做出自己不喜欢的美味佳肴一样。

第五，宽广的国际文艺视野。

随着知识经济的崛起和互联网的快速发展，文化产业越来越国际化了，文艺作品也越来越具有了跨界与扩容的性质。文艺编导要编导出具有国际价值的文艺作品，就必须具有宽广的国际视野。

赵本山在美国演出小品之所以失败，就在于他不了解美国大众对文艺的需求，特别是不了解美国人的价值观与中国人的价值观有很大的差异。对于赵本山来说，即使他的小品在国内属于“下里巴人”，依然具有较大的文化市场，但这种“下里巴人”在美国就不一定受到欢迎，至于讽刺嘲笑残疾人即使在中国也是不应该的，何况在美国呢?

文艺编导具有宽广的国际文艺视野，有助于学习和借鉴国外先进文艺的创作经验，丰富和补充我国文艺编导的不足，通过提高我国影视艺术的制作水平，不但可以促进影视在国内的传播，而且可以更好地走向世界。如谍战影片《007》、侦探电影《大侦探福尔摩斯》等对于我国电影导演此类电影都具有启发意义。

第六，捕捉市场的敏感度。

文化创意产业在市场经济条件下，竞争非常激烈。作为文艺编导，必须具有捕捉文化市场的敏感度，即善于捕捉文化市场消费的特点及其发展趋向，及时掌握文艺作品的看点和卖点，抢抓文艺作品创作机遇，力求在遵循文艺创作规律的前提下，能够集中时间创造出高水平的文艺作品，以满足消费者对文艺作品的审美需要。

文艺编导要具有捕捉文化市场的敏感度，平时就需要对国内外的文艺作品总体特点有所了解，在掌握大众对文艺作品审美需要的基础上，抓住消费者审美需要的发展趋势，善于发现国际社会审美趣味的变迁，对文艺作品的编导既要有一定的超前意识，蕴含一定的超越性，又要具有鲜明的民族性和审美的共同性，力求在各民族审美视域的融合中编导出具有世界意义的文艺作品。

2. 文艺编导人才的能力

文艺编导人才不仅应该具备多种良好的素质，而且还应该具有复合型的多种能力，包括较强的创新能力、竞争文化市场的能力、较高的审美判断能力、选择文艺作品的能力、编导文艺作品的能力、协调组织与沟通能力。

第一，较强的创新能力。

文艺编导的工作性质本身要求编导者具有较强的创新能力。从“编”的角度来看，文艺编导要对文艺作品进行编辑，而编辑本身需要创新性的发现，对原作进行去粗取精、去伪存真、由此及彼、由表及里的加工改造，编辑成文化产业所需要的作品；从“导”的角度来看，文艺编导要对作品主题进行深化，对作品风格进行修饰，通过一系列的审美加工，对文艺作品进行美学设计、安排、导演等，这些都是创意性很强的脑力工作，既不能重复自己，更不能重复别人，每一个作品都需要创新，都需要对原作锦上添花，画龙点睛，要“导”出新意，“导”出新的价值，“导”出新的市场。

第二，竞争文化市场的能力。

文化创意产业是高端产业，也是一个竞争非常激烈的行业。文艺编导只有具备参与文化市场竞争的慧眼和能力，才能赢得发展文化创意产业的先机。

文艺编导把握文化市场需要注意几个问题：

A. 把握文艺作品的时代性，即发现特定时代的文学脉搏和主流话语、主流风格等，把对具体文艺作品的选择纳入时代审美价值取向中进行考察。

B. 把握文艺作品的民族性特征，即发现民族性对特定文艺作品的价值需求和价值标准，选择那些能够被更多的民族所喜爱的文艺作品，通过文艺编导纳入文化产业的轨道。

C. 把握文化与科技融合的最新切入点，力求在文艺作品的编导等多方面取得创新性突破，如主题、题材、体裁、拍摄技巧、人物塑造、艺术风格等，都力求有所创新。

D. 充分了解同类文化创意产业领域的创新现状、发展走向等，通过了解相关文艺作品的信息，凸显人无我有，人有我优的创新战略，力求所编导的作品既有独特风格，又具有较大程度的普遍意义。

第三，较高的审美判断能力。

文艺编导应该具有“火眼金睛”般的一双眼睛，善于发现具体文艺作品的优点和弱点。文艺编导只有具备了较高的审美判断能力，才能够高瞻远瞩，以鸟瞰的视野凌空俯视，对文艺作品做出正确的审美判断。

审美判断力是文艺编导需要具备的一种综合性或复合型的审美能力，具体表现为以下几点：

A. 对文艺作品进行想象性审美体验，即在意念的想象中设身处地地对文艺作品中的人和事进行交流对话，以此体验和审视自己是否产生相应的美感体验。

B. 学会运用美学和历史的观点，对文艺作品进行审美批评，与对象保持一定的审美距离，力求批评的尺度比较客观公正。

C. 具有审美视野的丰富性和宽广性，力求对文艺作品既能入乎其内，又能出乎其外。王国维《人间词话》认为：“诗人对宇宙人生，须入乎其内，又须出乎其外。入乎其内，故能写之；出乎其外，故能观之。入乎其内，故有生气；出乎其外，故有高致。”文艺编导可以从王国维这段话中感悟审美视野的重要性。

D. 特别是要把握影视艺术与戏剧艺术中艺术想象的三要素：人物性格要符合性格逻辑，故事情节要符合生活逻辑，喜怒哀乐要符合情感逻辑。文艺编导必须懂得：作品中的人物想什么，怎么想；说什么，怎么说；做什么，怎么做，都要符合相应的逻辑。无论是现实主义还是浪漫主义，在写人状物方面，都有自己特定的内在逻辑。

第四，选择文艺作品的能力。

文艺编导具有选择文艺作品的能力，是指文艺编导在编导之前，首先应该学会对众多的文艺作品进行选择，选择出符合编导需要的文艺作品，这是文艺编导需要做的第一步。

比如电影导演，面对很多电影文学剧本，导演应该从中选择出符合自己审美标准和审美理想的原创作品，然后才能对其进行下一步的编导。从文艺编导的实践来看，选择好了原创性的文艺作品，这对于文艺编导来说，意味着在未来的编导过程中，可能会事半功倍；相反，如果选择的作品不恰当，对于以后的编导就可能事倍功半，无法取得预期的效果。比如改编古代文学名著，古典文学名著浩如烟海，不仅有四大名著，还有大量的其他名著，这就需要编导对拟改编的名著进行反复筛选，最终确定一部既适合编导，又具有社会意义和文化市场潜力的作品。

第五，编导文艺作品的能力。

文艺编导在选择了具体的文艺作品以后，就要进入对作品具体的编导程序。所谓编导文艺作品的能力，是指编导对具体作品进行编辑、策划、设计、编排与导演的能力。

以电影艺术为例，编导应该知晓电影艺术的综合性特征。电影汇集了文学、绘画、音乐、雕塑、戏剧、建筑的“艺术细胞”（六位艺术姐姐），成为“第七艺术女神”。电影导演就应该具备比较综合性的能力结构，从大量的电影文学剧本中筛选出喜欢的剧本以后，要对剧本进行反复阅读鉴赏、分析和研究，肯定其优点，找出其不足，然后把电影文学剧本（或由文学名著改编）改编为导演剧本；选择合适的演员，包括本色演员与性格演员；组织演员学习剧本，指导演员个人体会所扮演的角色，与导演执导相结合；指导演员按照生活、性格、情感逻辑反复体验、练习角色；指导演员试镜与拍摄；根据影片的整体设计，指导剪辑师剪辑片子。此外，电影导演必须熟悉电影结构蒙太奇和电影特技，充分体现电影艺术的特点：直观可视性、逼真性、拍摄技术的现代性和综合性。

编导文艺作品的能力对编导的要求是很高的，编导只有具备编导多种文艺作品的能力，才能够把各种艺术融会贯通起来，通过对编导的艺术作品进行有机互补，编导出既具有创新价值，又具有审美价值的文艺作品。

第六，协调组织与沟通能力。

文艺编导还应该具有协调组织与沟通能力。文艺编导的“编”主要是指编导的业务工作；文艺编导的“导”不仅要求编导应该具有较高的业务水准，而且还需要编导的协调组织与沟通能力。

编导的协调组织与沟通能力，是指对文艺团队的协调组织与沟通能力。编导在对文艺作品进行编导时，客观上必然会牵涉对相关专业人员和相关工作人员的联系沟通，编导应该知人善任，人尽其才，能够把摄制组内的摄像、制作和主持人的积极性、创造性充分调动起来，要能运筹帷幄，化繁为简，充分发挥文艺团队内各种人才资源的优势，形成文艺创新的合力。特别是影视编导工作是一项系统工程，拍摄完一部电影或者电视剧，从项目开始策划，到最后制作完成，有多道工序，摄制组经常会遇到许多意料不到的困难和问题，这时尤其需要编导引导大家同心协力，克服工作中的各种困难。

（二）文艺编导人才开发的方法

开发文艺编导人才是一个系统工程，涉及国家政策、企业创新、学校教育体系等诸多方面，需要统筹协调，形成开发文艺编导人才的合力。

1. 为文艺编导人才提供宽松的人文环境

根据人与环境的互动关系，一方面，人是环境的主体；另一方面，人又是环境的产物，要受制于环境的多种影响，特别是以人文为核心内容的社会环境，对于人才的影响是非常重要和复杂的。文艺编导是一种特殊的艺术创新人才，要编导出优秀的文艺作品，尤其需要良好的人文环境。

从国家层面来看，为了鼓励文艺编导人才的艺术创新，要给各类艺术家以更多的创作自由，少一些行政干预，多一些人文关怀。

从社会层面来看，文艺编导人才要创新出优秀的文艺作品，也需要良好的文化土壤。比如，在文艺编导的工作环境中，要鼓励艺术个性，鼓励探索不同的艺术风格；维护文艺编导与演艺人员之间纯真的合作关系，培育艺术圈内自由、和谐、文明、健康的精神氛围等。

2. 完善激励文艺编导人才创新的人才政策

制定能够激励文艺编导人才创新的政策，这是促进文艺编导人才开发的重要举措，客观上能够为开发文艺编导人才提供政策保障，让文艺编导人才在稳定踏实的心态中自由地进行文艺作品的编导工作。

完善激励文艺编导人才创新的政策包括很多方面，包括制定和完善文艺编导评奖政策，鼓励成立文艺编导创新团队，制定文艺编导职称评审制度，实施不同门类文艺编导的创新工程等。

从电影评奖来看，中国电影金鸡奖、香港电影金像奖和台湾电影金马奖并称华语电影三大奖，与中国电影华表奖、大众电影百花奖并称中国电影三大奖。其中，中国电影金鸡奖是中国大陆最权威、最专业的电影奖。中国电影金鸡奖由中国电影家协会和中国文联联合主办，创办于1981年，因当年属中国农历鸡年，故取名中国电影金鸡奖，简称金鸡奖。

从金鸡奖的评选范围来看，2005年以前的评选具有区域性，提名影片和电影工作者必须为中国内地籍，2005年后将港澳地区电影工作者纳入评选范围，但凭借提名的影片制片方必须有中国内地参与。对此，我们认为，评奖范围应该扩大到港、澳、台地区。

从金鸡奖的评奖宗旨来看，一共有五句话：学术、争鸣、民主；六亲不认，只认作品；八面来风，自己掌舵；不抱成见，从善如流；充分协商，顾全大局。单纯从这五句话内容来看，根本看不出这是评选金鸡奖的宗旨，所以应该对金鸡奖的评选宗旨进行重新定位。

此外，评选文艺编导人才，在电影界不仅可以评选最佳导演，而且还应该注重对导演团队的评选，同时，还应该设立“最佳原创剧本奖”与“最佳改编剧本奖”“百花奖最佳编剧”和“最佳剪辑师”等。

在选择评委的人选中，不仅要有导演艺术家、表演艺术家、电影剧作家、摄影家、音乐家、美术家、电影理论家、教育家、事业家，还应该适当增加文艺理论家、美学家、社会学家和心理学家的评委人数，以优化评委的知识和能力结构，进一步提升评审的科学性和权威性。

3. 注重开发文艺编导人才的艺术创新能力

开发文艺编导人才，要特别注重开发文艺编导人才的艺术创新能力，因为艺术创新能力是文艺编导最应该具备的核心能力，只有具备了艺术创新能力，才能够自觉尊重艺术创造规律，在体现艺术特色的同时，编导出具有创新价值的文艺作品。

开发文艺编导人才的艺术创新能力，一方面要注意对文艺编导人才进行系统的学校教育，另一方面要加强对文艺编导人才的在职培训，通过学校教育和在职培训的结合，促进文艺编导人才艺术理论、美学理论和文艺编导实践的有机结合，通过有机结合，培养文艺编导人才的艺术敏感力和高度的想象力。具体可以采取如下几点方法：

第一，从优秀的文艺作品中获得诗意的启迪。

从优秀的文艺作品中获得诗意的启迪，这是开发文艺编导人才艺术想象力的重要方式。优秀的文艺作品大多是经得起历史检验的佳作，蕴含了艺术创造的一般规律，能够给艺术家的创作带来很多的启迪，文艺编导完全可以从优秀的文艺作品中获得诗意的启迪。比如美国电影《阿凡达》、韩国电视剧《百万朵玫瑰》、中国电影《喜盈门》、中国电视连续剧《渴望》等，其成功的经验都值得借鉴。

我们以《爸爸去哪儿》为例进行简析:《爸爸去哪儿》是湖南卫视从韩国MBC电视台引进的亲子户外真人秀节目。湖南卫视引进这档亲子节目，是因为都市的快节奏生活使父母和孩子间很难有机会共享天伦之乐，节目并不是为了秀一下“星爸”和“星二代”的生活八卦，而是为“80后”父母们展示出一部生活教育百科全书。这个节目集中表现了父母教育孩子的正确理念：第一，父母不能过分保护孩子，过分保护容易溺爱，客观上会阻碍孩子的成长；第二，父母对孩子也不能过分严厉，如果过于严厉，就可能会影响孩子情商的发展；第三，父母不能放大孩子的缺点和错误，应该就事论事，不能无限上纲上线；第四，父母要学会坚持赞美孩子，赞美会使孩子更容易激发孩子的潜能，养成乐观自信的性格；第五，父母学会尊重孩子的知识和能力，有时要善于把孩子当“老师”来看待。

《爸爸去哪儿》的成功，揭示了文艺节目特别是综艺类节目的一些共同性特征：新颖性、娱乐性、体验性、参与性，以及主题的普遍性。这些要素都可以成为文艺编导进行文艺创意的范本。

第二，善于捕捉激发诗意的生活要素。

文艺编导的艺术想象力不仅来自从优秀的文艺作品中获得诗意的启迪，而且还要善于捕捉激发诗意的生活要素，因为从根本上来说，社会生活才是艺术创作的真正源泉。

黑格尔认为，“艺术家不仅要在世界里看得很多，熟悉外在的和内在的现象，而且还要把众多的重大的东西摆在胸中玩味，深刻地被它们掌握和感动；他必须发出过很多的行动，得到过很多的经历，有丰富的生活，然后才有能力用具体形象把生活中真正深刻的东西表现出来。”① 黑格尔这段话很深刻地阐释了艺术创造与社会生活的关系，同理可证，文艺编导人才也应该具有丰富多彩的社会生活，才能激发艺术灵感。我们认为，文艺编导要有“三诗”：诗心、诗情和诗意。文艺编导通过捕捉激发诗意的生活要素，用纯洁的心灵，带着诗情和诗意，学会移情，面对春天的小草、夏天的荷花、秋天的落叶和冬天的雪花等许多事物，把自己的情感投

---

① ［德］黑格尔:《美学》第一卷，朱光潜译，商务印书馆1979年版，第359页。

射到对象中去，能够站在对象的角度，用换位思考的方式，代替对象说话抒情。

第三，激活自由驰骋的艺术想象力。

文艺编导可以从文艺理论家和美学家的思想中获得提升艺术想象力的方法。陆机和刘勰都高度重视艺术想象力。陆机《文赋》：“精骛八极，心游万仞”，“观古今于须臾，抚四海于一瞬”；刘勰《文心雕龙》：“寂然凝虑，思接千载；悄然动容，视通万里；吟咏之间，吐纳珠玉之声；眉睫之前，卷舒风云之色；其思理之致乎。故思理为妙，神与物游”。黑格尔认为，艺术家的创造的想象“是一个伟大心灵和伟大胸襟的想象，它用图画般的明确的感性表象去了解和创造观念和形象，显示出人类的最深刻最普遍的旨趣。”[①] 中国古代美学注重精骛八极，心游万仞，思接千载，神与物游；黑格尔注重伟大心灵和伟大胸襟的想象，要把众多的重大的东西摆在胸中玩味。这些思想对于拓展文艺编导的艺术想象力非常具有启发意义。

4. 完善高校文艺编导人才开发的科学体系

开发文艺编导人才，高校责无旁贷。从高校目前的人才培养体系来看，许多高校设置的编导专业人才培养方案，既有优点，又有不足。

第一，高校文艺编导人才培养方案的主要优点。

从全国高校对编导专业人才的培养方案设置来看，主要优点是基础课程体系比较完备，基础知识和基本理论培养比较充足。

我们以广播电视编导专业人才培养方案为例，该专业的培养目标：

具有较好的英语、计算机应用能力和较扎实的汉语言文学专业文史基础，把握新闻采编、文艺节目制作的基本经验和基本规律，具有较强的实践能力；德、智、体、美全面发展，思想道德品质高尚，体魄强健，心理健康，能进入新闻学或影视学学科继续深造，能在报刊、电视台、广播电台、网络媒体、各大中型企事业单位及广告、音像出版等行业从事编导、编剧、制作、策划等业务工作。

上述培养目标基本上涵盖了我国高校培养该专业人才的基本目标。从该专业设置的主要课程来看，主要有视听语言、视频编辑、影视设备、影视文学剧本写作、导演基础、当代影片分析、电视现场制作与导播。这些

① ［德］黑格尔：《美学》第一卷，朱光潜译，商务印书馆1979年版，第50—51页。

课程设置能够满足文艺编导人才培养的基本需要。

第二，高校文艺编导人才培养方案的主要不足。

许多高校设置的编导专业课程体系虽然注重基本知识和基本理论的传授，但在创新思维培养，特别在艺术想象力培养方面还很不够，在国际视野的开拓方面缺口较大，在各种交叉学科之间的相互促进与融合等方面还有很大的提升空间。

比如仅仅从编导电视文艺节目的角度来看，文艺编导就需要熟悉电视文艺节目的概念、电视文艺节目的分类、电视文艺节目的传播特征、电视文艺节目的审美特征、电视文艺创作基本原理和原则。文艺编导人才培养不能局限于上述课程，而且还需要开设能够培养复合型人才的新课程。

第三，改革高校文艺编导人才培养的理念。

文艺编导人才是一种复合型的艺术人才，其思维素质和思维能力应该兼具形象思维和逻辑思维的双重能力，但传统的培养模式很难培养出未来所需要的文艺编导人才。

改革高校文艺编导人才培养的理念应该从完善课程体系入手。除了传统的课程设置以外，可以适当增加创造心理学、创造学、文艺理论、美学或文艺美学、文化诗学、传播学、接受美学、文艺鉴赏等课程。只有这样，才能拓宽和优化文艺编导人才的复合型知识结构和能力结构。

改革高校文艺编导人才培养的理念，应该注重对文艺编导人才培养目标的优化。我们已经进入文艺消费多元化的时代。所谓文艺消费多元化，是指闲暇时间人们欣赏文艺的途径、方式、对象等多样化，包括消费群体的多样化，文艺消费几乎贯穿于人的一生；欣赏对象的多元化，不同艺术体裁、不同艺术题材、不同艺术风格、不同艺术内容等都各有所爱。文艺编导对文艺消费的多元化必须有足够清醒的认识，根据多元化的文艺消费特点，对文艺作品进行恰如其分的编导。

从文艺编导人才培养目标的优化来看，就是要求在设置人才培养目标时，既要考虑对部分文艺编导高端精英人才的培养，又要考虑对大众需求的带有普及性的文艺作品的编导；对文艺编导人才的培养既要分门别类，又要注意人才层次的差异化培养，做到人尽其才，才尽其教。

5. 在文艺编导艺术实践中开发文艺编导人才

在整体性人才资源开发的体系中，工作岗位的实践性开发是一种非常重要的人才开发方式。在工作岗位的实践中成才，能够体现实践出真知、实践长才干的人才开发规律。文艺编导是一项实践性很强的创造性工作，培养文艺编导人才，除了需要接受学校系统的专业知识教育以外，还特别需要在艺术实践中全面开发文艺编导人才的艺术创新能力和协调沟通能力，这也是整体性人才资源开发在文艺编导人才开发中的具体运用。

在实际的文艺编导过程中，文艺团体的组织可以安排副编导、编导助理和编导秘书，在优秀的文艺编导指导和组织协调下，对文艺作品进行具体的编导，在具体编导中帮助和指导副编导、编导助理、编导秘书和相关专业技术人员，对原作品进行鉴赏和分析，找出优点，发现不足，再确定改编成具体的艺术形式。

比如，在制作电视文艺节目时，优秀的文艺编导为了提高其他编创人员的文艺编导能力，应该引导人们认识电视文艺节目主创人员的构成及其职责、电视文艺编导的职业特征、电视文艺编导的基础素质以及地位作用、电视文艺编导的具体任务，引导节目制作的工作人员熟悉不同阶段的工作流程，了解一般文艺节目编导的总体要求，了解画面和声音特征、艺术思维和具体的艺术构思方式，了解电视文艺节目的审美特征和传播特征，了解电视文艺节目的类型及结构，了解电视文艺节目的策划与创作过程，了解电视文艺节目制作中采访、摄像、剪辑、编导、播音等各阶段工作环节，掌握各个不同层面的编创人员工作性质和岗位责任等。

相关人员在优秀文艺编导的指导下，通过编导具体的文艺作品，就会慢慢总结编导的经验，结合自己以往所学习的知识和具备的初步的文艺编导能力，在新的文艺编导实践中得到进一步提高。

6. 在文化与科技的融合中开发文艺编导人才

文化产业的发展已经迈入了文化与科技融合的新时代，开发文艺编导人才，应该站在时代的高度，站在科技发展的高度，大力促进文化与科技的融合，这是由文化产业发展的特点和性质所决定的。

从文化产业发展的特点来看，一方面要把传统的文化资源转化为现代文化产业，成为现代文化产业的重要内涵，必须通过文化与科技融合的方式，充分利用现代最新科学技术，在传统文化与现代科技融合中促进文化产业的发展；另一方面，即使全新的现代文化产业自身的发展，也需要文化与科技的融合，如表现现代生活的影视艺术与各种综艺节目，都离不开通过科技手段来承载和传播文化的内容。党的十七大报告明确提出，运用高新技术创新文化生产方式，培育新的文化业态。正是留声机、摄影、电子、光纤通信、无线电通信、激光照排，以及 CD、VCD、DVD 等技术和产品的发明，使音响、电影、广播电视等文化行业得以形成。以动漫、网络游戏、手机游戏、手机媒体等为代表的新兴文化业态，已逐渐成为继 IT 产业后最具潜力的产业之一。

从文化产业的性质来看，文化产业本质上是文化的产业，理所当然要具有文化内涵；作为文化产业的载体和表现形式，科技创新则带来最先进的技术设备，更新文化的观念，客观上有利于传承文化，有利于提高文化产业的科技含量。比如，作为文艺编导人才，应该了解数字化技术、网络技术、新型显示技术等高新技术的基本特点，正是这些最新的科学技术，才能够大大丰富各类文化产品的表现力，提高新闻出版、广播电影电视、演艺会展、休闲娱乐等文化行业的发展活力，如数字影像、声光多媒体、LED 显示、数字三维虚拟展示等诸多高新技术的应用，明显提升传统演艺、会展及大型文化传播活动的表现形式和感染力。另外，3D、4D、电脑特技等数字技术在电影制作中的应用，大大丰富和增强了人们对传统影视产品的感受和体验，同时也为影视业的发展提供了更为广阔的空间。[①]

结　语

党的十七届六中全会作出《中共中央关于深化文化体制改革、推动社会主义文化大发展大繁荣若干重大问题的决定》，从加快发展文化事业、增强文化产业核心竞争力的高度指出：科技创新是文化发展的重要引擎，是文化的重要组成部分，是文化的重要体现形式和载体，是社会文化形态演进发展的催化剂，是促进新型文化业态形成发展的核心动力，使文化表现形式更加多姿多彩。从开发文艺编导人才的角度来看，应该逐步提高文艺编导人才利用数字、网络、3D、4D、高清、多媒体、虚拟展示、激光显示等多种高新技术的能力，培养创新文化产品及服务模式的能力；培养具有能够推动有关科技领域先进、共性、关键技术成果向文化领域的转化应用能力。

文化与科技的融合是人类社会文明演进的主旋律，也是促进文化产业科学发展的重要举措。为了培养文艺编导人才，必须强化科技在文化产业

① 王志刚：《推进文化科技创新　加强文化与科技融合》，《求是》2012 年第 2 期。

发展中的带动作用，让文化与科技成为文艺编导人才的双翼。要聚焦文化演艺、影视动漫、文化旅游、网络文化、新闻出版、创意设计等主要文化产业服务形态，突破文化产品创意、生产、传播、运营、展示、消费等各个环节的关键技术和集成应用技术，通过促进文化与科技的融合，运用现代高新技术改造传统文化产业，加速传统文化产业向现代文化产业的转换，让文化与科技比翼齐飞，相互促进，共同发展。

（作者单位：中国海洋大学文学与新闻传播学院）

论高校文化产业教育人才的开发与管理

孙德华

【摘要】 人才是文化产业发展的重要支撑，文化产业人力资源是文化产业的第一资源。高校文化产业教育人才作为文化产业人力资源的主要培养者，在文化产业发展过程中起着关键作用，他们的素质和能力在很大程度上影响了文化产业人力资源的素质和能力。本文提出成为一名合格的高校文化产业教育人才是有相当难度的，他必须具备正确的文化观、渊博的知识素养、超凡的文化创意等素质，拥有文化产业的理论教育、实践教育、科学研究、服务社会等能力。为了提升高校文化产业教育人才的整体素质与能力，我们应该重视对其进行科学开发和有效管理，具体措施有增进文化产业教育人才的内部交流、组织经常性的师资培训与进修、营造开放的教学与科研环境、合理地配置和使用文化产业教育人才等。

【关键词】 文化产业　高校文化产业教育人才　人才开发

文化产业人才是发展文化产业的关键因素。2004 年，我国教育部批准了山东大学、中国海洋大学、中国传媒大学、云南大学四所全国重点高校开办文化产业管理本科专业。短短十多年来，培养文化产业人才的高校迅速增加，截至 2015 年，国内开设文化产业管理专业的本科院校有将近 90 所，在文学、历史学、新闻传播学、经济学、管理学等一级学科之下，又包含着 30 多种与文化产业相关的专业或专业方向。在这近 90 所本科院校、30 多种专业方向中聚集了难以数计的文化产业教育人才，他们是文化产业人力资源的主要培养者，是政府和企业的智囊团，是文化产业研究的中坚力量，他们的素质和能力直接影响我国文化产业人力资源的整体水平，也必然影响我国文化产业发展的进程。高校文化产业教育人才的职业能力研究和开发管理研究是一个具有重大现实意义的课题。

一 文化产业教育人才的作用

（一）为文化产业发展培养合格的人才

人才是产业发展的重要支撑，文化产业人力资源是文化产业的第一资源。高校文化产业教育人才培养了大批服务于文化产业的毕业生，他们在各自的工作岗位上，运用自己的文化知识和技能，进行创造性劳动，为我国文化产业发展创造了巨大价值，做出了重要贡献。高校文化产业教育人才还负担着培训文化产业从业人员的工作：文化产业从业人员入职几年后需要通过在职培训来补充知识、提升技能，顺利度过职业半衰期；高端文化产业人才，特别是高层次的文化创意人才、经营管理人才、技术人才也需要通过高层次的在职培训来拓展事业发展的空间。

（二）为政府和文化企业提供高层次的智力服务

高校文化产业教育人才为政府和文化企业提供高层次的智力服务，主要体现在两个方面：一是帮助政府和文化企业出主意、想办法、给思路，如参与文化产业制度政策的修订、文化产业决策的制定、地方文化产业战略规划的建议、建设路径的指导；二是帮助政府和文化企业纠偏，如地方文化经济发展的方向偏了、路子错了、某个文化产业项目不具备可行性、某个土地开发项目破坏了地方文化资源的保护等，高校文化产业教育人才就应该大胆地发出自己的声音，提出不同的意见，避免错误的发生和发展。①

（三）为文化产业研究贡献力量

在文化产业的研究大军中，高等学校文化产业教育人才占多数。纵观近几年文化产业的研究成果，绝大多数的学术论文、专著、调研报告的作者，科研项目的主持人都是来自文化产业专业的一线教师。文化产业教育人才的研究涉及范围非常广阔，大致可分为基础型研究和应用型研究，他们的研究视野比较开阔，注重联系本国和本地区的实际，研究手段日益科

① 李殿仁：《高校服务社会的四个着力点》，《光明日报》2011 年 8 月 22 日。

学、严谨，对文化产业发展有很大的启示作用。①

二　文化产业教育人才应具备的素质

（一）热爱文化产业教育事业

文化产业教育人才愿意投身教育事业，关心青年学生的成长，以教书育人为骄傲。他们循循善诱，百问不厌，诲人不倦，看到学生的进步会发自内心地高兴和满足，即使自己辛苦也觉得付出是值得的。在知识经济时代，文化产业日趋升温，文化企业对高水平文化产业人才的争夺将加剧，文化企业开出的高薪对文化产业教育人才具有很大吸引力，这有可能导致部分文化产业教育人才离开教育岗位，流动到企业里去。只有真心热爱教育事业的文化产业教育人才能不为金钱和利益所动，安心教职，专心育人，甘于奉献。

（二）具备正确的文化观

文化产业教育人才应该具备正确的文化观，即有中国特色的马克思主义文化观。随着发达资本主义国家文化产品的全球化传播，一些非马克思主义甚至反马克思主义的意识形态也打着文化创意的旗号，千方百计地同拥有中国特色的马克思主义争夺话语权，腐蚀中国青年一代的文化价值观。面对这种情况，文化产业教育人才应该坚持正确的文化观，在教书育人的过程中注重用正确的文化观来分析和解释文化产业事件，善于透过现象看本质，立场坚定，明辨是非，引导学生继承和保护中国特色社会主义文化，引导学生担负起传播马克思主义、中国梦、正能量的重任。

（三）具有渊博的知识素养

文化产业教育人才应该博学多才，学为人师。文化产业教育人才可以有自己的研究方向和学术兴趣，也要对文化产业各个门类的知识如新闻出版、广播电视、文化艺术、文化创意与设计、文化休闲娱乐等比较了解，对与文化产业相关的知识如美学、文学、艺术、社会学、心理学、经济学、管理学有所了解，此外还要具有人文社会科学和自然科学的基础常

① 向勇、喻文益：《区域文化产业研究》，海天出版社2007年版，第530页。

识。所以他们常常具有强烈的追求知识和真理的欲望，在日常学习和工作中自觉地向书本学习，向实践学习，向他人学习，广采博取，不断增长自己的知识和见解。

（四）具有文化创意的素质

文化产业的核心在于创意，创意本质上是创新思维和创新技能的和谐统一，然而没有创意型人才，就不可能有创造性的文化产业。文化产业教育人才的任务之一是培养学生的文化创意能力，放飞学生的想象力，这就要求文化产业教育人才自身就具有文化创意的素质。文化产业教育人才的文化创意素质体现在他们充分吸收现代自然科学和社会科学的新成果，不循规蹈矩，头脑灵活，能突破常规思维的界限，以超常规甚至反常规的方法、视角思考问题，提出与众不同的解决方案和大胆新颖的设想。某些文化产业教育人才，如影视文学、文艺编导、动漫设计、广告设计等专业的教育人才，他们本身就应该是文化创意的高手。

（五）具备教师的美好人格

教师美好的人格素质主要表现在：乐于学习，对新事物敏感，追求新知；有强烈的事业心和上进心，对教学有热情，对科研有兴趣；喜欢年轻人，能与他们沟通，有说服力，对学生有耐心；自身具有创造力，并能激发学生的创造力；有团队合作精神和良好的人际关系；情绪稳定，能自觉排解负面情绪；性格乐观、自信、开朗；有理想主义色彩，引导学生看到光明和美好；友好，使人温暖，有亲和力和吸引力等。

三　文化产业教育人才应具备的能力

（一）具有多学科融会贯通的能力

文化产业的教育人才要站在三尺讲台上教书育人，肚子里必须具有丰富的学问。文化产业融合了大众文化、社会学、心理学、文学、新闻学、传播学、经济学、管理学、IT 等多学科的知识。文化产业交叉学科的特点决定了文化产业教育人才必须是个“通才”，具有广采博取的精神，具有多学科融会贯通的知识结构，否则他们是站不住讲台的，也培养不出创新型、复合型文化产业人才。

(二) 具有文化产业的实践教学能力

由于文化产业具有强烈的实践性特点，高校文化产业教育人才还应掌握本学科特有的实践层面的教学能力，主要有三种：一是调查式教学能力，教师能带领学生对文化产业的行业、组织、项目、活动等进行调查研究，并形成研究报告，提出可行性建议和可推广性结论；二是企业诊断式教学能力，教师能带领学生深入企业实际，保持客观中立的态度，采用定性与定量结合的方法，客位与主位研究结合的方法，诊断企业存在的问题；三是案例探究式教学能力，教师能指导学生对文化产业的特定组织、项目、事件、现象等进行全景式的描述，并运用相关原理分析过程和结果，总结经验和教训，发掘意义和价值。①

(三) 具有对文化产业的研究能力

高校文化产业教育人才不是单纯的教书匠，还应该具有一定水平的科研能力。他们应该关注文化产业学科本身、关注文化产业的教学、关注文化产业的社会实践，善于发现问题，提出新问题，并展开理论探索和调查研究。高校文化产业教育人才的科研水平反映在论文发表、专著出版、项目获得、科研获奖等方面。在从事科研活动的过程中，他们可以充实自身的专业知识，促进知识结构更新，了解学科前沿动态，这些都将直接提高他们的教育教学水平和质量。正是从这个意义上讲，高校文化产业教育人才的教学能力和科研能力是相辅相成，共同发展的。

(四) 具有为社会服务的实践能力

高校文化产业教育人才为社会服务是高校教师承担社会责任的一种体现，为社会服务的途径有很多：一是促进文化产业的产学研相结合。文化产业教育人才可以承接文化企业委托的研究课题，也可以与文化企业联合组建研发基地，共同研究企业需要的课题，共同研发社会需要的新产品；二是加快文化产业相关科研成果的转化。文化产业教育人才可以向社会推广孵化成熟的文化产业成果，促进科研成果从理论形态转化为文化产品和文化服务；三是积极投身于文化产业的实践。高校文化产业教育人才可以

---

① 王光文：《文化产业管理专业人才培养探索》，《中国集体经济》2014 年第 9 期。

走出校园，面向社会，为企业提供文化产业方面的教育培训、专题讲座、咨询与设计、信息收集与分析、规划指导等服务。

四 文化产业教育人才的开发与管理

（一）提高多学科融会贯通的能力

文化产业教育人才在日常教学、科研和实践中要注意广采博取与文化产业相关的多学科知识，如文化、管理、艺术、经济、社会学等。如果文化产业教育人才固守原有的专业背景，知识结构狭窄，很容易束缚思维，禁锢创意，进而影响到复合型、创新型人才的培养。[①] 与文化产业相关的多学科知识存在着千丝万缕的联系，比如，不同学科的研究可能用同一种研究方法，同一种理论可能用于解释不同学科、不同领域内的问题。文化产业教育人才在广采博取知识的基础上，还要善于发现众多学科之间的千丝万缕的联系，把所获得的多学科知识融会贯通起来。

（二）增进高校文化产业教育人才的内部交流

文化产业是新兴的交叉学科，目前我国大多数文化产业教育人才是转行而来的，其原有专业背景有文学、美学、新闻学、传播学、艺术学、管理学、经济学、法学等。不同学科背景的教育人才有其优势和劣势，譬如文学、哲学背景的教师擅长概念阐述、意义分析、国外经验介绍等，语言表达能力强，但是不擅长数据处理等实证研究；经济学、管理学背景的教师能够对文化产业的数据进行深入分析，建立严谨的经济模型，但是在文本分析、内容阐释、艺术分析等方面相对较弱。[②]高校应该因势利导，积极搭建文化教育人才的教学、科研交流平台，比如定期组织教学研讨会、教学经验交流会、流动听课、学术报告、学术沙龙、专题研讨、专题讲座等，交流平台的层次可以是文化产业系，文化产业专业所在的学院，同一个高校乃至兄弟院校间，以达到高校文化产业教育人才之间交流经验、切磋学问、取长补短，共同进步的目的。

---

① 薛永武：《人才开发学》，中国社会科学出版社 2008 年版，第 87 页。

② 闫玉刚：《对文化产业人才培养与课程设置的几点思考》，《山东教育学院学报》2009 年第 5 期。

（三）组织文化产业教育人才的培训和进修

高校文化产业专业应该建立常态化、多样化的师资培训与进修机制，不断提升文化产业教师的专业水准。组织师资培训和进修可以采用“请进来”和“走出去”两种形式：一方面，邀请国内外知名的文化产业专家学者、政府分管文化产业的官员和文化企业中的经营人才、管理人才、创意人才等给文化产业教育人才培训。无论他们是什么年龄、什么职务、什么学历，只要他们所讲的理论和实践对培养文化产业教育人才有利，都可以“请进来”。另一方面，鼓励文化产业教育人才积极“走出去”，参加国内高层次的文化产业培训，比如，文化部举办的文化产业培训班、重点高校的文化产业培训班；鼓励文化产业教育人才去文化产业发达的国家访学、攻读博士学位、进博士后流动站进行科研工作等，鼓励他们把国外文化产业的先进理念和教学方法带回来，服务于国内的文化产业人才培养。

（四）合理配置知识型、技能型、综合型文化产业教育人才

文化产业师资队伍建设是文化产业学科建设的核心，高校应根据自身办学历史、特长、条件、资源等因素，对文化产业人才培养目标形成清晰的定位，然后根据既定的培养目标合理地配置不同类型的文化产业教育人才。一般来说，研究型高校的文化产业专业主要培养高素质的创新型、复合型、研究型文化产业人才等，应该多配置知识结构既宽广又精深的知识型文化产业教育人才；教学型高校主要培养实践能力强的文化产业技能人才，侧重行业或岗位的知识和技能的教学，应该多配备具备丰富实战经验的技能型文化产业教育人才；教学研究型高校主要培养应用型文化产业技术人才、创意人才和管理人才等，文化产业基础知识、专业知识和实践教学并重，应该多配置既有理论素养又有实践经验的知识——技能综合型文化产业教育人才。总之，高校应努力打造一支结构合理、专长突出的文化产业师资队伍，保证为学生提供最需要的、最优质的师资。

（五）营造开放的教学环境和自由的科研环境

高校教学管理部门应理解文化产业学科特点，鼓励课堂教学和课外实践的互补，营造开放的教学环境。高校应尊重文化产业教育人才对授课方

式和教学场所的选择，不能强制要求他们在指定的时间和地点完成教学任务，允许他们根据实际需要合理安排理论课、实践课、参观课和考察课，把教学场所从教室扩大到更广阔的校外空间，让学生投身到社会实践中去学习和锻炼等。开放的教学环境有利于培养我国亟须的创新型、复合型、实践型文化产业人才。

高校应该营造自由的科研环境，让文化产业教育人才循着自身的研究兴趣，踏实、刻苦、诚实地从事科研工作。文化产业是新兴的应用型、复合型学科，文化产业专业期刊少，核心期刊尚无，某些应用类文化产业成果难发表、难认定，以上诸多因素大大影响了文化产业教育人才科研成果的发布。目前高校师资的业绩考核和职称晋升体系过分倚重论文发表、项目获得、专著出版等硬性指标，不考虑文化产业科研的特点和成果发表的现实情况，致使很多文化产业教育人才感受到来自科研的强大压力，无法潜心钻研，容易滋生浮躁心态和功利主义、投机主义的做法。

（六）完善文化产业教育人才的引进、聘用和考核机制

首先，不拘一格大力引进人才。目前，多学科知识融会贯通、实战经验丰富的高层次文化产业教育人才非常缺乏，也非常抢手。文化产业教育机构应该根据自身的实力和人才的缺口，做好人才引进的规划工作，不一定要耗费大量财力争抢最知名的人才，但一定要想办法选拔合适自己的人才。不要拘泥于应聘者职称、学历、经历、年龄等指标，重点考察应聘者的理论和实践的教学能力、科研创新能力和产学研结合的能力。

其次，刚性聘用和弹性聘用相结合。一方面，采用刚性引进的方式，即调动人事关系，通过工作调动、岗位聘任等方式使高层次文化产业教育人才长期服务于某个教育机构。另一方面，采用弹性引进的方式，即不迁徙户口，不变动人事关系，通过项目聘任、课程聘请、客座邀请、兼职教授、项目合作等形式吸引高素质的文化产业教育人才。

再次，建立符合文化产业学科特点的人才考核体系。目前高校文化产业教育人才的考核评价体系过分重视科学研究，忽视其教育教学、成果应用和社会实践的情况，这在一定程度上阻碍了文化产业师资队伍的健康发展。我们呼吁建立符合文化产业学科特点的绩效考核体系和职称晋升体系，除了考察文化产业教育人才的科研成果外，还注重考核其教学效果、

学术成果的应用价值、技术应用价值和为国家、地方经济的贡献度等，正确发挥人才考核体系对文化产业教育人才的管理、监督、激励、导向等功能。

（作者单位：中国海洋大学文学与新闻传播学院）

海洋文化产业

海洋文化产业

——现状与展望

张开城

内容提要：海洋文化产业是一种极具成长性的朝阳产业，顺应了当今的时代特征和发展趋势。进入21世纪这个海洋世纪和文化世纪，海洋文化产业出现了新业态，具有了新特点，呈现出新趋势。滨海休闲业、滨海体验业、保健养生业、商务旅游业、现代节庆业、现代展会业、大型演艺业、数字动漫业是极具成长性的海洋文化产业新业态；要出台相关规划，采取有力措施，引领和推动海洋文化产业发展。

关键词：文化产业　海洋文化　海洋文化产业

一　海洋文化产业的概念

海洋文化产业是从事涉海文化产品生产和提供涉海文化服务的行业。①

海洋文化产业的基本业态。由于国家文化产业分类的调整，我们也先后给出两个小有区别的分类。

基于《文化及相关产业分类》（国统字［2004］24号），我们把海洋文化产业分类为滨海旅游业、涉海休闲渔业、涉海休闲体育业、涉海庆典会展业、涉海历史文化和民俗文化业、涉海工艺品业、涉海对策研究与新闻业、涉海艺术业。②

① 张开城：《广东海洋文化产业》，海洋出版社2009年版，第33页。

② 张开城：《文化产业和海洋文化产业》，《科学新闻》2005年第24期。

基于国家统计局《文化及相关产业分类（2012）》，我们把海洋文化产业划分为九大类：海洋新闻出版发行服务，海洋广播电视电影服务，海洋文艺创作与表演服务，海洋文化信息传输服务，海洋文化创意和设计服务，海洋文化休闲娱乐服务，海洋工艺美术品的生产，海洋会展服务，海洋大型活动组织服务。

表 1　　**海洋文化产业分类**

1	海洋新闻出版发行服务	（一）新闻服务：新闻业；（二）出版服务：图书出版报纸出版期刊出版音像制品出版电子出版物出版其他出版业；（三）发行服务：图书批发报刊批发音像制品及电子出版物批发图书、报刊零售音像制品及电子出版物零售
2	海洋广播电视电影服务	（一）广播电视服务：广播电视；（二）电影和影视录音服务：电影和影视节目制作电影和影视节目发行电影放映录音制作
3	海洋文艺创作与表演服务	（一）文艺创作与表演；（二）艺术表演场馆
4	海洋文化信息传输服务	（一）互联网信息服务；（二）增值电信服务（文化部分）；（三）广播电视传输服务：有线广播电视传输服务，无线广播电视传输服务，卫星传输服务
5	海洋文化创意和设计服务	（一）广告服务：广告业；（二）文化软件服务：软件开发（多媒体、动漫游戏软件开发，数字内容服务，数字动漫、游戏设计制作）；（三）建筑设计服务（工程勘察设计）房屋建筑工程设计服务，室内装饰设计服务，风景园林工程专项设计服务；（四）专业设计服务
6	海洋文化休闲娱乐服务	（一）景区游览服务：公园管理，游览景区管理，野生动植物保护（海洋馆、水族馆管理服务；海洋生态园管理服务）；（二）娱乐休闲服务：海洋游乐园，其他娱乐业；（三）滨海休闲体育；（四）海洋摄影服务
7	海洋工艺美术品的生产	（一）工艺美术品的制造：雕塑工艺品制造，金属工艺品制造，漆器工艺品制造，花画工艺品制造，天然植物纤维编织工艺品制造，抽纱刺绣工艺品制造，地毯、挂毯制造珠宝首饰及有关物品制造，其他工艺美术品制造；（二）园林、陈设艺术及其他陶瓷制品的制造；（三）工艺美术品的销售：首饰、工艺品及收藏品批发，珠宝首饰零售工艺美术品及收藏品零售
8	海洋会展服务	（一）海洋类博览会（海洋博览会、海洋经济博览会、海洋文化博览会、海洋旅游博览会、海上丝绸之路博览会等）；（二）海洋类博物馆（海洋文化博物馆、海洋军事博物馆、海战博物馆、海事博物馆、海洋民俗博物馆、海洋渔业博物馆、海洋盐业博物馆、海港与航运博物馆、海洋科学馆等）

续表

9	海洋大型活动组织服务	(一) 文艺晚会策划组织服务；(二) 大型节日庆典活动策划组织服务；(三) 赛事策划组织服务；(二) 民间活动策划组织服务；(二) 公益演出活动的策划组织服务 (海洋文化节、珍珠文化节、区域性海洋民俗文化节、开渔节、休渔节、海神祭典等)

二 海洋文化产业风生水起

进入21世纪，海洋文化产业借国家发展文化产业的东风而迅速延张、方兴未艾，是极具可持续发展潜力和良好发展前景的朝阳产业，业已引起政府部门的关注和实业界的兴趣。①

滨海旅游业担当主力。国家海洋局《中国海洋经济统计公报》显示，2010年，中国滨海旅游业全年实现增加值4838亿元，占当年全国主要海洋产业增加值的31.2%。2011年，中国滨海旅游业全年实现增加值6258亿元，占当年全国主要海洋产业增加值的33.4%。2012年，中国滨海旅游业全年实现增加值6972亿元，占当年全国主要海洋产业增加值的33.9%。2013年，中国滨海旅游业全年实现增加值7851亿元，占当年全国主要海洋产业增加值的34.6%。2014年，中国滨海旅游业全年实现增加值8882亿元，占当年全国主要海洋产业增加值的35.3%。

节庆会展强势增长。海洋节庆会展业是海洋文化产业的重要内容，改革开放以来，海洋节庆会展业强势增长，成为中国海洋文化产业的一大亮点。粤桂琼地区和江浙沪地区是中国沿海两大节庆会展集聚地。中国改革开放以来，粤桂琼地区海洋节庆会展业乘势而上，打造了博鳌亚洲论坛、深圳文博会、“广交会”——中国进出口商品交易会、中国—东盟贸易博览会等一系列具有较高知名度的节庆会展品牌。

广电传媒优势凸显。新闻、出版、广播、电视、电影处于文化产业的核心，是文化产业的重要领域。近年来，广电传媒产业优势逐渐凸显，推动海洋文化产业发展的作用不断增强。如12集大型电视纪录片《大国崛起》《走向海洋》，《广东沿海行》大型全景式系列报道，七集人文纪录片《海之南》，三集电视专题片《海上新丝路》。电视连续剧《向东是大海》

① 张开城：《海洋文化产业风起云涌》，《文化月刊》2012年第9期。

《妈祖》，电影《秋喜》等。据悉我国首家海洋电视台即将在浙江开播。

图书出版海味浓郁。新闻、出版业是文化产业的核心组成部分和重要领域。中国沿海的粤桂琼地区、“长三角”地区、环渤海地区图书出版企业实力都较强，如粤桂琼地区南方报业传媒集团、广东省出版集团、广西日报传媒集团、海南日报报业集团、海南出版社有限公司等都具有较强实力。由于它们的努力，一批批海洋经济、政治、文化、历史、科技、教育类书籍相继出版，有力地促进了中国海洋事业的发展。

滨海休闲异彩纷呈。21 世纪的中国已经步入“休闲主流化社会”，休闲成为时尚和潮流，发展滨海休闲已具备良好条件。象山、珠海、北海、阳江等地的滨海休闲渔业，珠江三角洲地区的滨海休闲旅游业，海南的滨海休闲度假业，以广东阳西咸水矿温泉为代表的休闲养生业，以三亚、深圳为代表的滨海休闲体育业，以特呈岛、涠洲岛为代表的休闲生态观光业，中山、珠海、深圳、三亚等地的游艇休闲体验业，使滨海休闲业呈现多业种发展的异彩纷呈的局面。

特色演艺蓄势待发。近年来我国滨海旅游演艺已有良好开端，滨海特色演艺蓄势待发：浙江推出大型实景演出《印象普陀》，海南推出《印象海南岛》旅游演艺，广西推出大型海上实景演出《梦幻北部湾》，广东珠海推出《大清海战》，浙江推出大型舞台剧《观世音》，福建推出大型舞剧《丝海梦寻》，山东威海推出大型情景剧《梦海》《梦海情韵》等。

三　极具成长性的现代海洋文化产业新业态

滨海休闲业、滨海体验业、保健养生业、商务旅游业、现代节庆业、现代展会业、大型演艺业、数字动漫业是极具成长性的海洋文化产业新业态。

休闲文化和滨海休闲业。休闲是生命的一种存在方式，也是一种文化，闲是生产力发展的根本目的之一，闲暇时间的长短与人类文明进步是并行发展的。休闲对日常生活结构、社会结构、产业结构以及人们的行为方式和社会建制产生深刻的影响。[①] 休闲的目的是追求更高质量的享受与

---

① 马惠娣：《关于休闲文化的理性思考》，《中国青年报》2005 年 2 月 28 日。

创造，激发人的生活热情，提高意志，促进身心健康，推动经济社会发展。[①] 滨海休闲业的内容包括休闲旅游，休闲旅游，休闲生产渔业、休闲体育等。

体验文化和滨海体验业。体验经济被视为继农业经济、工业经济和服务经济阶段之后人类的第四个经济形式或阶段。体验经济时代的旅游者寻求个性化的服务、灵活性、更多的冒险与多种选择，他们追求真实与差异，从逃避走向自我实现。滨海体验业的内容包括生产体验、演艺体验、民俗体验、探险体验、技艺体验、搏战体验、极限体验等。

养生文化和保健养生业。健康是全人类的共同追求，随着人们生活水平的提高，温饱已经不过多关注，倍加关注的是健康，科学的休闲养生概念被提到空前高度，休闲养生成为人们的生活时尚。中国养生保健游产品开发往往利用特色生资源，如西部的盐湖飘浮项目、舟山的海泥浴、东北五大连池的火山泥和矿泉等。20 世纪 90 年代后期在中国及世界旅游市场上出现了一个新兴的旅游产业——旅游。笔者亲身体验了阳西咸水温泉，找到养生保健的感觉——有冲击力的水瀑、周身遍及的水柱按摩、鱼咬去老皮、天然氧吧的清新等等。

商务文化和滨海商务旅游业。中国的经济发展和市场化程度提高推动商务活动的高度活跃，在中国蓬勃发展的旅游业中，商务旅游作为旅游高端市场的主力日趋显现优势和潜力，不仅利润丰厚，而且极具成长性。滨海商务旅游是在游艇、滨海球场活动中进行商务活动，以滨海旅游为契机，利用优美而轻松的环境降低商务谈判和沟通的压力，在轻松、愉快的气氛中达成合作。

展会文化、会展经济和现代节庆业。涉海节庆会展业包含丰富的内容和形式。节庆方面诸如海洋文化节、妈祖文化节、休渔节、开渔节、郑和下西洋纪念活动等；会展方面诸如博览会、博物馆、文展馆等。会展业是集商品展示交易、经济技术合作、科学文化交流于一体，兼具信息咨询、招商引资、交通运输、商务旅游等多种功能的新兴产业，是现代服务业的重要组成部分。一年一度的中国海洋经济博览会在广东湛江举办，自 2014 年以来，与 21 世纪海上丝绸之路建设相关的博览会在广东、福建等地相继举办。

① 朱铁臻：《休闲文化推动城市经济发展》，《中国经济时报》2005 年 11 月 18 日。

大型演艺业。大型演艺是涉海艺术业中近年来发展进来的一种演出活动。涉海艺术服务于旅游开发，首先是大型旅游演出。张艺谋的“印象”系列褒贬不一。但大型旅游演艺确是近年来一道亮丽的风景。沿海一带较有影响的包括三亚、普陀山、象山、威海、防城港、广州等地的大型演艺。

数字动漫文化和数字动漫业。动漫产业是创意产业的一部分，是以创意为核心，以动画、漫画为表现形式的新兴文化产业。近年来，在国家强有力的政策推动下，中国动漫产业乘势而起，是公认的朝阳产业。市场发展后劲足潜力大，与海洋相关的动漫艺术创作渐次增多，新生海洋动漫文化呈现出大有作为的气象。2010 年年初，动画电影《喜羊羊与灰太狼之虎虎生威》以 1.3 亿元人民币的票房成绩铸国产动画电影的新里程碑。[①] 中国动漫产值 2011 年突破 620 亿元，已经成为中国文化领域重点产业之一。[②]

游艇文化和游艇业。游艇是一种具有水上休闲娱乐功能的高级耐用消费品。随着生活品位的不断提升，游艇运动越来越为国人所认识，也为许多城市发展新型服务性产业带来契机。2013 年中国船艇进出口总金额达 4.7 亿美元，中国游艇产业整体规模达到 41.5 亿元人民币，其中价值 200 万元以上的豪华游艇销售额约为 21 亿元人民币，占整个市场的 50.6%。[③] 2013 年年底在上海举办的中国（上海）国际游艇展行业峰会上，20 余家国内外知名游艇行业巨头与行业专家共同探索中国游艇业发展趋势，剖析中国游艇消费市场前景。[④]

四　当前海洋文化产业存在的问题

相对于文化产业，海洋文化产业研究与海洋文化产业发展起步晚，发展较缓慢。在 21 世纪这个海洋世纪、文化世纪及全球化的国际背景下，

① 上海东方传媒集团：《从“喜羊羊”的成功看国产动漫振兴》，《求是》2010 年 7 月 16 日。

② 白皓、裴江文：《科学关注数字动漫产业：好创意 新玩法 大市场》，《中国青年报》2012 年 8 月 23 日。

③ 《中国游艇业规模五年内超 150 亿》，《南方日报》2014 年 4 月 14 日。

④ 记者郑建玲：《我国游艇业呈现五大发展趋势》《中国质量报》2014 年 1 月 6 日，第 006 版。

我国海洋文化产业发展正处于转型时期，面临诸多挑战，存在许多问题。

第一，滨海旅游文化产业业态传统，仍然处于粗放型的发展状态。

粤、桂、琼三省滨海旅游业虽然已经在海洋产业中占有较大的比重，但总体上仍然处于传统的粗放型发展阶段，对景区的经营管理粗疏；与旅游区配套的交通、通信、供水、供电、环保、安全等基础设施还比较薄弱；滨海旅游业的经营模式传统，主要停留在“洗海水澡、看海景、吃海鲜”，产品比较单一、旅游项目不够丰富、特色不突出，大多数景区景点为一过型，游客常有“看景不如听景”的感觉，滞留时间短，回头客少。旅游城市、景区之间缺乏有效整合，关联性差，景点雷同性、重复率高，联动效应低。另外，滨海旅游季节性明显，游客过于集中于节假日。旺季人满为患，淡季冷冷清清。

第二，海洋文化市场发育不完善，品牌效应低。

海洋文化产业主体群体无意识，缺乏海洋文化产业的主体自觉和担当。

由于国家的大力提倡和支持，国内文化企业已具相当规模，这些企业中不少具有涉海性，而且不少以海洋文化产业为主的文化企业，但这些企业基本上没有意识到自己在从事海洋文化产业，更没有提出要做好海洋文化产业、大力发展海洋文化产业，缺乏海洋文化产业的主体自觉和担当，海洋文化产业主体群体无意识。

海洋文化资源开发目前仍处于零散的局部的小规模的状态，海洋文化市场发育不完善。不仅关注海洋文化产业的企业少，而且企业规模小，资金匮乏。基本停留在小规模、低层次、低效益运营状态，缺乏知名度高的品牌。海洋文化产业领域小型企业居多，具有带动效应的大型文化集团的发展明显滞后，“文化航母”尚未组建和成形。绝大多数海洋文化产业属于国有性质，集体或民营文化产业数量少、规模小，外商独资或中外合资文化产业更是凤毛麟角。

第三，海洋文化产业发展不平衡，缺乏全方位的开发，海洋文化产业核心层发展严重滞后。

海洋文化产业发展结构不平衡，产业中各领域发展差异大，不能形成有效的产业联动。主要体现在滨海旅游文化产业业态相对成熟，发展较快，所占产值比重较大，而其他产业如涉海艺术业、涉海新闻出版业则相对滞后。涉海艺术业、涉海新闻出版业属于以内容为核心的产业领域，其上游是创意和创作。国家并不缺乏作家、艺术家、科研工作者，但他们对海洋领域的关注度低，涉海的文学艺术作品匮乏，涉海数字动漫作品更是少之又少。

第四，区域发展不平衡，差异较大。

沿海地区文化产业和海洋文化产业发展水平差异很大。2011 年广东文化产业增加值已超 2500 亿元，广西不足 300 亿元，海南刚过 70 亿元。2012 年，广东滨海旅游业增加值近 1500 亿元，旅游大省海南的滨海旅游业增加值还不到 400 亿元。

各省内区域差异也很大。以广东为例，从海洋生产总值来看，广东珠三角一带海洋生产总值占到全省的 80% 左右。而占到全省海岸线近一半长度的东西两翼却因为种种原因而未能进行有效的开发利用，创造应有的经济效益。据统计，珠江三角洲地区集中了全省文化企业总数的 73.2%，而粤东仅占 14.5%，粤西仅占 6%，粤北山区仅占 6.3%，难以形成各具特色、功能互补、各占优势、协调发展的区域产业发展布局。[①] 2012 年广东文化产业法人单位增加值为 2706.5 亿元，其中珠三角地区为 2270.3 亿元，占 83.9%；东翼为 230.1 亿元，占 8.5%；西翼 107.8 亿元，占 4%；粤北山区为 98.3 亿元，占 3.6%。

第五，重视程度有待提高，海洋文化建设和海洋文化产业发展需要加强规划。

在国家提出建设文化强国和海洋经济强国战略目标的大背景下，各地纷纷出台了文化建设和发展文化产业政策措施，国家也发布了沿海区域性发展规划，其中也有涉及海洋文化建设甚至提及海洋文化产业，如广东省人民政府办公厅关于印发《广东海洋经济综合试验区建设分工方案》的通知（粤办函［2013］94 号）提出“组织编制和实施广东省建设海洋文化强省规划”。但专门的海洋文化建设规划方案至今尚未见到，这说明海洋文化产业还没有得到应有的重视，推动海洋文化产业发展的措施不多，地方政府的支持力度有待加强。

第六，海洋文化产业研究仍处于起步阶段，基本概念和分类有待于进一步探讨。

2005 年广东海洋大学主办国内第一个以海洋文化产业为主题的国际

---

① 张开城：《广东海洋文化产业》，海洋出版社 2009 年版，第 54 页。

学术研讨会，会后出版了论文集《海洋文化与海洋文化产业研究》（张开城、徐质斌主编），该次会议和会后出版的论文集，使张开城的《海洋文化产业及其结构》，卞崇道的《海洋文化产业的哲学解读》，柳和勇的《试论海岛海洋文化产业的发展策略》，贾鸿雁的《我国的海洋旅游文化资源及其开发》，宋正海的《中国传统海洋文化及其现代价值》，朱建君的《试论我国海洋休闲文化与海洋休闲业的再构建》，曹卫的《对“海洋体育文化”及“滨海体育休闲产业”的探讨》，黄汉忠的《汕尾市滨海旅游资源产业化问题探析》等一批海洋文化产业论文面世。

在2005年的海洋文化产业研讨会上，张开城的论文《海洋文化产业及其结构》第一次给出海洋文化产业的概念和分类；2009年，张开城等著的《广东海洋文化产业》由海洋出版社出版。

2014年5月，《粤桂琼海洋文化产业蓝皮书（2010—2013）》发布。《粤桂琼海洋文化产业蓝皮书（2010—2013）》由国家海洋局宣传教育中心组织指导、广东海洋大学海洋文化产业研究中心承担编制，采用跨年度分析模式。《粤桂琼海洋文化产业蓝皮书（2010—2013）》是国内第一部海洋文化产业蓝皮书。

总体来说，海洋文化产业研究仍处于起步阶段，基本概念和分类有待于进一步探讨。

五　采取有力措施，引领和推动海洋文化产业发展

要出台相关规划，采取有力措施，引领和推动海洋文化产业发展。

（一）优化海洋文化产业结构，构建现代海洋文化产业体系

要结合海洋文化产业的特点确定重点发展的海洋文化产业门类，推动海洋新闻与出版发行业；海洋影视制作业、海洋数字内容和动漫产业、海洋文化节庆会展业、海洋休闲娱乐业、海洋旅游文化产业等一批具有战略性、引导性和带动性的重大文化产业项目，在重点领域取得跨越式发展。

1. 海洋新闻和出版发行业

海洋报业要向综合新闻媒体发展。海洋出版社、海洋类高校出版社等海洋特色出版社把海洋类出版物作为主要出版领域，北京和沿海省市出版企业结合地方特点把海洋类出版物作为重点出版计划内容。内地出版企业

也要重视涉海出版物。要设计组织系列化的海洋科技、海洋人文社会科学、海洋科普与科幻类出版物，打造社会效益和经济效益显著、具有较强影响力的海洋出版品牌。要推动产业结构调整和升级，加快从主要依赖传统纸介质出版物向多种介质形态出版物共存的现代出版产业转变，从主要依赖区域性市场向综合开拓国际国内市场转变。培育具有较强竞争力和实力的海洋类出版企业集团。支持出版物发行企业开展跨地区、跨行业、跨所有制经营，发展连锁经营、现代物流和网络书店等现代出版物流通系统，形成若干大型发行集团。发展高新技术印刷、特色印刷和光盘复制业，建成若干各具特色、技术先进的印刷复制基地，使我国成为重要的国际印刷复制中心。

2. 海洋广播电视电影业

发展海洋影视内容产业，有计划推出海洋历史文化类、海洋科普类、海洋经济、社会发展和海洋生活类作品，提升涉海电视剧、非新闻类电视节目和电影的生产能力，扩大影视制作、发行、播映和后产品开发，增加数量，提高质量，满足多种媒体、多种终端发展对影视数字内容的需求。

3. 海洋文化节庆会展业

办好海洋文化节、中国休渔和开渔节、海上丝绸之路文化节、龙王祭典、妈祖诞等重要节庆，重点支持覆盖全国并具有国际影响的海洋文化会展，举办国家和地方海洋博览会，中国南珠文化节与珍珠文化博览会、中国海洋饮食文化节与对虾交易会等海洋渔业类文化节庆与展销一体的会展活动，使海洋文化节庆会展业成为促进我国文化产业发展的重要平台。

要建立健全会展业领导体制与运行机制，搞好规划协调，提高服务质量；要积极推进会展信息平台建设，搭造网络平台，利用网络资源，适应互联网时代；要以品牌战略为主体理念，整合布局会展项目，以区域特点为主题特色，打造特色鲜明的会展系列；要推动各类会展企业发展，壮大市场主体力量。发挥大型专业会展企业的“龙头”带动作用；要强化专业队伍建设，提高专业素质，培养专门人才，为会展业发展提供人才保障。要加快会展业对外开放步伐。鼓励外资参与新展馆建设，努力吸引有展会资源的国外一流展览集团参与现有展馆经营。要注意优势联合，打造会展“航母”。要利用特色海洋文化资源打造知名度高参与度高特色鲜明的会展精品。

依托平台品牌，培育会展主体，开拓会展市场，做大会展经济。结合

"会、节、演、赛"，发展特色会展，促进会展、旅游、商贸互动。

表 2　　**重点支持的文化节庆会展**

重点支持的文化节庆会展
1. 中国海洋博览会
2. 中国海洋日
3. 中国航海日
4. 中国海洋文化节
5. 海上丝绸之路文化节和丝路产品展销会
6. 中国开渔节
7. 中国海上丝绸之路文化节和海上丝绸之路博览会
8. 中国海洋文化产业博览会
9. 中国南珠文化节和珍珠文化博览会
10. 中国海洋饮食文化节与对虾交易会

4. 海洋休闲娱乐业

开发滨海休闲业满足人们的休闲需求、提供休闲服务。如休闲体育、休闲渔业等。利用海洋资源开发滨海休闲娱乐区，加强滨海休闲娱乐设施建设，建设滨海休闲渔业区、休闲体育区、康体沐浴区、参与体验式海洋民俗风情区、集趣味性和知识性于一体的海洋生态园区。

表 3　　**海洋休闲娱乐园区**

海洋休闲娱乐园区
1. 综合性海洋公园
2. 海洋休闲渔业园区
3. 海洋休闲体育园区
4. 海洋民俗风情园区
5. 滨海大型游乐园区
6. 海洋康体养生园区
7. 海洋生态文化园区
8. 海鲜美食文化园区
9. 滨海休憩庄园
10. 海洋特色观光园区

在海洋城市、海岛，利用海洋、阳光、沙滩等资源，开辟滨海体育场所，开发空中、海面、水下和沙滩上滨海休闲体育项目，集休闲、娱乐与体育运动为一体，满足人们休闲、娱乐、健身等的需要。开发捕捞观光、休闲垂钓、展示科普等休闲渔业项目，拓展海洋渔业业态、提高海洋渔业附加值。发展滨海旅游大型演出和其他滨海演艺业，推进营业性演出单位资产重组，发展演艺经纪商，形成一批海洋特色的演艺团体。发展电子娱乐业，开发具有海洋特色、健康向上和技术先进的新兴娱乐方式，创新娱乐业态。鼓励连锁娱乐企业的发展。

5. 海洋旅游文化产业

充分发挥历史、民俗、航运、军事、海洋城市和渔村等滨海旅游文化资源优势，发展海洋文化旅游业。深化改革，完善市场，发挥市场配置资源的基础性作用，加快体制机制创新，推进旅游要素转型升级，推动海洋文化旅游业发展。

坚持旅游资源保护和开发并重，加强旅游基础设施建设，建设富有海洋和区域特色的旅游产品体系，开发特色旅游产品，科学规划和布局景区景点，打造精品旅游景区，精心设计旅游线路，优化时间、空间配置，逐步形成区域特色明显、海陆互补、自然风光与人文资源相得益彰的旅游格局。

立足旅游需求，发挥特色优势，完善旅游产品体系，积极发展生态旅游、康体旅游、温泉度假、邮轮游艇、海岛旅游、自驾车旅游等休闲度假旅游产品。

表 4 **海洋旅游产品和线路**

海洋旅游产品和线路
1. 海洋城市游
2. 海岛游
3. 海湾游
4. 海港游
5. 海洋民俗文化游
6. 海洋军事文化游
7. 海洋历史文化游
8. 海洋节庆文化游
9. 海洋体育赛事游
10. 海洋科普文化游

推进旅游服务标准化建设，加强管理，规范旅游市场秩序。加强旅游公共服务体系建设。进一步转变政府职能，深化改革，建立健全政府引导、行业自律、企业依法自主经营的旅游管理体制和运行机制。加强旅游立法工作，完善旅游相关法规。依托信息技术，提升海洋旅游管理和服务水平，提高旅游服务质量。

6. 海洋数字内容和动漫产业

做大做强以创意内容为核心的文化服务业。提高自主创新能力，培育自主品牌，延伸产业链条，加大创意内容生产，实现企业转型升级。要适应市场经济的发展要求，转变增长方式，提高效益，扩大规模，促进海洋文化产业持续健康发展。

海洋和海洋社会是动漫产业的大有用武之地——

一是海洋洋面的波澜壮阔，

二是海底世界的深幻莫测，

三是海洋生物的千姿百态，

四是众多海岛的神秘传奇，

五是海上航行的险象环生，

六是海洋神话的丰富多彩，

七是海洋民俗的深厚积累，

八是海洋考古的大量发现，

九是海洋科技的现代利用，

十是海洋战争的特殊场景，

十一是海盗出没的恐怖境遇，

十二是海洋气象的巨大威力。

（二）优化海洋文化产业布局，建设中国海洋文化产业带

加强海洋文化产业带、海洋产业区、海洋文化产业核心城市建设。支持建设海洋文化产业强省、强市和区域性特色文化产业群。加快海洋文化产业园区和基地建设。促进各种资源的合理配置和产业分工 。

1. 优化海洋文化产业布局，形成“一带五区”“九心”“十三城”的海洋文化产业布局

加强海洋文化产业带建设，形成北起辽宁南到广西海南的珍珠项链状

海洋文化产业带。

建设五大海洋产业区：环渤海海洋文化产业区、长三角海洋文化产业区、闽台海洋文化产业区、泛珠三角海洋文化产业区、环北部湾海洋文化产业区。

建设九大海洋文化产业核心城市：大连、北京、天津、青岛、上海、厦门、深圳、广州、三亚。

建设十三大海洋文化产业重要城市：秦皇岛、烟台、连云港、宁波、舟山、福州、泉州、汕头、阳江、湛江、海口、北海、防城港。

表5　**中国海洋文化产业布局**

一带：中国海洋文化产业带	建设北起辽宁南到广西海南的珍珠项链状海洋文化产业带。
五区：五大海洋文化产业区	环渤海海洋文化产业区、长三角海洋文化产业区、闽台海洋文化产业区、泛珠三角海洋文化产业区、环北部湾海洋文化产业区。
九心：九大海洋文化产业核心城市	大连、北京、天津、青岛、上海、厦门、深圳、广州、三亚。
十三城：十三个海洋文化产业重要城市	秦皇岛、烟台、连云港、宁波、舟山、福州、泉州、汕头、阳江、湛江、海口、北海、防城港。

支持建设海洋文化产业强省、强市和区域性特色文化产业群，形成文化产业协调发展格局。

促进区域文化产业协调发展。充分发挥产业带、产业区、海洋文化产业城市的带动和辐射作用。海洋文化产业相对落后的省市、省会城市、沿海城市要加快建设步伐，奋起直追、迎头赶上。

加快海洋文化产业园区和基地建设。促进各种资源的合理配置和产业分工。各省市可以进行相应的建设，如广东（见表6）。

表6　**广东海洋文化产业布局**

一带：广东海洋文化产业带	建设东起汕头，西到湛江的广东海洋文化产业带
双核：两大海洋文化创意产业核心	建立广州、深圳为两大海洋文化创意产业核心

续表

三区：三大海洋文化产业聚集区	粤东海洋文化产业聚集区、珠江三角洲海洋文化产业聚集区、粤西海洋文化产业聚集区
十四城：十四个海洋文化产业带节点城市	汕头、潮州、揭阳、汕尾、惠州、广州、深圳、东莞、中山、珠海、江门、阳江、茂名、湛江

2. 实施海洋文化产业示范区工程，建设海洋文化产业示范区

要实施海洋文化产业示范区工程，建设海洋文化产业示范区。推动海洋文博节庆会展业、滨海休闲业、海洋数字内容和动漫产业、海洋文化旅游业、海洋新闻出版发行业；海洋影视制作业等一批具有战略性、引导性和带动性的重大文化产业项目，在重点领域取得跨越式发展。

各省市可以进行相应的示范区建设。如广东和广西的海洋文化产业示范区建设，我们有如下建议（见表7、表8）。

表7 广东海洋文化产业示范区工程

海洋文化产业示范区	南澳海岛文化产业示范区 潮汕海鲜美食文化示范区 汕尾红海湾滨海休闲体育文化示范区 惠州大亚湾休闲渔业文化示范区 番禺休闲娱乐文化示范区 广州深圳文博节庆文化产业示范区 珠江三角洲海洋动漫文化产业示范区 中山珠海游艇文化产业示范区 江门华侨文化产业示范区 阳江海洋养生保健文化产业示范区 茂名滨海观光文化示范区雷州半岛海洋生态文化示范区

表8 广西海洋文化产业示范项目

海洋文化产业示范项目	山口红树林海洋生态文化产业示范项目 合浦海上丝绸之路文化产业示范项目（含汉文化公园建设） 北海银滩休闲海滨旅游度假区示范项目 北海南珠文化创意产业示范项目 涠洲岛海岛文化一体化开发示范项目茅尾海国家级海洋公园建设示范项目 三娘湾海洋生态旅游示范项目 东兴边海文化产业示范项目 防城港海洋特色演艺示范项目 游艇文化示范项目 海洋动漫产业园区示范项目

(三)培育海洋文化市场主体

培育海洋文化市场主体,要提高国有文化企业竞争力,形成以公有制为主体、多种所有制共同发展的海洋文化产业格局。

1. 推进经营性文化事业单位转制,加快国有文化企业公司制改造

以创新体制、转换机制、面向市场、壮大实力为重点,按照现代企业制度的要求,进行国有文化企业的公司制改造,完善法人治理结构。推进产权制度改革,实行投资主体多元化,使国有和国有控股的文化企业真正成为自主经营、自我约束、自我发展的市场主体。

2. 培育海洋文化产业战略投资者

推动国有文化资本向市场前景好、综合实力强、社会效益高的领域集中,充分发挥国有文化资本的控制力、影响力和带动力。运用市场机制,以资本为纽带,重点培育和发展一批实力雄厚的国有或国有控股大型文化企业和企业集团,使之成为文化市场的主导力量和文化产业的战略投资者。鼓励和支持国有文化企业开发市场占有率高的原创性产品,打造具有核心竞争力的知名文化品牌。

3. 鼓励非公有资本进入海洋文化产业

认真落实《国务院关于非公有资本进入文化产业的若干决定》,创造良好的政策环境和平等竞争机会,加强和改进服务,支持非公有制海洋文化企业的发展。

4. 培育骨干海洋文化企业

着力培育一批有实力、有竞争力的骨干文化企业,增强我国海洋文化产业的整体实力和国际竞争力。坚持政府引导、市场运作,科学规划、合理布局,在海洋新闻出版业、海洋影视业、海洋文化旅游业等重点文化产业中选择成长性好、竞争力强的文化企业或企业集团,加大政策扶持力度,推动跨地区、跨行业联合,壮大海洋文化企业规模,提高集约化经营水平,促进文化领域资源整合和结构调整。鼓励和引导有条件的文化企业面向资本市场融资,培育一批文化领域战略投资者,实现低成本扩张,进一步做大做强。

要适应社会主义市场经济的发展要求,转变增长方式,提高效益,扩大规模,促进海洋文化产业持续健康发展。一是推动规模化、集约化经营。二是加快从单纯依赖数量、规模扩张的粗放型增长方式向大力提高质

量、效益的集约型发展方式转变，进一步优化产业结构，推动产业集聚，形成规模经济效益，提高集约化经营的能力和水平。三是围绕增强企业核心竞争力，通过跨地区跨行业的联合、兼并、重组，重点培育和发展一批实力雄厚、具有较强竞争力和影响力的大型海洋文化企业和企业集团。

发展“专、精、特、新”中小型文化企业。放宽市场准入，简化审批手续，建立完善的进入和退出机制，鼓励、支持和促进中小文化企业向“专、精、特、新”方向发展，形成富有活力的优势企业群体。鼓励公民以知识产权作为出资，依法创办中小型文化企业。支持社会力量建立风险投资和担保公司，为中小型文化企业发展提供服务。

5. 改造传统文化产业

充分利用先进技术和现代生产方式，改造传统的文化生产和传播模式，推进产业升级，延伸产业链。全面推进广播影视制作、传输、发射、播映、存储、交换以及影视和演艺后产品开发等领域的数字化。推动数字化出版、印刷以及现代物流技术的研发和应用。积极拓展新型文化产品和服务，提升文化产业整体技术水平和竞争实力。海洋新闻出版印刷发行业、海洋广播电视电影业、海洋文化节庆会展业、滨海体育与休闲娱乐业、海洋文化旅游业都要积极进行转型升级，从内容到形式上都要积极利用现代科技手段，提高文化产品的科技含量。

6. 推动重点企业成为海洋文化创新主体

充分发挥文化经济政策和科技政策的作用，引导文化企业成为文化创新主体，支持掌握核心技术的文化科技人才创办创新型文化企业。

落实培育创新型文化企业的相关政策。改善对创新型文化企业的信贷服务和融资环境，扶持中小创新型文化企业发展。运用政府采购，重点扶持具有核心技术和自主品牌的创新型民族文化企业，支持文化企业参与和承担国家重大文化工程项目特别是涉海类项目。加强对各类中小创新型企业的资金支持，充分发挥风险投资基金在扶持中小型文化创新企业中的作用。支持和鼓励各类文化企业与科研机构、高等学校结成创新型组织。

促进海洋文化创意企业发展。鼓励经济发达、创意人才资源较为丰富的城市，发展文化科技、影视制作、音乐制作、时尚设计、艺术创作、工艺美术、广告创意、动漫游戏等文化类创意企业。创造崇尚创新、追求卓越的产业氛围，扩大文化创意产业在全社会的影响力和带动力。充分发挥文化创意在内容创新和传统企业改造中的积极作用，利用海洋文化创意成果拉动相关服务业和制造业的发展。

高度重视技术中介服务。发展市场化、网络化的技术咨询、技术转让等文化技术中介服务机构，促进技术成果产业化。鼓励高等学校、科研院所、企业和各类社团开展文化技术展示、推介，提供文化技术中介服务。积极利用技术产权交易市场，开展文化技术产权交易活动。

7. 鼓励发展文化相关产业

推动文化用品、设备及相关文化产品的生产和销售。促进文化产业与教育、科技、信息等产业的联动发展，与工业设计、城市建设等经济活动相结合，形成新的经济增长点。积极支持文化企业充分利用自有知识产权和品牌优势，向相关产业延伸发展，开发多种形式的衍生产品。

8. 加强海洋文化产业领域的国际交流与合作，引进外资

（四）健全各类海洋文化市场

要充分发挥市场配置资源的基础性作用，建立健全门类齐全的海洋文化市场，促进文化产品和生产要素合理流动。

1. 发展海洋文化产品市场

发展海洋出版物市场，搞好出版物发行网点建设，建立和完善出版物销售渠道。支持出版物发行企业开展跨地区、跨行业、跨所有制经营，重点发展连锁经营、现代物流和网络书店等现代出版物流通系统，形成若干大型发行集团，建设全国统一、开放、竞争、有序的出版物市场。鼓励发展城镇中小型特色书店、专业书店、社区书店和网络书店。发展农村各种形式的出版物发行网点、代销点和租赁点，鼓励各种资本投入农村出版物发行，拓展农村出版物市场。

规范和发展演出市场，繁荣电影、广播电视节目交易市场，开拓动漫游戏、移动电视、付费电视、网络广播电视等新兴市场。发展文艺演出院线，推动主要城市演出场所连锁经营。扶持海洋艺术品市场发展，建设海洋书法绘画和摄影作品；贝类工艺品；珍珠系列产品专门化市场和展销会。

海洋文化旅游市场开发是一个系统工程。在国内旅游市场方面，必须促进区域旅游协调发展，推动区域旅游合理布局。大力推进国内客源市场互动，统筹城乡旅游发展，形成城乡一体化新格局。要加快国内旅游合作步伐。加强各省区旅游合作，进一步推进区域间资源共享、优势互补，共

同促进国内旅游市场繁荣发展。中国沿海地区是旅游业发达地区，沿海地区居民旅游消费能力强。在加强沿海省市旅游客源合作开发的同时，要积极开拓中西部海洋旅游客源市场。要深化大陆与港澳台旅游合作，加大联合推介促销力度。要加大政策优惠力度，支持新兴市场开发。探索联合重点旅游景区、星级饭店、星级餐馆、大型商场以及航空公司等企业，通过“餐饮送旅游”“住宿送旅游”“购物送旅游”“乘机送旅游”等不同途径和多种形式，向广大新兴客源市场派送门票。鼓励整合多家景区资源，对外公开发行“旅游一卡通”。高端旅游市场是促进目的地优化产品结构、提高旅游经济收益、促进旅游业可持续发展的重要市场。适应高端市场发展需要，借鉴国际经验，努力培育邮轮游艇、海洋海岛、高尔夫、户外探险等高端旅游市场，不断扩大高端市场规模，拓展高端旅游市场类型，以个性化服务提升高端旅游市场满意度。要推动国际旅游合作。加强与东盟旅游合作，扩大与亚太地区的旅游合作交流领域，提升与欧美和非洲国家旅游合作水平，进一步拓展国际旅游合作空间。大力发展入境游。促进与国际旅游组织、旅游企业的合作，充分利用我国驻外机构、华人华侨社团、国际会议、展览、节庆、国际友好交流等平台，多渠道开发旅游市场。着力优化入境游客的消费结构，延长停留时间，增加人均消费。

支持立足区域、辐射全国的文化产品物流中心建设，鼓励跨越区域、管理规范、技术先进、服务优质的现代文化产品物流企业发展。列入规划的文化产品物流配送中心建设，纳入国家重点技术改造项目，并享受与之相关的优惠政策。

发展现代文化产品连锁经营，鼓励文化产品连锁经营企业跨地区发展。

发展版权代理、知识产权评估、演艺经纪、工艺美术品拍卖等文化中介行业。建立文化产权交易平台。建设文化产权交易所，发展版权和其他文化知识产权交易市场；研究建立文化知识产权的价值评估体系，设立价值评估中介机构和抵（质）押登记、交易平台。

大力发展文化电子商务，积极开发动漫游戏、移动电视、网络广播电视等以网络为载体的新兴市场。

2. 完善海洋文化要素市场

充分利用国内外资本市场，拓展文化产业投融资渠道。鼓励文化企业通过发行公司股票、企业债券在资本市场直接融资。完善文化企业间接融资制度，通过创新信贷担保手段和担保办法，为文化企业向金融机构借款提供便利条件。规范文化产权交易，重点发展版权和其他无形文化资产交易市场。建立文化行业人才库、人才评价体系，促进人才合理配置和有序流动。完善文化信息、技术交易市场，提升服务水平。发展文化经纪代理、评估鉴定、技术交易、推介咨询、担保拍卖等中介服务机构，引导其规范运作，向品牌化、专业化方向发展。加强执业培训，推行资格认证制度。制定和完善文化中介机构管理办法，规范中介行为，提高服务质量。

建设文化产业与金融机构的战略合作机制，促进文化与资本市场对接，鼓励各种风险投资基金、股权投资基金参与文化产业建设。支持海洋文化企业通过上市、发行企业债券等形式直接融资。

3. 健全海洋文化行业组织

各类文化行业组织要依照法律和章程，认真履行市场协调、行业自律、监督服务与维权等职能，促进行业健康发展。中国文联、中国作协、中国记协等人民团体，要积极发挥行业自律和维权作用。中国广播电视协会、中国出版工作者协会、中国书刊发行业协会、中国版权协会、中国演出协会、中国电影制片人协会、中国电影发行放映协会等，要切实转变职能，加强自身建设，完善服务功能。实现政府部门与行业组织分开。

4. 鼓励和引导文化消费

适应城乡居民消费结构变化的趋势，创新文化产品和服务，培育消费热点，拓展消费领域，引导社会公众的文化消费。海洋文化产品生产单位要面向群众，努力降低成本，提供价格合理、丰富优质的产品和服务。具备条件的地方，可采用政府补贴方式，向社会提供低价文化产品。提高国民的阅读意识和文化消费意识，拓展教育培训、健身、旅游、休闲等与文化相结合的服务性消费。改善文化消费环境，加强文化产品价格监管，建立和完善文化产品消费投诉、受理机制，维护消费者的合法权益。

海洋文化旅游市场开发是一个系统工程。必须促进区域旅游协调发展，推动区域旅游合理布局。要加快沿海、沿海与内地旅游合作步伐。加强区域旅游合作，推进区域间资源共享、优势互补，共同促进旅游市场繁荣发展。高端旅游市场是促进目的地优化产品结构、提高旅游经济收益、促进旅游业可持续发展的重要市场。适应高端市场发展需要，借鉴国际经验，努力培育邮轮游艇、海洋海岛、高尔夫、户外探险等高端旅游市场，不断扩大高端市场规模，拓展高端旅游市场类型，以个性化服务提升高端旅游市场满意度。要推动国际旅游合作。加强与东盟、海上丝绸之路国家旅游合作，扩大与亚太地区的旅游合作交流领域，提升与欧美和非洲国家旅游合作水平，进一步拓展国际旅游合作空间。

（五）提升海洋文化创意产品能力

要多维度开发海洋文化创意产品。文化创意园区、文化创意基地、公共服务平台等文化创意产业平台是文化创意产业发展的载体，也是衡量文化创意产业发展水平的重要标准之一。要积极推动城市创意型行业的发展，建立一批具有开创意义的海洋文化创意产业基地，建立一批海洋文化创意产业园区、创意产业集聚区，集聚具有创造力的优秀创意人才开发自主创意产品。

提高自主创新能力，培育自主品牌，延伸产业链条，加大创意内容生产，实现企业转型升级。着力培育海洋文化领域战略性新兴产业，重点培育新一代网络游戏、数字电视、新型媒体终端等高增长性战略产业，形成具有较强竞争力的产业集群。推动文化与科技融合，以科技创新推动文化业态和生产、传播方式创新，拓展新型文化产品和服务。推动文化与旅游融合，大力发展文化休闲娱乐产业。推动文化与商业融合，大力发展时尚文化产业。

文化创意园区、文化创意基地、公共服务平台等文化创意产业平台是文化创意产业发展的载体，也是衡量文化创意产业发展水平的重要标准之一。要积极推动城市创意型行业的发展，建立一批具有开创意义的海洋文化创意产业基地，建立一批海洋文化创意产业园区、创意产业集聚区，集聚具有创造力的优秀创意人才开发自主创意产品。上海已经宣布启动18个创意产业集聚区。上海的目标是和伦敦、纽约、东京站在一起，成为“国际创意产业中心”。大力开展国际电影节、电视节、音乐节、艺术节、各类设计展，在国际上赢得了广泛的声誉，创意产业已初具规模，形成了一定的创意设计方面的集聚效应。

完善包括研发创作、生产制造、加工设计、营销服务、消费体验等主要环节的海洋文化创意产业链，实现资源有效配置和信息共享，形成研发、制造、销售、服务的一体化的海洋文化创意产业体系。

建立高素质的海洋文化创意人才队伍。文化创意产业的核心是创意，创意即是创新。自主创新是文化创意产业具备顽强生命力和较强竞争力的根本所在。自主创新靠的是人才，人才是海洋文化创意产业的智力支撑和必备条件。包括文化创意产业的研究与开发人才，经营和管理人才，市场营销人才等。创意企业要与高、中等院校，科研院所联合建设文化创意产业人才培养基地，加强文化创意高端专业人才的培养。建立文化创意产业专门人才数据库，完善人才管理系统。加强与国外创意人才的交流与合作，汇聚具有国际化视野的高端创意人才和既懂文化又懂创意经营管理的人才。设立创意奖，对发展创意产业做出突出贡献的集体和个人给予表彰和奖励。

打造海洋文化创意产业品牌。要树立品牌意识，从战略高度重视企业品牌建设。通过自主创新打造特色品牌。设立知名品牌专项资金，奖励品牌建设取得重要成果的企业、团队和个人。

实施国际化战略，加快海洋文化创意产业发展的国际化步伐。

依托文化创意力量，建设文化创意平台，提升海洋文化创意产品能力，综合利用文化、创意、科技、资本、制造等要素，加快海洋文化精品创作、展出、发行及出版，实施海洋文化艺术精品工程，加快海洋文艺精品创作及展出；加快海洋广播影视精品创作及发行；加强海洋图书精品创作及出版。扶持原创性作品，支持舞台艺术精品创作。着力打造一批代表时代水平、具有浓郁地方和民族风格，具有海洋特色的文学、戏剧、音乐、美术、书法、摄影、舞蹈、杂技、广播、影视、动漫等文化艺术精品。发展海洋影视内容产业，有计划推出海洋历史文化类、海洋科普类、海洋经济、社会发展和海洋生活类作品，提升涉海电视剧、非新闻类电视节目和电影、动画片的生产能力，扩大影视制作、发行、播映和后产品开发，增加数量，提高质量，满足多种媒体、多种终端发展对影视数字内容的需求。如表 9 所示。

表 9　**海洋文化精品创作**

海洋文化艺术精品工程	海洋广播影视精品创作及发行
	海洋特色演艺精品创作及展演
	海洋图书精品创作及出版
	海洋数字动漫精品创作及运营
	海洋民间工艺精品制作与开发

（六）加强海洋文化及相关产业统计工作

建立健全科学、统一的海洋文化及相关产业统计制度及统计指标体系，及时准确地跟踪监测和分析研究海洋文化产业发展状况，为科学研究和科学决策提供真实可靠的统计数据和信息咨询，具有重要意义。

海洋文化产业统计涉及范围广、技术要求高、实施难度大。从目前的情况看，国内外尚无进行海洋文化产业统计的先例，因此是一项具有开拓创新意义的工作。

海洋文化产业的统计，可按照海洋文化产业分类进行。

海洋文化产业的统计对象为全国范围内（目前限大陆）的所有国家机关、社会团体、企事业单位和个体户，即全国行政区划范围内从事海洋文化产品生产和提供海洋文化服务的法人单位及所属产业活动单位、个体户。统计内容主要包括企业（单位）业务活动、资产情况、财务收支情况、从业人员等。重点是沿海省市和自治区。

（七）推进21世纪海上丝绸之路文化建设

1. 充分利用地理区域优势、海上丝绸之路文化资源优势，用创新的合作模式建立与海上丝绸之路国家和地区广泛的互联互通交流关系，形成全方位开放新格局，打造海上丝绸之路经济文化的升级版。

2. 加强国内沿海省市和海上丝绸之路沿线国家旅游合作，开发海上丝绸之路旅游线路和产品。主要线路有中国沿海海上丝绸之路古港城市游、“重走海上丝绸之路”国际旅游线路。

3. 实施海上丝绸之路文化活动工程，推进多种形式的海上丝绸之路文化活动。举办与海上丝绸之路相关的文化节、博览会，联合举办或互办文化月（周），开展国内海上丝绸之路沿线省区、国际海上丝绸之路沿线国家基于海洋民俗和信仰文化的海洋民间艺术交流。

4. 开展海上丝绸之路文化研究和海陆丝绸之路对接通道研究。依托中国水下考古科研与培训基地，联合国内沿海省区和海上丝绸之路沿线国家开展相关海域沉船、沉物调查和研究，开展海域考古、进行文物搜集整理、水下文物的保护和发掘。

5. 用好海上丝绸之路文化资源，如广东的“南海Ⅰ号”“南澳Ⅰ号”“十三行”、粤海关和黄埔古港遗址、徐闻大汉三墩古港遗址、樟林古港和红头船、三水红头巾等，打出海上丝绸之路文化名片，服务于海洋文化产业建设。

6. 挖掘现有历史遗迹遗存，大力推进海上丝绸之路中国段联合申报世界文化遗产工作。

六　趋势和展望

海洋文化产业是极具成长性的朝阳产业，海洋文化产业的春天已经到来。

中国是陆海兼备的海洋大国，海洋为中国经济社会可持续发展提供了广阔空间。当前，中国经济已发展成为高度依赖海洋的外向型经济，对海洋资源、空间的依赖程度大幅提高，中国已经具备了大规模开发利用海洋的经济技术能力，海洋经济已成为拉动中国国民经济发展的有力引擎。中共十八大报告提出，提高海洋资源开发能力，发展海洋经济，保护海洋生态环境，坚决维护国家海洋权益，建设海洋强国。“建设海洋强国”概念写入十八大报告，在国内外形势复杂的当前具有重要现实意义、战略意义，是中华民族永续发展、走向世界强国的必由之路。建设海洋强国的战略目标是中共中央在中国全面建成小康社会决定性阶段作出的重大决策。21 世纪的中国要建设海洋强国，必须在海洋开发利用方面成为具有强大综合实力的国家。发展海洋科技与经济，其中重要一环是大力发展海洋文化产业。

在 21 世纪，文化和文化产业成为人们感兴趣的话题，文化是经济社会发展水平的重要体现，是社会文明程度的一个显著标志，经济和文化一体化是大趋势。从一定意义上讲，现代经济也是“文化经济”。自德国的马克斯·霍克海默和奥多·阿多诺在 1947 年提出文化产业的概念到 20 世纪末，把文化纳入经济决策已成为人们的共识。进入 21 世纪，在经济全球化的推动下，特别是在美国新经济影响下，世界各国纷纷把文化发展战略作为一种国家发展战略，许多学者跨入研究文化产业的行列，研究的广度和深度取得了突飞猛进的发展。在这种情况下，我们也要充分利用本国本地区的文化资源优势尤其是海洋文化的优势，发展海洋文化产业。

文化的意义当然是社会价值和经济价值的统一。我们已经走出空谈性命义理的道学陷阱，文化的发展需要坚实的土地，经济的增长需要文化含量，文化与经济的互动不仅是我们期望的目标，而且是我们必须面对的事实。一艘泰坦尼克号，演绎出多少动人的故事；一部《海底两万里》，带给人们多少惊诧和兴奋的记忆。而今的文化餐桌上，在面对《哈利·波特》冲击波之后，人们饶有兴味地谈论《向东是大海》《下南洋》《秋喜》。这些都是关于海洋文化产业的话题。

文化部政策法规司副司长孙若风强调，“十二五”乃至更长一段时间里，我国海洋文化产业结构调整面临五大任务：一是调整产品结构，既要满足消费需求更要满足生产需求；二是调整企业组织结构，关键不是做大规模，而是促进竞争和鼓励创造；三是调整所有制结构，形成多种所有制共同发展的良好格局；四是调整技术结构，实现合乎我国经济、社会发展需求的、多层次发展；五是调整区域布局结构，在全国统一市场环境中合理配置产业资源。未来5—10年，国家将推进文化产业结构调整，大力发展文化创意、影视制作、出版发行、印刷复制、演艺娱乐、数字内容和动漫七大重点文化产业。海洋文化产业与上述产业的交叉领域，可以享受共性的扶持政策。①

今后几年，沿海地区各省区对文化软实力的重视和海洋文化建设举措的推出将推动区域海洋文化产业的发展。海洋文化产业将呈现滨海旅游业、新闻出版业、广电影视业、体育与休闲文化产业、庆典会展业五龙竞进的局面，海洋文化产业预计能达到大约12%的增速。

国家提出加快沿边开放步伐，加快同周边国家和区域基础设施互联互通建设，推进丝绸之路经济带、海上丝绸之路建设，形成全方位开放新格局。21世纪海上丝绸之路是中华人民共和国与古代海上丝绸之路沿线国家和世界各国互通有无、友好合作的海上通道、桥梁和纽带，是和平之路、合作之路、友谊之路、发展之路、共赢之路、幸福之路。21世纪海上丝绸之路建设是增进政治互信，维护地区和平，促进各国共同繁荣发展的历史选择；是拓展我国发展空间，提高能源资源安全保障，支撑经济持续健康发展的重要任务；是构建全方位对外开放新格局的战略举措，具有重大的现实意义和深远的历史意义。

（作者单位：广东海洋大学海洋文化研究所）

① 梁嘉琳：《两部委有望共推海洋文化产业》，《经济参考报》2011年10月31日。

海洋文化与海洋文化产业研究述评与思考

——以一种关联性的视角*

王惠蓉

【摘要】 以一种关联性视角，对海洋文化理论以及海洋文化产业相关研究成果进行文献述评，进而从现代性特征出发，提出未来研究的思考：海洋文化产业研究应聚焦新型的“创意经济”；要填补海洋制度文化与海洋文化产业之间互动关系研究的空白；现代海洋文化产业的发展将进一步丰富和拓新海洋文化的内涵，海洋文化理论将面临更加多元的文化功能的交叉影响，如海洋文化产业的传播学研究及“文化空间意义生产”视野下的海洋文化区域的重新划分等。以上方面内在勾连的关联性将深刻影响海洋文化形成的各种向度和内容的变化，又可能重构海洋文化研究的理论框架和研究范式。

【关键词】 海洋文化产业　研究述评　现代性　关联性

当前以及今后很长一段时期，我国将进入大力推进海洋经济战略的重要时期。“中国正在进行一场新的文化意识与经济发展形式的革命——就是随着国家经济对海洋的倚重、中华文明必将恢复其海陆兼备的形态。”① 2010 年党的十七届五中全会明确提出把推进海洋经济发展作为“十二五”规划的重要发展战略。2012 年中共十八大报告提出：“提高海洋资源开发

---

* 本文系福建省社科规划项目（编号 2014B131）、集美大学学科建设基金项目《福建“海上丝绸之路”文化传播与价值实现研究》、福建省中国特色社会主义理论体系研究中心 2015 年度项目（编号 FJ2015B044）阶段性成果。

① 苏文菁、薛历美：《福建省海洋经济发展若干现状与若干模式研究》，《福建广播电视大学学报》2013 年第 2 期。

能力，发展海洋经济，保护海洋生态环境，坚决维护国家海洋权益，建设海洋强国。”这是我国首次把建设海洋强国写进政府报告，更是对海洋重要性的高度肯定。2013 年，“一带一路”大战略及建设“21 世纪海上丝绸之路”大构想的提出，在世界范围内引起了反响和回应，也是我国发扬“古代海上丝绸之路”精神，树立作为上升大国走开放、发展、合作与共赢的新和平崛起道路的形象，这种“新型的海洋合作关系”是 21 世纪我国新海洋文化的表征。

同时期，文化创意产业成为全球经济增长的一股新兴力量。文化经济的发展是国际软实力竞争的重要领域，也是国内各省份转变经济结构，提高经济发展效益和展开软实力竞争的重要抓手。在这个大背景下，沿海各个省份的海洋经济和海洋文化产业蓬勃发展。可以说，中国正在进入“蓝色文化经济”时代，无论是在具体的产业形态上，还是在文化精神层面，“大海意象”成为中国经济发展由面向国际，再大步开拓进取，最终能够包容天下，和谐共荣的显性话语，正如学者李思屈所言，对“海洋文化精神”的倚重，使得“大海意象正在融入区域经济发展的文化建设中”，产业经济对“海洋文化”的汲取与释放是新经济时代的显著特色，因为与海洋有关，可能就代表了地区经济的活跃性、产业形态的开阔性、具备外向型经济特征以及地区经济有持续性发展的巨大可能性，等等。无论如何，海洋文化产业在今天已然不是一个海洋文化 + 产业的偏正结构话语，而是代表了一个以“海洋资源” + 代表“开拓、进取、包容”等“海洋意象”的文化本源 + 经济实体三者融合为竞争力的新的经济文化时代。这也正是本文梳理海洋文化及海洋文化产业文献研究成果及发展脉络的立意，以此试图从既有的研究脉络中，看到当今如何以“文化创意”的视角，重新理解海洋文化产业的相关问题，因为在未来，创意经济是海洋文化和海洋经济提升的唯一途径，也是中国“海洋大国、海洋强国”发展战略从经济实体的基础层面直升到与国家形象和文化软实力获得一致性匹配的新的经济形态。

一　海洋文化理论研究述评

从现代性特征看，海洋文化理论的基本内涵，深受产业形态变迁或转型的影响，特别是在当今的创意经济时代，经济形态必将转变或改写现代人的日常生活，经“日常生活”沉淀而出的文化形式或内容使现代海洋文化的重要内容得以重新涵化与稳固。透过海洋文化概念、基本内涵等理论研究的述评，能较为清晰地找到海洋文化产业影响海洋文化内涵的主要面向。因此，本文关于海洋文化文献研究的重点在于理论研究成果，而非具体的诸如宗教、文物、地理考据、人物、建筑、民俗活动等各方面研究。从海洋文化概念、内涵及重要地位的相关研究成果来看，主要集中在以下几个方面。

（一）“海洋文化”概念与内涵研究

海洋文化，就是有关海洋的文化，就是人类缘于海洋而生成的精神的、行为的、社会的和物质的文明化生活内涵。海洋文化的本质，就是人类与海洋的互动关系及其产物。[①] 近几年的研究对“海洋文化”概念的取用基本上都采纳这一定义。

吴继陆[②]认为：海洋文化包括海洋物质文化、海洋制度文化和海洋观念文化三个相对独立而又联系紧密的三个层面。海洋物质文化（器物）文化主要是人们认识、开发、保护海洋能力和活动的物质体现；海洋观念（精神）文化，主要指的是认识和开发海洋活动中形成的海神信仰和海洋观念等，反映的是对海洋的心理感知和价值认识。海洋制度文化指开发和保护海洋的历史过程中形成的协调人与海洋、人与人之间关系的各种制度。它包括与海洋活动相关的禁忌、仪式、风俗、管理、习惯法以及各种明文的典范规则。海洋制度文化的不同是中西海洋文化的主要差异之一。

笔者根据吴继陆对海洋文化的层面分类进行再索引研究发现：“海洋制度文化”研究目前是一个隐蔽的视角，现有的研究成果比较稀少。从“文化”角度切入有关海洋制度研究的选题只有3篇，其中司徒尚纪《从海洋制度文化看历代中国政府对南海领土主权的管理》[③] 上、下两篇特稿，篇幅巨大，悉数梳理了秦汉南海建置伊始、隋唐南海临海地区建置，南汉国对南海地区特殊行政建置、宋元对南海主权管理的扩大和深

---

① 曲金良：《海洋文化概念》，青岛海洋大学出版社1999年版，第5页。

② 吴继陆：《论海洋文化研究的内容、定位及视角》，《宁夏社会科学》2008年第4期。

③ 司徒尚纪：《从海洋制度文化看历代中国政府对南海领土主权的管理》（上、下），《岭南文史》2012年第3、4期。

入、明代对南海管理的全面加强、清代南海传统疆域的确定与中国政府的制度化主权管辖以及鸦片战争后中国政府和人民维护南海领土主权的斗争等全景式的中国在南海领土主权管理方面的文化制度变迁。《郑和下西洋视域的海洋文化创新》[①] 一文以郑和下西洋为视角，探索了海洋制度文化对中国海洋文化的发展与对外交流的影响。作者认为，海洋制度文化影响着整个国家海洋文化的兴衰，郑和下西洋时代经历了对海洋制度的认识与形成的不同阶段，使得我国海洋文化逐步从开放走向内敛，由发达步入落后，这都与制度文化紧密相关。作者在海洋制度文化方面提出观点：我国海洋制度文化发展相当滞后，仍拘泥于海洋贸易和海防方面的传统研究，应及时深入研究海洋战略、调整海洋政策、创新海洋制度。

从当前发展形势看，目前关于海洋制度文化的研究在数量上和理论深度上都远远不能适应国家“21 世纪海上丝绸之路”发展大战略的需求。文化的生成是特定制度下的产物，制度文化规制并引领着文化的具体内涵、表现形式以及发展方向。中国当前提出的“21 世纪海上丝绸之路”重要发展战略，是新经济时代下海洋制度文化的创新，如何从制度文化层面对这一战略思想进行解读与理论上的建构，将深刻影响中国海洋经济发展导向、海洋文化传播效果以至对中国文化的认同和国家形象建构等相关问题。因此，海洋制度文化的研究应从历史层面到现代层面进行再深入的和系统性的研究。

王建友、侯晚梅[②]的观点与此相应，他们认为海洋文化与海洋经济互动关系是对国家“巧实力”的支持。“巧实力”是硬实力和软实力的巧妙综合，它不强调任何一个方面，而是根据具体实际巧妙地把两种力量有机结合，从而形成具有整体实力的更强实力。文中把海洋文化的创新与转化提到一个更高的理论意义：“海洋经济保有文化软实力，海洋文化变为经济硬实力。”作者在路径建议中明确提出：着力海洋文化内涵，建构中国特色的海洋开发软实力，顺势而为，推进海洋文化产业化，海洋经济文化化。这种观点回应了当前创意经济时代文化功能的价值实现问题。

① 马志荣：《郑和下西洋视域的海洋文化创新》，《科技管理创新》2014 年第 10 期。

② 王建友：《“巧实力”视角下海洋经济与海洋文化关系再审视》，《浙江海洋学院学报》（人文科学版）2013 年第 2 期。

（二）海洋文化区域划分研究

刘丽、袁书棋[①]将中国的海洋文化分为三大区域：第一个大区域是泛珠三角海洋文化特征，包含福建、广东、广西、海南，还有中国香港，中国澳门和中国台湾等地区的沿海区域。这个划分标准是按照我国传统海洋文化的发展情况而定的。闽南海洋文化、潮汕海洋文化、闽粤海洋文化等被认为是泛珠江三角洲海洋文化的代表。第二个大区域是长江三角海洋文化区域，包括上海、江苏、浙江的沿海地区，它们是中西文化的交流与碰撞所形成独特的海派文化特征。第三个大区域是环渤海湾海洋文化特征，包括辽宁、天津、河北和山东，它们受中原文化的影响较为深入，带有较为官方的文化特色。

二　海洋文化产业研究述评

（一）海洋文化产业概念与范畴研究

关于海洋文化产业的研究文献从 2011 年开始大量出现，绝大部分文献都是对特定区域海洋文化资源的产业化现状进行研究，专门探讨海洋文化产业概念的文献很少，基本上是借用文化产业概念定性海洋文化产业。

张开城对海洋文化产业的界定是："指从事涉海文化产品生产和提供涉海文化服务的行业。"[②] 在其 2010 年《海洋文化和海洋文化产业研究综述》[③] 一文中提出了海洋文化产业的产业范围和行业分类：滨海旅游业、涉海休闲渔业、涉海休闲体育业、涉海庆典会展业、涉海历史文化和民俗文化业、涉海工艺品业、涉海对策研究与新闻业、涉海艺术业。其中涉海对策研究与新闻业是首次提出的类别。

王颖[④]认为，从事海洋文化产品生产和提供服务的经营性行业，其本质就在于海洋文化产业化。这个概念具有以下几层含义：

---

① 刘丽、袁书棋：《中国海洋文化的区域特征与区域开发》，《海洋开发与管理》2008 年第 3 期。

② 张开城：《文化产业和海洋文化产业》，《科学新闻》2005 年第 24 期。

③ 张开城：《海洋文化和海洋文化产业研究述论》，《区域经济与产业经济》2010 年第 3 期。

④ 王颖：《山东海洋文化产业研究》，博士学位论文，山东大学，2010 年，第 4 页。

从性质上说，海洋文化产业是生产和提供海洋文化产品、服务的经营性行业，以取得经济效益为目的。

从产业过程来说，海洋文化产业是按照产业化的方式和手段经营文化，并将海洋文化产品的生产和分配纳入产业运行的轨道中。

就其产业功能而言，海洋文化以满足消费者及市场的精神需求为主要功能。

（二）对海洋文化资源的价值评估

吴建华、肖璇[①]试图厘清海洋文化资源系统与海洋文化系统的差别。海洋文化资源系统是人类参与海洋生产和生活过程中一切海洋文化系统要素的总和。海洋文化资源系统是海洋文化系统的一个重要组成部分，是那些已经或正在被人类认识、正在或即将参与国民经济运行和人类精神生活的海洋物质要素和海洋环境要素的总和。尚未被认识和利用的海洋文化系统，则以潜在的文化资源形式存在。该文提出海洋文化资源价值可以用市场价值法、替代性市场法、虚拟市场法等方法来评价。

（三）关于行业类别和区域性的海洋文化产业的研究占了绝大数量

第一类：海洋旅游文化产业研究，这类研究数量居首。主要集中在区域性海洋旅游文化资源的利用与开发问题的研究。

佟玉权[②]进行了海洋旅游资源分类体系研究，将海洋旅游资源分为海洋自然旅游资源（含海岸带旅游资源系统、远洋及深海旅游资源系统）和海洋文化旅游资源（含海洋历史文化旅游资源系统、海洋现代文化旅游资源系统、海洋文化主题旅游资源系统）两大体系。

高怡、袁书棋[③]界定了海洋文化旅游资源特征、含义及分类体系。重新调整了海洋文化旅游的类别，主要创新观点为：非物质海洋文化旅游资源比国家标准多了六个，扩充海洋设施旅游资源的亚类和基本类型；增设

① 吴建华、肖璇：《海洋文化资源价值探析》，《浙江海洋学院学报》（人文社会科学版）2007 年第 3 期。

② 佟玉权：《海洋旅游资源分类体系研究》，《大连海事大学学报》（社会科学版）2007 年第 2 期。

③ 高怡、袁书琪：《海洋文化旅游资源特征、含义及分类体系》，《海洋开发与管理》2008 年第 4 期。

聚落类，将极易吸引旅游者研究的潜在海洋文化旅游目的地，如渔村、滨海城市等列入此类；增设海洋产业技能主类，指的是人类在开发、利用海洋的历史进程中创造出的海洋产业内部或代代相传、或与时俱进、推陈出新的产业技能；海上、海底等非常规住宿设施；以文化整体性目的地形式出现的滨海、海岛城市、乡村聚落。该文还首次将海洋民俗旅游资源按照经济、社会、信仰的不同关联度划分为海洋经济民俗、海洋社会民俗、海洋信仰民俗。高怡等提出的新型海洋文化旅游资源分类法为界定海洋文化创意产业的类别提供了很好的方向标。

第二类：关于海洋民俗产业的研究。海洋民俗主要是对沿海渔民出海祭祀、渔船、渔具等方面的研究。目前关于海洋民俗文化的产业化研究十分少。

第三类：关于地区性海洋文化产业资源的研究。主要集中在舟山群岛、山东青岛、海南、福建区域研究，有部分台湾地区的海洋艺术文化研究。此类研究成果都是针对特定类别的海洋文化资源在文化产业的表现或问题的研究。

三　媒体导向中的海洋文化产业

海洋文化产业的特色既依托于各地区与之相连的海洋自然景观和人文景观，也衬托着这些景观的文化创意价值，由此海洋文化产业的研究必然带有区域性、个案属性、自然资源效应等特征。因此海洋文化产业的发展与国家政策导向及地区经济结构导向联系紧密。媒体报道是反映政策导向及地区经济导向最为快速和明确的线索，为了全景式地比较和研究我国各沿海地区或城市对海洋文化产业的认识及政策导向，本文同时从“媒体导向”维度对我国海洋文化产业的资源类别和问题对策进行比较研究。本文从知网重要报刊数据库中，在全文范围内以“海洋文化产业”为主题词，采集近五年来（2009—2014）与“海洋文化产业”相关的新闻作品进行全样本分析。共收集到 31 篇新闻作品，剔除无实质性相关内容，剩余 13 篇新闻作品。本文的内容分析采用三个项度：地区（城市）、海洋文化资源、海洋文化产业问题分析或对策。以此比较各地区对海洋文化产业对优势资源的整合与利用策略及发展导向（见表 1）。

表 1 媒体关于我国各沿海地区（城市）海洋文化产业导向的呈现

地区（城市）	海洋文化资源	问题/机会与策略
舟山①：打造特色海洋文化品牌（2006 年）	海坛、海洋渔业博物馆、灯塔博物馆、书雕城；渔歌、渔民画等	
天津②：定位为："开放型海洋文化产业带"（2009 年）	天津碱厂；大沽船坞；渔业	策略：挖掘本地素材和资源，高度开放和因地制宜
青岛③（2010 年）	独特的自然气候和地理位置优势；基础设施完善；大量的海洋文化产业硬件设施；国内海洋节庆活动最多、特色最鲜明的城市	问题：海洋文化产业还没有引起政府的高度重视；因不是省会城市，在文化建设和文化氛围上欠缺很多东西；产业意识不够，文化产业属于较低发展层次的问题
广西④（2010 年）	海上丝绸之路发源地；贝丘遗址、南珠文化、水上木偶戏、京族哈节文化、蛋家文化、"三娘湾"神话等历史资源、少数民族文化资源。金滩、银滩、红树林自然保护区等自然景观。 海洋文化产品：《八桂大歌》舞台艺术精品；《印象刘三姐》文创品牌；"漓江画派"美术品牌；"南宁国际民歌艺术节"节庆文化品牌等	问题：缺乏龙头企业；资本要素在文化市场发展不够 对策：将文化资源转化为文化产业资源：1. 利用南宁国际民歌艺术节等打造文化精品。2. 构建以海洋文化旅游项目为主体的海洋文化产业链。3. 建设一套成熟推广机制，打造新的强制品牌。4. 在融资方面有更多的渠道进入
天津⑤（2011 年）	湿地文化、海洋工业文化（海洋工业文明发展史）、近现代爱国主义文化、文化交流与贸易等	突出规模化、品牌化、特色化；以海洋文化产业为基础，建设北方创意产业领航区，打造 10 个以上国内外有影响力的名牌文化
长三角地区海洋文化产业⑥（2011 年）	海洋民俗文化、海洋宗教信仰文化、海洋景观文化、海洋盐业文化、海洋商贸文化、渔业文化、港口文化、科教文化、体育文化、文物古迹、名人文化、文学艺术等	

① 《打造特色海洋文化品牌 大力发展海洋文化产业》，《浙江日报》2006 年 9 月 25 日。

② 杨晓帆：《滨海要闻》，《北方经济报》2009 年 12 月 23 日。

③ 路敦海：《资源优势得天独厚 诸多瓶颈亟待打破 青岛海洋文化产业大有可为》，《中华工商时报》2010 年 12 月 16 日。

④ 黄和芳：《立足本土资源打造北部湾海洋文化产业》，《广西政协报》2010 年 6 月 5 日。

⑤ 李琴：《建设北方创意产业领航区》，《滨海时报》2011 年 11 月 14 日。

⑥ 苏勇军：《海洋文化产业：长三角区域经济新增长点》，《浙江日报》2011 年 2 月 28 日。

续表

地区（城市）	海洋文化资源	问题/机会与策略
福建①（2011 年）	福州：昙石山文化、船政文化 莆田：妈祖文化 泉州、漳州：海丝文化 厦门：鼓浪屿音乐文化	问题：产业意识欠缺、市场份额不大，产业不清，缺乏叫得响的品牌 机会：2011 年 3 月被列入全国海洋经济发展试点省市
宁波②（2011 年）	“海上丝绸之路”文化；海洋民俗、宗教信仰、盐业、商贸、渔业、港口、科教文化、体育文化、名人文化、文学艺术等	指导策略：发展滨海传统文化产业
大连③（2012 年）	对策： 1. 建立海洋文化产业专项政策体系，构建海洋文化产业体系； 2. 从战略高度培育和树立全体市民的海洋文化意识，利用各类媒体弘扬海洋文化； 3. 在科技、文化艺术、研究、教育培训、文化经营管理等领域构建海洋文化产业人才队伍； 4. 培育海洋文化消费市场，优化升级：海洋文化旅游、海洋休闲娱乐业、海洋节庆会展业、海洋休闲体育业、海洋饮食业等； 5. 着力打造海洋文化产业园区，打造完整的海洋文化产业链	
广西④：我国首个进行海洋文化产业策划的省区（2013 年）	打造南珠产业链；浪漫涠洲岛；京族风情岛；海洋历史文化遗址公园、无居民海岛文化活动	“海上丝绸之路”的文化资源；民族风情歌舞和影视展演；海洋生态
福建 2013 年两会报道⑤	有关发展海洋文化产业提案中提到的特色资源：海洋旅游文化、海洋民俗文化、海洋渔业文化、海洋军事文化等	发展对策建议：鼓励技术创新，打造龙头企业，知名品牌；构建闽台海洋文化产业集群；加快海洋文化主题公园、海洋文化综合体等产业项目，促进规模效应
上海⑥（2014 年）	游艇旅游、邮轮旅游、海洋休闲度假村、海洋水族馆等现代海洋文化产业是主导产业及盈利点，但海塘、制盐文化和民俗等传统海洋文化并未引起重视。建议：“挖掘传统、结合现代、打造景观”；“创新模式、布局产业、提升价值”打造海洋文化主题公园，提升产业价值	

① 吴洪：《海洋文化产业蓄势突破》，《福建日报》2011 年 11 月 10 日。

② 苏勇军：《积极发展宁波海洋文化产业》，《宁波日报》2011 年 4 月 5 日。

③ 《加快发展大连海洋文化产业》，《大连日报》2012 年 10 月 31 日。

④ 邝展婷：《推出产业策划　打造特色品牌　广西将着力发展海洋文化产业》，《中国船舶报》2013 年 1 月 9 日。

⑤ 闵凌欣：《福建日报》（两会专版报道），2013 年 1 月 29 日。

⑥ 马赛：《海洋文化有独特意义，上海已形成诸多现代海洋文化产业》，《联合时报》2014 年 1 月 28 日。

续表

地区（城市）	海洋文化资源	问题/机会与策略
粤桂琼地区①（2014年）	未来几年将呈现滨海旅游业、新闻出版业、广电影视业、体育与休闲文化产业、庆典会展业共同竞进的局面。同时21世纪海上丝绸之路的建设也为三省海洋文化产业发展提供良好契机	

近五年媒体关于海洋文化产业的报道集中体现了沿海省份及地区倚重海洋经济的共同需求，在思路上也基本趋向一致：挖掘因海洋而生的独特的自然资源和民俗文化资源，发展现代海洋文化产业。但媒体对海洋文化产业的导向显示的突出问题是“导而无向”：重概念，轻理念；有区位，无定位。各地区提出的海洋文化产业问题具有高度的相似性：产业化程度不高，缺乏完善的产业链，文化产品层次低，市场化程度不高，产业价值低。因此，“做大做强”成为潜在的概念性话语，但各区域的策略导向都几乎雷同，差异化策略及文化价值理念缺乏着眼点，目标导向缺乏。海洋文化资源的区域特征是其固有的“文化资本”，海洋文化产业本质上是海洋文化空间的生产，文化产业中的“文化生产”固然要重视市场因素，但它的集约性问题是要创造什么样的文化。因此，“做大做强”概念中的“大”的内涵是什么？“强”的精神是什么？这绝不仅仅是经济效益，根本上应该是文化价值导向、价值实现方式、资源保护的理念是什么？因此，有区位特色，并不意味着能够“做大做强”，能产生更好的影响力，这一更深层次的思考应该体现在“定位”上。站在社会发展“瞭望台”上的媒体报道当然不能规制文化产业，但应当担负起对产业进行文化引导的社会责任。显然，从现有的报道看，媒体报道对海洋文化产业并未完成在这一导向上应该完成的任务。

四　对未来研究的思考

国家“十二五”规划及地方政策导向上皆把海洋文化产业归属为文化创意产业，这标志着海洋文化产业开始进入新一轮致力于寻找新的经济增

① 汪涛、孙安然：《我国首次发布海洋文化产业蓝皮书　粤桂琼海洋文化产业强势增长，并将迎来新的发展良机》，《中国海洋报》2014年5月16日。

长方式的发展周期，这种新经济增长方式即与当前的创意经济产生了紧密联结。后期关于海洋文化产业的研究，也陆续提出要发展现代性海洋文化产业的观点，即与创意产业和创意经济直接相关。因此，海洋文化产业的研究应聚焦新型的“创意经济”。但是无论是媒体报道中应体现政策与文化导向的明晰性，还是研究论文在具体问题上的指向性，都不能给出明确和具体的答案。这种以“创意”为核心价值的新的海洋文化产业形态和价值创造范式仍然留着大片空白。创意经济理论相较于传统文化产业的理论研究，在内涵外延、价值增长的含义和意义等方面都实现了阶段性的转变和提升。创意产业更关乎于“人”的主体性的产业活动，其中的“人”既包含创意文化的实际推动者、创作者或塑造者，也包括享受和共创文化的“阅读者”或“意义生产者”，而非只是消费文化的“买票人”或“持币者”。这是现代性的“创意经济”与传统“文化产业”的根本性区别。

目前我们的海洋文化产业常被诟病为“低层次文创”，即仅仅停留在扩大景区、文物模型生产、售卖随处可遇的地摊性纪念品，简单的故事挖掘和各种文本创作。但“高层次文创”的究竟是什么？无论是理论本体的研究，还是产业价值链条的形成研究等方面都还十分匮乏，即便是数量较为庞大的个案研究也无法带来具有普遍意义的借鉴作用。由是，这种“评价”又何尝不是对“海洋文化产业研究”本身的评价！

本文认为，海洋文化产业研究必须扩大宏观视野，加深研究的景深，从创意经济的本质出发，建构海洋文化产业的自有理论框架和研究范式，特别要填补21世纪新“海上丝绸之路”建构下所形成的海洋制度文化与海洋文化产业之间互动关系研究的空白。海洋制度文化是国家意志与软实力的体现，它牵涉的层面很多，但最终仍归结为一虚一实两个方面：一实是对海洋文化产业中有形与无形资源在配置上的引流作用，以及由此又形成的对海洋文化产业布局的影响；一虚是受这些资源配置规制的产业硬实体，以不同的面向传播形态丰富的经济文化，向国内外社会引导“一带一路”发展大战略的文化意义和价值认同，建构着国家软实力的面貌，引导着国家形象认同。在这个视角下，海洋文化产业研究必须进一步拓展海洋文化产业传播学的研究视阈。文化产业传播学研究有两个学科领域可以融合，一个是文化产业的营销传播学，另一个是产业形态的文化传播学，后者不仅是信息传播的流通，更是现代海洋文化内涵的主要生产机制，该领域的研究会因着媒介化社会的形成自生于创意经济时代。

创意经济所引领的现代海洋文化产业的发展，随之一定会扭转海洋文化理论研究的视角，进一步丰富和拓新海洋文化的内涵，这种内在的关联性将深刻影响海洋文化形成的各种向度和内容的变化，又可能重构海洋文化研究的理论框架和研究范式。例如，“海洋文化区域”的划分应当有新的解读。“文化区域”不仅包含地貌气候等自然因素，还有“空间文化生产”的重大意义。西美尔早在 1903 年发表的《空间社会学》中提出，“空间”是社会互动的形式，人民心灵之间的互动充满了空间，从而把空间变得有生机和意义。① 空间文化和空间意义的生成皆是社会各种资源交互配置的结果。因此，空间文化也是流动和演变的，诸如国家政治权力的转移、经济结构的转变以及当今发达的“媒介化社会”带来的传媒文化的塑造和海外融合等各类资源成为形成新海洋文化区域的重要影响因素，同时，21 世纪“一带一路”国家大战略下的制度文化也必将深刻影响这些资源要素在“空间文化生产”中的流动作用。

由此重新观照海洋文化区域的形成，可能会有新的景象，如闽台地区的海洋文化形态和内涵就可能发生意义转移，形成一个特殊的“海洋文化空间”。福建、广东、广西、海南、中国香港、中国澳门和中国台湾等地区的沿海区域曾被统合为泛珠江海洋文化区域。但由于闽台两岸关系的动态演变，闽台区域作为一个独特的意义空间已经不容置疑，两岸“五缘”相通，这种“先赋性文化”带来了两岸人民自主选择的文化认同②，但长达半个多世纪历史变迁赋予了这一区域独特的文化符号和景象，及至后来又不断开启两岸经贸文化交流和各种合作模式，又使得闽台文化区域足以掀起涌动不歇的独立话语空间。

2007 年，涉闽的海洋文化研究开始凸显，随后逐年增加，2011—2012 年达到顶峰时期。在这些文献中，涉闽题材的研究几乎谈及涉台关系。学者苏文菁③认为：海洋性不仅使闽文化在中华文化中极具区域特色，而且是千百年来福建人漂洋过海、从事商业活动的文化支持。我国东南沿海的闽方言区，在海洋经济上都有出色的表现，这些地区的文化个性就是海洋文化。苏文菁还提出要从一个文化持有者的姿态解读中国海洋文

① 罗新星：《第三空间的文化意义生产研究》，岳麓书社出版 2013 年版，第 2—10 页。

② 王惠蓉：《从公益广告看海西文化圈的共通意义空间》，《集美大学学报》（哲学社会科学版）2010 年第 4 期。

③ 苏文菁：《论福建海洋文化的独特性》，《东南学术》2008 年第 3 期。

明。学者吴志[①]运用了大量史实例证从闽台行政关系发展演变过程、闽人迁移入台过程、闽台社会文化融合三个方面分析了闽台区域文化形成过程，以此为基础从海船文化、海神文化和海商文化等海洋文化特质解读闽台海洋文化区的形成与发展。这些研究成为闽台海洋文化区域作为一个独立文化区域定位的重要依据。

与此相类，上海、江苏、浙江的沿海地区曾被定位为长江三角海洋文化区域，把它们归属于由中西文化交流与碰撞形成的海派文化区。仅从语义上理解，“海派文化”的概念更具备文化意象的特征，更接近人文生活形态的界定。“海派文化区”的意义生成、文化表征、文化交互的形式和内容由其特定的历史渊源、政治地位及人们对城市的“感知”和“想象”共同构成。这样的概念属性在今天一定离不开媒介化社会的影响，这个定位在新媒体时代也值得进一步研究。从媒介建构空间的角度来看，媒介对于城市空间的“建构”进入一个新的时期，这也是媒介技术和社会各种要素相互作用，重塑人类“生活场景”的新时期。[②]“海派文化”是人们对这种“生活场景”的日常“感知”与“想象”，那么，上海“海派文化”意象与浙江“海洋文化”意象在日常生活中恐怕还具有不同的“空间表征”，恰如浙江传媒建构的浙江“蓝色文化”与上海传媒建构的“海派文化”的传播符号系统在受众的“感知”和“想象”中是具有明显差异的，它们创造了不同的“理想投影”。这种差异是否具有重新划分海洋文化区域的能力还不能妄下定论，但现代媒体文化功能的多元交叉如何影响海洋文化区域的形成，进一步拓展海洋文化内涵和创新海洋文化空间的意义生产等重要问题理应再次进入研究者的视野。

总而言之，现代创意经济语境下，海洋文化产业新的发展形态和模式、国家海洋强国战略下形成的海洋制度文化、媒介化社会中海洋文化产业的传播生态三大结构性影响因素将赋予海洋文化更丰富的内涵。本文谨以粗浅的思考抛砖引玉，期望获得学界更深入的批评与探索。

（作者单位：集美大学海洋文化与创意产业研究所）

---

① 吴志：《闽台区域文化形成的海洋文化学分析》，《云南地理环境研究》2012 年第 6 期。

② 殷晓蓉：《媒介建构“城市空间”的传播学探讨》，《杭州师范大学学报》2014 年第 2 期。

我国海洋文化产业的统计学分析及推进路径研究

王苧萱

【摘要】在我国文化强国和海洋强国战略的口号背景之下，沿海地区的海洋文化产业发展呈现蔓延之势，及时获取反映全国和各个沿海地区海洋文化产业经济发展面貌的统计学量化数据，是当前亟须解决的重要问题。本文对海洋文化产业的内涵与范围进行界定，进一步厘清海洋文化产业的分类与统计标准，并以青岛市为例分析海洋文化产业统计实践面临的困境，最后提出我国海洋文化产业统计的推进与发展路径，为沿海地区海洋经济的发展提供科学依据，并加快我国海洋文化产业的全面健康繁荣。

【关键词】海洋文化产业　统计分析　路径

在海洋经济发展中，依托海洋资源的一次、二次产业对海洋生态环境的压力已经日益凸显，海洋文化产业将成为突破海洋经济发展的资源瓶颈的重要战略性支撑产业。国家新近制定的《全国海洋经济发展规划(2010—2015)》，首次明确了海洋文化产业的发展目标。2014 年 8 月 26 日，文化部、财政部联合发布《推动特色文化产业发展的指导意见》，也第一次在国家层面明确了特色文化产业发展的原则、目标、任务和政策保障，海洋文化正是我国沿海特色文化产业的重要代表。基于内容丰富、积淀深厚的海洋文化资源，我国海洋文化产业也面临着极为有利的发展机遇。

目前，我国沿海地区各个省市对于海洋文化产业的发展都给予格外重视，相关研究也不断展开，据（截至 2014 年 9 月）中国知网搜索，主题词含有“海洋文化产业”的论文 3231 篇，篇名含有“海洋文化产业”的论文 580 篇，主要发表在中国海洋报（92）、中国文化报（20）、海洋开发与管理（15）、浙江日报（8）、浙江海洋学院学报（人文科学版）（8）、中国旅游报（6）、中国海洋大学学报（社会科学版）（6）、宁波日报（6）、青岛日报（6）、深圳特区报（6）、光明日报（6）等报刊上，影响较为广泛，但是同时包含“海洋文化产业”和“统计”关键词的成果几乎没有。对于任何一个产业的发展，统计数据都是一个基础性的服务工作，海洋文化产业也不例外。因此，制定全国统一的海洋文化产业统计标准，并将海洋文化产业的统计工作列为国家和沿海地区、城市文化区、城市文化产业统计工作的专题统计序列，已成为国家和沿海各地统计部门亟须开展的崭新课题。唯有如此，才能够及时反映全国和各沿海地区海洋文化产业经济发展的面貌，及时获取其具体的统计学量化数据，使人们对海洋文化产业发展的真实状况有所了解，也才能使国家和地方扶持海洋文化产业的政策决策更为科学合理，更好地促进海洋文化产业的健康、可持续发展。

一　海洋文化产业的概涵

海洋文化产业统计工作要顺利推进，首先需要明确海洋文化产业的内涵与边界，制定清晰的海洋文化产业的统计标准、统计方法等，而海洋文化产业的内涵和边界是需要梳理的、最为基础性的工作，也需要相关部门工作人员和统计单位的深刻理解。

（一）海洋文化产业的基本内涵与主要范畴

海洋文化，主要是指人类在认识和利用海洋的过程当中逐渐创造并传承的各种文化的综合，其中包括物质文化和精神文化。海洋文化产业，就是以海洋文化为主要内涵和载体的产业。

海洋文化产业的海洋文化内涵，主要指的是海洋文化产品、销售、服务所反映、表现出的人类对海洋的认知、开发和利用而创造、传承的精神、物质文化成果内容，包括创意。海洋文化产业的海洋文化载体，指的是海洋文化产品、销售、服务所利用的材料、媒介、方式、途径等，是人类对海洋的认知、开发和利用的科学技术与工程成果，包括对海洋自然材料、人工材料等的开发利用和对海洋空间（包括岛、岸等）的利用；而海洋文化更为主要、更为能动的载体是人——创造、传承和接受、享用海洋文化的人——其最为基本的是“靠海吃海”、向海而生的海洋行业和沿海、岛屿海洋社会。(曲金良，2013)

具体来看，海洋文化产业的主要范畴，应当包括以下几类：第一，以海洋文化为主要产品内容以及创意的文化产品产业（包括文化产品的创意、生产、经营和服务活动，和为此所必需的辅助生产活动、工具性文化用品生产活动、专用设备生产活动。以下同）；第二，以海洋文化为主要产品的载体或媒介的文化产品产业；第三，以海洋相关社会为创作主体的文化产品产业：一类是以海洋相关社会为消费主体的文化产品产业；另一类是以海滨海岸、岛屿、海上海底空间为主要活动和存在空间的文化产品产业。(曲金良，2013)

（二）海洋文化产业和文化及相关产业内涵边界图示

根据上述海洋文化产业和文化及相关产业的定义与范围，将两者的关系以及内涵边界表示如图 1 所示。

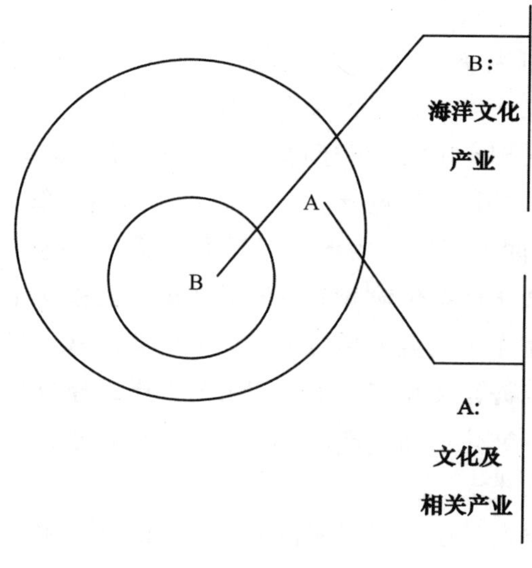

图 1　海洋文化产业和文化及相关产业内涵边界图

图 1 中：

大圆 A 指的是文化及相关产业，分为文化产品的生产和文化相关产品的生产两部分，其中文化产品的生产包括“新闻出版发行服务、广播电视电影服务、文化艺术服务、文化信息传输服务、文化创意和设计服务、文化休闲娱乐服务和工艺美术品的生产”① 七大类；文化相关产品的生产包括文化产品生产的辅助生产、文化用品的生产和文化专用设备的生产三大类。

小圆 B 指的是海洋文化产业，包含以海洋文化为产品内容或载体的文化产品产业、以海洋相关社会为创作主体或消费主体的文化产品产业，以及以海洋、海岸、海岛等为主要活动空间的文化产业。

二　海洋文化产业的分类与统计标准

根据统计学需要，基于上述“海洋文化产业”的概念和内涵，参照国家《文化及相关产业的类别名称和行业代码（2012)》，对应进行海洋文化产业的分类，并明晰其具体内涵及其边界，作为海洋文化产业的统计标准。

海洋文化产业的分类和类别名称，与国家《文化及相关产业的类别名称和行业代码（2012)》相统一：分为两大部分，10 个大类、50 个中类、120 个小类；小类下面根据实际内容需要还可延伸细分。第一部分是海洋文化产品的生产（这里的“生产”包括生产、销售、经营、管理、服务等，下同），分为海洋类新闻出版发行服务、海洋类广播电视电影服务、海洋文化艺术服务、海洋文化信息传输服务、海洋文化创意和设计服务、海洋文化休闲娱乐服务和海洋工艺美术品的生产 7 个大类；第二部分是与第一部分相关的生产，即与海洋文化产品生产相关的生产，分为海洋文化产品生产的辅助生产、海洋文化产品生产的用品的生产、海洋文化产品生产的专用设备的生产 3 个大类。

为便于分类汇总和分析，同时反映学界对海洋文化产业的已有相关研究和社会较普遍的共识，并在统计学意义上为政府决策和部门分管、市民了解和社会共识提供量化参考，这里将海洋文化产业划分为海洋旅游产

---

① 国家统计局涉管司：《文化及相关产业分类 2012》2002 年 7 月。

业、海洋休闲产业、海洋会展产业、海洋传媒产业、海洋演艺产业、海洋工艺产业、海洋服务产业，以便于统计数据的简要归类，以及地区各主要海洋文化门类的比较。其中：

海洋旅游产业，主要包括海洋自然资源旅游、海洋人文资源旅游、渔人码头、游艇、海鲜餐饮等；

海洋休闲产业，主要包括渔家乐、垂钓、休闲渔业、海洋主体内容类游戏、游乐园、水上活动、滨海度假疗养等；

海洋会展产业，主要包括海洋主体内容类节、会、展出、博览等；

海洋传媒产业，主要包括海洋主体内容类新闻、出版、影视、动漫、广告、信息等；

海洋演艺产业，主要包括海洋主体内容类文艺表演、文学艺术创作、民俗风情表演等；

海洋工艺产业，主要包括海洋主体内容类工艺美术品的生产、销售等；

海洋服务产业，主要包括海洋主体内容类信息服务、海洋科研机构、海洋教育与人才市场等。（曲金良，2013）

三　海洋文化产业统计方法

海洋文化产业统计工作需要多个部门的配合，相关企业数量较多，调查目标情况不一，前期可参照经验少，因此，开展起来有较大难度。为了更加全面和科学地反映当前海洋文化产业发展的情况，减少单纯估算的误差，提高数据的质量，其统计主要采取普查与重点调查相结合的方法。

（一）海洋文化产业的全面普查

当前，海洋文化产业的发展速度快，范围广，但是却没有科学有效的统一口径及数据，使相关研究工作开展起来十分被动。通过全面普查，首先，能够收集海洋文化产业相关企业和个人的基本情况，产业发展的初步评估体系也将有效建立。其次，可以了解和掌握海洋文化产业整体的区域分布，分析各地的优势和劣势所在，并进一步取长补短，借鉴成功经验。此外，获取海洋文化产业统计的全面而基础的资料，有利于从产业内部结构方面分析其发展存在的问题和潜力，还有利于及时收集海洋文化产业私营单位和小微企业的状况，为今后相应的海洋文化产业发展政策的制定，以及未来海洋文化产业的统计工作打好基础。

（二）海洋文化产业的重点调查方法

除了海洋文化产业的全面普查之外，还应当注意建立涉海部门以及相关涉海科研单位的长期合作关系，充分发挥各自的专业与技术优势，力争获取海洋文化产业更加全面和细致的数据。主要数据和资料来源可以有以下几个方面：第一，由沿海地区工商部门提供相关的私营以及个体经营的大致情况，对于涉及海洋文化产业的单位与个人进行资料收集，并可建立相关档案与基本信息库。第二，可以由文广新局以及旅游等部门进一步提供涉海文化企业名单，此外还有部分行政事业管理模式的单位名单。第三，进一步从工贸部分了解工贸企业，特别是海洋文化类规模以上企业和限上企业的情况，把握其发展规律和成长经验。在此基础上，对上述所有数据与资料进行分类总结，建立定期的调查与考查制度，以补充面上普查的泛化与数据笼统。

四　海洋文化产业统计结果与分析——以青岛市为例

将上述理论、概念界定、统计标准和统计方法运用到青岛市海洋文化产业发展实践当中，作为先行先试，对海洋文化产业增加值等核心指标进行探索性测算和分析。

结果显示，2012 年青岛市海洋文化产业实现增加值达到 251.7 亿元，这一数字占海洋文化增加值的比重达到 57.3%。从海洋文化产业的分类构成看，增加值排在前一位的海洋传媒业，增加值为 73.4 亿元，占海洋文化产业增加值的比重为 29.2 %，居第二位的是海洋服务业，增加值为 54.3 亿元，占海洋文化产业增加值的比重为 21.6 %，居第三位的是海洋工艺业，创造增加值 51.6 亿元，占海洋文化产业增加值的比重为 20.5 %（见图 2）。同时，这三个类别的增长速度较为稳定，分别为 21.4 %、23.8 % 和 19.5 %[①]。

---

① 李刚：《青岛市海洋文化产业的统计与探析》，《中国统计》2013 年第 8 期。

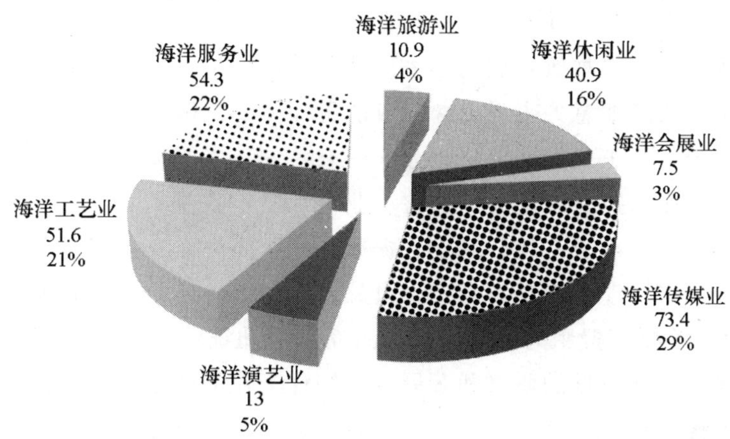

图 2 2012 年青岛市海洋文化产业增加值（亿元）

从海洋文化产业的发展速度看，海洋旅游业、海洋演艺业、海洋会展业居前三甲，分别为 48.2%、41.4%、30.7%，也是未来青岛地区具有较大潜力的重要海洋文化产业。

以上统计结果有力地打破了常规观念中认为海洋文化产业就是海洋旅游、海洋节庆会展等传统认识。由于相关统计数据的缺失，以往在海洋文化产业研究当中，主要是以沿海区域文化产业的整体统计数据，或者海洋旅游和节庆等产业的相关数据作为重要的参照标准，事实表明，前者范围过大，后者范围过小，都不足以代表真正的海洋文化产业产出与状况。只有将以上较为确切的分类应用到各沿海地区，并逐渐形成统一的标准，才能够有利于横向和纵向比较我国沿海各地海洋文化产业发展的真实情况，并据此做出切合实际的未来发展规划及目标定位。

此外，在青岛市海洋文化产业统计实践过程当中，发现当前海洋文化产业统计存在以下问题：

第一，体制机制有待理顺，部门间的配合有待加强。从市一级开展海洋文化产业统计的实践来看，海洋文化产业统计的特点较为复杂，其涉及的行业较多，也更加需要多个部门的密切配合，这样才能够有效地监控，减少推卸责任和应付的状况。此外，由于当前海洋文化与海洋文化产业的相关概涵还未有统一定论，宣传力度也不够，很多人观念当中对海洋文化和海洋文化产业的理解并不清晰和准确，更加缺少专业工作人员，再加之统计部门人力有限，并未有专职与专业的服务与工作人员，无法保证海洋文化产业统计工作高效开展与推进。从当前统计工作的实际情况与调查中部门负责人的反馈意见来看，未来可能更加需要从国家或省一级下达统一的统计指令，并正式发文部署，才能够有效调动有关部门的积极性，也有利于宣传工作的推广，使海洋文化产业统计工作收获实效。

第二，调查经费不足，基础数据薄弱。开展海洋文化产业普查和进行重点调查工作，涉及面广，需要大量的人力物力，还包括调研和培训费用等①，而相关配套费用的不足不仅无法充分调动统计人员的积极性，而且也难以保证统计数据的质量和开展此项统计工作的效率。此外，由于目前相关的统计指标本身就不健全，也没有可以参照的具体经验，统计数据与资料的遗漏、缺失等问题很容易出现，也增加了海洋文化产业统计的难度与复杂度。

五　海洋文化产业统计的推进路径

当前我国海洋文化产业的发展正面临着有利的时机，其包含的海洋文化门类多，内容丰富，各沿海地区的竞争与合作也逐渐展开，这都离不开对海洋文化产业基础数据的摸底和掌握，也只有清楚地了解产业整体内部的发展现状，才能为未来做好相应的科学规划。因此，推进海洋文化产业统计工作是当务之急，相关部门应当高度重视，并在实践中加以认真推进，争取逐渐将其作为一项长期制度纳入正常统计轨道上来。

（一）政府组织，部门协作

海洋文化产业的统计工作目前并未在全国范围内全面展开，尽管个别省市地区进行了相关工作的尝试，但是也仅仅限于一种海洋文化产业增加值的概算，其中由于统计口径和标准的问题，如果不从国家层面进行推广和下达，将导致口径不一，地区之间无法有效对比等后果。当前，应成立由国家宣传、海洋、统计、文广等部门共同组成和参与的委员会及联席

① 王国辉、胡振贺：《文化产业统计问题研究》，《黑龙江省第十一次统计科学讨论会论文集》2012年11月。

会，对于海洋文化产业统计的导向、政策、财政等问题给予实质性的支持和探讨，充分发挥各方的有利条件及优势，分工合作，并逐渐建立起一支专门的海洋文化产业统计队伍，对相关人员进行有效的培训和业务素质的强化训练。

（二）规划衔接，改善环境

要统筹规划海洋文化产业。海洋文化产业在海洋经济和蓝色经济发展当中占有重要地位[①]，21 世纪也将是海洋文化彰显和海洋文化产业跃进的时代，要有着加快建设海洋强国的历史使命感，要在海洋文化的发展与基础工作方面有新的作为和目标。同时在世界各国纷纷把文化产业作为国家发展的重要战略背景之下，应充分利用本国的特色海洋文化资源，做好海洋文化产业及其内部各项产业的长期和近期发展规划工作。此外要规范相关统计工作的内部和外部环境，提高各方面的配合与认知，加强监管机制，减少统计工作的阻力，创造更加有利的氛围。

（三）控制质量，高度重视

海洋文化产业统计要能够全面地反映海洋文化产业成果，离不开扎实的统计基础与体系，以及质量控制措施。要从源头开始做好数据有效性的追踪工作，在仔细研究各专业统计制度、经济普查方案、GDP 核算方案的基础之上，各方应高度重视，实行逐级审核制度，组织评估论证，从多个环节进行监管与控制，尽量减少误差，并定期召开数据评审会，听取相关部门和专家的意见。

总之，海洋文化产业统计工作的推进需要一个过程，不能一蹴而就，这就要求我们正确处理好眼前利益与长远持续发展的关系，并尽快组织开展海洋文化产业统计的试点工作，选取部分沿海地区省市先试先行，并总结相关经验，不断改进与完善，只有这样，才能适应我国海洋文化产业和海洋经济日新月异、蓬勃发展的需要。

（作者单位：山东社会科学院山东省海洋经济文化研究院）

---

① 王苧萱：《山东半岛蓝色经济区海洋文化产业发展战略研究》，《东岳论丛》2012 年第 10 期。

滨海文化产业：厦门个案

黄鸣奋

【摘要】厦门具备集海岛、海港、海堡、海市于一身的特点。自改革开放以来，厦门朝现代化、国际性港口旅游城市发展，目前正实施以“美丽厦门，共同缔造”为要旨的大海湾、大山海、大花园城市战略规划。打造文创产业的千亿产业链，建设宜居城市的百余公园，加上数千个民间宫庙，构成了当今厦门基本的滨海文化格局。基于上述背景的厦门滨海文化产业建设主要有海防历史的展示、海商文化的传承、海佑信仰的强化、海峡纽带的维系、海岸风景的美化、海港功能的拓展等取向。传统文化借助旅游业创造新的生存空间，高新科技借助动漫游戏业创造新的文化景观，港口城市借助生态观大念山海经：厦门为当前滨海文化产业研究提供了具有重要价值的个案，滨海文化产业则为厦门当前城市发展战略提供了具有开拓意义的视角。

【关键词】：滨海　文化产业　厦门

“滨海”首先是一个地理概念，指与大海相邻的人类居住地。“滨海”还可以是生态（和湿地等相关）、经济（和养殖等相关）、军事（和登陆等相关）、政治（和疆界等相关）之类意义上的概念，具有无限延展的可能性。文化产业意义上的“滨海”强调的是文化生产、流通与消费中的“水陆两栖性”。如果说人类文化产业可以按照所依托的地理环境区分为大陆型和海洋型的话，那么，滨海文化产业相当于二者之中介或过渡型，和岛屿文化产业相类似，不同之处在于强调海域与大陆的联系，而非岛屿相对于大陆的独立性。大陆型实际上是文化产业的默认设置（在不加声明的条件下，人们所说的文化产业几乎都是以大陆为基点的，因为人类主要居住于大陆)。相比之下，海洋型是文化产业的特殊选项。在中国知网所收文献中，“海洋文化产业”最早出现在舟山市委党校王文洪的一篇论文中。作者将它作为一项工程，和海洋硅谷工程、海洋城市形象工程、海洋旅游工程并列。[①] 如今，“海洋文化产业”已经成为相对热门的术语。值得注意的是：海洋文化产业现有论著经常以城市发展战略为基点展开叙述。考虑到人类至今并没有造出哪怕是一座完全脱离陆地的大中型城市，我们倾向于在谈及沿海城市时使用“滨海文化产业”的提法。本文试图说明：厦门为当前滨海文化产业研究提供了具有重要价值的个案；滨海文化产业为厦门当前城市发展战略提供了具有开拓意义的视角。

一　滨海文化产业的界定

与作为范畴的“产业”的多重意义相适应，“滨海产业”可能是指人类在海陆结合部所进行的活动，特定自然人或法人在海陆结合部所拥有的财产，人类利用海陆结合条件所进行的生产活动及其成果，等等。作为“滨海产业”与“文化产业”相互渗透的产物，“滨海文化产业”的提法已经见诸报刊。以之为主题词，在中国知网可检索到6例，最早的是2008年。[②] 尽管如此，它的外延和内涵都需要做进一步界定。

如果将滨海文化产业视为滨海产业的子项的话，那么，它至少可能具备三重解释，即滨海地区的文化活动、文化财产和文化成果。如果将滨海文化产业视为文化产业的子项，那么，它可以引入文化产业的分类法，定义为提供内容与滨海相关的文化产品、文化服务和文化附加值的行业。如果着眼于滨海文化产业内部构成的话，它可以看成下述9个因素的集合体：由滨海文化从业群体所创造；为滨海文化消费群体所生产；以滨海文化移民群体为中介；以滨海特色产品为载体；汲取滨海生活经历为题材；营造滨海离岸景观为本体；援引滨海生成过程（如“海纳百川”等）为方法；借重滨海人文地理来运营；瞩目滨海文化愿景以拓展。倘若具备全部9个要素，那是狭义滨海文化产业；倘若只具备其中若干要素，那是广

① 王文洪：《关于舟山海洋文化发展策略的思考》，《浙江海洋学院学报》（人文科学版）2002年第3期。

② 《建设滨海文化产业区　我市广泛征集市民建议》，《天津日报》2008年6月30日。

义滨海文化产业。

与上述9个因素相适应，作为特殊视角的“滨海文化产业”至少特别关注如下问题：（1）生活在海陆交界处的社会群体（以下简称“滨海社群”）有什么样的特征（包括伦理规范、择业取向、心理定式、谋生技能等)？这些特征如何通过他们所生产的文化产品表现出来？（2）滨海社群对文化产品有什么特殊的需求？这类需求在什么意义上、什么条件下可以转化成为文化产业（特别是所在城市的文化产业）发展的内在驱力？（3）滨海社群如何作为大陆文明和海洋文明的中介而起作用？这种中介地位为他们发展具备自身特色的文化产业提供了哪些契机？（4）滨海地区拥有哪些可以为文化生产所运用（特别是有特色的）的工具、材料和手段？它们具备什么样的潜能与价值？（5）滨海地区丰富多彩的社会生活如何启迪文化创意，成为创作素材的来源、艺术批评的依据？（6）滨海地区是否形成了与其特殊定位相适应的文化产品样态？若有的话，这类样态如何存在与发展？（7）滨海文化产业在构建和运营中积累了哪些宝贵的经验、形成了哪些值得传承或推广的技巧？（8）滨海文化产业如何作用于所处的自然环境、社会环境和心理环境？它们的能动性如何发挥出来？（9）滨海文化产业和大陆文化产业、海洋文化产业如何相区别而存在、相联系而发展？

对滨海文化产业的另一种考察方法是将这个范畴理解为“滨海”“文化”与“产业”的合成。与之对应，滨海文化产业包含相互关联的三个层面：一是地理层面。从地质学的角度看，“滨海”是由于大陆海洋化、海洋大陆化的双向运动形成的。从生态学的角度看，“滨海”的成因主要是人类居住区域向由陆地向海洋的延伸、水域运动变化由海洋向陆地的扩展。前者导致人类心理产生面向海洋的适应性变化；后者导致海洋生物产生面向陆地的迁徙。这两种演变在一定条件下可能相互交织。二是社会层面。从社会学的角度看，滨海文化至少包含以下六个要素：（1）海防文化，以人口的跨界迁徙及相应限制为背景而发展起来；（2）海商文化，指为沟通海洋经济和大陆经济而开展的经贸活动；（3）海识文化，指人类在处理陆地生存与海洋活动之关系过程中积累的知识与经验；（4）海范文化，指滨海地区所通行的伦理规范、礼仪规范和法律规范；（5）海晏文化，指滨海地区的艺术活动、管理制度与政治模式；（6）海佑文化，指滨海地区所特有的民间信仰及其在哲学、史学和宗教等领域的延伸。三是业态层面。人类文化业态可以根据体制定位区分为三种基本类型，即文化事业、文化产业、文化信业。所谓“文化产业”是相对于公益性的文化事业、宗教性的文化信业而言的，具备盈利要求。它可以根据相关社会分工区分为文化创造业（含创作业、鉴赏业、表演业等），文化制造业（含设计业、文化用具制造业、文化产业制造业等），文化传输业（含印刷业、摄录业、广播业等），文化营销业（含文化娱乐业、文化销售业、文化中介业等），文化养成业（含文化教育业、文化竞技业、文化出版业等），文化管理业（含文化部门管理、文化社团管理、文化场馆管理等）。综上所述，滨海文化产业是以大陆海洋化、海洋大陆化的双向运动为地理条件，以海防文化、海商文化、海识文化、海范文化、海晏文化、海佑文化为思想内容，以营利性为重要诉求的人类活动领域、精神产品和社会机制的综合体。

上述分析表明：滨海文化产业所涉及的领域相当广泛，即使是对于一个城市而言，也是需要巨大篇幅才能详述的。以下，笔者只能以所生活的厦门为个案，择其要者而言之，所取的是地理、社会和业态三个因素考察法。

二 厦门滨海文化产业建设的层面

从地理层面看，厦门自20世纪下半叶以来经历了由岛屿向半岛的转变。从社会层面看，厦门在发展文化旅游过程中注重海防历史的展示、海商文化的传承、海佑信仰的强化、海峡纽带的维系、海岸风景的美化、海港功能的拓展等取向。从业态层面看，打造文创产业的千亿产业链，建设宜居城市的百余公园，加上渊源有自的数千个民间宫庙，构成了当今厦门基本的滨海文化格局。目前正实施的以“美丽厦门，共同缔造”为要旨的大海湾、大山海、大花园城市战略规划给厦门滨海文化产业的腾飞提供了宝贵契机。

（一）地理层面：厦门本岛的大陆化

厦门本是祖国东南的一个海岛，大约从新石器时代起（一说从旧石器时代晚期起）即有人居住。为了满足自身的生产、生活需要，岛上居民开始和大陆及附近岛屿进行物品交换乃至商品交换，厦门岛因此渐渐具备了海港功能。元朝在厦门本岛及周边小岛驻军，促进了海堡功能的形成。明朝厦门岛逐渐向海市发展。后来郑成功以厦门、金门为根据地进行反清复明斗争，厦门岛的战略地位变得空前重要。殖民者觊觎这一宝岛，厦门在鸦片战争中曾一度为英军所攻陷，在抗日战争中曾被日军所占领并当成进攻大陆的跳板。鸦片战争之后，在“五口通商”的背景下，厦门启动了不可逆的现代化进程。新中国成立初期，在两岸对峙的背景下，厦门军民顶着纷飞的炮火修建了高集海堤（1955 年），使厦门成为半岛。改革开放以后，厦门迎来了作为经济特区的发展机遇，1991—2010 年陆续建成的厦门大桥、海沧大桥、集美大桥、杏林大桥、翔安隧道紧紧地将这座城市与大陆联系在一起。2012 年海沧隧道开工，2014 年起翔安大桥、厦漳隧道在建，还有 2008 年投用的 BRT、2013 年开工的轨道交通，都昭示着厦门作为宜居城市的新潜能、新机遇。从 1983 年厦门高崎国际机场通航，到 2013 年厦金湾直升机场试营业、厦门翔安国际机场建设启动，繁忙的航空港一再扩建，显出厦门脉动的活力。厦门吸纳了来自五湖四海的大量移民，逐渐向国际化都市发展。

（二）社会层面：厦门文化产业的取向

大陆文化和海洋文化都可以包括丰富的相关内容。例如，大陆文化可以依地形细分为谷地文化、平原文化、高原文化、绿洲文化、沙漠文化等，依生产方式细分为游牧文化、农耕文化、工业文化等。海洋文化可以细分为与海产、海货、海味、海鲜等相关的饮食文化，与海流、海风、海潮相关的气象文化，与海口、海况、海岛、海湾、海滨、海涂、海滩等相关的地理文化，与海堤、海塘、海港等相关的建筑文化，与海路、海轮、海运、海损等相关的交通文化，与海区、海域、海关、海疆、海禁、海军、海战等相关的政治文化，与海事、海难、海蚀、海啸相关的灾祸文化，等等。相比之下，滨海文化也有自己的意蕴、内涵和建设方式。若就厦门而言，和文化产业相关的主要有如下取向：

一是海防历史的展示。海防为滨海地区所特有。在军事意义上，海防既是指防御外部入侵，又是指防止内部犯禁，相当于在陆海交界处建立由国家管控的屏障。从历史上看，海防文化既形成于滨海军民同仇敌忾打击侵略者的斗争，又形成于围绕海禁而交织的复杂社会矛盾。如今，海防文化已经成为厦门发展文化旅游的亮点之一。比如，五通灯塔公园矗立着厦门抗战死难者纪念雕塑“永铭在心”（2012 年 9 月 3 日抗战胜利纪念日落成），金厦海域游（1997 年开辟）将“一国两制统一中国”和“三民主义统一中国”标志性对峙当成重要景点，等等。以“八二三炮战”为历史背景的大嶝战地观光园已经建成国家 4A 级景区，拥有“世界之最——大喇叭”“英雄雕塑广场”等系列展馆与展品。

二是海商文化的传承。海商不仅活跃在海上，而且活跃在滨海地区。实际上，他们所做的生意主要不是海货之间的交换，而是海货与陆产之间的流通。当上述流通因犯禁而为统治者不容时，海商就朝海盗（甚至是海匪）转化。相反的情况也是有的，即海盗或海匪被朝廷招安。厦门附近海域至迟在数百年前就有海商出没，明末清初的郑芝龙、郑成功父子就是他们的代表。在闽南地区，有过关于哪儿是海上丝绸之路起点的争议。厦门、泉州、漳州都有人希望所在城市获得这一名义。若从历史兴替的角度看，这一地区最重要的对外通商港口先是泉州，再是漳州（月港），然后才是厦门。尽管如此，厦门呈现出后来居上的势头。在文化景观中，沙坡尾保留了相关信息。清康熙二十三年（1684）到乾隆四十九年（1784），厦门是唯一的通台口岸，沙坡尾朝宗宫前的驳岸则是当时合法通台的唯一渡口，时称“玉沙坡”。我们今天所说的海商文化不仅意味着当事人以海为家、借海为市，而且意味着纵横海内外的气魄、包容海内外的襟怀、服务海内外的实绩。如今，厦门在发展文化产业的过程中，很重视继承海商文化所包含的积极因素。例如，在鼓浪屿皓月园为郑成功建造了巨型雕塑。大嶝岛小商品市场已经成为海峡两岸的重要集散地。如今，厦门被国家列入海丝节点城市，这为弘扬海商文化提供了新契机。

三是海佑信仰的强化。俗话说：“行船走马三分命。”实际上，滨海地区的自然灾害要比内陆地区频发，海上谋生者所面临的危险至少不比马帮少。正因为如此，他们祈望各种超自然力量的保护，所谓“海佑信仰”正因此而来。根据中共厦门市委统战部联络处的统计，1995 年全市共有建筑面积在 10 平方米以上的民间信仰宫庙 1128 座。这类宫庙在 2005 年增加到 2014 座，其分布是：思明区 103 座，湖里区 113 座，集美区 247 座，海沧区 258 座，同安区 866 座，翔安区 427 座。另据厦门大学历史系专家统计，上述宫庙主祀神祇居前的是：王爷（池王爷），保生大帝，土地公，清水祖师，观音，玄天上帝，佛祖，妈祖，王公、王娘，哪吒，关帝，五谷仙帝。[①] 其中，王爷崇拜在我国各地的含义未尽相同，在厦门可能特指郑成功（“国姓爷”），和海佑信仰（即人类在海上活动时祈求获得超自然力量之保护的信仰）相关。至于由真实人物转化而来的妈祖（亦称天上圣母、天后、天后娘娘、天妃、天妃娘娘、湄洲娘妈等）崇拜，是我国东南沿海的海神信仰，其起源更早（林默娘生当北宋）。如今，这类海佑信仰在厦门文化旅游资源中占有重要地位。例如，坐落于沙坡尾的朝宗宫是道教庙宇，肇祀于明永历十六年（1662），主祀天上圣母（妈姐）、四海龙王、风伯之神，一度称“龙王宫”。原有建筑 1959 年毁于特大台风，21 世纪初重修，2013 年 6 月恢复“朝宗宫”之名。这里每年都会举办纪念龙王、妈祖、太上老君的活动。又如，被当成现今厦门文化产业重镇之一的曾厝垵与其说是“文艺渔村”，还不如说是“宫庙胜地”。除基督教堂、供奉玉皇大帝的太清宫、供奉如来的启明寺之外，这里还会集了供奉妈祖的圣妈宫、供奉保生大帝的拥湖宫、同时供奉妈祖和保生大帝等多种神灵的福海宫等民间宫庙。而且，它们的香火鼎盛，远非三大宗教的寺宇可比。圣妈宫几乎天天请剧团唱戏，热闹非凡。

四是海峡纽带的维系。厦门和台湾仅有一水之隔，在历史上具有多重联系。为突出与台湾同胞的五种缘分，厦门将原来的钟宅湾改称“五缘湾”。从海湾到内湖，依次建有白虹高架桥、银虹高架桥、紫蓝步行桥、蓝虹步行桥、红虹高架桥。高架桥以车行为主，只可远观；步行桥可供行人游憩。这五座桥中部都有一个半圆形，以“五圆”作为“五缘”的谐音。最先建成的是东边最靠近海湾的五缘大桥（白色，2004）。它作为长达 43 公里的环岛路主干道的一部分，将枋钟路与环岛东路连接在一起。2005 年，五缘湾又建成了四座桥。其中主要充当车行道的是环岛干道跨五缘湾特大桥（银色）、环湖里大道跨五缘湾特大桥（红色）。它们之间有两座步行桥。其中，靠西边（近陆）的漆成蓝色，靠东边（近海）的漆成紫色和蓝色两个虹状。五缘湾已经成为厦门重要景点，见证了近年来两岸文化交流的发展。又如，鸿山公园建立延平郡王祠，纪念民族英雄郑成功。其格局和台南延平郡王祠一致，甚至主要楹联都相同（均出自当年台湾首任巡抚刘铭传和钦差大臣沈葆桢的手笔）。目前，两岸民间文化交流相当活跃。比如，集美霞城城隍庙就在 352 周年庆时组织了两岸城隍

① 连心豪：《厦门市民间信仰宫庙现状考察》，《闽台文化交流》2010 年第 4 期。

文化交流活动（2015 年）。政府也积极从供需链、企业链、空间链和价值链等角度与台湾加强交流，打造两岸文化创意产业链。

五是海岸风景的美化。厦门久有“二十四景”之说，相传是清朝乾隆年间评出来的，但难以确考。二十四景分为如下三组：“大八景”，即洪济观日、阳台夕照、五老凌霄、万寿松声、虎溪夜月、鸿山织雨、鼓浪洞天、筼筜渔火；“小八景”，就是金榜钓矶、白鹿含烟、金鸡晓唱、龙湫涂桥、天界晓钟、万笏朝天、中岩玉笏、太平石笑；另有所谓“景外景”，即宝山圣泉、石泉龙液、石苋飞泉、白鹤下田、耸蜡灼天、紫云得路、高读琴洞、寿山听蝉。虽然如今环境变化颇大、某些景观已经湮没，但多数仍有线索可寻。当时人们为什么要推重这些景观呢？除了对所在地山水的热爱之外，还包含有文化传承的因素。以四字词组为景点命名，在体例上具备开创意义。不过，除少数（如鼓浪洞天、筼筜渔火等）外，这些景观从总体上看不具备鲜明的海岛文化或海洋文化的特色。人们从中所能领略到的，主要是农耕与渔猎文化并行时代的某种闲适情趣。这可以说是前产业时代的滨海文化景观。

自 1991 年起，厦门分三期完成环岛路建设，全长约 43 公里。它不仅是交通要道，而且是艺术长廊和旅游胜地。在靠海的一侧，“大海冥想曲”“大橹诉说”“选择”“生机”“海浪花”“妈妈带我去游泳”等雕塑美不胜收，而以“鼓浪屿之波”和“马拉松”尤为驰名。前者号称“最长的五线谱音乐雕塑”，入选吉尼斯世界纪录；后者展现赛跑者的英姿，与每年一度的厦门马拉松比赛交相映衬。位于曾厝垵海湾的书法广场占地达 3 万平方米，也是令人流连忘返的景点。

1997 年地方政府推出厦门新 20 景。其中，有 9 个直接来自前述大小八景，即云顶观日（原系“洪济观日”）、五老凌霄、太平石笑、天界晓钟、金榜钓矶、虎溪夜月、鸿山织雨、筫筜夜色、鼓浪洞天。有一个来自原有景点的整合，即万石涵翠。由于 1952 年修造了万石岩水库，其后又由此拓建万石植物园，周围万笏朝天、中岩玉笏、高读琴洞、紫云得路、天界晓钟、白鹿含烟、阳台夕照、万寿松声等景点已经可以囊括其中。之所以新增加十景，应当包含如下意图：（1）适应厦门行政区划已覆盖到本岛之外的特点。其中，大轮梵天（大轮山和梵天寺）、北山龙潭（北辰山和十二龙潭瀑布）位于当时的同安县，青礁慈济（供奉神医吴夲的慈济东宫）位于当时的杏林区。（2）纪念厦门海防史上重大事件和重要人物。新增景点中，皓月雄风基于纪念民族英雄郑成功的主题公园（即皓月园，位于鼓浪屿），胡里炮王基于清光绪十七年（1891）始建的胡里山炮台。（3）表现海湾城市的特点。例如，菽庄藏海是指定居于鼓浪屿的台湾富绅林尔嘉的菽庄花园（1913 年建，1956 年由其亲人捐给国家）视野开阔到可容纳万顷波涛，鳌园春晖（位于集美嘉庚公园内，景点原是一小岛）体现华侨领袖陈嘉庚先生创办集美学校（最初是师范，1918 年）和厦门大学（1921 年）的精神境界，东环望海是指厦门岛东部在世纪之交建成的环岛路已经成为亮丽风景线，东渡飞虹是指 1999 年通车的海沧大桥及以之为中心建设的桥梁博物馆、东渡风景区宛如仙境。金山松石位于万石山东段黄厝村内，与金门、大担、二担岛遥遥相望。

2015 年，厦门评出“新二十四景”。据报道，这次评选自 5 月 19 日启动征集，7 月 10 日精选 48 景作为候选，7 月 23—24 日现场考察，7 月 31 日网络投票，8 月 7 日投票统计，8 月底媒体热议，9 月 18 日专家评审，10 月 10 日推敲最终入选的二十四景的名称。有 260 万人次参与投票，16 家境内外主流媒体参与评审。若对这 48 个候选景点加以分析，不难发现：（1）它们和 1997 年的新二十景一样贯彻了“大厦门”的理念，以此和清代的二十四景相区别。（2）在具体景点设置上，2015 年评选的新二十四景和 1997 年的新二十景没有什么相承关系，所突出的是近年来引发人们关注的新热点。（3）作为群景，它们有的依托山，有的依托海，有的依托岛、礁、桥、堤，从总体上体现了滨海地区的特点。10 月 23 日，最终结果由《厦门日报》用 16 版（T01－16）的篇幅发布，并配上了标题醒目的报道：“古龙酱园”（古龙酱文化园）《传承三千年闽南酱文化》，“文艺渔村”（曾厝垵）《1600 个店铺 1600 个畅想》，“演武卧波”（演武大桥）《离海平面最近的桥梁》，“铁路忆昔”（铁路文化公园）《曾是厦门唯一的铁路》，“仙岳福山”（仙岳山）《一方有福之地有福之山》，“灯塔晨曦”（灯塔公园）《隧道烟囱变身宏伟灯塔》，“五缘帆影”（五缘湾水域湿地公园）《“五圆”烘托“最美帆船港”》，“惠和石韵”（忠仑公园东北园区惠和石文化园）《“玩石计划”开启智慧旅游》，“沧湾乐道”（海沧大道）《厦门西海岸的“绿色飘带”》，“院前乡约”（青礁村院前社）《两岸文化交融的新家园》，“天竺流翠”（天竺山森林公园）《体验慢生活的养生胜地》，“日月瑶池”（日月谷温泉度假村）《取天地灵气聚日月精华》，“杏湾秀苑”（集美杏林湾园博苑）《独一无二“水上大观园”》，“集美晚唱”（厦门嘉庚剧院、厦门灵玲马戏城、厦门老院子景区）《构筑城市文化演艺中心》，“龙潭撒欢”（灌口双龙潭生态运动景区、正新汽车公园、八部天龙马术场）《尽情享受野外休闲狂欢》，“碧溪锦绣”（灌口碧溪公园）《体验多元化农业生态游》，“方特梦幻”（方特梦幻王国）《如梦似幻主题公园》，“同安孔庙”（同安文庙）《承载千年历史底蕴》，“金光林海”（金光湖）《体验原野“森林浴”》，“盛乡美泉”（厦门京闽盛之乡温泉度假酒店）《畅享原乡“美人汤”》，“顶上人家”（顶上村）《返璞归真开启新乡居时代》，“香山揽胜”（香山风景名胜区）《三教合一的宗教文化名山》，“大嶝小镇”（英雄三岛战地观光园、大嶝小镇台湾免税公园）《英雄三岛硝烟散去成胜景》，“莲塘大厝”（含莲塘别墅在内的海沧旧街）《海上丝绸之路遗落的足迹》。

六是海港功能的拓展。厦门港本来是岛屿型港口，不论货运或客运主要立足于本岛需要。自从 1955 年全长 2212 米的高集海堤建成之后，厦门港越来越多地承担了转口贸易的功能。由于口岸吞吐量迅速增长，厦门自 1974 年开始在本岛的东渡筹建新港区。经两期工程建设，到 1994 年建成 8 个深水泊位。大约与此同时，厦门大桥（1991 年）、海沧大桥（1999 年）、集美大桥（2008 年）、杏林大桥（2008 年）、翔安隧道（2010 年）陆续投用，日益紧密地将这座岛屿与大陆联系在一起。港口功能的上述变化不仅促进了旅游业的发展，也反映在厦门地标性建筑中。例如，厦门海堤纪念碑就是这样问世的（1955 年）。朱德总司令为纪念碑题写了“移山填海”4 个大字。又如，2010 年 4 月 26 日，厦门建成了中国大陆第一条海底隧道，即翔安海底隧道（双向六车道）。在这一过程中，诞生了作为地标的五通灯塔。它实际上是厦门海底隧道的通风口。主体建筑为圆柱形，用开挖隧道所得的泥土砌成。圆柱形底部有 10 个浮雕，介绍世界各国有代表性的灯塔，从古埃及的亚历山大灯塔、古罗马的埃库莱斯灯塔，到日本横滨望海灯塔（1961 年）、泰国蓬贴海岬灯塔（1996 年）等。若按建造时序排列，宛然是一部灯塔简史。五通灯塔公园位于厦门岛东北角。它的正门造型很特别，有一个蛛网般的灰色雕塑，左侧镶有白色的大字“N24°E118°”。仔细查考可以发现：N 代表北纬，E 代表东经。这个公园位于北纬 24 度 31 分 36.21 秒，东经 118 度 11 分 17.51 秒。这类创意是有特色的。目前，日益繁荣的转口贸易对于岛内交通的压力剧增，有关部门正在考虑将主要港区转移到位于大陆的海沧区，这意味着厦门港将实现由岛屿型港口向大陆型港口的根本转变。

（三）业态层面：厦门文化产业的定位

上文从海防、海商、海佑、海峡、海岸、海港六个方面分析了厦门近年来滨海文化产业建设的取向，主要着眼于滨海地区的特点。若从文化产业本身着眼的话，那么，滨海文化产业建设的取向可以细分为旅游休闲、影视动漫、节庆会展、渔事体验等类型。就此而言，厦门海洋公园、厦门海洋微电影协会、厦门海洋之星动漫游戏城、厦门国际海洋周、厦门海洋文化旅游节、厦门国际游艇展、厦门海洋展览展示有限公司、中国（厦门）国际休闲渔业博览会等都可以成为供研究的个案。

如果将文化产业理解为旨在生产精神产品的人类活动领域的话，那么，厦门至迟在唐代就已经有文化产业的端倪，当时，“南陈北薛”两大家族为此做出了自己的贡献。如果将文化产业理解为伴随近代工业而形成的经济类型的话，那么，厦门文化产业滥觞于受外来西方文化影响而发展起来的报刊业、旅游业、娱乐业等分支。从总体上看，这些分支在新中国成立后都经历了脱胎换骨的事业化转型，20世纪末又深受文化市场重兴的影响。我们今天所说的厦门文化产业，主要是以改革开放为契机而兴盛的。其背景既受制于厦门原先集海岛、海港、海堡、海市于一身的特点，又打上了鲜明的时代烙印，定位在现代化国际性港口风景旅游城市的目标。

在业态层面，下述背景是值得注意的：（1）现今作为行政建制的厦门市下辖属于本岛的思明区、湖里区，以及属于大陆的集美区、海沧区、同安区、翔安区，已经不是严格意义上的海岛（称“半岛”或“海岬”或许比较合适）。（2）厦门港如今已经逐渐和漳州港融为一体。2010年漳州古雷港区、东山港区、云霄港区、诏安港区并入厦门港，由整合后的厦门港口管理局统一管辖，定位于以远洋集装箱运输为主、大宗散货为辅的国际航运枢纽港。因此，厦门港已经不是局限于本岛资源之小港，而是拥有大陆腹地之依托的大港。（3）厦门军事建设遵循“文东武西”基本方针做了调整，其实力远非昔日海堡可比。虽然本岛驻军数量因防线后撤到大陆而减少，但由于获得海空一体的纵深支持，海防更为巩固，军民关系更为密切，正为“双拥模范城”九连冠而努力。（4）厦、漳、泉一体化已经是政府的既定方针，而且在节节推进。因此，如今的厦门是“大厦门”，昔日的海市正朝大都市发展。

近年来，厦门市致力于贯彻“美丽厦门，共同缔造”的理念。大气恢宏的《厦门城市战略规划》（2013 年）首先阐述了厦门的五大美丽特质（即山海格局美、发展品质美、多元人文美、地域特色美、社会和谐美），然后提出两个百年愿景（即建党 100 周年建成美丽中国典范城市，新中国成立 100 周年建成展现中国梦的样板城市），并将上述愿景具体化为五大城市目标（即国际知名的花园城市，美丽中国的典范城市，两岸交流的窗口城市，闽南地区的中心城市，温馨包容的幸福城市）。落实上述目标的发展战略有三项，即山海一体、江海连城的大海湾城市战略，城在海上、海在城中的大山海城市战略，青山碧海、红花白鹭的大花园城市战略。总而言之，要让发展惠及群众，让生态促进经济，让服务覆盖城乡，让参与铸就和谐，让城市更加美丽。

在这样的背景下，厦门滨海文化产业完全可以有大手笔、新气象。它和本地的相关文化事业、文化信业（主要指人类基于信仰的活动领域、精神产品和社会机制）相辅相成，正在强有力地改变厦门的面貌。它既不同于厦门早期自成一体的岛屿文化，也不同于中原地区所固有的内陆文化，值得深入研究。

三　厦门滨海文化产业建设的思考

厦门的地理定位从岛屿型向滨海型转变，人口构成由原住民为主向移民为主转变，城市功能由海防前线向经济特区转变，这是改革开放以来令人瞩目的三大变化。从滨海文化产业这一视角来看“大厦门”，我们发现了如下现象：

其一，海洋与大陆的关系。我们正处于被称为“人类纪”的地质时期，其特点是人类已经成为影响全球地形和地球进化的地质力量。20 世纪下半叶以来，厦门从地道的岛屿向半岛转变的“大陆化”进程，正是上述特点在我国东南沿海的表现之一。与此同时，2014 年厦门港口货物吞吐量已经达到 2.05 亿吨，厦门航空港旅客吞吐量已经达到 2086.38 万人次，增长之快是令人瞩目的。就此而言，厦门正在经历“海洋化”进程。正因为有“大陆化”作为依托，厦门的经济增长才有了回旋有余的可靠腹地；正因为有“海洋化”作为引擎，厦门的社会发展才具备可观的速度——二者其实是互文见义、相辅相成的。

其二，文化产业与文化景观的关系。文化事业、文化产业与文化信业都是改变滨海地区面貌的推手。与三者相比，文化事业成果更多展示于鳞次栉比的公园，文化产业成果更多展示于新品集萃的园区（如厦门软件园、海峡文创园、龙山文创园等），文化信业成果更多展示于信众云集的寺庙。就厦门而言，近年来上述三者呈现共存共荣的势头。尽管如此，园区对于市民的文化影响还没有得到充分释放。虽然有方特梦幻王国这样将《熊出没》等动漫产品转化为旅游消费的主题公园，但它们离市中心较远，而且产品主要面向儿童，在成人中影响不大，一期工程的内容和厦门滨海文化无关。虽然有环岛路马拉松群雕等服务于滨海体育竞技、提升城市整体形象的艺术作品，但是难以通过媒体向国内外更大范围辐射影响力。因此，需要精心策划与创造能够凝聚厦门文化精髓、融入厦门文化景观的精神产品。

其三，“厦门人”已经是一个“老厦门”和新移民相混合的概念。老厦门更多地具有和出海谋生相适应的冒险达观心理，和岛居生活相适应的自成一体观念，和海防前线相适应的自豪自重情怀。新移民普遍不太了解厦门当地旧有的风土人情，将作为城市的厦门当成是大陆的简单延伸（原因自然是跨海交通已经非常便利），相对看重厦门作为经济特区所蕴含的机遇、作为宜居城市所享有的便利。在这样的背景下，要推出真正能够反映“厦门人”精神风貌、获得普遍认可的文化产品，比较困难。

其四，“厦门文化”作为一个术语虽然已经耳熟能详，但其精髓却有待提炼与发掘。厦门已经根据本地特点推出了不少具备文化意义的项目，如建设体现两岸源远流长之联系的五缘大桥，不仅将环岛路当成城市交通的大动脉，而且将它建成文化景观的密集区，等等。尽管如此，还很难用三言两语说清厦门文化是什么。目前政府所致力贯彻的是“美丽厦门，共同缔造”，但用“美丽”来概括厦门的特色，正如用“清新”来概括福建的特色一样，总是令人觉得需要进一步具体化。

其五，文化产业与文化事业的关系。近年来，厦门市作为试点城市积极推进文化体制改革，取得诸多进展。其中，公园、博物馆、艺术馆等基本免费开放，政府花钱买服务组织文化活动，文化事业惠及各个社会阶层。文化产业也卓然有成，例如，中国移动、中国电信、中国联通相继在厦门设立手机动漫基地，建设覆盖全国的传播平台，成为蒸蒸日上的增长点。主事者很注意打两岸牌以拉动内需，包括引进相关文创人才、文化产品等。尽管如此，自主创新存在明显不足，受对岸的影响大，对台湾地区的影响则不成比例。

其六，文化产业与文化信业的关系。如果说目前文化事业以政府为主导、文化产业以市场为主导的话，那么文化信业则以宗教为主导。文化信业所宣传的观念虽然有可能和社会主义精神文明相适应，但是本质上不同于我国的主流意识形态；所产生的需求虽然可能拉动经济增长（如促进建筑业、雕塑业、香烛业等发展），但是其所赖以运行的机制不同于现代企业。因此，它是相对独立于文化事业和文化产业的文化业态，其影响不可低估。目前，滨海地区为了扩大文化产业的规模，经常借助文化信业的力量来增进消费、制造亮点，“文化遗产保护与传承”“两岸文化交流”等为之提供了看来十分正当的理由。尽管如此，由此而形成的繁荣景象之下，仍潜藏着价值体系的冲突。

厦门在城市建设诸多方面取得了令人自豪的成就，也赢得了相应的荣誉。发展滨海文化产业，对厦门来说更多是锦上添花的事情。传统文化借助旅游业创造新的生存空间，高新科技借助动漫业创造新的文化景观，港口城市借助生态观大念山海经，这些都是当前厦门为发展滨海文化产业所提供的宝贵经验。至于今后如何更上一层楼，这不仅需要虚心向其他城市取经，而且需要在实践中开拓创造。

（作者单位：厦门大学人文学院中文系）

我国沿海区域灯塔的保护与开发利用

赵成国　唐敏敏

【摘要】分布在我国沿海区域为数众多的灯塔，长久以来扮演了航船与航海者及广大渔民守护神的角色，是海洋文化的重要组成。灯塔不仅是历史变迁的见证者，同时也富有海洋历史文化、建筑艺术、精神价值等文化内涵。随着当代地理信息技术的进步，沿海区域灯塔的实际作用已经远不及从前，不少已经停用，转而成为所在地的地理标志和人文景观。灯塔是宝贵的文化遗产，很多灯塔以其悠久的历史和具有时代特征的形态，被分别列为世界级、国家级、省市级历史文物。灯塔也是珍贵而独特的海洋人文资源，具有很大的开发利用空间。因此灯塔的保护与开发利用是合二为一、缺一不可的关系。本文探讨的即是在保护的前提下对灯塔进行创造性开发利用，以实现其经济价值和社会效益。

【关键词】灯塔　文化价值　保护　开发利用

一　灯塔的历史流变

中国灯塔起源于距今约1400年的唐代，兴盛于1840年后的清代。建成于唐乾符年间（874—879）的泖河泖塔，时属江苏省青浦县（今属上海市），是我国文字记载最早的人造航标。此后历代在沿海和内地江河不断建塔，大多由民间募捐或僧人化缘集资，因此多为佛教建筑，僧侣或信众长年在晚上燃灯。虽然灯塔建设的目的并非导航，但在发挥宗教功能的同时，客观上起到了导航作用。现存唐、宋、明年间的多座古塔，均有文字记载曾作为船舶航行的标志。事实上也有许多古塔成为当时港湾码头的重要标志，如安徽安庆的迎江寺塔屹立在长江转折处，琶洲塔、赤岗塔与莲花塔雄踞于珠江口岸，外来船舶均以此为航标。

近代以来，随着西方列强叩关，清政府不得不适应新变化，开始引进国外设备、技术和管理办法，在中国沿海、港口和重要水道设置灯塔。1868 年，清海关税务司海务科成立时，中国沿海已经有了一些灯塔，因为上海当时是中外贸易和航运的重要港口，所以灯塔建设的第一步是从上海港口周边开始的；第二个重点是南中国海，再后面是厦门、杭州湾、山东的成山头等。1869—1936 年近 70 年间，旧海关先后在我国沿海干线建灯塔 40 余座，在对外通商主要港口设置航标 200 座；到 1949 年新中国成立前，共设置各类航标 320 多座。[①] 英占香港后，除横澜洲灯塔原由中国建造外，港区航标由港英当局海事处管理，逐年设置了大浪头、猛浪角等灯塔。葡占澳门期间，建东望洋、九澳岛等灯塔。早在清乾隆四十三年（1778），由民间集资在台湾澎湖的渔翁岛西屿建灯塔，其后又建渔翁岛、鹅銮鼻等灯塔；日占期间建彭佳屿、富贵角、三貂角等灯塔。1946 年，台湾行政长官公署交通处航务管理局将其管理的 47 座灯塔等航标移交海关管理。

新中国成立初期，海关和交通部致力于恢复沿海灯塔正常发光。1953 年后，海军投入大量人力物力建设了上千座灯塔、导标，并对部分灯塔进行了技术改造。1984 年，交通部在沿海重要港口或转折点，新建、重建或改造了一批灯塔，并引进了世界先进水平的灯器，改善了灯塔职工的劳动条件，实现了无人或少人看守。至 1995 年，在中国沿海基本形成了现代化的灯塔链。[②] 1997 年世界航标协会在全球范围选择 100 个灯塔命名为世界历史文物灯塔，我国入选的有上海青浦泖塔、浙江温州江心屿双塔、浙江嵊泗花鸟山灯塔、辽宁大连老铁山灯塔、海南临高灯塔。

二　灯塔的文化内涵

灯塔在历史发展过程中积淀了独特的海洋历史文化、建筑艺术和精神价值等文化内涵。

---

① ［英］班思德（T. R. Banister）：《中国沿海灯塔志》，李廷元译，海关总税务司公署统计科，1933 年。

② 整理自孔繁弘《航标文化》，人民交通出版社 2008 年版，第 13—26、88—111 页。

（一）海洋历史文化

由于处于特殊的历史时期，近代灯塔一方面是中国海上交通运输、海洋文化与海事科技发展、中西文化交流的重要标志；另一方面也是遭受外国侵略与开埠通商的历史见证。坐落于辽东半岛最南端的老铁山灯塔，建成于1893年。在其百多年的历史中饱经沧桑，先后经历了中日甲午战争、日俄战争、两次世界大战等战火的洗礼，灯塔管理权7度易手。从老铁山灯塔身上就可以管窥中国命运多舛的近代史。

鸦片战争后，英国殖民者开始在我国沿海和对外开放口岸勘察选址、设计建造航标。1858年10月修订的第二次鸦片战争《天津条约》附属条约《通商章程善后条约》规定："任凭总理大臣邀请英（美、法）人帮办税务……派人指舶船至及分设浮桩、号船、塔表、灯楼等事。"1868年4月，清政府在海关税务司下设立了海务部门，建筑管理中国沿海和内河的灯塔等航标。从此，中国的航标建筑和管理权直接归西方殖民主义控制的海关。在此期间，海关开始引进国外设备、技术和管理办法，在中国沿海、港口和重要水道设置灯塔。从1893年开始，相继引用了与国外同步的水银缸旋转灯机、大型牛眼透镜、新型闪光仪等。[①] 由于引进了西方国家先进的技术设备，近代以来中国沿海及长江的灯塔达到了国际先进水平，对当时的港口建设和船舶航行均起着积极的作用。当然，西方殖民者在中国进行的航标建设与管理，完全是为了服务于自己，控制中国航标主管权，进而占领中国市场。

（二）建筑艺术价值

首先，由于建设年代、建设目的的区别，灯塔呈现出不同的建筑艺术风格。如上文提到的泖塔建于唐乾符年间，五层四面的长方形砖木结构，是典型的唐代建筑风格；位于杭州钱塘江边的六和塔建于北宋开宝年间，砖木结构，壁上饰有"须弥座"，雕刻有花卉、飞禽走兽等图案，构思精巧，是我国古代建筑艺术的杰作。

其次，灯塔是航海与建筑美学相结合的典范，是一种海洋建筑。灯塔由灯具与塔身构成。为了适应和抵抗恶劣的自然条件，设计者综合考虑了

---

① 孔繁弘：《航标文化》，人民交通出版社2008年版，第344—346页。

采光通风、防潮防水、登高瞭望等灯塔功能和坚固耐久、美观等建筑元素。如遮浪灯塔二十层楼高的圆柱形、纯白色塔身，全部采用花岗石砌筑而成，抗风力强抗潮力极强。为了配合城市文化建设，现代灯塔的建设更是注重与周围环境的和谐统一，以达到与城市融为一体。如位于胶州湾口的小青岛灯塔，白色的塔身与绿色的林木交相辉映，与栈桥一起被称为青岛市的主要标志；白色的日照灯塔面向大海，与礁石、雕塑、草坪、绿树结合，形成了城市文化公园，成为当地的标志性建筑。

最后，作为中西文化交流的产物，近代灯塔是中国与欧美建筑艺术结合的典范。近代以来，旧海关的历任工程师均为英国人担任，灯塔由外籍工程师设计并监督制造，灯器也是由海关驻英国伦敦的秘书处公开招标采购，因此我国沿海诸多灯塔均具有欧式建筑风格。北渔山灯塔是中国近代建筑史上直接引进西方现代建筑材料与结构的实例。其建筑体型简洁，由钢铁和玻璃结合自然创造出优美的建筑形象，体现了欧美建筑的结构美。

图1　北渔山灯塔

资料来源：宁波历史文化遗产网。

（三）精神价值

灯塔既有“燃烧自己、照亮世界”的灯塔精神，也包含一代代守塔人的奉献精神。由于对人类活动的独特贡献，灯塔被赋予了极大的精神价值。而奉献精神则是最为重要的一个方面。任何国家在任何地区设置的灯塔（军事用途除外），都是为过往的船舶助航的，没有国家、地区、民族和意识形态等区分，衍生出一种宽广的博爱精神。

灯塔看守是一项十分艰苦的工作。每一次执勤值班和设备保养，都需要守塔人全身心的投入。王炳交可谓是无数与他一样的守塔人的典型代表。1976 年至今，王炳交一直坚守在青岛团岛灯塔。虽然海边常年潮湿，生存环境恶劣，而且工作乏味，但王炳交深爱着这份工作。白天面对的茫茫大海，晚上值守孤灯，听到的是单调的机器声。近 40 年的灯塔工作，让王炳交和灯塔结下了深厚的感情，他的生命已经与团岛、与灯塔密不可分。

图 2　团岛灯塔守塔人——王炳交（笔者拍摄）

灯塔的文化内涵又衍生出它的社会价值，特别是其教育价值，即基于海洋历史文化内涵的爱国教育和海洋观教育，基于建筑艺术内涵和其他知识的灯塔及航海知识教育，基于灯塔精神的人生观教育。灯塔所具有的这些社会功能，使之成为很多地方的青少年教育基地。

三　灯塔的保护问题

近年来，灯塔的价值越来越受到国家的重视。2004 年，中国海事局发布了《中国海区历史灯塔保护管理办法（暂行）》，对历史灯塔的定义、级别及评定标准、文物申报、保护原则、保护要求、开发利用作了详尽的规定，这对航标管理部门管理历史灯塔有具有重要的指导意义。灯塔的保护主要包含以下几个方面。

（一）作为物质文化遗产的灯塔保护

首先，最大限度地保护历史文脉。历史灯塔与一般建筑物的不同在于，与航标文化背景的关联性使它对历史的见证更加深刻，时刻警醒世人不忘历史荣辱。没有了历史文脉也就失去了其历史价值与警醒作用。因此，修缮的过程中应最大限度地保护历史文脉，把重要结构的改变降到最低限度。一是尽量原址保存历史灯塔，周边环境和配套设施也要按原样进行保护；二是保持外观结构的“修旧如旧”，尽量不改变其外形与结构，保持外立面的历史沧桑感；三是注重灯塔内部反映时代特征的细节，如壁灯、老式透镜，透过细微之处再现历史灯塔植根的具体时间和空间。

其次，合理增加新技术新功能。处于重要位置的灯塔不能单纯为了保护而弃之不用。随着时代的发展和航海的新要求，有必要赋予灯塔新的生命力，合理利用灯塔的原有空间，增设满足助航功能、值班办公的设施，更好地发挥其应有的助航功能，由此也不可避免地会改变建筑内部陈设。如青岛团岛灯塔安装了天线、摄像头等现代化设备，大沽灯塔安装了太阳能，实现了“无人值守”和“数字海事”。这或许与其百年的历史不相称，却适应了导航的新要求。需要注意的是，在利用过程中要尽量消除对灯塔保护的负面影响，实现修缮保护与增加航标助航新功能的平衡。

最后，复制灯塔。即在原塔附近按照1∶1的比例仿制一座灯塔，保持内部陈设与外部形态的一致性。这里的“仿制”与江苏华西村等地的“山寨”国内外知名建筑物有着本质的区别：盲目山寨是一种对本土文化缺乏自信及认同感的心理表现，而“复制”灯塔则是为了防止对历史灯塔的破坏——历史灯塔用来缅怀，复制灯塔供游人参观登高瞭望，而且还可以此实现对历史灯塔的保护性开发。

（二）作为非物质文化遗产的灯塔保护

对灯塔的保护，不能只停留在表面，还应认识到灯塔的文化内涵博大精深，从精神和文化的层面，不断加强对灯塔非物质文化遗产的保护。

首先，通过多种媒体宣传灯塔文化。2002年，中国邮政部门选取我国5座世界历史文物灯塔，制作和发行了历史文物灯塔邮票；2012年选取天津大沽灯塔、上海吴淞口灯塔、广东桂山岛灯塔和海南木栏头灯塔发行了“现代灯塔特种邮票”。中国海事局先后组织编写和出版了《中国灯塔历史文化鉴赏》《中国灯塔史》《沿海灯塔画册》《中国航标文化》等有关灯塔文化的书籍。2010 年，中央电视台摄制了专门介绍中国航标和灯塔发展历史的《中国航标史话》纪录片。除以上这些方式，还可以制作历史灯塔的专门网站及数据库，运用多媒体三维模拟技术、开设三维灯塔博物馆，利用网络扩大宣传。通过这些多种媒体的宣传，让更多的普通民众了解灯塔，逐步扩大历史灯塔在社会上的影响力。

其次，收集历史灯塔文物，建立历史灯塔博物馆，构建灯塔文化的物质传播载体。第一，在灯塔原址建立灯塔文化史料陈列展室。如青岛航标处收集整理了有关团岛灯塔的建灯塔用具、老式透镜、灯塔日志、大事记、历任灯塔管理人员的历史照片及实物，在团岛灯塔院内建立了青岛航标展馆，对于保护和展示团岛灯塔发展的轨迹意义重大。第二，建造历史灯塔博物馆。2000 年，秦皇岛开设了“中国航标展馆”，以大量实物灯器、灯塔模型及文字图片资料为主，系统地展示了灯塔的历史进程；2005 年，浙江舟山航标管理机构与当地政府联合建造了中国首个灯塔博物馆——中国灯塔博物馆，开馆至今已接待超过 15 万人次游客，起到了很好的宣传效果；2010 年，在上海建立了综合性的中国航海博物馆，其中的海事博物馆内展示了部分灯塔文物。第三，申报国家文物保护单位。《中国海区历史灯塔保护管理办法（暂行）》对灯塔申报文物保护单位做出了规定。申报国家文物保护单位是保护灯塔的重要举措，航标管理部门应积极与文物保护部门联系，加强灯塔基础性资料的收集和文物保护单位申报工作。目前已成为全国重点文物保护单位的灯塔有老铁山、团岛、小青岛、临高、洳塔、硇洲岛、猴矶岛灯塔，以及捆绑申报为全部重点文物保护单位的浙东沿海灯塔群（花鸟山、东门岛、北渔山、东亭山、洛伽山、七里屿、太平山、小龟山、鱼腥脑、白节山、半洋山）。这些灯塔在当地都有很高的知名度，受到了更多的关注，对其自身的保护也有非常重要的意义。

四　灯塔资源的创造性开发利用

灯塔是重要的历史文化资源和景观资源。历史文化资源的开发最重要的是以保护为前提进行合理的利用，更好地发挥其社会、文化与经济价值。目前我国对历史文化资源的开发大多停留在资源利用的层面，有很多瓶颈。开发利用历史文化资源的模式，一是景观化，在保护历史文化资源的条件下开发旅游景观；二是以故事力活化资源，以艺术秀增强感染力；三是凸显文化特色，策划项目，吸引社会资本；四是提炼文化符号，塑造品牌。[①] 从这一思路出发，灯塔作为一种宝贵的历史文化资源，对其开发利用应建立在创造性利用的基础上，实现从资源利用到资源创新的创造性转换，具体可以从以下三个方面进行开发。

（一）旅游景观的打造

灯塔一般建在岬角或岛屿最向外的一个悬崖上，四周常常遍布怪石和沙滩，有的则背靠岛屿面朝大海，往往是海边及海岛的标志性景观。在韩国，这类空间被称为“灯塔海洋文化空间”。[②] 因此，可以利用这些自然资源，与灯塔结合开发成旅游休闲景区，实现对灯塔物质文化遗产的开发。同时，对灯塔的开放区域、方式、流量以及收费等方面作出合理的控制，发挥历史灯塔的最大效能，更好的保护和利用好这一文化遗产。

国外许多灯塔所在地都已成为举世闻名的旅游景观。如日本的神户港灯塔已经成为闻名于世的旅游景点。神户港塔高达 108 米，白天在塔顶的瞭望台上可以尽览城市风貌和港口景色，夜晚与附近的海洋博物馆构成一道壮丽的夜景，多年来一直是神户重要的旅游景点。

又如古代世界七大奇迹之一的亚历山大灯塔在建成 1500 年后，由于统治者迁都失修、地震等自然灾害而逐渐消失。后来在离亚历山大城 48 公里处的阿布—西拉建有一个缩小的灯塔复制品，吸引着世界各地的人们络绎不绝地前来参观，也已成为世界著名的旅游景点。

如表 1 所示，截至 2015 年 9 月，韩国仅江原道的几处“灯塔海洋文化空间”，就有到访游客 47 万人。相比之下，我国对灯塔资源的开发还远远不够，甚至可以说是大大滞后了。很多灯塔资源白白闲置，没有引起足够的重视。

---

① 厉无畏：《历史文化资源的开发利用与创意转化》，《学习与探索》2010 年第 4 期。

② 韩国东海地方海洋水产厅网站，http：//donghae. mof. go. kr/index. do。

表1　　2015年韩国江原道灯塔海洋文化空间游客人数　　(单位：人)

月别＼灯塔	墨湖(江原道)	注文津(江原道)	束草(江原道)	大津(江原道)	总计
1	31959	3532	33036	1521	70048
2	20080	3601	28141	1328	53150
3	19096	4320	19619	1362	44397
4	19295	4070	19040	1081	43486
5	23570	4163	24541	1423	53697
6	18252	2788	12000	539	33579
7	22465	3695	26261	2027	54448
8	28700	4064	35736	3386	71886
9	20120	3123	21161	1757	46161
10					0
11					0
12					0
总计	203537	33356	219535	14424	470852

数据来源：韩国东海地方海洋水产厅网站，http：//donghae. mof. go. kr/index. do。

(二) 以故事力活化资源

对灯塔历史文化资源的开发利用也可以以故事力进行活化，实现对灯塔非物质文化遗产的开发。灯塔的历史文化源远流长，背后有许多故事：一是古老的传说故事，如灯塔的起源传说。二是守塔人故事，如汕头遮浪灯塔守塔人苏贵聪、青岛团岛灯塔守塔人王炳交、宁波白节灯塔叶中央一家四代守塔人。三是灯塔在历史发展中见证的近代以来的战争侵略：鸦片战争、甲午海战、日俄战争、两次世界大战……既可以以多种形式宣传、演绎这些历史故事及守塔人故事，也可以编纂守塔人故事，警示国人不忘历史，弘扬守塔人无私的精神文化。如波兰人显克微支所著的《灯塔看守人》获得了诺贝尔文学奖。故事围绕一个灯塔的看守人展开，通过文学作品表现出对祖国和人民的强烈情感。小说中的灯塔，还有英国弗吉尼亚·伍尔夫的《到灯塔去》、詹尼特·温特森的《灯塔守望》、韩国赵昌仁的《灯塔守望者》。影视剧里的灯塔有1980年上海电影制片厂摄制的《等到满山红叶时》、1983年西安电影制片厂摄制的《没有航标的河流》、1998年长春电影制片厂摄制的《灯塔世家》、2004年法国爱情片《灯塔情人》，以及1997年大连电视台拍摄的电视剧《远岛》等。①

同时，开发利用灯塔历史文化资源可以用“秀”增强感染力。青岛团岛灯塔守塔人王炳交是一位苦中作乐的“诗人”，他写的打油诗充满了乐观的情怀：“海岛条件特别差，海雾潮来风浪大。恶劣天气经常化，小咬蚊子更可怕。困难虽然特别大，航标工人不会怕。任凭风吹和雨打，奉献青春和年华。”他还擅长歌唱，用歌声化解孤守灯塔的寂寞。由此，可以通过编撰故事，策划“艺术秀”如话剧、情景剧，不仅可以在当地演出，还可以到外地巡演；既能扩大市场，也可以通过文化的传播增强吸引力。

（三）提炼文化符号塑造品牌

按照创意经济的思维模式，发展文化产业不是以原材料的理念，通过造景造物来贩卖历史文化资源，而是捕捉和发挥其特有的文化符号价值，以商标、版权、设计和专利等创意资本为核心建立文化产业的价值体系，这是转变文化产业粗放型发展方式的创新思路。在历史文化资源与文化产业竞争优势之间开辟创意的通道，不仅可以使资源转化为资本要素，还能够创造新的文化价值。具体路径有三方面：一是凝练历史文化资源的文化符号；二是开发历史文化资源的符号价值；三是构建多层次的产业价值载体。②

对灯塔而言，成山头灯塔所在地荣城好运角旅游度假区是一个成功的范例。“好运角”的文化符号已经形成，在拥有知识产权的前提下，“好运角”通过授权实现了反复交易和不断增值，有利于产业链的形成和衍生品规模的扩大，释放符号价值巨大的经济效益。在此基础上，需要做的就是构建多层次的符号价值载体，丰富符号价值的载体形态。“好运角”的核心企业位于价值链上游，以文化符号为基础承担价值创新的任务，主导价值链的分配和延伸；在核心企业的基础上，科技、金融、媒体、广告等企业位于价值链中游，直接支持创意产品的制作、发展和传播；配套企业位于价值链下游，一是建设灯塔观光度假别墅、灯塔旅游会馆，解决游

① 整理自孔繁弘《航标文化》，人民交通出版社2008年版，第316—330页。

② 王慧敏：《现代文化产业体系的构建——基于历史文化资源的创意转化》，《社会科学》2013年第11期。

客食宿等基本供应问题，为整个产业的发展提供一整套的良好环境和氛围，使灯塔与休闲度假产品结合；二是以灯塔为元素开发旅游纪念品、土特产等。

灯塔历经历史的风霜与洗礼，沉淀为宝贵的文化遗产，它蕴含丰富的海洋历史文化、建筑艺术和精神价值等文化内涵，是珍贵的文化遗产，也是独特的人文资源。因此，要把灯塔提升为一种保护性资源，各级管理部门应高度认识它的人文价值，加强科学的保护措施。同时，在保护的前提下实现创造性的开发利用，实现经济价值和社会效益。

（作者单位：中国海洋大学文学与新闻传播学院）

海洋鱼类文化资源及其产业化探析

杨秀英　乔桂英

【摘要】我国有丰富的海洋鱼类资源，如何使海洋鱼类资源得到合理有效的开发则是人类不断探求的主题。研究海洋鱼类文化资源的多样性对于深层次开发海洋资源具有重要指导作用，本文将海洋鱼类文化分为四个方面：饮食文化、中医药文化、审美文化、民俗文化。通过分析海洋鱼类开发面临的诸多问题，提出海洋鱼类文化资源产业化的一些建议。

【关键词】海洋鱼类　文化资源　产业化

一　丰富的海洋鱼类资源

我国海岸线漫长曲折约 18000 千米，领海面积大约 30 多万平方公里，纵跨不同的温度带，同时受北太平洋西部热带区的赤道暖流及其分支的影响，东海沿岸部分海域水温较高。但冬季受大陆气候和沿岸流的影响，渤海和黄海近岸区水温很低，甚至有结冰现象，夏季在黄海较深水域还会形成强大的冷水团。因此多种海洋生物在此生长和繁殖。此外，海洋中的大陆架区域水质肥沃，日光透射良好，渔业生产基本上都是在大陆架区域进行的。渤、黄海完全是陆架浅海，东海大陆架宽达几百公里，加上南海，大陆架渔场面积共约 150 万平方公里。特别是内陆河流每年携二十多亿吨泥沙和大量营养物质入海，使水质格外肥沃，形成了资源比较丰富的大陆架渔场。

表 1　**各海区概况**

海区	总面积	大陆架渔场面积	平均深度	最大深度	经济鱼类
渤海	7.7 万平方公里	7.7 万平方公里	18 米	70 米	200 多类
黄海	38 万平方公里	38 万平方公里	14 米	140 米	200 多类
东海	77 万平方公里	50 多万平方公里	370 米	2719 米	400 多类
南海	350 万平方公里	40 多万平方公里	1212 米	5559 米	800 多类

资料来源：张震东、杨金森编著：《中国海洋渔业简史》，海洋出版社 1983 年版，第 2 页。

20 世纪 90 年代我国海洋鱼类产量约占世界水产品总产量的 80% 以上，其中海洋捕捞产量约占水产品总产量的 70% 以上，捕捞鱼产量占海洋渔业产量的 90% 以上。鱼类是渔业资源中数量最大的类群，全世界有 20000 多种，中国有记录的 2800 余种，但主要的捕捞鱼类全世界仅为 100 多种。

表 2　**中国沿海主要水产经济鱼类种类**

海区	主要经济鱼类物种
黄海	小黄鱼，带鱼，鲐，太平洋鲱，蓝点马鲛，日本鳀，海鳗，青鳞鱼，白姑鱼，牙鲆，日本枪乌贼，对虾，中国毛虾，鹰爪虾，毛蚶和海带等
东海	带鱼，大黄鱼，小黄鱼，绿鳍马面鲀，银鲳，蓝圆鲹，鲐，海鳗，马鲛，竹荚鱼，曼氏无针乌贼，鳓，梭子蟹，中国毛虾，牡蛎，缢蛏，泥蚶等
南海	蓝圆鲹，蛇鲻，金线鱼，马六甲鲱鲤，二长棘鲷，大眼鲷，黄鲷，日本金线鱼，深水金线鱼，红鳍笛鲷，黄鳍马面鲀，鲐，金色小沙丁鱼，牡蛎等

资料来源：陈新军主编：《渔业资源经济学》，中国农业出版社 2004 年版，第 8 页。

海洋渔业是一种系列的动态活动，范围涉及近海和远洋，包括动植物的采捕、加工、运输和消费以及与此配套的渔船、渔具、渔法等。[①] 其中海洋鱼类作为物质基础，承载着丰富的文化价值，对于形成固定的文化产业链条，则显得尤为重要。

① 季星辉主编：《国际渔业》，中国农业出版社 2001 年版，第 3 页。

二 海洋鱼类文化的多样性

（一）饮食文化

海鲜，味道鲜美，历来为人们所喜爱。早在5000多年前，沿海先民们就以捕食海产品为生。山东大汶口文化遗址出土了大批的鳓鱼、黑鲷鱼、梭鱼、蓝点马鲛等海鱼骨和成堆的鱼鳞。随着航海事业的发展，唐代捕获海鱼海产也多起来了，进入食谱的有鲵鱼、比目鱼、乌贼、海镜、海蜇、鱼唇、石花菜等。到了明清时期“海八珍”的出现，海产品的种类和烹制技术达到了空前的发展，其品种繁多、用料讲究、制作精细，有些菜肴一直延续到今天，在具有地方特色的八大菜系中，海鲜占据了相当多的席位。《海鱼》[①] 一书重点介绍大、小黄鱼、带鱼、加吉鱼、鲳鱼、银鱼、海鳗、鲈鱼、鲻鱼、鲥鱼等25种海鱼的蒸、煮、炒、炖、焖、炸、烤等烹饪方法，全面、细致而实用。其中有以清、鲜、脆、嫩而著称的鲁菜中的清蒸加吉鱼、糖醋鱼、松鼠鱼；有以清代袁枚《随园食单》提出的“味要浓厚，不可油腻；味要清鲜，不可淡薄”，“使一物各献一性、一碗成一味”的江苏风味中的红烧刀鱼、红烧鲥鱼、清蒸鲥鱼；有以麻、辣、烫、酥、鲜、嫩为特色的川菜中的糖醋黄花鱼、荔枝带鱼、芙蓉银鱼等风味名菜，这是为了供给不同地区、不同口味的烹饪需要。

鲳鱼作为海鱼，其饮食文化在典籍中有着丰富的记载。如《本草纲目·鲳鱼释名》载：“李时珍曰昌，美也，以味名。或云鱼游于水，群鱼随之，食其涎沫，有类于娼，故名。闽人讹为鲶鱼，广人连骨煮食，呼为狗磕睡鱼。”《本草纲目集解》载：“陈藏器曰，鲳鱼生南海，状如鲫身，正圆无硬骨，作羹食至美。李时珍曰，闽浙广南海中四五月出之，《领表録》云，形似蝙蝠鱼，脑上突起，连背身圆，肉厚白如鳜肉，只有一脊骨，治之以葱薑，缹之以粳米，其骨亦软而可食。”《八闽通志》曰：“鲶鱼有黑白二种，尾如燕，形扁而阔，味美。盖即鲳鱼也。”《海鱼》[②]一书的目录里列举了鲳鱼传统的二十六种烹饪方法，如糖醋鲳鱼、浇汁鲳鱼、酱焖鲳鱼、清真鲳鱼、干焙鲳鱼等。可见鲳鱼作为美食加工的原材

① 瞿鸿彬、吴济美编著：《海鱼》，四川科学技术出版社1997年版。

② 同上。

料，已经日渐深入人心。

（二）中医药文化

中国作为海洋大国，有漫长的海岸线，横跨热带、亚热带和温带三个气候带，海洋生物资源丰富。中国海域特殊、复杂的地理环境赋予了海洋生物丰富的生物多样性和分子多样性，为海洋药物应用、研究和开发提供了独有的海洋生物资源。中国是将海洋生物用作药物最早的国家之一，经过数千年的发展，海洋药物已成为传统中医药的重要组成部分。海洋药物（本草、中药）的记载和应用情况散见于数千年的历代医药典籍中。公元前11世纪，周代《诗经》中记载了动植物药物有160种，其中鱼类有18种，包括鲨、鳢、鲔等海产品，既可作为食用，又能作为药用。[①]《黄帝内经》中就有以乌贼骨作丸饮以鲍鱼汁治血枯的记载。《山海经》也记载了含海洋药物在内的动物药67种，并将其中许多用于疾病的预防，同时特别指出“鱼（河豚鱼）食之杀人”。我国现存最早的药物专著《神农本草经》总结了汉代之前的海洋药物约10种，为牡蛎、海藻、乌贼骨、海蛤、文蛤、大盐、卤碱、马刀、蟹、贝子、瓦楞等，此外书中关于中药的用法、配伍、制剂、禁忌、功用、主治等论述，至今仍有一定的实用价值。《本草纲目》将海洋中药分列在金玉类、虫类、鳞类、介类、水菜类和草类（水草）中，还对这些中药的主治功效作了详细的阐述，有许多新的创见；《本草纲目拾遗》又对《本草纲目》收载的中药进行了补充，累计记载海洋药物达100余种。

近代以来，特别是随着现代科学技术的发展，在深度和广度上推动了人们对海洋药用生物的认识，新发现的海洋药用生物种类显著增加。然而，对于海洋药物资源资料的系统调查和完整了解仍有待于继续完善。

（三）审美文化

海洋资源丰富多彩，鱼群种类形态各异。随着人民生活水平和消费观念的不断提升，对休闲娱乐的消费观念也有所改变。因此观赏渔业作为陶冶情操的娱乐项目越来越得到大家的青睐，鱼群的审美文化也逐渐被世人所发掘。鱼类作为观赏对象被人类养殖大概是从2000年前的中国和朝鲜

---

① 肖林榕等编著：《海洋本草》，中国医药科技出版社2003年版，第3页。

开始的，并进一步地发展到了日本。[①] 这是鱼类第一次被当作精神需要而不仅仅是食物为人们所接受。饲养观赏鱼，是一种世界性的爱好。例如，泰国斗鱼的体色原为肉色，仅鳍呈红色，并不引人注目，只因其好斗才引起人们对它的兴趣。后经人工不断地杂交筛选培育，出现了全身鲜红色、粉红色、蓝色、绿色、淡紫色以及多色混合的斗鱼。雌鱼也很美丽，各鳍也有所变化；雄鱼的腹鳍、臀鳍、尾鳍、背鳍长大发达，飘逸如旗，格斗时频频振动，十分威武，因而深受人们的青睐。又如孔雀鱼，在发现之初，也没有像现在这样多色多姿。[②]

据不完全统计，到目前为止中国大陆已建成大小水族馆 29 个，不论在海水鱼、虾、贝、藻养殖，还是淡水食用鱼及特种水产养殖方面，我国都取得了丰硕的成果，积累了许多成功的经验，并在水生生物的人工繁殖、生物遗传工程等方面居于世界领先水平。这些科学技术的发展和成绩，将为水族馆的建设和发展提供所需的技术、信息资料以及丰富的展示题材和内容。水族馆最重要的属性是教育属性。水族馆在进行收集、研究、饲养、保藏和展览的过程中，重塑和再现陆地水域、海洋及其生态发展变化，从而达到传送科学技术和文化知识的目的，通过水族馆揭示海洋生物的奥秘，富教于乐，尤其对身临其境中的青少年，极具吸引力。有助于增强广大民众热爱海洋、保护海洋和地球生态环境的意识。

自古至今，吟咏海鱼的诗词数量众多，散见于地方文献及其他典籍记载中，也是丰富的海洋鱼类精神文化资源。如《水平府志》卷二十五载，《鰋鱼》云："鰋讹为燕不须疑，身著乌衣尾两歧。玉骨冰肌难免俗，耐人咀嚼是鲲鲕。"突出了鳄鱼身黑两尾岐的特征，并且运用玉骨冰肌来形容鳄鱼，显然是拟人化的形态。《青鲦》云："四月风回大海潮，白鲦未见见青鲦。爱他一副玲珑骨，宛似佳人翡翠翘。"将青鲦的玲珑骨与佳人翡翠翘进行模拟，形态唯美。《瓶儿鱼》云："形同汲水一军持，哆口弯环贯柳丝。疑是银瓶落井后，化身又逐海潮嬉。""嬉"字运用极好，瓶儿鱼在诗人眼里着实可爱。《魟鱼浮》云："昔闻宝剑号鱼肠，鱼尾今腾宝剑铓。莫为无鱼便弹铗，须防鱼腹剑锋藏。"《油光鱼》云："不染污泥偏滑滑，未施膏沐自油油，异鱼图赞名虽阙，细腻风光近上流。"

---

① 张先锋、王士莉主编：《走进水族馆》，北京科学技术出版社 2010 年版，第 4 页。

② 郁倩辉编著：《热带鱼养殖与观赏》，金盾出版社 2000 年版，第 4 页。

（四）民俗文化

古代的渔民远航出海，因船体小，一般只有三四个男性渔民，每日的生活十分枯燥、单调和乏味，于是就在船上用敲锣打鼓、自编自唱渔歌等形式自娱自乐，调剂海上劳作的生活压力。生活在海岛的儿童，用他们的聪明才智创作了很多具有海洋特色的游戏，如“枪窗口”“飞水石”等。这种儿童戏耍的竞技，既赛体力也赛技巧，深受海岛儿童喜爱。古时行船，有风驰帆，无风摇船，谁摇得快，谁早进港，早售出鱼货早得益，这无疑具有一定的刺激性和娱乐性。生活在海岛的妇女也在生活中形成了一系列娱乐身心的活动，如淘鱼、拣鱼、织网等。海岛特殊的地理环境使得与大陆的往来十分不便，许多竞技和游戏就是他们娱乐自己的主要方式，如爬杆、游泳、垂钓等，都是为适应单调的生活而创造的，这些活动使岛民在精神上得以满足，充实了生活。①

出海前要祭海，下网捕鱼作业前要祭祀海神等，所有这些仪式，仅仅是表达渔民们的愿望而已，但捕鱼作业过程中不顺利的事还是在所难免。在捕鱼中一旦出现不如意的事，渔民们立即举行仪式进行补救。如吴越渔民洒盐米于海上，并点燃稻草把，待冒出青烟，举之于船的四周挥舞，以驱赶邪气。显然，在古代，由于渔民们的科学知识贫乏，无法解释渔业生产中出现丰歉的原因。他们无法准确地把握鱼群的行踪，而把希望寄托于冥冥之中的海神，相信海神是神通广大的，它能够主宰海洋鱼类，能为自己驱赶来鱼群。渔民们在海上的整个捕鱼作业过程既是经济活动过程，也是生活过程，这实际上是人与海洋之间、人与人之间种种关系的互动过程。在漫漫历史长河中，祭海活动与渔民出海捕鱼讨生计相伴随，逐渐形成了沿海渔民特有的地域民俗文化。

另外，还有鱼神信仰。所谓鱼神即属于“海洋水体本位神”，是指对海洋水体的崇拜而产生的神灵，和由此演化出来的神灵，以及对栖息在海洋中水族的崇拜而产生的鱼神、龟神等。② 信鱼神是对海洋鱼类的崇拜。上古时代，在东南沿海生活的古越族人的观念中有一种名曰“鱼

---

① 黄玲：《海洋民俗体育的内涵、流变及发展策略》，《中国体育科技》2009 年第 3 期。

② 王荣国：《海洋神灵：中国海神信仰与社会经济》，江西高校出版社 2003 年版，第 29 页。

虬”的神鱼，具有喷浪降雨的功能，就属于鱼神崇拜，确切地说属于巨鱼崇拜。山东沿海及其岛屿的渔民崇奉鲸鱼为海神，俗称其为“老人家”。由于尾随鲸鱼后面能够捕到大量的鱼，渔民认为是鲸鱼追逐鱼群入网，又称其为“赶鱼郎”；捕鱼丰收必然发财，因此又将鲸鱼视为“财神赵公元帅”，俗称“老赵”。山东桑岛的渔民称鲸鱼为“老爷子”，无论在岸上还是在海里，见到就烧香纸。据说，渔船跟着鲸鱼能网到大批的黄花鱼。因此，渤海湾里打鱼的船只，在渔汛期如果见到鲸鱼追食鱼群，便称为“过龙兵”，一般船只不敢靠前，只有烧纸钱祷告，尾随其后捕捞，可获得丰收。[①] 舟山渔民将鲸鱼称为“乌耕将军”，看到“乌耕”露面意味着鱼群将至。[②] 浙江南部的玉环、洞头一带的渔民于三月开春时，看见第一条鱼浮出海，鲨鱼崇拜也在我国沿海普遍流行。山东龙口市屺㟂岛的渔民如果出海遇到“龙兵”，也就是大鲨鱼，就称其为“老人家”，并且要多说些好话：“老人家，您别发脾气，俺这有老有小的，不容易。”[③] 在浙江舟山群岛，如果渔船在海上遇到恶鲨，渔民往往口中念念有词，并“向海中撒米，抛小旗，祀祷大鱼速速回避”。传说鲨鱼露面是因为它到龙宫赶考迷了路，要找人指点而出海问讯。舍米是给鲨鱼充饥，施旗是给它指点迷津，否则鲨鱼要掀翻船的。[④] 在福建的厦门，渔民对于大鱼的崇拜则是另一番情景：相传白海豚不仅曾经救援过落水的渔民，而且能阻止凶恶的鲨鱼进入港口，因此厦门渔民崇奉中华白海豚，称为“镇港鱼”，也称“妈祖鱼”。据说渔民还能通过白海豚洄游的方位推测某些鱼群洄游的规律。旧时渔家在海上遇到“妈祖鱼”要烧香纸祝愿，以祈求平安和丰收。水族崇拜属于原始自然神崇拜，海龙王信仰产生以后，水族崇拜就被纳入海龙王崇拜系统中而成为海龙王的鱼兵蟹将。[⑤]

---

① 郭泮溪：《上东海乡民俗拾零》，《民间文学论坛》1989 年第 5 期。

② 金涛：《东亚海神考述》，上海社会科学院东亚文化研究中心编《东亚文化论坛》，上海文艺出版社 1998 年版，第 126—127 页。

③ 王荣国：《海洋神灵：中国海神信仰与社会经济》，江西高校出版社 2003 年版，第 29 页。

④ 彭文新：《屺岛岛民文化调查》，《民间文学论坛》1989 年第 5 期。

⑤ 王荣国：《海洋神灵：中国海神信仰与社会经济》，江西高校出版社 2003 年版，第 40 页。

三　海洋鱼类开发面临的诸多问题

(一) 海洋渔业生态失去平衡

新中国成立以来，我国海洋捕捞年产量呈逐年上升的趋势，取得显著成就，极大地满足了人们日益增长的物质文化需求，但由于开发、利用过度，近海资源已遭受严重破坏，虽然捕捞产品中短食物链、低营养级的上层鱼类如鲐、鲹、鳀，马鲛和毛虾等产量有一定幅度增长；但是底层鱼中重要传统种如大黄鱼、小黄鱼、带鱼，新兴起的马面鲀等的产量却大大下降，有的种类如大黄鱼、中国对虾等已濒临崩溃。直到近年来采取了保护措施，个别种类如小黄鱼才稍有恢复，一些产量还可望增加的种类如鲐、鲹、马鲛等，其捕获物却也呈现小型化和低龄化趋势，前景不容乐观。过度捕捞的严重后果是渔业资源的衰退（或）崩溃，如此下去，将难以保持我国海洋渔业健康而可持续发展，也难以满足国家生产建设和人民生活的需要。因此，必须采取有力措施加强对海洋环境和资源的有效保护，以缓解人类活动对近海沿岸环境与生物资源造成的胁迫，尤其要避免因生产手段（主要是渔船和网具）和生产力大大超过资源的补充更新能力（最大持续渔获量）而造成的资源枯竭、产量大幅度降低的情况出现。

近年来我国已将海洋渔业生产增长的主要目标放在养殖业的发展上，因而海水养殖产业发展极快。全国海水养殖总产量到 2002 年已达 1212.8 万吨。尽管如此，鱼虾产量占整个海水养殖产业比例小的局面仍未改变。尤其是河口和沿岸带环境污染加剧，水质恶化以至赤潮频繁发生，影响了鱼类资源的繁殖再生，大黄鱼、中国对虾等传统资源也早已濒于衰竭、崩溃。伴随着过度捕捞和场域水质污染，原来在渤海各河口附近水域产卵育幼的中国对虾目前也已面临灭绝的危险。

(二) 鱼类资源承载的人文价值有待开发

目前，我国对海洋鱼类资源的开发主要集中在食用与药用等实用层面。近年来由于生活节奏的变快，学习和工作压力增大，对休闲娱乐活动方式多样化提出要求，以海洋为主题的休闲娱乐活动应运而生。据不完全统计，目前国内水族馆已经达到几十家，投资规模、总储水量也在不断增加。[①] 这些海洋馆或以展示海洋动物的生活习性和生存环境为主题，或以展示丰富的海洋生物资源和各种非生物资源为主旨，把人们的旅游休闲活动和普及海洋科学知识有机地结合起来，采用模拟海洋环境的设计理念，运用声、光、电等高科技的手段加上极富感染力的海洋动物表演，把绚丽多彩的海洋世界呈现在游客面前，使广大游客在人与海洋世界的互动中学到知识、陶冶性情。[②] 而家庭型的海鱼观赏面临诸多挑战。观赏鱼消费是一个漫长的养殖和维护过程，而大多数消费者只注重观赏，忽视了专业知识技能的养成。面对观赏鱼消费市场，经销商往往只注重将自己的产品卖出去，忽略了后期的服务，再没有配套的技术服务，导致饲养者得不到较好的喂养技术，失去了饲养信心，以致客户群长期不能稳定下来，以海鱼观赏为主题的休闲活动也难以持久下去。

此外，现存海洋鱼类资源的人文价值仍有待于开发。伴随着现代城市化、商业化脚步的加快，海洋原始渔村的生存空间日益受到排挤，渔民转业问题严重，逐渐沦为城市发展的劳动力，而原来附属于传统渔村的乡风民俗也慢慢销声匿迹，最终走向终结。《海洋开发资源再配置与渔村的变迁》一书中指出，从人类历史进程的宏观角度看，海洋渔村的终结是工业化和城市化的一个结果，是农业社会向工业社会转变的必然趋势。从发展的角度看，这是一种进步。但是，对个体渔民来说，渔村的终结意味着渔民身份的失去，因而他们在现实中的行为选择也会发生相应的改变。[③] 然而这种行为选择并未能使原风貌的渔村风俗文化输入新鲜的血液，而是日益处于一种尴尬的境地。因此，海洋民俗的保护、开发与传承不可忽视。

四 海洋鱼类文化资源产业化的建议

（一）保护海洋鱼类的物质文化资源

由于人为的捕捞、污染以及其他不利因素的影响，目前我国海洋生物

---

① 张先锋、王士莉主编：《走进水族馆》，北京科学技术出版社 2010 年版，第 25 页。

② 孙滨编：《中国海洋馆指南》，海洋出版社 2004 年版，第 10 页。

③ 唐国建：《海洋开发资源再配置与渔村的变迁》，海洋出版社 2012 年版，第 165 页。

资源已普遍处于最大限度或过度的利用状态。为了更好地开发利用我国丰富的海洋生物资源，应以加强海洋生态系研究为基础，立足于保护并合理地利用传统的近海渔业资源，逐步发展外海（包括远洋）的渔业生产；同时，利用水域生产力，大力发展海洋增养殖，提高增养殖产量在海洋总渔获量中所占比例，使我国海洋生物资源开发从捕捞为主逐步向增养殖为主的方向转变。中国作为一个海洋大国，海洋资源丰富，但海洋药用动物资源并非取之不尽，对其中较稀有的野生动物资源必须加以有效的保护，即使是较丰富的动物资源的开发利用也必须是适度的。对于适合开发的种类也应当先进行人工增养殖试验以扩大资源量，在此基础上再进行有效的加工利用。就海鱼种类产品而言，食用及药用功能的发挥仍需从传统典籍中寻求智慧，参照现代消费者多样性需求的变化，加以创新，从而不断丰富其烹饪之法并使其营养价值最大化，自然而然，经济价值便会显现出来。

（二）重点开发海洋鱼类的精神文化资源

观赏渔业在发展过程中要坚持科学发展观，加大在观赏鱼产业的资金和技术投入，完善观赏鱼损失补偿机制，依靠科技进步，培训观赏渔业的科研人员，建立观赏鱼专门的科研机构。加强对中国鱼种的遗传和培育工作，一方面保持原有的特色，为渔业的发展创造良好的内部环境；另一方面根据原有特色培育具有竞争力强的新品种，提高产品的科技含量，力争培育珍稀观赏鱼品种。同时，从国外引进新品种，结合本地自然环境，加以研究，创造自己的品牌，并树立品牌意识。另外，加强观赏渔业各方面技术研究并加以完善，例如对生态学、水质调控、饲料配方、疾病防治、渔药开发、鱼种驯化、运输等技术的完善，并充分利用高新电子技术，改进水族器材等设备的安全系统，这样不仅使观赏鱼有一个更好的生存环境，还可以向专业化方向发展。

同时，在当前的海洋文化遗产保护工作中应该重视引入更为整体性的“海洋家园生态”视角，深刻认识到生态保护对于海洋文化遗产保护所具有的重要意义，视之为文化遗产保护的共生条件，不断努力维护海域的生态系统安全与生物多样性，在此基础上建立起一种充分尊重海洋族群，与海洋自然生态相适应的“文化—自然系统”遗产保护模式，这无疑是一个摆在我们面前亟须解决的时代命题。

结　语

我国的海洋鱼类文化丰富，价值功能多样，进行合理有效的开发则显得尤为重要。然而目前却面临着开发过度，资源衰退、水质污染、产业低端化等困境，为了使经济价值得以最大化的实现，我们应该转变竭泽而渔的做法，将海洋鱼类物质层面与人文层面相结合，走与生态环境和谐共处的产业化发展道路。

（作者单位：中国海洋大学文学与新闻传播学院）

互联网与文化产业

网络小说 IP 影视开发模式探究*

张立波　刘园香

【摘要】网络小说 IP 和影视剧的结合将阅读者的“点击量”有效转化成了电视节目的“收视率”、电影作品的“上座率”和衍生产品的“购买率”，正在成为一条可以整合多方资源的产业链。以实现开发过程中价值增值的产业链为基础，网络小说 IP 影视开发价值的实现可以划分为网络小说 IP 的创作部分、影视公司与播放平台的运作部分、网络小说 IP 衍生品的制造和销售部分三个主要部分，并且每个部分都包含若干子部分的有机协调开发，形成以网络小说 IP 为核心进行多维度、多层次发散式的影视开发产业链。

【关键词】网络小说　IP　开发模式

一　网络小说 IP 的内容特性

影视产业归根到底是内容为王。影视企业倾向于选择具有创意内容、品牌价值、易于产业化运作等特征的小说进行后续的开发。随着传统的经典小说作品被反复影视开发，影视领域好故事、好剧本供不应求，而人们对文化类精神产品的需求却在不断增加，于是影视企业纷纷将开发的对象锁定在受众广泛，且具有适合被影视开发天然内在属性的网络小说上。

* 山东省社科规划重点项目“基于大数据的文化企业商业模式创新路径与方法研究”（编号：15BGLJ07）的阶段性研究成果。

（一）网络小说是以粉丝受众偏好大数据为创作驱动

长久以来，被视为文化精英的小说作者将自己构思的内容在书籍、报纸、杂志等物态化载体上出版，并以稿酬作为主要收入来源。随着互联网和移动阅读设备的快速普及，以专业作家进行的内容和情感的单向传播，转变为创作者和广大受众平等、及时的双向交流；以专业的文学刊物作为主要阵地的小说生产机制已经被打破，越来越多的网络作家开始崭露头角，如顾漫、南派三叔、桐华等。刚开始创作或名气较小的作者一般先和网站签订协议，主要是靠流量收取版税，点击量是影响作者收入的重要因素。因而，作者会主动充分搜集和利用受众偏好大数据，汲取受众的反馈信息，并运用到后期的创作和开发中。在互联网时代，有着庞大粉丝群体的网络小说就是后期开发影视作品收入的先期保障。网络小说 IP 影视开发以受众为导向，核心目的是争夺受众的注意力，即必须注重受众的情感体验和价值追求。开发影视作品的成功是受众体验得到满足的结果。

（二）网络小说内容可以迅速传播

早在 1964 年，加拿大学者马歇尔·麦克卢汉就提出“媒介即讯息”的观点。如今，互联网作为信息传递、交流的媒介工具，对资讯和文化的传播起着重要作用。在网上创作并传播的网络小说，可以直接快速呈现在受众面前，受众之间亦实现基于网络社区的快速分享和传播。

（三）网络小说经过市场的反复筛选

以前影视公司将剧本还不为观众熟知的作品搬上荧屏，这大大增加了影视作品的市场风险。庞大阅读群体的点击量是成千上万读者对小说的反复检阅，影视公司可以基于观众偏好数据进行影视投资。一项由中国互联网络信息中心提供的数据显示，有 79.2% 的网络文学读者愿意看网络文学改编的影视剧。目前我国网络文学读者约有 1.95 亿，这就相当于约有 1.54 亿的读者将会是网络小说影视开发后的受众。[①] 网络小说很多是以粉丝付费阅读的形式进行变现，肯给小说内容付费的粉丝很多也会为作品开发成的影视剧、游戏、衍生品等付费，这在一定程度上降低了开发公司的

---

① 马宏：《网络小说能否成就影视帝国》，《时代人物》2012 年第 3 期。

市场风险。

二　网络小说 IP 开发运作模式

作者作为内容的创造者，是网络小说 IP 的源头活水。适合影视开发的网络小说 IP 被创作出来以后一般有两种流向。一是作者始终自己掌握核心 IP，拥有“创作者 + 开发者”双重身份，全程参与产业开发；二是作者将 IP 授权给单独一家或多家影视制作公司进行开发，作者可能参与或不参与后期的产业开发。网络小说 IP 开发运作平台是起着基础作用的、可衍生其他相关影视文化产品的一种环境。一部好的网络小说 IP 被创作出来之后，要遵循一般影视剧产业开发的内在规律，同时更需要众多影视企业对内外资源的不断整合，跨平台地合作，引发受众对作品的持续关注。

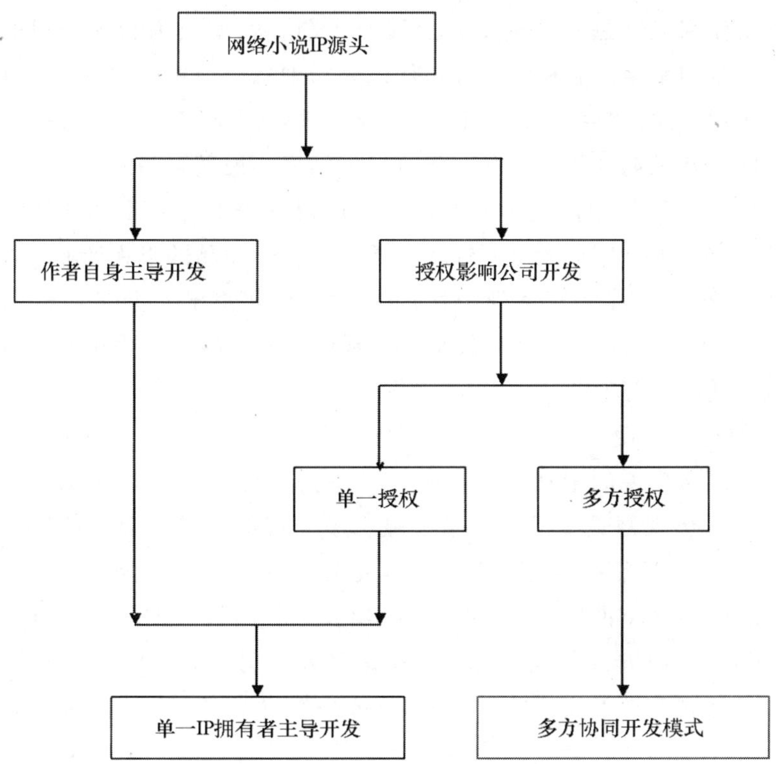

图 1　网络小说 IP 影视开发模式

（一）单一 IP 拥有者主导开发模式

1. 作者主导的开发

一些网络小说作者认为：IP 如同一个需要从头到尾保持完整性的金字塔，自己的小说 IP 被割裂后无法更好协调联动开发；在网站发表的作品被影视公司购买以后，只能服从公司安排，对作品的影视开发并没有太多话语权。于是一些作家开始寻求身份的转变，亲自主导小说 IP 产业链的拓展，进军影视圈，直接参与影视剧的策划与开发，进而实现“从写作创造 IP 到跨界影视开发 IP”的转身。典型代表是桐华。桐华本名任海燕，其小说和影视版权曾被出口到韩国、泰国等国家。随着她的畅销小说《步步惊心》《最美的时光》《云中歌》等开发的电视剧被搬上荧屏，桐华的知名度日益提高。显然，在网站上创作完小说，等着影视公司上门买版权，然后将 IP 进行分散开发的模式已不能满足很多像桐华这样名气较大的网络作家。于是她逐渐从幕后转至台前，转型成为影视公司的从业者，加盟梦幻星生园影视公司并担任该公司副总经理兼创意总监。她承担起网络小说 IP 的“生产者”和“开发者”的双重职责，与以导演吴锦源为代表的团队长期合作，已联合将自己的网络小说《金玉良缘》《抓住彩虹的男人》等作品制作成影视剧播出。值得一提的是，很多非网络作者也开始意识到独立版权的重要性，开始参与自己作品的影视产业开发，如郭敬明参与《小时代》系列电影的开发，联合腾讯共同参与自己小说《爵迹》IP 的影视开发，后期甚至可能延伸至网页游戏、手机游戏以及实体化的一些相关开发①。

2. 获得单一授权的影视公司开发

基于网络小说的影视开发热潮，一些公司纷纷开始“囤积”网络小说 IP。由于影视剧是高投入、高风险、慢回报的开发项目，所以影视公司在获得 IP 之后往往会形成单一企业主导、选择与多家企业联合开发的模式。拥有网络小说核心 IP 的公司在出售版权时，有的还会要求对后续作品的相关开发进行分成，典型代表是《花千骨》IP“影视公司 + 视频网站”的影视产业开发模式。作者 Fresh 果果（真名江晨舟）将小说《花

---

① 腾讯影业正式成立与郭敬明合作开发［2015 年 9 月 17 日］. http：//t. qianzhan. com/int/detail/150917 - d6eba8a7. html。

千骨》（又名《仙侠奇缘之花千骨》）最先连载发表于《晋江文学》，2009年成功出版，经过多年沉淀，积累了大量忠实粉丝。2013 年慈文传媒买下《花千骨》电视剧 100% 的版权，邀请原作者参与剧本改编，并联合爱奇艺及其他公司，开始进行一系列的产业化开发。

（1）拥有 IP 的影视企业主导开发

慈文传媒集团股份有限公司（以下简称慈文传媒）作为电视剧《花千骨》的独家出品公司，是该 IP 产业化开发的主导者和最大的受益者。慈文传媒制作该剧的投资成本为 1.05 亿元，2014 年向湖南卫视出售首轮卫星电视播映权取得约 9300 万元的收入，以 7500 万元向爱奇艺出售该电视剧 5 年独家信息网络传播权，即公司单播出授权一项的总收入就高达 1.68 亿元。[①] 同时，掌握核心 IP 的慈文传媒将《花千骨》电影、舞台剧等的开发也提上日程，产业链不断延伸。此外，电视剧在电视台第二轮、第三轮等的后续授权播放也会给影视公司带来可观收入。

（2）联合其他企业加盟开发

爱奇艺在从慈文传媒拿到《花千骨》电视剧独家网络版权之后，与 PPS 游戏、天象互动、慈文传媒、君游网络等一起合作，打通电视剧、游戏、电商等领域，对《花千骨》IP 进行一系列的深度联合开发。第一，对电视剧独家信息网络传播的充分广告开发。《花千骨》在爱奇艺视频播放前的广告有时会从 15 秒到 60 秒、90 秒不等，同时电视剧侧边栏、分段花絮都是广告商争抢投放的目标，这种模式比传统电视台广告“招商先行”的模式更加灵活，广告开发也更加充分。第二，PPS 游戏与天象互动联合发行《花千骨》手游和页游，手游上架 App Store 之后排名免费榜和畅销榜双榜第一，其月流水收入超过 2 亿元。第三，基于双方投资五五分的合作，爱奇艺与慈文传媒共同拍摄网络自制剧《花千骨番外》，并于电视剧收官日趁热播映。第四，爱奇艺与版权方合作，负责《花千骨》周边商品线上线下的营销推广，登录爱奇艺商城可以买剧中人物的配饰、毛绒公仔、游戏道具等商品。通过上述多维度深入的开发，爱奇艺探索了一条视频网站开发网络小说 IP 的泛娱乐影视产业链。

---

① 《花千骨火爆整个暑假　揭秘最大受益者是谁　湖南卫视真的亏了吗》，2015 年 9 月 7 日，http：//www. shangc. net/news/n/67822_ 2. html。

表 1 **《花千骨》IP 相关产业开发①**

<table>
<tr><th>核心 IP</th><th>出品方</th><th>开发形式</th><th>归属出品方收益</th><th>播放平台</th><th>授权内容</th><th>相关开发</th></tr>
<tr><td rowspan="6">《花千骨》小说由 Fresh 果果（真名江晨舟）2006 年最早发表在《晋江文学》，2009 年成功签约出版社出版</td><td rowspan="6">慈文传媒</td><td rowspan="3">电视剧（2013 年慈文传媒买下该电视剧 100% 版权）</td><td>9300 万元</td><td>湖南卫视</td><td>独家首轮卫视播放，5 年非独家播放</td><td>“钻石周播剧场”冠名费 1.28 亿元</td></tr>
<tr><td>7500 万元</td><td rowspan="2">爱奇艺</td><td>5 年独家信息网络传播权</td><td>与天象互动开发授权手游、页游，月流水收入突破 2 亿元</td></tr>
<tr><td>2600 万元</td><td>联合慈文传媒制作番外篇</td><td>爱奇艺商城“花千骨”专柜，原著小说、玩偶公仔、主题 T 恤等周边产品</td></tr>
<tr><td>电影</td><td></td><td colspan="3">第二轮、第三轮等播放权</td></tr>
<tr><td rowspan="2">舞台剧</td><td colspan="4">筹划由慈文传媒投资，版权归制片人唐丽君</td></tr>
<tr><td colspan="4">筹划</td></tr>
</table>

慈文传媒和爱奇艺等企业组成联盟，对网络小说《花千骨》核心 IP 全方位、立体化的开发与跨领域、多角度的商业合作，使得该小说的 IP 不单停留在一次性的版权交易，而是逐渐拓展到出版、影视、游戏产业，其周边产品也将逐渐被挖掘，逐渐被塑造成一个多元化、可持续发展的文化品牌，为原作者和影视开发公司带来源源不断的丰厚回报，从而形成一条完整的跨领域发展的泛娱乐 IP 产业链和可借鉴的商业模式。

（二）多方授权的协同开发

企业协同效应又可以称为企业增效作用，即同一企业或多个企业之间，两个或两种以上的部分相加或组合在一起，所产生的作用大于各个部分单独应用时作用的总和。优质的网络小说 IP 是影视企业泛娱乐化产业布局的核心。在“全渠道娱乐”时代，一旦某部网络小说成为著名 IP 后，往往会被各大互联网、影视以及游戏公司争抢。对于优质 IP 而言，

① 《花千骨火爆整个暑假　揭秘最大受益者是谁》，2015 年 9 月 7 日，http://www.shangc.net/news/n/67822_2.html。

投资方不关注新旧，只看中是否有开发价值。购得优质网络小说版权之后，对其从电视剧到电影“一鸡两吃”等多重开发方式，仍然是目前影视制作公司项目运作的惯用手法。因为电视剧和电影作为不同的影视表现方式，呈现的不同作品肯定会有新鲜元素，就算是熟悉的内容情节，观众也会好奇有无新的东西注入，有的观众甚至乐于将两部作品进行分析比较。对于网络作家而言，基于网络小说 IP 的影视、游戏衍生品等开发产生的效益往往是原有作品的数十倍。所以在和出版社签订合同时，很多作者会单独另签一份数字版权合同，或者直接自己找另外的合作方签售数字版权、影视版权等。由于 IP 的火热和作者授权的混乱，使得一个热门的网络小说 IP 被多家影视公司进行多种开发，甚至争抢版权的情况时常发生，典型的代表是小说《何以笙箫默》（以下简称《何以》）IP 的影视开发。

1. 电视 + 电影：影视作品协同开发

网络小说影视开发的产业链拓展，是同一种 IP 在不同空间和时间维度的重复延展使用。在空间上，网络小说的影视产业开发以 IP 为轴心，在纵向上使上下游个产业得以有机地连为一体；在横向上实现企业之间的协同合作，实现 IP 重复开发的价值增值。IP 与产业链各环节相互衔接，使整个产业链前后贯通为一体，不同企业之间可以实现整合或者战略性有机协同。在时间上，影视企业紧跟或引导受众的注意力，保持开发影视作品的时效性和话题性，通过一段时间大量人力和资本的投入，提升企业影视作品的知名度和美誉度。

电视剧《何以》由上海剧酷文化传播有限公司出品，江苏卫视和东方卫视首播，安徽卫视、深圳卫视、韩国 MBC 电视台等进行多轮播放，最大限度地扩大了传播效果。电视剧版即将收官之际，由乐视影业出品的同名电影开拍。《何以》电视剧和电影接连播映并不是偶然，而是在中国目前影视市场急缺优秀的能够打动人心的好 IP 的情况下，众多影视公司充分开发已有网络小说 IP，协同延伸产业链、实现物尽其用的体现。核心 IP 一意多用，成功把小说的“点击率”、电视小荧屏积累的“收视率”，转变成电影大银幕的“上座率”。

2. 影视 + 电商：衍生品跨界开发

传统模式下，电视剧盈利主要是靠将作品卖给电视台、视频网站等，播出机构将电视剧的广告时间卖给广告主，赚取广告费。在 T2O（TV to

Online）的模式中，观众边看电视边上网下单，为电商平台引入新用户流量的同时，也将观众变为消费者。这种模式打破了电视台以往单纯依靠硬广告和植入广告带来经济效益的模式，为电视剧未来多种盈利模式的探索提供了借鉴。电视剧《何以》开启了电视剧和电商跨界合作的先河，其播出平台上海东方卫视联合阿里巴巴，观众只需要通过手机天猫客户端扫描电视台图标，就可以进入产品的天猫店铺，看到电视剧中钟汉良、唐嫣的同款服装，还提供互动购买优惠。《何以》的“边看边买”商品比之前同样进行 T2O 模式尝试的节目《女神的新衣》更为丰富，且不局限于服装商品，这让“边看边买”的全新体验式观剧成为可能。T2O 模式提升该小说影视开发作品关注度的同时，使得根据小说中相关内容开发的一系列衍生品得到快速、大范围的传播，大大延伸了小说影视开发的产业链。

小说《何以》IP 资源被多方充分开发利用，进行联合深入的产业链打造：小说粉丝的“高点击量”转化为后续的“高收视率”“高上座率”“高购买率”；电视剧的多伦热播带动了对同名电影的高度关注；T2O 模式的创新促进了相关衍生品的开发；电影的高票房延续了观众对电视剧、小说的关注，同时增加了相关周边产品的开发；衍生品、电影、电视剧的火热又反过来实现了影视公司利益的提升、小说网络点击量和纸质出版的增加，同时也带来小说作者身价的提升。可以看出，《何以》影视开发的过程中，多公司都参与其中，充分挖掘了小说内容的价值。影视剧实现多品牌、多维度的建立和传播的同时，也反过来实现了对小说的反哺，形成跨领域合作的良性闭合循环互动（见图 2）。

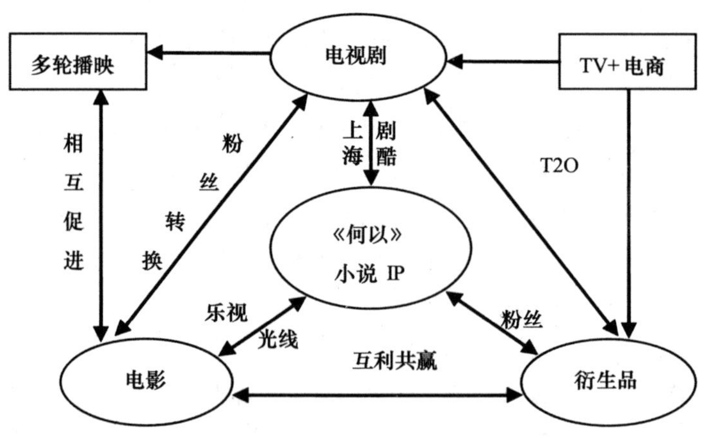

图 2　《何以笙箫默》小说 IP 影视产业开发模式

三 未来趋势

通过对《花千骨》《何以笙箫默》等一批有代表性网络小说 IP 的影视开发分析，可以归纳和探索出网络小说 IP 可普遍化运作的影视开发模式：“内容 + 平台 + 衍生品”的产业链打造。随着技术进步、制度完善和商业模式的创新，基于网络小说 IP 开发的影视作品趋于内容的品牌化、制作的精品化等。预计未来几年，网络小说 IP 的影视产业开发依旧是文学领域的热点所在，是影视产业创新发展的重要突破口。

（一）同源 IP 影视开发趋于品牌化

目前，由于很多网络小说 IP 被割裂开发，导致相关产品很难在同源 IP 的横向产业链中其他产品火热时趁势推出，对 IP 整体产业的开发造成巨大损失，如拍影视剧的只拍影视剧，开发游戏就只开发游戏。由于开发每个具体项目产品的标准、方式各异，缺乏强有力的统一开发者来全程主导，最后开发的结果也是小而散的。

强势网络小说 IP 可以一意多用，即可以通过不同的形式被多次开发利用。影视热度的维持很大程度上取决于小说内容的丰富程度和相关品牌开发的力度。以 IP 为核心来扩展和完善影视开发产业链的每一个环节，影视企业可以实现影视产业运作方式的变革创新和产值的增长。未来随着“互联网 + 文学 + 影视”商业模式的不断清晰，互联网企业和影视企业都将纷纷涉足网络小说 IP 的影视开发。以 BAT 为代表的互联网企业在网络文学和影视产业领域的布局不断完善，其拥有或控股的视频网站拥有雄厚的资金、精良的影视制作团队和庞大的用户资源。基于自身拥有的大数据资源，再加上对周边资源的整合，互联网企业将实现网络小说 IP 从创作、影视开发到衍生品制作等产业链的精准把控。网络小说 IP 被开发成影视作品后，播放渠道也不再限于传统电视和银幕，与互联网视频网站结合之后盈利模式更为多样。因此，以某一网络小说 IP 拥有者全产业链渗透主导，实现同源 IP 多形式、大品牌共同开发的商业模式成为可能。

（二）开发的影视作品趋于精品化

由于名作者、名演员的明星效应，很多网络小说 IP 在被开发成影视剧之后被广泛热议，但往往是“成功但不优秀”的影视作品。如《何以笙箫默》电视剧虽然网络播放量最高的时候超过3.5亿，但其在豆瓣上的评分仅为6.3分。同名电影虽然票房达3.25亿元，但也是高票房差口碑，在豆瓣对该电影的评分只有3.6分。这一方面是因为随着影视开发热潮的推动，很多影视公司“哄抢囤积”网络小说版权，但在后期开发的过程中往往急功近利，注重速度和数量而对开发作品的质量关注不够，如饱受非议的《盗墓笔记》的特效制作。一些影视公司为了适应市场需求，在影视开发时将小说改得面目全非，导致原著粉丝反感。另一方面，一些网络小说作者开始寻求转型，开始参与到小说影视开发的改编中来，但很多是文学专业而非影视专业出身，对影视开发、资本运作等缺乏经验而难以把握。

未来对于网络小说IP的影视开发，不管是作者主导的影视开发模式，还是授权多家影视公司开发，都要始终坚持内容制胜。这是因为，一方面，优秀作者的优质原创作品永远是有价值的稀缺资源；另一方面，优秀的影视作品才能经得起受众和市场的检验。这就要求网络小说作家必须不断适应形势的变化，防止因对商业活动过多投入而创作荒废，转变角色的同时也有着艰巨的学习任务。影视企业将网络小说IP开发为影视作品时，不能一味地迎合观众需求而丧失了原著小说思想的独立性和小说的文学艺术价值，要尽量保持开发作品文学价值与商业价值的平衡。

(三) 版权界定逐步清晰并受到合理保护

现如今对网络小说IP进行影视开发时，版权纠纷问题频发。如顾漫将《何以笙箫默》的电影版权卖给乐视，有效期为三年。然而版权即将到期，顾漫又将该小说的电影版权卖给光线，导致双方陷入版权争夺战。再如2015年，晋江公司称腾讯未经授权，将《花千骨》私自改编成有声读物并在手机APP“企鹅FM”推出的行为侵犯了晋江公司及作者的合法著作权。这些都反映了我国现有环境下热门网络小说IP影视开发过程中版权交易存在许多问题和风险。

网络小说与传统有物质载体的小说一样，也凝结着作者的创作心血，因此，应当充分尊重其版权和价值。当一部网络小说IP需要被割裂开，由不同版权所有人分别进行产业化开发的时候，该小说的版权授权就大大复杂化。随着相关网络小说版权保护法律的制定和执行，未来网络小说

IP 影视开发的版权交易逐步清晰，纠纷问题将会得到合理解决。针对目前网络小说 IP 影视开发中频繁出现的版权纠纷问题，需要作家与影视企业签订合同进行授权时明确相关权益归属，最好邀请有专业水准的版权律师或机构参与，只有这样才能尽量避免不同版权所有人之间的权益纠纷。

（四）衍生品产业链不断延展

目前影视剧的衍生品市场有待进一步开发和规范。一方面，网络小说开发的影视作品虽然受众广，但剧中产品价格过高，品牌基础弱且市场号召力不强，使得相关衍生品的策划和开发也很滞后。另一方面，高额的授权费以及盗版问题也使得衍生品开发的市场风险很高。以《何以笙箫默》为例，剧中女主角同款假发 3000 多元，男、女主角同款衬衣 1000 多元，这些同款网上月销量基本不多于 10 件。电视剧播出过程中，相关衍生品购买量总体并没有大的提升，T2O 模式新增的用户流量并没有转化为理想的销售①。可见当下影视内容品牌与电商接入的构建、利益分配模式等都还处在探索阶段，现阶段的 T2O 模式也尚不成熟，衍生品开发总体仍处于起步阶段。

随着现有 T2O 模式的改进，未来对于影视开发的衍生品，可以基于播出平台、电商企业、制造业企业等的深度合作，实现 B2B、B2C、O2O 等多环节联合，将产业链打通，形成衍生品、电视台和电商平台有机结合、互利共赢的重要模式。随着衍生品门类较多的武侠类、玄幻类、探险类网络小说衍生品开发的不断拓展，电商、观众的互动将进一步加强，提供购买入口和购买体验的平台将不断优化，T2O 模式在探索中逐步完善。这也将是整个泛娱乐产业衍生品产业链拓展的重要趋势。

结　　语

网络小说 IP 的影视开发给传统的文学和影视开发都注入了新鲜的血液，与网络作者、运营网站、影视公司、观众甚至电商等都有着密切的联系。以《花千骨》《何以笙箫默》等为代表的网络小说 IP 影视开发剧的成功，显示了网络小说 IP 的价值潜力，而且每一次的 IP 延展，都是一次

---

① 吴迪：《电视网购何以笙箫默》，《光明日报》2015 年 4 月 25 日。

完整的品牌开发和培育过程。本文探讨的模式以网络小说 IP 为核心，进行多维度、多层次地发散，不断拓展产业链，建构与之相关产业的消费市场，实现 IP 和产业链条中各品牌价值的最大化，对国内其他网络小说 IP 的影视开发与运作都有一定的借鉴与启示意义。

（作者单位：中国海洋大学文学与新闻传播学院）

“互联网+”下的文化产业新业态探索
——以“手枪诗自媒体平台建设”为例

黄永健

手枪诗（松竹体新汉诗十三行体）创新引论

一　手枪诗(松竹体新汉诗)缘起

无影掌
断魂枪
东邪西毒
美女丐帮
丈八蛇矛短
六寸手枪长
才下眉头心头
倏已出击八荒
诗歌讽咏寻常事
何惧冠名曰手枪
手枪诗
非诗余
村姑解唱白居易！

2013年12月底，深圳大学黄永健教授通过在微信发布汉诗，突发灵感，创造出手枪体汉诗。因为形似手枪，简称手枪诗，同时其形状又酷似长松披竹——松枝竹竿合为一体，又被称为松竹体新汉诗。黄永健多年从事散文诗理论研究及创作，出版了《深港散文诗初探》《中国散文诗研究——现代汉语背景下一种新文体的理论建构》及《中外散文诗比较研究》，计 60 万言，出版了散文、散文诗集《来如春梦》《愤怒的剑兰》等，研究创作之余，长期苦闷于现代新诗、散文诗与大众的隔膜与疏离，2013 年 12 月的一个晚上为安慰病痛中的小学同学突发灵感，在手机上创发而成。时过午夜，少年时代女同学微信传来信息，病房只她一人打吊瓶，过敏症突发的恐惧悬挂在女同学的心头，也刺痛了远在几千里之外的老同学的心，佯装镇定，同学发来一图：冰天雪地，四野昏暗，一女子持圩灯于荒郊断亭苦等远方归人，因有所感，黄永健于手机屏上首得两句：

怎么写
愁死鬼

这完全是梨花体的写法，但是，仿佛神助似的，在手机屏上，又出现了两行四言诗，接着两行五言、两行六言、两行七言、诗是两行两行发给同学的，最后又回归三言，最后一行回归七言，当时作者不知为什么把刚刚发出去的七段诗句，通过复制粘贴变成了下面的形状：

怎么写
愁死鬼
手执圩灯
伊人等谁
终南积雪后
人比清风美
古今聚少离多
长恨望穿秋水
知音一去几渺杳
暗香黄昏浮云堆
不如归
不如归
好梦君来伴蝶飞！

远在合肥医院里打吊针的女同学懵了，她问这是什么体，答曰“手枪体”，就此，手枪体新汉诗诞生。“诗重理、事、情”（叶燮），仿佛天外飞来的这首手枪诗，以梨花体写法起首，越写越古雅流丽，本身说明了诗歌缘情绮靡，雅俗和谐的本质特性。

2014年4月10日晚7点，梨花体教主赵丽华，应深圳大学流风诗诗社邀请，再临深大图书馆演讲梨花体及其绘画，场面依然热闹非凡。有同学请教赵老师对于黄永健手枪体的看法，赵丽华的态度：现代诗没有老爸。言外之意中国现代诗的爸爸是西方这个干爹，但是，她认为诗体的探索是值得尊敬的行为。从她的新书《一个人来到田纳西》的前言所发表的理念来看，她自始至终都是只认干爹不认亲爹的，所言必举西方诗现代派诗人。现场有同学试问三首走红的梨花诗到底为何走红，她令人满意的答复也只有“自由”二字，试看：

《一个人来到田纳西》
毫无疑问
我做的馅饼
是全天下
最好吃的

网上的评价：这是首很好的乡愁诗！想要了解它的好，有一个比较简便的方法，就是寻找诗眼。诗眼是什么呢？个人觉得既不是“毫无疑问”，也不是“馅饼”，而是“天下”。“天下”这个词，给人的第一感觉是古文里的中国，但诗人来到了田纳西，对于当时的她来说，“天下”就是车水马龙的美国社会，以“天下”来代指美国，既合理又有断裂感，一种很深很深的乡愁就埋藏在这种矛盾里。以“天下”为根，一首绝妙的乡愁诗就这样自己长成了。

事实上，当诗人找到“天下”这个支撑点的时候，诗已经呼之欲出了，诗人只需要像摘果子一样把诗摘下来，放入自己的篮子里便可以。她不需要像靠语言取胜的诗人一样去冥思苦想每个句子，她想表达的只是某种早已烂熟于胸的感情——人人皆有，却仅有诗人写出。这种写法，是相当高明的写法：攻其一点，一击致命。这种诗乍一读会觉得味如嚼蜡，呵呵，那是因为诗眼隐蔽得太好了，但你只要设身处地仔细品味一下，立刻会被诗的浓烈意境笼罩。[①] 当时赵丽华说，将馅饼改成“汤圆”“米豆腐”“热狗”等，那么一手梨花体可以生成 N 首佳作。

尽管赵丽华的观点引起网上热议，有上百万人追风，但是，正如她的老师们——庞德、威廉姆斯等当年在美国的风靡一时一样，风光一阵渐显颓势，诗歌包括其他任何艺术形式到了纯粹摆弄理念的程度，离自我灭绝为时不会太远。到了“文化中国”呼之欲出的 21 世纪 20 年代，梨花体、羊羔体包括将它们推上历史的风口浪尖的整个 20 世纪现代汉语新诗，必须成为我们加以“文化”地审视和反思的对象。

1916 年 8 月 23 日，胡适写下中国第一首白话诗《两只蝴蝶》（原题《朋友》），发表在 1917 年 2 月的《新青年》杂志。自此之后，一个不同于汉赋、不同于唐诗、不同于宋词、不同于元曲、不同于明清小说的文体开始出现，这就是中国新诗的初始。

近百年来，中国新诗经历了多次学术论争，到今天学术界重又不得不讨论新诗的“二次革命”和“三大重建”——诗歌精神重建、诗体重建和诗歌传播方式重建。正如吕进先生所指出的那样，新诗的第一次革命是爆破，当下的新诗二次革命是重建——重建中华诗歌的固定形式，重建中华诗歌审美风范，重建中华诗歌的传播方式。[②] 虽然“重建”与“革命”的含义不尽相同甚或相反，我们理解的当代新诗“二次革命”是极而言之的言说方式，当代新诗的审美定式、无边界放任和远离读者乖违当下的接受现状，已经到了忍无可忍的地步，要动摇其根基，突破其将近 100 年来所建立的审美标准和写作范式，通过三大重建达到现代汉语新诗的创化和新生，这无疑类似于一场革命，众所周知，老传统壁垒森严，可是有时候新传统森严壁垒，新诗在文化中国时代的审美理念去魅、诗体建设和写作、传播方式更新，就其必然遭遇的误解和阻力来说，不啻一场“革命”。

在这场“革命”中，诗体重建是当前汉诗学界的又一热门话题，全世界的华文诗歌界都在热烈讨论。

纵观新诗的世纪演化历程，刘半农、郭沫若、闻一多、何其芳包括试

---

① http：//bbs. tianya. cn/post-poem－113242－1. shtml.

② 吕进：《三大重建：新诗，二次革命与再次复兴》，《西南师范大学学报》2005 年第 1 期。吕进先生在这篇文章中提出的观点，无意中成为当代“手枪体新汉诗”创发的理论起点。

图以外来十四行诗固定汉诗形态的冯至等现代著名诗人都在诗体重建上做出了巨大努力。但是，正如吕进先生所指出的那样，新诗的诗体重建在20世纪里的进展比较缓慢，毛泽东的"迄无成功"说，也当指诗体重建。

近百年的新诗危机，从诗体看，也主要是自由诗的危机——太自由，正是当代新诗也是梨花体、羊羔体的最大问题！太西化，正是梨花体的卖点也是盲点！太哲学，搞出脱离人群的笑话！无论哪个民族的诗歌，格律体总是主流诗体，如英美十四行诗，日本的和歌和俳句、越南的六八体和双七六八体等，中国诗歌史上主要以三言、四言、五言、七言诗歌为主流，六言诗不及三言、四言、五言、七言诗广泛，但是骈赋，元曲中六言诗句比比皆是，中国诗歌一直以格律形式代代相传，那是汉语和汉字本身的逻辑使然，更是中国文化要义中诸如"阴阳""流变""轮回""和谐""中庸"等价值观念的形态化身。美国意象派另一代表人物洛厄尔认为："这些我们称为汉字的奇妙的笔画组合实际上是完整思想的图画式表现。复杂的汉字不是自然而然地组成的，它们是由简单的汉字组成的，每一个汉字都有其意义和用法。把这些汉字组合在一起的时候，每一个字都对整个汉字的音或意起到作用。……因此要了解一首诗中的全部意图，就必须懂得分析汉字的结构，这一点是十分清楚的。"① 今天的新诗作者试问有几人明白这个道理或思考过这个问题？只是到了近代在西方话语的强力同化过程中，经由知识精英自上而下的"启蒙""灌输"，自由诗登上了历史的舞台。严格地说，自由诗只是汉诗历史长河中的一条支流，这条支流融会中西，实际上是"西体中用"，到今天因为过于西化源头缺水几至枯水断流，它必须再次一头扎进汉诗的历史主流中，调整方向，强健流体，起死回生。种种迹象表明，现代格律诗才是汉诗诗坛的主要诗体。②

手枪诗（松竹体新汉诗）依托手机微信平台始创、传播、互动、扩散、定名，一问世就引起了中国诗歌学界和美学界的热议，网上"美学群"为代表的一类传统诗歌学者认为，手枪体汉诗是对中国传统文化的糟蹋，应该制止。更有学者认为这可能已经走火入魔了，搞出一个世间怪物出来，但是更多的学者赞同手枪诗，认为这是对传统文化的继承与

① 参见李平《西方人眼中的东方文学艺术》，上海教育出版社2004年版，第185—186页。

② 吕进：《三大重建：新诗，二次革命与再次复兴》，《西南师范大学学报》2005年第1期。

创新。韩国汉学家、诗人许世旭教授指出："中国诗人，必须立足中国!""一个人面临歧途，只有回顾既往的路，才能正确地摸索该走的路，也就是继往开来；中国本身有辉煌悠久的诗史，传承之间，更应如此。"①

二　手枪诗(松竹体新汉诗)的创新理路

反思新诗走过的道路，我们认为吕进先生提出的二次革命观点和三大重建路径，虽然不免激进，却是直面汉诗困境痛下针砭之"良言"和"良药"。新诗走过近百年的演变历程，在人类诗歌史和中国文学史的视界之内，它可以被看成是中华主流诗体在近代以来西方文化和西方诗歌的强力同化过程中，因文化激变而形成的一种"汉诗变体"，如今在中华文化不断强化自身逻辑演变的新世纪话语环境之下，这种过多承载西方文化理念、过于自由、过于知识分子化的"汉诗变体"，即使在西方人看来，也是一种丢魂失魄的"盆栽"和"假花"，过于脱离母体文化的主脉，导致在母国和境外遭遇双重尴尬。举一个例子，当代著名新诗作者于坚甚至将他的诗作命名为《作品 111 号》，这是完全抽象化的西方乐曲的命名方式，而获得第五届鲁迅文学奖的车延高被指不停地按下回车键写作新诗，其作品被戏称为"羊羔体"，近年来网上热议的"梨花体"，不过是汉诗西化特别是美国化的登峰造极的案例而已。"梨花体"像模像样的代表作"一只蚂蚁，一群蚂蚁，也许还有更多的蚂蚁"，不过是美国意象派诗歌的汉语翻版，须知，意象派深受中国古典诗歌和东方新禅学的影响，这种出口转内销的新玩意只能媚惑大众于一时，岂能凭借其高度抽象的思想——所谓哲理，与当下的生活打成一片？"羊羔体"不过是进一步口语化、口水话同时也进一步西洋化的现代汉语自由诗。

在中国诗歌发展史上，"以乐从诗"（上古汉代）、"采诗入乐"（汉代至六朝）和"依声填词"（隋唐以降）构成了一条发展的风景线。后来诗与音乐逐渐分离。这种分离以新诗的出现为极致。但是，新诗离开了音乐，给自己带来很大的局限性。所以恢复和发展诗乐联谊，是新诗传播方

---

① 罗四鸰：《新诗二次革命引发争议》，人民网，http：//www.people.com.cn/GB/wenhua/27296/2952445.html。

式重建的重要使命。①

手枪诗（松竹体新汉诗）押韵，调平仄，运用偶句，典故，粘连、回环、反复、感叹、疑问、夸张、排比甚至戏说、拼贴、蒙太奇、含混等一切行之有效的诗歌写作技巧，亦可换韵，其原创即主体形式（另有几十种变体）由三言、四言、五言、六言、七言传统主流诗体依次排列，从手机屏上三三四四五五六六七七三三七共13行（也可以增添为十五行、十六行、十七行等，还可以双枪、三枪并题连发），它在手机屏上纷披而下，犹如老干披松，又如高山飞瀑，气势轩昂，看起来美观大方，连小朋友都能记住这个形式，即写即发，快如子弹出击，流星闪电，所谓"才下眉头心头，倏已出击八荒"，道出了我国传统诗歌与当代高科技微信平台一旦联手，威力无穷的道理。

手枪诗（松竹体新汉诗）押韵，恢复和发展诗乐联谊，这是非常重要的，现代新诗渐行渐远，其中最主要的原因是难于朗诵和记忆，现代新诗名作《再别康桥》《采莲曲》《雨巷》《死水》《乡愁》取得成功的要诀是押韵，所以古人不韵非诗绝不是空穴来风。在押韵的大前提下，手枪诗（松竹体新汉诗），将中国数千年汉语诗歌中的主流诗体——三言、四言、五言、六言、七言进行分解后再行组合，同时允许在使用各种诗歌技巧之余，使用高雅题材之余，用这种具有视觉美感和听觉美感的形式，贴近生活，贴近时代，贴近生活中的喜怒哀乐爱恶欲和应有尽有的中外生活场景，尽情书写，可高雅如古诗词，通俗如顺口溜、打油诗。如：

大街长
窄巷深
红尘十丈
地老天昏
毕巴复毕巴
三条碰五饼
歌堂舞榭歇火
麻牌人气陡升

① 吕进：《三大重建：新诗，二次革命与再次复兴》，《西南师范大学学报》2005年第1期。

十亿人民九亿赌
小民百姓耽太平
渔家傲
沁园春
穷穷富富城中村！

这首手枪诗（松竹体新汉诗）有感于如今都市城中村乱象，即兴而作，具有强烈的写实主义精神，在手机微信发表后，引来很多点击，诗歌合为时而作，当年白乐天的诗作走的是雅俗共赏的群众路线，现代汉语诗歌没有理由高吊胃口，甚至毫无理由地蔑视大众，在那儿自言自语沾沾自喜地“纯诗”一番。手枪诗（松竹体新汉诗）原创形式为三三四四五五六六七七三三七共13行，但是考虑到我国古代并有二言诗（《断竹》），可以变形为二二三三四四五五六六二二六共13行，还可以变形为二二三三四四五五六六三三七共15行，一一二二三三四四五五六六二二六共15行，枪口可以朝上，也可以朝下，可以仿照十四行诗分成起承转合四个部分，或两到三个情景的并列、拼贴、剪接（双枪、三枪并题连发）等，所以有很多变体，可供当代诗人在充分认知我国古典诗词美学积累古典诗词文化修养的基础上，吸收时代语词、语感，创新意象，拓展意境，施展才华，贡献佳作。如以二言诗起首：

鼓点
直击
涛声远
万人立
龙的传人
吴风楚俗
还之以魂魄
唱彻兮九歌
雄黄酒何处觅
白娘子昆仑月
兰溪
年少

赤足欢度五月节！

如果在节日里，诗人和大众都能用这种诗体结合自己的亲身感受，以手枪诗（松竹体新汉诗）相互祝福，传情达意，比起相互恭喜发财，例行恭维，那就要文化多了，通过新的传媒，手机互动，在和风细雨中，我国诗歌精神和中华诗歌正能量又会重新回到人间，并有力地抵消外来低俗文化、功利文化和流行文化的无良影响，引导年轻人认知祖国文明，温习传统文化，拓宽创新思路。

腾讯QQ、微博、微信等传播手段正改变着我们的日常生活，手枪体通过手机操作，即写即发，适合日常书写，抒发感情，温习古诗，抨击时弊，畅怀达意，篇幅不大不小，外形美观大方，最重要是手枪体不致散漫无度，被人恶搞、追骂和唾弃，它有格式可循，生机盎然，慢慢为人理解、唱和。有人认为手枪体说白了就是手机体，是应运而生的一种文化传播火种，实际上是一种古典新潮的新汉诗、新诗体！人人可以用手枪体抒发感情！又快又美又好玩！

三　余论

有网友指出手枪诗（松竹体新汉诗）古已有之，白居易有首《一七令·诗》，将一言、二言至七言依次排列，称为一七令，后称为固定的词牌名，其形如下：

诗
绮美
瑰丽
明月夜
落花时
能助欢笑
亦别伤离
调清金石怨
吟苦鬼神悲
天下只应我爱

世间惟有君知
自从都尉别苏句
便到司空送别词

白居易时代，没有手机微信，他与一班诗友完全是就着我国历代主流诗体，通过对句的方式，考校才能，这种“宝塔体”虽然暗含总括中国当时已经传承下来的主流诗体的用意，但是从创作传播角度来看，并不具优势。同时，这个一七令诗体，结构上欠缺回护——回环往复之美，形式堆砌，无有起伏跌宕之势，从完形心理学（格式塔心理学）角度来看，这个诗体并未完形——形成一个完整的形体，是未完成的残缺之形，我们完全有理由认为，假如白乐天时代，人人使用手机传情达意互通无间，那么，古人或许早就创设了如今的手枪诗（松竹体新汉诗），因为没有手机，古人纵有神眼超识，也难得借助手机屏进行一次美的定型，或者也可以认为他们的游戏未至完美。手枪诗（松竹体新汉诗）不长不短（十三行到十七行），形体起伏跌宕，讲究起承转合，回环往复，刚好填满手机屏（更长至于双枪、三枪并题连发除外），如果从文化演化的逻辑立场上来看，这个带有传奇般发生学故事的新诗体，是中国五千年文化道统和诗歌学统，按照汉语和汉诗的演变逻辑，在手机微信时代的及时发声和优美显现——五千年诗歌文化的一个华丽转身。

手枪诗（松竹体新汉诗）又绝不雷同于楼梯、宝塔、海浪、回文、藏头等各种为形而形的中外诗体，它的形式饱含中华文化之道、汉语诗歌智慧以及外来文化和现代科技的积极干预，它的文化积淀、文化转化和文化创新性质，与为形而形的文字游戏绝不可同日而语。手枪诗（松竹体新汉诗）是文化中国到来之际的诗魂觉醒，是诗的邂逅，诗艺的整合以及手机微信时代互动创意的结果。①

（作者单位：深圳大学文化产业研究院）

① 梨花体借助微博而起，短短数年，手枪诗（松竹体新汉诗）借助手机微信，优美出世。手枪体挑战梨花体，或可看作是中西文化巨大差异性的矛盾的总爆发，是文化矛盾与社会矛盾激化到一定程度的结果，是文化转型与中国文化华丽转身一个强烈信号。

“互联网 +”背景下电影众筹与中国电影产业新业态

柴　焰　刘　佳

【摘要】“互联网 +”和中国电影产业的融合与碰撞，促进了中国电影产业的全面升级换代。借着互联网的东风，“众筹”已然成为电影产业的一股新兴推动力量。电影众筹的本质是电影产品的社会化投资方式，但募集资金并不是“互联网 +”背景下众筹的全部目的。众筹还能够为中国电影产业筹口碑、集人气；筹数据、赢得受众；筹创意，探索电影创作新模式。众筹在投融资、大数据、大平台以及创作等方面优化了中国电影的资源配置，推动电影产业由单向转向互动、由封闭转向开放、由静态转向动态，体现了“互联网 +”为传统电影业所带来的全面革新。未来电影众筹要强调资金营销与创意文化价值并重、强调经济收益与品质提升并重，方能实现多方共赢，为实现中国电影产业差异化、多样化作出贡献。

【关键词】“互联网 +”　电影众筹　电影产业新业态

中国是电影大国，在互联网时代，中国电影产业正在经历着一场媒体环境变化带来的深刻变革。2015 年扎堆出现的诸如《西游记之大圣归来》《捉妖记》《人再囧途之港囧》等现象级电影显现出“互联网 +”思维正悄然改变着中国电影产业的商业模式和产业形态。《2015 中国电影产业研究报告》（中国电影家协会组织编撰）指出：2014 年，中国电影市场继续保持高速增长，互联网资本强势进入电影行业成为最引人注目的现象，并给中国电影产业格局带来深刻影响。报告称，2014 年成为中国电影名副其实的“网生代元年”。利用互联网的平台和信息通信技术（包括移动互联网、云计算、大数据技术等）把互联网和传统行业结合起来的“互联

网 +”，其本质是传统产业的在线化、数据化，从而实现传统产业的升级换代。“互联网 +”和中国电影产业的融合与碰撞，有力推进了中国电影的横向整合和纵向重塑，[①] 促进了中国电影产业的全面升级换代。互联网已经不仅仅停留在为电影产业提供技术支撑，而是在融资、并购和战略合作等方面进行迅速渗透，大手笔布局电影产业，直接冲击并改造着传统影业的格局，并由此逐步实现电影生产的民主化、电影消费关系的变迁、电影发行的去中介化、电影营销的精准化以及电影运营的大数据化等。2015年暑期档的中国电影市场惊喜连连，国产影片接连创造了单日最高票房4.25亿元、单周最高票房17.8亿元、单月最高票房55亿元的纪录。其中，《西游记之大圣归来》引爆电影暑期档，这部全球首部西游题材3D动画片自7月10日正式公映以来，上映60天，累计票房突破9.5亿元，创造了多个第一，刷新了中国动画电影史的新纪录。在《西游记之大圣归来》电影片尾出品人中有109名小朋友的名字，他们的父母——89位众筹投资人合计为这部电影投入了780万元。票房在达到5亿元时，他们预计可以获得3000万元的回报，即400%的投资回报率。如今票房已经突破9亿元，他们的收益率也随之大幅增加。忽如一夜春风来，《西游记之大圣归来》的票房奇迹，将体现互联网和电影产业深度融合的“电影众筹”带入人们的视野，“众筹”已然成为各路媒体和中国电影圈里最抢眼的热词。

“众人拾柴火焰高”是一句中国俗语，也可以说是“互联网 +”背景下“众筹”形式的东方表达。顾名思义，众筹（crowd funding），是一种用“团购 + 预购”形式，面向公众融资的行为。众筹利用互联网和社会网络服务传播的特性，让小企业、艺术家或个人对公众展示他们的创意，争取大家的关注和支持，进而获得所需要的资金援助。美国互联网杂志《连线》的主编杰夫·豪最早提出了这个概念。在第三方支付、P2P网贷之后，众筹已经成为国内互联网金融的第三波热潮。最早的众筹网站出现在美国，众筹网站在国内起步时间并不长。众筹的过程即融资方借助互联网融资平台进行筹款项目及回报计划发布和展示，争取大家的关注和支持，进而进行资金筹集完成项目并向投资人回报。“众筹”和“电影”仿

① 参见腾讯科技频道《跨界：开启互联网与传统行业融合新趋势》，机械工业出版社2014年版，第25页。

佛前世有缘，互联网上的相遇使他们相互迸发出异乎寻常的吸引力，默契十足。电影是一门大众艺术，先天"群众基础"好，凭借视听、明星、剧情等要素吸引观众的眼球，产生话题甚至引发某种社会现象，加之中国电影产业规模、市场活力以及国产电影创作质量、消费水平的不断提升，电影众筹这样的融资项目自然比较容易得到互联网用户的关注。另外，传统电影产业的融资模式，门槛和成本一再水涨船高，而每一名互联网用户都是潜在的电影投资人，而且众筹的参与者不会对电影内容指手画脚，不会对影片质量产生影响，所以众筹模式大大降低了电影项目的融资成本，能够推动电影生产要素的高效组合，融资效率大大提高。上述动因使得电影制片方乐于筹，平台乐于推，互联网用户乐于投，"众筹"和"电影"一拍即合。借着互联网的东风，"众筹"迅速介入到电影产业之中，俨然成为电影产业的一股新兴推动力量。

电影众筹的本质就是电影产品的社会化投资方式。参与众筹的电影制片方最直接筹得的当然是资金，充足的资金能够保障和帮助影视团队完成梦想，如互联网众筹平台阿里巴巴的娱乐宝、百度的百发有戏、中国平安的平安好戏等；为多部电影筹得部分资金，如《狼图腾》《小时代3：刺金时代》《十万个冷笑话》等。但是募集资金并不是"互联网+"背景下众筹的全部目的。那么，众筹为中国电影产业还能筹到什么，带来哪些新的业态变化呢？

一 筹口碑、集人气

与互联网巨头阿里、京东、百度的影视众筹相比，电影《西游记之大圣归来》的众筹项目并没有在较为正式的众筹平台上推出，而仅仅是其出品人在微信朋友圈发布了众筹的信息。据《西游记之大圣归来》出品人路伟介绍，2014年11月，他在微信朋友圈里发了一条为这部影片募集宣传发行经费的信息，获得了众多熟人的热烈响应。其中既有企业法人参与，也有以孩子名义参与的投资人，最终有89人参与了众筹投资。路伟坦承自己发起众筹并不是因为缺钱，只是希望在电影行业引入金融的模式，并且希望能够筹集人气，为电影宣传营销出力。这种电影的众筹模式使消费者购票消费的行为提前到电影制作之初。消费者投入资金的同时，电影产品生产者就锁定了重要的观影消费者群体，增加了影片的持续关注度和观众参与度。在《西游记之大圣归来》的电影点映首日，众筹者包场观影近200多场，而且有实力的部分投资人在北京、上海等地为该片提供了长时间的免费户外广告。这批人数众多的众筹投资人通过微信、微博等为影片摇旗呐喊，经过层层转发，"微"媒体的"裂变式"传播可以在短时间实现几何级数的信息扩散，从而促成《西游记之大圣归来》人气暴涨。网络"自来水"这个词也由此创生，甚至成为现象级的一种口碑传播，意为《西游记之大圣归来》的粉丝自称是"自发组成的自费水军"。路伟就认为，《西游记之大圣归来》的众筹，实际上是在筹人气、筹口碑，在利用众筹这一方式为电影做营销。[①] 借众筹制造话题、聚集人气是很多"不差钱"的电影制片方的主要目的。2013年9月27日，在湖南卫视当红选秀节目《快乐男声》决战当天，天娱传媒与众筹网发公告称：如果能在20天内通过众筹网筹集资金500万元，就能在大银幕上看到"快男"的纪录片。实际上，该片的拍摄资金已经到位，众筹行为主要为了摸底市场，集聚粉丝与电视节目形成互动。结果这部纪录电影的众筹目标提前24小时达成，募集到超过28000名投资者。由粉丝参与、粉丝投资、粉丝消费构成的粉丝经济是互联网时代电影产业的巨大推动力，并必将成为未来电影文化产业工业制作过程中的一个不可缺失的环节。可以说，众筹将"互联网+"时代的粉丝经济运用得淋漓尽致。

二　筹数据、赢得受众

始于互联网的"大数据"，正在越来越广泛地应用到电影产业。关于如何利用数据的理念正在对电影产业发生着重要改变。互联网能够将人们过去对电影的喜好、选择、观看及评价等大量不可存储、计量、分析和共享的因素实现大数据化，"大数据使那些笼统的市场分析和依靠经验主义执行的生产经营行为变得更加科学和精准"[②]。由互联网和大数据等带来的"网生代"电影，对传统的电影业态、电影整体发展模式的冲击比想象的还要来得快、来得猛。大数据意味着购买潜力和消费潜力，大数据分

① 参见《电影众筹如何不变成"众愁"》，《光明日报》2015年8月11日，第7版。

② ［英］维克托·迈尔-舍恩伯格、肯尼思·库克耶：《大数据时代：生活、工作与思维的大变革》，盛杨燕、周涛译，浙江人民出版社2013年版，第9页。

析已经成为当今以及未来电影产业所必备的一种新型能力，它通过对海量数据的整理、挖掘和分析，以一种前所未有的方式，预测出电影作品的市场价值。"大数据的重要功能就是预测，这些预测系统之所以能够取得成功，关键在于它们是建立在海量数据的基础之上的。"① 电影在所有艺术门类中与市场的关系最紧密、最复杂，也最具可变性。实质上电影与市场的关系在很大程度上就是电影与观众的关系，而电影与观众的关系问题恰恰是电影美学最核心的问题。电影艺术和电影产业的兴衰，在最大层面上受到观众的制约。大数据促成了电影生产向"受众中心制"的转变，深度挖掘观影人群的属性、分布等大数据，从而对电影目标受众的口味、习惯进行深入洞察，帮助电影更有针对性、更准确地找到自己的目标观众，并以此为基础，较为准确地预测出电影产品的市场价值，围绕目标人群展开精准营销，不仅使票房获得前期的保障，还可以助力传统线下宣传和发行方的工作，提高电影产品的市场成功率。例如在国内，首屈一指的大数据平台基于大数据的一系列目标定向宣传营销助力下，2015 年 9 月上映的影片《人再囧途之港囧》自上映以来保持着每天都超过 2 亿的成绩，上映三天即破 7 亿，打破了 12 项票房纪录。

目前，中国的互联网巨头如阿里巴巴、百度、腾讯、乐视、优酷土豆、爱奇艺等企业都保存了多年来的大量与电影相关的数据资源，有意将大数据运用于制作影片、开发衍生品和定制性产品等方面，并完成对消费者的深度把握和对电影票房趋势的预测。这些互联网公司也相继打造众筹平台，2014 年 3 月百度金融推出了"众筹"类产品"百发有戏"，率先切入众筹拍电影领域，爱奇艺或为其首个合作伙伴，开始试水影视类众筹项目。2014 年 3 月 31 日，阿里公司与国华人寿保险合作正式对外发售"娱乐宝"，首期四个投资项目全部售罄，共计 78.5 万份，共有 22.38 万名网友通过"娱乐宝"平台参与投资，总金额达到 7300 万元。众筹平台通过众筹者互联网账号中所包含的丰富个人信息以及对所属互联网企业所储存的电影大数据（包括内容大数据、渠道大数据、观众大数据）进行分析，获得一系列有价值的数据，包括观众对于电影剧本、导演、演员、剧情、场景、海报等未来产品形式全方位的数据，并用大数据反哺电影上

① ［英］维克托·迈尔－舍恩伯格、肯尼思·库克耶：《大数据时代：生活、工作与思维的大变革》，盛杨燕、周涛译，浙江人民出版社 2013 年版，第 16 页。

游内容生产。依据数据成果生产的电影作品，可以较为精确地得到消费群体的消费支持。一个典型的实例就是，全球最大的在线影院 Netflix 自称用大数据捧红了《纸牌屋》，Netflix 在 2012 年通过大数据分析预测出凯文·史派西、大卫·芬奇和“BBC 出品”三种元素结合在一起的影视产品将会大受欢迎，因此，融合这些元素打造而成的政治类剧集《纸牌屋》大获成功。再比如，2014 年 7 月上映的“网生代”电影《老男孩之猛龙过江》的创作就是基于优酷网对其四年前推出的微电影《老男孩》所做的受众分析，这部“现象级”微电影有超过 8000 万的粉丝，通过对他们的年龄、性别、职业、所在地域甚至观看时长、拖拉停顿指数等所做的分析，精准地预测出观众的“笑点”“泪点”所在，并凭此指导影片进行创作。这部影片最终获得了 2.1 亿元票房，影片的宣传曲《小苹果》也迅速蹿红大江南北。

大数据对中国电影产业的意义怎样重视和强调都不为过。电影众筹对大数据的运用充分表明其已成为电影产业不可或缺的重要的商业资本、企业资产、经济投入乃至是新的运营模式的基础。大数据打破了传统电影工业流水线的惯例，改变了电影产业的传统模式、产业结构还有电影制作方和电影观众之间的关系，也使电影从业者从中获得对电影产业的新认知，从而产生和激发出新的创造。中国电影导演协会会长李少红在 2015 年百度世界大会上坦承：“过去主要是考虑如何把作品内容做得更好看、更艺术化，但现在创作需要对受众群体进行研究，要考虑市场和数据。”

三　筹创意，探索电影创作新模式

电影产业的本质归根结底是文化创意产业，它最根本的还是健康、鲜活的内容生产。一个好的电影往往开始于一个好的创意。创意本身对于电影繁荣及其产业的可持续发展起着决定性的作用。事实上，作为文化创意产业的电影生产，在互联网助推下实现升级加速，越发强调还是要依靠有效地提高电影的质量，其关键不在于商业运作而在于创作。近些年，一些互联网企业和一些风投资金在为中国电影注入大量资金的同时，却在很大程度上摒弃了立足于生活的观察、思考和追问人性的创作，而是把电影生产扭曲为所谓的“配方式”模式化生产，依据某些观众的“重口味”进行电影元素调配，使得电影失去了起码的美学表达和品质追求。资本助推创作，创作推动产业，产业规模扩大兼具文化内涵和中国文化标识，成为价值观的有效载体和生动体现，中国电影才能彰显出广泛的影响力和感召力。正如路伟坦言“众筹只是个形式，产品才是价值的载体”，“《西游记之大圣归来》电影用了8年准备，3年制作，里面有‘史上最萌’的唐僧、最接地气的悟空、好吃爱搞还能36变的八戒，还有一个特别‘强大’的魔界黑大佬。此外，这部影片还是第一部基于全CG技术制作的真3D动画电影”。正是这些具有创意价值的内容和元素为影片获得好口碑、好票房，也为“互联网+”时代众筹项目获得高收益提供了有力保障。

未来，互联网会进一步改变中国电影的传统业态，助力中国电影发展由数量推动型向质量推动型、由资本推动型向创意推动型过渡，不断优化中国电影的资源配置。随着互联网思维渗透和影响到电影产业的各个环节，以创意为核心的内生性动力将进一步得到强化。电影众筹平台不仅是资金的交易所，还是集聚各种创意要素的大平台。例如，2014年年末上映的动画电影《十万个冷笑话》，不仅通过众筹网站从5533名互联网用户那里成功筹款137万元，制片方还先后组织30余名微投资人与影片主创团队进行交流，让他们提出自己的建议。这种“创意众筹”效果显著，电影版的《十万个冷笑话》上映后和之前的网络版本一样受到观众的热捧。“创意众筹”实际上就是帮助电影制片方广泛调动公众的集体智慧完成电影创作。

众筹电影实质在于搭建起沟通消费者与电影创作者之间的桥梁，从而掘金粉丝经济。互联网的交互性使众筹者在项目的实施过程中成为参与者而不是旁观者，积极为电影创作出谋划策。也就是说众筹电影的消费者的权利将不仅仅停留在观看、评论和分享上，而是从剧本开始，从找导演和找演员等，消费者在影片的内容创意、拍摄进度、发行计划等方面将享有更多的参与权和话语权，这比单纯的股权投资更有意义。众筹还将帮助消费者和生产者之间建立更加深刻的联系，制片人将跳过中间商，直接跟观众打交道。这样一来，电影制片方可以依托互联网平台，募集到更多创意资源，调动更多力量投入到电影的创作之中。以往由创作者、发行方、观众共筑的“三角形思考方式”的电影创意，即创作者有了创意经过发行的渠道传递到观众再将反应回馈给创作者，这种三角结构将会被打破，形成创作者和观众互动的圆形结构。这种圆形结构可以使电影的创意有效地依照观众的变化、回馈以及市场规模不断修正反省，达到最佳状态。这也就意味着电影众筹的投资人在得到票房、衍生品等传统之外，还将获得深层次的、内容式回报，这些增值回报也都将被纳入众筹项目的筹资回报当中。

当前，全球电影都已跨入互联网新时代，互联网与电影的结合产生的不是简单的物理反应，而是将产生巨大的化学反应。电影众筹是“互联网+”在文化创意产业的具体实践，电影众筹正日益对中国电影产业的业态进行着润物细无声的改变。但也需要清醒地认识到，众筹毕竟还处于起步阶段，也并不是影片制胜的灵丹妙药。虽然电影众筹融入了互联网、大数据等众多元素，受到了一些业内人士和粉丝的热捧，但一部《西游记之大圣归来》的成功难掩近几年电影众筹发展的风险和尴尬。近几年，我国影视众筹发展迅速，影视众筹受到互联网企业、影视公司以及金融机构追捧。然而，据相关数据显示，目前共有 9 家平台涉及影视类众筹，但近半数平台影视发布项目为个位数，平均成功率在六成左右。[①] 2014 年，在电影业内一片叫好声中，背靠百度大数据支持、对接电影《黄金时代》票房及消费权益的“百发有戏”首期就遭遇“滑铁卢”，该项目动用了大数据预测票房，当时百度票房预测结果显示，《黄金时代》总票房预计将达到 2 亿—2.3 亿元。然而，在国庆档期上映的《黄金时代》，首日票房仅 1060 万元，最终票房约 5000 万元，大部分参与众筹者的年化收益难以兑现。“百发有戏”后来推出的《致我们突如其来的爱情》等多个影视众筹产品，票房也是铩羽而归。有着同样惨淡遭遇的还有阿里巴巴旗下“娱乐宝”推出的众筹电影《魁拔 3》。《魁拔 3》在 3 天之内就完成了 1000 万元的资金募集，但是最终票房未达到 2000 万元。从这两部高调众筹电影的票房失利来看，电影众筹并非想象中那么风光。电影众筹毕竟还处于试水阶段，成功与失败的案例并存，收益与风险同在，不能将其当作影片制胜的灵丹妙药。电影众筹项目能否获得预期效果，操作方法能否借鉴推广，能否提升电影的质量和文化内涵，没有现成的标准和答案，既需要具体问题具体分析，也需要众筹平台和电影业界的不断摸索和深度合作。不过通过《小时代》《港囧》《西游记之大圣归来》等成功案例，很多电影人已经意识到了“互联网+”对中国电影产业新业态的建构意义。

---

① 《电影众筹如何不变成“众愁”》，《光明日报》2015 年 8 月 11 日。

电影众筹前途未卜，但业界大多数人对电影众筹的未来还是十分乐观的，毕竟除了营销效果之外，众筹在为需要资金的年轻导演和艺术片导演提供融资渠道、为草根提供投资机会、推动电影的类型更加丰富（如2015 年出现的首部商学院 EMBA 电影《首尔探秘》和首部创客电影《创客时代》等）、活跃电影市场等方面，作用也很明显。不过，从根本上来说，"互联网 +"对中国电影产业链所进行全面革新，不仅仅依靠资金、技术和渠道，终究还是内容生产。"互联网 +"不会削弱电影产业内容生产作为电影产业核心竞争力的作用，反而会得到进一步强化。因为具有创意性价值的内容生产是中国电影产业健康、可持续发展的原动力。电影产业只有依靠高质量的文化产品的支持，才能有持久的市场竞争力。正如百度金融中心首席业务架构师陈后猛指出的："中国电影更加需要的，是那些能够实实在在地为提升影片质量而投入的众筹资金。"① 而电影的内容生产与当下主流观众情感需求、消费欲望的契合程度决定了其市场表现及其票房。如同大盛国际传媒创建者兼总裁、知名电影投资人安晓芬所说的："电影众筹不应只强调经济收益，而忽视情感收益。"② 目前来看，电影众筹未来的发力点在于轻制作富创意的微电影项目。除了几大互联网巨头不约而同地押宝在知名影星和制片方身上之外，其他的众筹平台上推出的电影众筹项目则都呈现出以草根微电影为主导的现象。比如淘梦网明确的垂直定位于微电影众筹，轻松筹、58 众筹网、众投天地以及众筹网为代表的众筹平台也纷纷表示自家影视项目都集中在微电影方面。因为微电影项目体量偏小，能够相对保持较高的成功率。涵盖各种类型电影的中国电影产业尤其需要越来越多的充满新奇创造力、想象力的电影人不断贡献出创意性价值，用创意保障中国电影的整体品质，方能带动电影产业做大做强、可持续发展。因此，无论是众筹大制作电影还是微电影，强调资金营销与创意文化价值并重、强调经济收益与品质提升并重，方能踏上电影众筹的康庄大道，实现多方的共赢，同时也能够为实现中国电影产业差异化、多样化的文化盛景作出贡献。

（作者单位：中国海洋大学文学与新闻传播学院）

① 《电影众筹：从热捧到质疑》，《第一财经日报》2014 年 12 月 9 日。

② 同上。

“互联网＋”产业经济中的IP产业链开发研究
——以迪士尼IP重产业链模式为例

王　璇

【摘要】 随着互联网技术与品质的不断提升，文化产业各门类之间的渗透也越来越迅速。一个优质网络文学IP可以快速转化到影视、动漫、游戏、音乐以及制造行业，并不断制造新赢利点和增长点。从早期的游戏IP转电视剧《仙剑奇侠传》，到电视IP转电影《跑男》《爸爸去哪儿》《何以笙箫默》，再到影游IP结合的《魔兽世界》，都证明了优秀IP产业链的巨大发展潜力，也说明了“互联网＋”产业经济这一新技术经济范式下IP产业链开发的重要性。本文以迪士尼的IP重产业链模式为例分析其成功之道，从中国IP产业链开发现状着手研究如何借助互联网技术从众多文化资源中挖掘优质IP，寻找合适的开发形式，将其优质化、品牌化、跨界化，以“内容＋服务＋平台”的新产业结构模式开发打造IP产业链。

【关键词】 IP重产业链　IP开发　产业经济　跨界融合

IP，是“Intellectual Property”的缩写，就字面意思理解，意为知识产权。早期的知识产权多与法律、权利等领域相关，现在越来越多地被用于文化创意产业范畴，可理解为某部文学作品或艺术作品的创作源头，也可理解为依据某个文化产品衍生出的一系列相关文化产品，从而形成一条完整产业链的过程。其实早在1978年，美国就已经意识到优质IP所蕴含的巨大能量，1978年根据奇幻小说《指环王》改编的动画版电影《指环王》上映。2001—2004年，根据小说改编的真人版电影《指环王》三部曲陆续上映，不仅引起了《指环王》粉丝对电影的狂热追求，更引发了读者对原著的又一轮热销狂潮。曾经有人说："小说出版的那一刻，世界上只剩下读过《指环王》和没有读过的两种人。"《指环王》带来的奇幻文学热也促动了奇幻题材电子游戏的蓬勃发展，《魔兽争霸》和《魔兽世界》中的游戏角色和世界观设定都与《指环王》小说中的人物设定有异曲同工之处，甚至是现在红遍全球的MOBA游戏《英雄联盟》中的角色都是从《魔兽争霸》中汲取灵感设计而成，《英雄联盟》在吸收奇幻题材小说和游戏等优质IP资源之余，还不断添加经典IP吸引异国游戏狂热者，比如，召唤师角色魔蛇之拥和曙光女神的原型分别取自希腊神话中的美杜莎和爱月桂；齐天大圣、吕布、貂蝉则汲取了中国经典文学作品《西游记》和《三国演义》的灵感。《英雄联盟》带动了会展业、职业解说、电子竞技、制造等多行业的发展，每年定期举行的职业联赛、Cosplay展、LOL总决赛总能吸引众多粉丝前往参观和消费，游戏还催生出职业游戏主播、职业游戏律师、职业游戏玩家等多种新职业，多行业合力并发带动整个核心IP产业链的持续发展。由此可见，指环王这一强IP所带来的深远影响和丰厚的经济利益不容忽视。

一　IP产业链发展概况

目前，IP产业链发展比较完善的国家是美国和日本，从文学、漫画、动画、电影、游戏、主题乐园、衍生品等行业能够形成一条健康完整的产业链，有的优秀IP甚至能够持续数十年的热度。1937年，根据经典文学IP《格林童话》中的故事改编，世界上第一部彩色长篇动画《白雪公主》诞生，随后该动画中的形象IP被授权到文具、玩具、家居等制造行业，并作为符号形象添加到迪士尼乐园中，这种将源头起点的影视作品与衍生产品自然的关联起来，确保动画形象顺利地渗透进这些品类之中的方法，无疑是迪士尼产业链能够成功延伸的先决条件。直至现在，我们依然可以看到各大商店的橱窗中摆放着各种物质形态的白雪公主衍生品。再如1969年，藤子·F.不二雄在邻家猫咪和女儿不倒翁的混合灵感下创作出的漫画IP《机器猫》取得了空前成功；1973年，《机器猫》的动画电视版开始放映；1980年，第一部动画电影《机器猫：大雄的恐龙》问世。此时，与机器猫相关的各种周边产品也已风靡全球。2013年，机器猫正式成为东京2020年申奥委员会特殊大使。这预示着机器猫不仅是日本的一个著名漫画形象，还昭示着虚拟角色完全可以获得粉丝的情绪资本，作为国家形象代言人出现在公众视野中。由此可见，以迪士尼为代表的好莱坞影业集团在发展过程中逐渐形成了先以巨额资金打造著名动画形象IP，用高产出、高风险吸引受众群，再通过衍生品和主题乐园等多行业以“娱乐循环”的轮次收入模式获得多轮收入，这种高产出、高风险、高回报的模式也可称为“利润乘数模式”，属于IP重产业链模式。而在日本，由于受到地理位置、区域面积和人力资源等方面的局限，往往先通过漫画IP获得受众好评并进入良好运营状态，待积累相当数量的消费群之后，才开始陆续制作电视、电影、游戏IP，且制作成本和投入资金始终都比较少，形成了漫画出版—动画制作—动画形象IP授权—IP周边衍生产业开发的良性循环产业链，属于IP轻产业链模式。

在国内，IP这个概念刚刚流行不久，处于IP产业链条上的主要有网络文学、网络视频和电子游戏，从IP的开发程度来看，许多IP处于“半开发”状态，如网络文学改编电影的《匆匆那年》、网络视频改编电影的《煎饼侠》、网络文学改编电视剧的《花千骨》、游戏改编电视剧的《古剑奇谭》等。但这几种类型的IP开发大部分处于各自的独立运营状态，也就是说，在获得一部网络文学IP或游戏IP的改编权后，只拍成电影或电视剧，获得高票房或高收视率之后便完成了媒介运营。一旦观众离开电影院或电视屏幕，便很难再对该IP话题形成持续关注与讨论，也很难制造新的突破点和利润增长点。

二　迪士尼的IP重产业链模式

迪士尼自建立之初到现在已经经历近百年的风风雨雨，虽然这期间有被迫无奈的创作、有濒临倒闭的危机、有卓绝辉煌的成就，但它仍然坚强地活下来，并逐步建立了一套从文学作品、动画电影、漫画、游戏、主题乐园、演艺到衍生品授权的IP重产业链发展模式。比如，2003年，全龄动画《海底总动员》获得了3亿多美元的全球票房收入，其周边产品和衍生品收益却高达60多亿美元，且现在仍在为迪士尼提供不间断的利润来源。

（一）角色 IP 为核心 IP

1999—2010 年，《玩具总动员》系列陆续上映，剧中的胡迪虽然只是一个儿童玩具，但被塑造成有血有肉有灵魂的角色，他会嫉妒新玩具巴斯光年的到来，会勇敢的表达自己的爱意，会勇于担当整个玩具的头领。正是由于胡迪的"类人性格"，激发了受众的价值认同和情感归属，使观众产生观影移情。影片上映之后，迪士尼便将形象授权到玩具、文具、服装和书籍等多种制造行业，随后玩具反斗城公司（美国）在 1300 多家零售商店内为该动画角色开辟了专门的精品屋。与此同时，迪士尼还会将成功的动画形象不断添加到迪士尼主题乐园中，如香港迪士尼乐园中就有独立的《玩具总动员》乐园专区——反斗奇兵大本营，里面的游乐设施和工作人员都与电影中的场景和角色相同。另外，迪士尼乐园还善用舞台剧和花车巡游等形式将荧屏经典形象"复活"，《米奇金奖音乐剧》中就用胡迪等主角再现了奇幻的玩具世界。如果说《米奇金奖音乐剧》是观众的观赏盛宴，花车巡游就是观众与动画角色之间的零距离互动，花车巡游选择电影中的主要角色在指定的乐园路线巡游，这种多轮宣传互动与消费不仅扩大了角色 IP 的品牌效应，还让消费者心甘情愿地完成 IP 产业链上的多次消费。《玩具总动员》系列上映时间时隔十年仍然能够获得如此深远的影响，是因为变化的是故事情节和时代性的场景，不变的是角色性格与情感。角色设定先于场景设定，用不变的角色延伸时代性的故事，将角色身上的正义、坚韧、勇气等复合型性格传递出来，促使观众产生复杂却又认同的角色代入感，激发观众的相似回忆和情怀。或者说，真正的 IP 中，故事的职责不是定义和塑造角色，而是故事开始之前，角色就已活生生地存在了①。因此，角色 IP 处于 IP 产业链中的最核心位置，角色形象塑造的成功与否直接决定受众群的数量和范围乃至影响整个产业链条的发展。

（二）精准的 IP 品牌营销策略

迪士尼公司设有专门的迪士尼消费者部（Disney Consumer Products，DCP），主要负责 IP 品牌开发、营销、授权、出版、游戏、零售、电子商务等事务的洽谈与合作。2000 年之前，公司 90% 的收入来自发放特许经

① 马丁：《IP 的核心要素》，《商业价值》2015 年第 2 期。

营证，而且经常是不计成本的发放，因此大量的特许经营产品数量降低了迪士尼的品牌价值。那一时期，沃尔玛超市里几乎每一条通道都在售卖带有米老鼠形象的衍生产品。DCP 总裁安迪·穆尼意识到品牌价值的重要性，通过市场细分定位研究发现：迪士尼品牌消费力最强的消费群是 2—7 岁的女孩，这一消费群体普遍具有“公主情结”，且能够获得父母稳定的资金支持。穆尼在 2000 年推出了“公主”品牌，将迪士尼的经典公主形象白雪公主、灰姑娘、睡美人等组合起来并取名为“迪士尼公主”（Disney Princess），该品牌每年为公司带来 30 亿美元的收入，成为迪士尼第三大畅销品牌，仅次于米奇和小熊维尼。这种市场细分和整合著名品牌的营销策略后来还被运用于其他动画中，如《复仇者联盟》系列。基于庞大的特许经营产品数量，DCP 还提出“能动许可”组合策略，通过品牌识别和适配获得更高的品牌价值，如 2006 年 DCP 将动画形象老黄狗授权给克罗格超市生产“迪士尼老黄狗”牌狗粮，该产品以 9.99 美元 50 磅的价格击败了折扣巨头沃尔玛中的同类产品，在狗粮市场上占领了一席之地。

（三）并购与技术革新是“造梦助推器”

2014 年 11 月，迪士尼宣布，它的营业收入连续第四年创新高，年销售收入达 488 亿美元，较上一年增长 8%。[①]从 1990 年开始，除了制作动画和经营主题乐园，迪士尼还开启了并购模式。1996 年，迪士尼以 190 亿美元收购美国广播公司（ABC）及其附属的电视网、ESPN 体育频道等，创下美国媒体业的并购纪录；2006 年，迪士尼以 74 亿美元的股权置换并购了皮克斯工作室；2009 年，迪士尼公司以 42.4 亿美元收购漫威娱乐公司，2012 年，迪士尼又斥资 40.5 亿美元将“星战之父”乔治·卢卡斯麾下的卢卡斯影业收入囊中。至此，迪士尼帝国完成了一轮又一轮的版图扩张。并购对双方来说都是一种共赢的局面，一方面能够为迪士尼的角色 IP 家族注入新的流动血液，另一方面为好的创意故事提供了更强大的资金平台支持，给迪士尼的品牌扩张和增值提供更多机会。2015 年上映的《超能陆战队》就可以看到漫威的影子，或许下一部《星球大战》电

① 《迪斯尼用科技与想象力不断向前演进》，2015 年 9 月 30 日，http://www.traveldaily.cn/article/89903。

影我们可以看到米奇的影子。

技术革新一直与迪士尼帝国的成长如影随形，早在1963年，迪士尼乐园就在魔幻音乐屋中安装了仿生机器人——电动机械鸟。不仅如此，迪士尼还经常使用新技术或新软件实践或重塑动画荧屏形象，《冰雪奇缘》中通过各种算法计算雪花的飘落轨迹、融化状态、堆积效果以及冰雪的漫反射效果，为我们塑造出一个真实的冰雪世界。收购皮克斯之后，迪士尼便与苹果公司合作开发了米奇苹果智能手表。迪士尼还时刻紧跟世界先进技术的潮流，于2013年5月发布了智能可穿戴设备魔力腕带（Magic Band），该腕表使用蓝牙和射频识别技术，将消费者与乐园项目连接起来，游客可以在迪士尼乐园里将其作为房间钥匙，也可通过使用Fast Pass（特定景点快速排队的预约系统）节省时间，魔力腕带还可以通过数据库分析游客兴趣和喜好，为其制定个性化路线和贴心服务。

三 中国IP产业链发展过程中的弊端

我们在理智分析国外成功IP产业链运营与开发模式时，也应清醒地认识到中国IP产业链开发过程中存在的缺失和问题：

（一）跨媒介之间的用户转化率过低

在美国，电影衍生品的收入高达电影总收入的70%，远远高于电影票房，而在国内电影收入的90%—95%都来自票房和植入式广告，很多电影的衍生品收入竟然是零。[①] 目前国内尚未形成一个文学、电视、电影、游戏、制造业的全产业链生态系统。部分IP产业链开发仅跨越两到三种媒介，并没有激活和打通整个链条。近半年来流行起来的"网络文学IP改编热"就存在这种问题，如根据盛大文学旗下的原载作品《匆匆那年》《步步惊心》《何以笙箫默》改编的电视剧和电影，IP产业链开发在电影取得票房收益或电视剧取得收视率之后便不再开发其他衍生产品，相关IP产品的生命周期仅维持不到两年便涣然冰消，无人问津，相对较短的生命周期必然无法形成持续的关注与消费，也无法形成品牌效应。此

① 王成军、潘燕、刘芳：《美国电影产业发展对中国文化产业兴起的启示》，《中国软科学》2014年第5期。

外，同一IP在跨媒介传播时会产生角色变化、市场定位、目标人群、对原著改变的忠诚度、媒介传播差异等问题，比如电影IP转化为电视时，可能会因更换演员，改编原著部分章节等问题引起观众识别混乱；电视IP转化为游戏时，可能会产生观众与玩家身份角色转换和情感认同的混乱，游戏《古剑奇谭》改编成电视剧后就产生了如上问题，跨媒介转换不仅会影响受众群数量，还有可能会造成用户在媒介之间转换的识别程度和转化率降低。

(二) 警惕过分依赖IP的创作惰性

从中国IP产业链发展现状来看，IP产业链的开发源头大多数是网络文学和网络视频，比较成功的IP开发代表作分别是《花千骨》和《屌丝男士》，从客观角度来看，优质IP遵从“二八定律”，即不到20%的优质IP获得了80%以上的利润。但是IP开发风愈演愈烈，大部分创作者无法获取优质IP或优先改编权时，便转向“重扒经典”。这种炒经典IP冷饭最明显的就是游戏行业，登录游戏平台，经常能看到《西游外传》《乱斗西游》《三国志》《三国群英传》等与经典IP相关的游戏，但玩法和游戏风格却与几十年前日本任天堂的街机或RPG游戏相差无几。反观一些优质IP，由于在IP产业链开发过程中遇到诸如缺乏主导性、外行领导内行创作、改编多受利益驱动、跨媒介局限性等问题，导致一些优质IP资源的流失。

(三) 最大的威胁来自跨界竞争

在“互联网+电影产业”的关键词中，各种数据电影、IP电影、技术电影等新型技术范式涌现出来，此时第五代导演们却显得特别安静。冯小刚和张国立在华谊兄弟发布会上的“插科打诨”令人深思，当被问及什么是IP时，冯小刚却“应景地”答道：“什么是IP？不是网络地址吗？”的确，第五代导演根据文学IP为我们创作了大量的电影资源宝库，我们不否认《甲方乙方》《红高粱》《霸王别姬》都是优质IP，但是这些功底深厚的导演都没有及时跟上互联网的发展浪潮，导致这些导演在艺术创作进程中停滞不前，使电影市场逐渐为多数IP改编狂热者和“90后”新生代所占据。不仅是电影产业，动画、游戏行业也呈现出这种“唯IP是图”，似乎不依靠IP就无法创造出优秀作品。互联网这一新兴技术将我们从工业线性思维带到了互联网非线性思维，开启了大众创业、万众创新的自媒体驱动新格局，"权威发布""内容为王"不再是衡量IP产品好坏与否的唯一标准。大数据带来的新创作模式和服务模式带动产业技术研发体系创新，推动跨行业、跨媒介的融合与协同创新，大数据分析、新媒体互动、用户体验等新技术将直接预测一款IP的生命周期与发展趋向。技术经济范式的转换，使很多电影企业的竞争对手变得更具不确定性。[①] 电视从业者没有想到一款国产游戏《古剑奇谭》能够成为2014年电视行业的黑马，获得1.73的高收视率。电影业内人士没有想到一部网络剧"冷笑话"可以获得"现象级过亿国产动画"的称号。因此，IP的跨界融合和竞争不仅带来更多机会，也带来更多挑战。

四 对中国IP产业链发展的启示

（一）用自己的"声音"发声

如何学会讲故事一直是文化创意产业乃至文化产业领域内持续探讨的问题，中国坐拥五千年的灿烂历史，蕴藏了丰富的文化资源与文化遗产，相比借鉴他国文化的美国，我们似乎更有优势。《山海经》是一部丰富的怪物志；《本草纲目》记载了千万种治病良方；《搜神记》是中国民间神话传说的宝典……但目前对这些经典IP资源的开发程度是远远不够的。国内的艺术创作者并没有静心阅读这些经典作品，试图从中挖掘优质IP，而是一味地抄袭借鉴国外的成功作品。2012年，网友竟然在电影备案网上发现了名为《瓦力》的国产动画电影通过了审查，2015年，与《汽车总动员》仅一字之差的《汽车人总动员》上映，连电影海报都相似得惊人，网友看后直呼上当。类似的抄袭事件在电影、动画、游戏中也屡见不鲜。再看迪士尼的创作模式：保留人物性格，更改时代背景，以角色IP带动故事以及周边产业的发展。这些角色不仅是一个虚拟人物形象，更代表了被植入国家主流价值观和意识形态的国家形象。美国的英雄主义塑造了超人、美国队长等超级英雄，而中国国民心中公认的虚拟英雄人物除了齐天大圣，再难抉择其他角色。与其说我们国家的

---

① 刘庆振：《技术经济范式视野下的"互联网+电影"新业态》，《当代电影》2015年第9期。

虚拟形象 IP 少，不如说是角色身上被赋予的国家形象或国家主流价值观的情感认同少。因此，我们在开发优质 IP 时一定要开发能够引起观众价值认同和情感归属的角色 IP，通过不变的角色 IP 创造多样性故事，使观众产生持续的移情。

（二）技术革新孕育 IP 生态产业链

“互联网 +”这一新形态的技术范式影响着 IP 产业链上的每一个环节：一是传统文化产业通过互联网技术和平台改变了自己的生产方式和营销策略，使内容更了解、贴近观众；二是“互联网 +”产业经济催生出了新的产业结构、业态和发展模式。所谓新的运营模式，即今天的“大媒体”融合、全链条整合之路；[①] 三是互联网改变了传统 IP 的创作方式，人人都参与到创作中，主动创造出更丰富多样的优秀作品；四是大数据、O2O 等新技术在 IP 中的运用能够降低市场风险，提高产品生产效率，延长产品周期，激活和转化潜在受众群。2012 年，网飞公司就曾通过大数据预测了用户在大卫·芬奇、凯文·史派西与英剧《纸牌屋》之间的交集与联系，并用 400 万视频订阅用户的后台数据资料决定了电视剧的制作方式，同时使用周播剧模式根据网友意见决定每周的剧情发展。

此外，“互联网 + 众筹”模式崭露头角。近一年来，国内有超过一百部的影视作品在众筹平台上筹集到了资金，比较成功的是《十万个冷笑话》和《西游记之大圣归来》。其中，《十万个冷笑话》募集资金为 137 万元，票房收益过亿，《西游记之大圣归来》筹集到了 870 万元，票房已过 9.56 亿元，成为中国动画影史上的票房奇迹。另外，众筹 IP 衍生品也成为一大流行趋势，2015 年 7 月 23 日，由娱猫和天猫联合进行的《西游记之大圣归来》周边众筹额当日突破 1000 万元。仅仅这一个渠道，就创下了中国动漫和中国电影周边历史上最高的单日销售额。与此同时，阿里巴巴和百度分别推出了“娱乐宝”和“众筹频道”等平台。“内容 + 服务 + 平台”的复合型产业结构变革不仅会改变整个文化产业的生产、创作、发行、宣传、传播等产业模式，更有可能带动整个产业形态升级甚至是整个行业的生态系统。

---

① 邵林：《在微时代做大媒体——媒介融合时期传统媒体转型发展研究》，《传媒观察》2014 年第 6 期。

（三）跨界融合与互动延伸IP品牌价值

“互联网+文化产业”利用新技术将文化产业各行业联结起来，加速了跨界融合的进程，使原来各具生存法则的文学、电视、电影、音乐、游戏之间的联系越来越密切，行业边界也越来越模糊。数字电视上有可能存在游戏、音乐，电影中也有可能夹杂电视广告。以《爸爸去哪儿》为例，该IP在真人秀节目、动画节目、电影、节目授权、图书、玩具、文具、手游、舞台剧、广告等行业都有涉猎，可以说是基本完成了跨界IP全产业链的开发与运营，能够利用粉丝经济和互联网思维为其带来巨额利润点和增长点。当然，跨界融合要注意粉丝的转化率问题，不同的传播媒介具有一定的差异性，只有精准定位、细分市场、瞄准用户消费需求，才能生产出适销对路的优质IP产品。同时要注重与受众之间的多媒体平台沟通，现在国内很多作品存在经典IP照搬或照抄现象，将购买来的IP生硬的搬上荧屏，招致忠实原著拥趸者的不满。因此，我们应该通过实时交流平台聆听受众心声，积极采纳受众的建议与意见，不仅要做到跨界融合，更要做到跨界联动，打破创作者和消费者之间的主被动关系，丰富IP内容与形式，延长IP产品的生命周期，延伸IP产品的品牌化效应，使IP产品真正能够形成一条健康、有序、绿色的生态产业链。

结　　语

目前，我国网络文学的主要收入来自IP授权，IP电影的主要收入来自票房，IP电视的主要收入主要依靠广告和衍生电影，IP游戏的主要收入来自增值服务。而美国电影的总收入，只有三成是来自票房收入，其他收入分别来自IP授权、开发衍生产品、建造主题乐园等，以跨行业、多轮次、持续消费为主要发展范式。现在国内在IP全产业链开发方面做得比较好的是《爸爸去哪儿》，IP开发源头来自韩国，通过综艺节目聚集大量粉丝群形成核心IP产品，快速制作成大电影获得“亲子票房”形成增值IP产品，并将IP授权到PC端游戏、手机游戏、图书出版等多行业形成跨界IP产品，最终完成了一条核心（内容）—增值（服务）—跨界（平台）的IP全产业链开发模式。在“互联网+产业经济”这一新的技术经济范式下，我们要学会挖掘本国丰富多样的优质 IP 资源，利用“互联网思维”激活并打通 IP 产业链环上的各环节，快速完成单一粗放的传统 IP 产业转型升级，努力打造一条“内容 + 服务 + 平台”的跨界融合型 IP 全产业链模式。

（作者单位：中国海洋大学文学与新闻传播学院）

“互联网+”时代电视商业模式的转型
——以微信摇电视为例

唐敏敏

【摘要】 随着“互联网+”时代的急速到来，电视媒体面临巨大的转型压力，这既是挑战也是机遇。电视媒体业必须充分认识加快与互联网有效融合、实现商业模式转型的重要性和紧迫性，通过与互联网各行业的跨界融合，创造新产品、新业务模式，构建连接电视、用户、商业的新生态，最终发展成为基于移动互联网的新型传播和营销平台。微信摇电视是“互联网+”时代电视媒体与移动新媒体深度融合的产物，也是电视媒体商业模式转型的尝试。在微信摇电视中，电视以跨屏互动的内容形式实现了连接电视受众并把受众转化为用户、以全新的广告形式拓展了广告效果，在一定程度上实现了商业模式的转型。

【关键词】 互联网+电视商业模式　转型　移动互联网　微信摇电视

一 “互联网+”时代电视商业模式转型的动因

电视投资制作或购买节目并以低于成本或免费的价格卖给受众，再将受众卖给广告商并获取广告费，这就是麦克卢汉的“二次售卖”理论。电视凭借这种成熟的模式，已经繁荣了半个世纪。但是现在，这种模式正在遭遇互联网的冲击。

（一）电视商业模式遭遇冲击

随着互联网及移动互联网的崛起，电视媒体的“二次售卖”商业模式正面临着来自新媒体内容与广告两个方面的强烈冲击，其主流媒体的地位正在被边缘化。

内容方面。骨朵传媒发布的《2014—2015 中国网络自制剧行业发展白皮书》数据显示，2014 年全年制作 205 部、总计 2918 集的网剧，大于 2007—2013 年所有网剧产品的总和；在点击量方面，2014 年全网网剧达到了 125 亿次的点击量。[①] 截至 2015 年 6 月 30 日，2015 年上半年全网共计上线剧 166 部，计 2243 集、33585 分钟，全网网络剧共计获得点击量 65 亿多次。[②] 有统计显示，2015 年将有 600 部总共 7000 集带有“互联网基因”的影视剧问世，将首次超过目前全国卫视频道黄金档的容量。[③] 海量的网络自制内容分流了电视媒体的受众，吸引了大量的注意力资源。根据 CSM 媒介研究所调查数据，2012—2015 年上半年收视总量的递减幅度为：2013 上半年同比下降 2 分钟至 167 分钟，2014 年上半年同比下降 4 分钟，2015 年上半年同比下降 7 分钟至 157 分钟，收视量的减少幅度明显加大。[④]

广告方面。2014 年网络广告收入首次超过电视广告。根据《传媒蓝皮书：中国传媒产业发展报告（2015）》所发布的数据，2014 年互联网广告营收 1540 亿元，超过电视的广告收入 1279 亿元；电视广告市场的增长趋于平缓，连续两年增长率低于两位数。报告还指出，2014 年互联网与移动增值市场的份额不但一举超过传统媒体市场份额总和，领先优势达到 10.3%，并且差距还有继续扩大的趋势。受众和注意力资源的分流导致媒体广告格局的又一次改变，有如若干年前的电视广告规模超过报纸广告。这意味着电视媒体单纯通过吸引受众注意力，然后售卖广告的商业模式已经落后。

（二）电视媒体互联网转型不彻底

近年来在媒介融合升级的背景之下，电视媒体虽不断探索全媒体转型之路，却最终未能找到具有理论支撑的清晰的商业模式。

---

① 《2014—2015 中国网络自制剧行业发展白皮书》，骨朵传媒，2015 年 6 月 6 日。

② 刘阳：《网剧热播　能成为视频行业的“新宠”吗?》，《人民日报》2015 年 10 月 29 日。

③ 张祯希：《网络剧 2015 年上线七千集，将首超卫视黄金档容量》，《文汇报》2015 年第 5 期。

④ 《上半年电视收视全线下滑》，新浪传媒，http：//news. sina. com. cn/m/wl/2015 - 09 - 09/doc-ifxhqhun8537026. shtml。

电视的全媒体思路主要为两种：一是“扩张式”的全媒体，即注重手段的丰富和扩展，如“全媒体出版”“全媒体广告”；二是“融合式”的全媒体，即注重多种媒体手段的有机结合，如“全媒体新闻中心”“全媒体广播”。[①] 如全媒体新闻中心：记者提供“初级新闻产品”，然后由广播、电视、手机电视、网站、电视报等各媒体的编辑部各取所需进行“深加工”、生产出各种形态的终端新闻产品，最后，通过多种媒介逐级发布、传播。总之，就是借助新媒体丰富传播手段、拓展业务形态。

其全媒体路径主要有两种：一是强硬转型，做新媒体。如全方位独立转型，适合有实力的电视媒体，领军者是央视 CNTV、湖南卫视芒果 TV、凤凰卫视凤凰视频。又如广电媒体联合投资创建新媒体公司，如国外的广电系视频网站 HULU 由美国国家广播环球公司（NBC）、新闻集团旗下的福克斯（FOX）、美国广播公司（ABC）等传统媒体投资创建。二是通过资本运作，收购或控股新媒体公司，如上海 SMG 百视通控股风行网和艾德思奇，采取联合策划、联合制播、联合推广、联合营销、联合采购的台网融合模式。

对于电视业而言，互联网为电视节目传输和分发提供了全新的技术条件，这对电视业发展的影响程度超过了有线电视、卫星电视等技术。互联网为广播电台、电视台和网站提供了一个功能强、效率高的内容分发渠道，也为受众构建了一个无处不在的内容播出平台。对于广播电台和电视台来说，互联网正成为日益重要的传播渠道。[②] 也就是说，无论是自己打造新媒体还是收购新媒体，实际上都是借助新媒体丰富传播手段，实现内容的全媒体覆盖与传播，但是其内生的管理方式和思维方式、商业模式并未发生质变。

二　“互联网+”时代电视商业模式转型的方向与路径

“互联网+”时代电视商业模式转型，即以互联网平台为基础，利用电视媒体与互联网各行业的跨界融合，推动电视媒体转型升级、创造新产品、新业务模式，构建连接电视、用户、商业的新生态，重构或提升电视

① 王文科、朱召君：《广电打造全媒体的路径》，《青年记者》2012 年第 14 期。

② 李宇：《互联网对广播电视发展影响的四个维度》，《中国广播》2015 年第 5 期。

商业模式的价值链。[①]

(一) 转型方向: 移动互联网+电视

"互联网+"时代电视商业模式转型的一大方向为，通过移动终端实现互联网与电视的深度融合，第一步，实现连接受众并把受众转化为用户；第二步，当用户规模化之后，把移动第二屏作为挖掘用户商业价值的核心终端，开展广告、付费、电商等互联网化的电视运营。

其一，电视一般采取"二次售卖"的商业模式，即电视台投资制作或购买节目吸引观众收看，并将观众收看广告的时间售卖给广告主，从广告主那里获取广告费。这种模式可以称为收视率经济，其特点为：电视和受众的关系是割裂的，一是其受众具有一次性，每次售卖受众之前需要重新集聚一次受众；二是电视台导给广告主的不是消费者，而是受众；这就导致其盈利能力主要依靠收视率。受众不转变为用户，便没有商业价值，也不利于广电盈利模式的开拓发展。而互联网商业经济的特点是得用户者得天下，即通过核心产品来聚集永久性用户，然后通过延伸业务从这些永久性用户身上挖掘商业价值，包括直接价值如增值服务和间接价值如广告。这种经济称为流量经济。电视媒体接触受众上亿，如果可以转化为永久性的用户，就可以进一步通过延伸业务挖掘商业价值。因此，电视台需要从受众思维转为用户思维，实现联系用户、沉淀数据、提高转化率，这样才能开拓新的盈利模式。这也就是"互联网+"时代电视商业模式的转型。

其二，移动互联网可助力电视实现从受众到用户的转化。对于电视台来说，从网站的跟帖、调查、评论，到移动端的交互式体验，乃至大数据分析与挖掘，没有"鼠标和键盘"就不可能有用户的主动行为与用户间的交互，媒体就依然只能"我播你看"。事实上，"鼠标和键盘"就在观众手里，因为50%以上的观众在收视时手里并不是遥控器（也不是电脑），而是手机。[②] 也就是说，手机相当于电视的鼠标和键盘，可以帮助

---

① 互联网+电视就是以互联网平台为基础，利用电视媒体与各行业的跨界融合，推动转型升级、创造新产品、新业务模式，构建链接一切的新生态。详见陈文《天脉媒体桥科技盛宴，启互联网+电视新行动》，光明网，2015年4月1日，http://culture.gmw.cn/2015-04/01/content_15261217.htm。

② 王强：《"摇电视"摇出的是全新的传播体系》，《中国广播影视》2015年5月12日。

电视实现从观众到用户的转化、交互式体验和大数据分析等功能。同时，《中国传媒产业发展报告（2015）》指出，2014 年 6 月，中国手机上网人数首次超过 PC，手机支付、手机银行、手机网购、手机旅行预订成为用户覆盖率增长最快的应用。2014 年中国移动广告市场规模达 296.9 亿元，同比增长 122.1%，增长率连续 3 年超过 100%，百度移动端广告收入在 2014 年末超越 PC 端，主打移动营销的上市公司也受到资本市场的大力追捧。种种迹象表明，移动互联网正快速成长为传媒产业的支柱板块，并成为媒介融合和媒体商业模式转型的关键连接点。

（二）转型路径：移动社交/电商 + 电视

“互联网 +”时代电视商业模式转型主要有两个路径。

一是移动社交 + 电视，实现跨屏互动与营销。随着微博、微信、自媒体等移动社交媒体的兴起，电视第二屏的伴随型互动收视越来越成为电视媒体发展的必然。2013 年跨屏互动的人数比例为 34%，2014 年增加至 45%，近一半的观众每天都在使用社交媒体。电视通过与移动社交的融合，可强化参与感，实现社交关系链传播，延伸电视屏；连接观众，沉淀和累计用户。

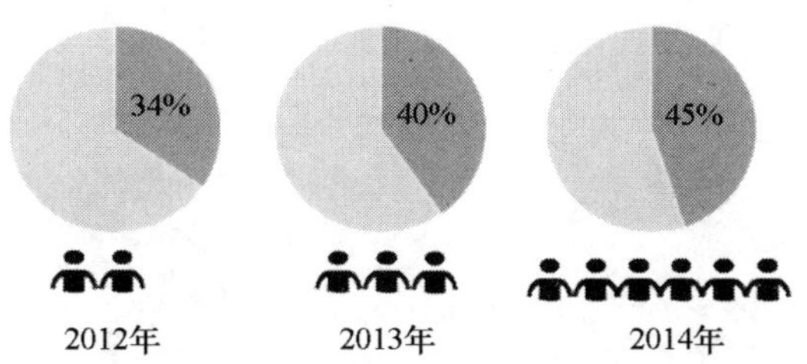

图 1　近三年电视观众跨屏互动比例[①]

移动社交 + 电视下的微信摇电视。微信摇电视于 2015 年 3 月 31 日正式开放注册，电视台和节目方通过 yao. weixin. qq. com 提交资质、接入信号以及签订协议后，即可开通“摇电视”功能，从而与观众展开互动。

① 田涛：《从受众到用户，电视如何做好加互联网》，“互联网 +”品牌以及电视的创新高峰论坛，2015 年 5 月 23 日，http：//www. 199it. com/archives/349338. html。

其互动流程为：播放前针对节目设置相应的手机互动环节、开发页面、配置活动；播放中口播或者屏幕引导号召用户参与；播放后后台自动汇总呈现用户互动数据。其互动内容有两种：一种是内容互动，如央视春晚明星语音拜年、朋友祝福贺卡、春晚节目单、参与上传全家福等；另一种是广告互动，即品牌专属红包，如用户抢到的红包显示“××企业给你发了一个红包”。2015 年 6 月 16 日《中国电视媒体跨屏互动融合创新趋势》发布的数据显示，截至 2015 年 5 月，摇电视上线的电视台超过 60 个，上线节目数超过 110 个，渗透包括综艺、晚会、活动、体育等几乎所有节目形态；累计覆盖用户超过 1 亿（不含 2015 年央视春晚当天），参与过摇电视互动的用户已达 1.8 亿。①

二是移动电商＋电视，实现广告从告知到购买的转化。电视广告的转化过程大致为：把广告信息告知给观众；观众看到广告后，若感兴趣，则去实体店购买或者上网搜索产品和相关信息网购。2011 年看到电视广告而上网搜索相关产品或信息的人数比率为 24%，2012 年为 26%，2014 年为 28%，可见电视广告的转化增长率偏低。而电商已经成为大众习惯的消费方式，电视与移动电商相结合，通过边看边买的模式，可以直接链接到电商平台购买广告中的商品，解决电视时空限制，提供电视屏的新商业化可能，用多屏承载更多商业价值。这时候，电视导给广告主的就是消费者，完成了受众和消费者重合。

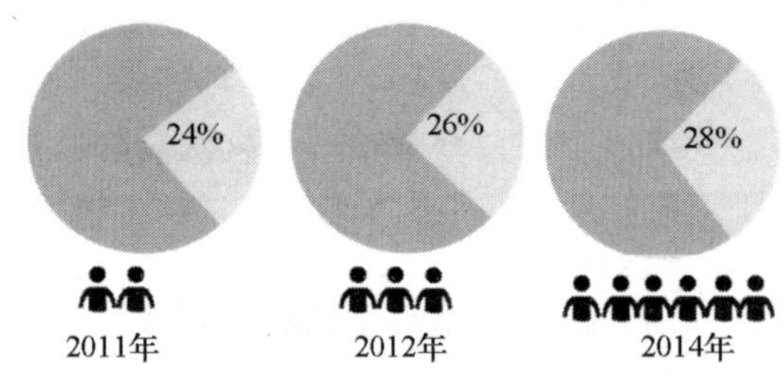

图 2　近三年看到电视广告而上网搜索相关产品或信息的人数变化②

① 赵树清：《中国电视媒体跨屏互动融合创新趋势》，《中国传媒大学互联网信息研究院》2015 年 6 月 16 日。

② 田涛：《从受众到用户，电视如何做好加互联网》，“互联网＋”品牌以及电视的创新高峰论坛，2015 年 5 月 23 日，http：//www.199it.com/archives/349338.html。

移动电商 + 电视下的 T2O（TV to Online）模式。《舌尖上的中国2》与天猫的合作开了消费者“边看边买”的先河，湖南卫视《爸爸去哪儿 2》与天猫的合作则主要在品牌推送层面，试行了通过手机扫 LOGO 进入活动页面的互动方式。2014 年 8 月，东方卫视《女神的新衣》与天猫合作，节目中的明星设计款天猫首发后线下才可销售，同时节目中的服装在播出时即可在天猫边看边买。2015 年年初，东方卫视《何以笙箫默》与天猫合作试水 T2O，观众在收看《何以笙箫默》时，可以用天猫客户端扫描东方卫视台标，同步购买剧中的同款服装商品。2015 年上海 SMG 与阿里巴巴数字娱乐事业群深度合作，“电商 + 电视”就是其主要合作内容之一，《极限挑战》是一个典型的案例。《极限挑战》是由天猫国际独家冠名的东方卫视明星真人秀节目，消费者可以边看电视边用天猫 APP 支持喜爱的明星、选购心仪同款商品，并与其他观众互动和讨论，一起与明星深度互动，共同完成相关极限挑战任务。2015 年 11 月 10 日，天猫“双 11”狂欢夜在湖南卫视以直播形式播出，湖南卫视获得 1.47 的收视率，天猫也以 912.17 亿元创历年来“双 11”销售额纪录。随后，湖南省与阿里巴巴集团签署战略合作协议。广电与阿里巴巴的合作，开启了“移动电商 + 电视”的电商媒体互动新时代。

三　从微信摇电视看“互联网 +”时代电视商业模式的转型

微信摇电视囊括了互动体验、营销销售等多种形式，是“互联网 +”时代电视媒体与移动新媒体深度融合的产物，也是电视媒体商业模式转型的尝试。在微信摇电视中，电视以跨屏互动的内容形式实现了连接电视受众并把受众转化为用户、以全新的广告形式拓展了广告效果，在一定程度上实现了商业模式的转型。

（一）微信摇电视对电视商业模式的提升

在微信摇电视中，电视以跨屏互动的内容形式创造了体验价值，实现了连接电视受众并把受众转化为用户、以全新的广告形式拓展了广告效果，在一定程度上实现了电视媒体商业模式的转型。

1. 创造体验价值、变受众为用户

微信摇电视改变了电视以往我播你看的售卖模式，以跨屏互动和微信服务号连接受众并把受众转化为用户。这是互联网+时代电视商业模式转型的第一步。

一是在节目播出之前，利用微信渠道进行品牌传播和内容推广。经过近几年的发展，微信成了移动互联网的主入口，拥有数亿熟人数据资产，可加速电视内容病毒传播。第一，实时回屏。用户参与微信摇电视互动，必须打开电视机，成为收视观众；参与用户越多，收看观众数也会越多。第二，微信摇电视的四大功能——红包功能、预约功能、通知功能和一键关注功能，可以实现电视节目的推广宣传。如东方卫视的《花样爷爷》《奔跑吧少年》、湖南卫视的《天天向上》通过互动预告实现了节目的推广宣传。电视产业是内容产业，专业、有公信力的内容是根本，新媒体具有“渠道和数据化”优势，彼此的融合可以弥补各自在渠道和内容上的“短板”，使专业、有公信力的内容流淌于海量用户的新媒体渠道。①

二是在节目播出的过程中，通过双屏互动增强电视黏性。微信摇电视将传统的电视媒体接入了移动互联网，可以实现观众与节目、观众与观众的双向实时互动，这种互动方式与以往的短信互动相比，更具便捷性，互动形式也更加丰富多样，容易引发群体效应。第一，微信摇电视最大的特点就是场景化和互动体验，通过这种简单易参与的互动，找回曾经游戏的感动与喜悦，从而提高了受众/用户的参与感和体验感，这也是互联网企业最具优势的地方。第二，微信摇电视的另一创新是用红包勾起了人们“爱占便宜”的欲望心理：人们对于“免费”的东西总是非常积极的，小小的红包里面虽然只有几块钱，却能将用户黏在电视跟前。据腾讯官方统计，2015 年央视春晚微信摇电视互动中，除夕当日红包总收发量 10.1 亿次，摇一摇总数为 110 亿次，在春晚峰值达到 8.1 亿次/分钟。第三，实现社交关系传播。微信摇电视在节目中最吸引人的环节合理地设置互动内容，吸引更多的用户在朋友圈等社交媒体进行主动分享，从而吸引年轻人回到电视屏幕前。如在 2014 年 CCTV5 的世界杯转播中，用户可以轻松将比赛视频分享到微信朋友圈，相关视频获得了上万次转发，直接为节目收视率做出了贡献。又如江苏卫视 2015 年开年综艺《超级战队》利用微信

① 王强：《“摇电视”摇出的是全新的传播体系》，《中国广播影视》2015 年 5 月 12 日。

摇电视充分整合微信资源实现深度互动，首期收视率1.2，为同时段第一。

三是在节目播出后，连接受众并把受众转化为用户。电视媒体的传统播出方式是“我播你看”，电视和受众的关系是割裂的，无法触达受众，不能转化为用户、粉丝。而微信摇电视以微信服务号和互动的形式实现了真实连接观众，沉淀客户关系，累计用户规模。如2014年世界杯赛事期间，关注CCTV5微信服务号的用户累计超过370万；浙江广电集团粉丝数在1万以上的微信公众号有28个、超过50万的有3个；成功将观众转化为用户，为用户商业价值的挖掘打下基础。

2. 挖掘用户数据、实现用户变现

获得用户之后，便是挖掘用户商业价值。对于电视媒体来说，最主要的盈利模式还是广告。微信摇电视的广告形式主要是“品牌专属红包”，包括现金红包和代金券红包。现金红包可有效提升广告商的品牌曝光度，代金券红包则可通过指定渠道消费，为广告商带来消费者和拉动销售，满足其广告价值最大化的需求。

一是有效提升广告主的品牌曝光度。电视传统的广告投放形式为广告主花钱买广告位，受众有没有看到其广告信息是不得而知的。而在微信红包的发放过程中，广告商以红包的形式直接将营销费用（红包）投递到用户身上：用户收了现金红包和代金券红包，也就证明用户看到了“××企业给你发了一个红包”的信息和企业的LOGO，有效提升了广告主的品牌曝光度。以湖南卫视2015年春晚为例，提供百万现金红包的品牌赞助商容园美，其LOGO在整场晚会中展现次数高达1.23亿，官方微店的入口也有千万次的点击。①

二是“促销广告”“广告电商”等广告形式，使商业广告的意向群体直接触达商品，实现商品售卖。电视传统的植入广告大体有实物类植入和语言类植入两种形式，如2010年央视春晚小品《捐助》中的“国窖”礼盒和赵本山提及的“搜狗”。在这种广告模式下，电视台导给广告主的不是消费者，而是观众，转化率并不高，效果也有限。而微信摇电视的“促销广告”“广告电商”等广告形式，使商业广告的意向群体直接触达

① 祖薇：《微信“摇电视”：电视的遥控器，微信的摇钱树》，《北京青年报》2015年3月12日。

商品。代金券红包相当于促销广告，可通过线下消费或者广告商的网上商店进行消费；通过摇一摇直接摇到广告对应的产品则类似于“电商”，如微信与辽宁宜佳购物频道合作，若用户对购物频道中的商品感兴趣，只要使用微信摇电视，即可查看并且快速完成在线下单购买电视屏幕中展示的商品。这样，商家的广告已不仅是“广告与营销”，而是“电商与销售”，即 T2O（TV to Online/Offline），完成了“受众和消费者”重合。

三是挖掘用户数据价值，实现精准营销。电视节目播放后，微信摇电视后台会自动汇总呈现用户互动数据。频道方或者节目方可以从用户的摇电视行为中提取出地理位置、观看时长、节目喜爱度等数据，分析挖掘后服务于商业营销模式的创新，可为电视节目的营销模式提供选择依据，为不同的人群设置不同的互动方式，实现不同金额的红包、代金券的精准化推送，提升营销效果。如湖北综合频道在“三八”节通过微信摇电视向女性观众发红包，女性观众可摇出红包，男性观众摇出的则是“对不起，今天不是你的节日，请通知她”，充分利用了微信的性别归类，在观众摇电视的瞬间进行了数据处理和页面分类。

（二）微信摇电视存在的问题

作为传媒生产者，电视媒体以内容来吸引受众，然后以受众来吸引广告主。因此，内容是根本，广告是盈利手段，二者缺一不可。同时，电视商业模式的互联网转型在实现用户积累之后，就是以各种方式挖掘用户的商业价值。由于微信摇电视仍处于探索阶段，在这两个方面仍存在一定的问题。具体如下。

1. 弱化内容影响力

作为微信的广告平台，电视台与微信互动合作，更多的价值在于通过微信摇电视互动提高受众的体验和参与感，通过微信以及朋友圈的口口相传，让更多具有极强消费能力且对于口碑营销接受程度极高的年轻用户对电视给予更高的关注。但是实际上，微信摇电视出现了很多“只摇不看”的现象。据腾讯官方统计，2015 年央视春晚微信摇电视互动中，除夕当日红包总收发量 10.1 亿次，摇一摇总数为 110 亿次，在春晚峰值达到 8.1 亿次/分钟；与此鲜明的对比是，除夕当晚央视春晚电视直播收视率为 21%，创下历年新低。当用户专注于手机屏幕摇一摇的时候，很少关注电视节目内容。对于电视媒体而言，看似获得了很多新用户，但基本上都是奔着红包而非电视内容而来，这种流量的商业价值非常有限，而作为电视台最为重要的内容却被忽视。

2. 盈利模式不成熟

其一，利益分配方式不合理。在理论上，微信通过电视频道的主持人口播、屏幕展示才能邀请观众参与互动，从而实现赞助商的广告价值。所以说，电视台是赞助商的间接广告平台。但是实际上，电视台、微信、广告商之间的合作模式尚未成熟。如在2015年央视春晚活动中，三方的合作关系为：央视羊年春晚位于最高层，向腾讯收取合作费用；微信位于中层，提供互动平台并招商；赞助企业位于下层，提供现金红包和代金券红包。也就是说，微信是电视台唯一的广告主，而众多赞助商是微信的广告主，赞助商与电视台没有任何实质性的合作，或者说电视台仅仅获得了微信的合作费用，并未获得赞助商的广告费用，相当于电视台把绝大部分的广告发布权力转让给了微信。因此，电视台处于相对被动的地位，并未实现自身效益的最大化。

其二，未充分挖掘用户的商业价值。互联网思维的核心在得用户者得天下，以核心产品获得永久性用户，然后以各种方式挖掘用户的商业价值。在微信摇电视中，第一次售卖实现了连接受众并把受众转化为用户。但是获得了用户之后，由于电视媒体和广告商的合作模式未发生改变，"广告电商"在本质上仍是是广告，也就是说电视媒体最主要的盈利模式还是广告，并未充分挖掘用户的商业价值。如在世界杯期间，CCTV5体育频道搭建微信服务号，让2014年世界杯期间的广告收益溢价了30%，用户累计也超过370万，但是用户的广告价值仅局限于节目播出的时间段，结束以后这些用户又变为沉默用户，本质上与受众没有区别。

（三）微信摇电视的改进建议

对于广电媒体来说，内容是核心竞争力，互动应以内容的吸引力为出发点，不能本末倒置。正如国家广电总局发展研究中心政策所所长、信息所所长李岚所说，互动应对内容有所提升，甚至成为节目的一部分，而不是弱化内容。[①] 其次，微信摇电视的商业模式是一个涉及多方利益主体的

① 罗姣姣：《腾讯着手建立电视生态，颤抖吧电视人》，《中国广播影视》2015年3月31日。

复合型模式，观众的行为改变了，电视节目的内容也随之改变，信息、商品、现金都在以全新的方式流动。由此，应探索新的合理的盈利模式。

1. 以内容为出发点

第一，根据电视内容设置互动形式和广告形式，引导用户深度参与节目内容，实现内容广告互动连接。这也是微信摇电视设置节目方账号的目的。如选秀节目“摇一摇”进入投票、综艺节目“摇一摇”进入公众号吐槽、电视剧“摇一摇”进入微店购买同款。实际上，各卫视的微信摇电视已有不少互动与内容高相关的案例，如 CCTV3 音乐节目《中国正在听》，电视机观众根据主持人引导通过微信摇电视成为听审，可投票和参与实时讨论、为选手拉票助威、领广告商红包等。这种互动本身就成了节目内容的一部分。

第二，利用用户数据优化电视节目内容。在微信摇电视中，每个参与互动的用户行为都能体现为数据：性别比例、地理位置、年龄分布、感兴趣的节目类型等数据，可以为节目拍摄、后期制作以及宣传推广等环节提供重要的参考依据。

2. 探索新的盈利模式

一是建立长期稳定且符合双方利益的合作机制。由于微信摇电视有两种账号即频道方和节目方，因此可以探索以下盈利模式。对于频道方和电视台内部单位节目方：模式一，电视媒体与微信等新媒体共同招商广告商或者赞助商，实现电视广告与新媒体广告的同步，采取利益分成的方式获取广告费用。模式二，由微信等新媒体招商并收取广告费用，由于电视媒体也在一定程度上将自己受众售卖给了微信的广告主，因此也要收取其广告费用。模式三，由电视媒体招商并收取一部分的广告费用，然后把另一部分广告费用植入微信等新媒体的现金或代金券红包。对于节目版权公司则由节目版权公司招商并在拍摄过程中植入广告。目前，微信摇电视已经采取了第三种模式，即电视台/节目方负责招商并设置互动内容，广告主支付广告费并提供现金红包和代金券红包，微信免费提供互动平台服务。相比央视春晚的模式，这种合作模式更有利于实现各方利益的最大化。

二是采取一次性定额广告费 + 销售收益分成的模式获取广告费。微信摇电视能精准地监控每笔营销费用所带来的转化率。根据妈妈圈官网数据，通过央视春晚活动，现金红包使得妈妈圈服务公众号新增粉丝数超过 500 万，除夕当日文章阅读数超出平日平均数 1500%，有关春晚微信红包的内容转发达到25万次，妈妈圈APP下载量比平日激增数倍；卡券红包则通过小树熊进口商品特卖商城消费时享受现金减免优惠，掀起了一场春节购物优惠潮。由此，电视台可以根据转化率采取一次性定额广告费+销售收益分成的模式获取广告费，将广告效果与广告费用直接挂钩。

三是在广告之外挖掘新的商业价值。用户规模化之后，电视媒体可以通过微信服务号积累起来的用户，拓展出新的盈利空间。电视媒体具有最大的影响力和公信力，具有整合资源的优势。由此，可以整合医疗、法律、教育等行业全产业链的资源，通过规模效应降低消费成本。目前，开启首摇的湖北卫视已有所实践：与农业结合衍生出湖北长江垄上传媒集团、与汽车结合衍生出汽车后市场连锁运营产业链、与美食结合衍生出《好吃佬》线下商业运营、与教育结合衍生出教育产业链、与婚恋结合衍生出《桃花朵朵开》婚恋产业链。正如佘贤君所说，中央电视台可以借助《中华医药》等栏目整合医药资源，通过《心理访谈》栏目整合心理学家资源，通过法制节目整合法律援助资源，通过科教节目整合教育资源，电视媒体可以通过微信服务号在移动第二屏开展广告、付费、电商、游戏等互联网化的电视运营，不仅可以实现商业价值，还可以增强与受众的联结。①

结　语

以微信摇电视为代表的电视媒体产业在"互联网+"时代商业模式的转型，本质上是电视媒体、社交、电商及其他相关产业的跨界融合，其中包含传统媒体和新媒体的融合。它改变了电视以往"我播你看"的售卖模式，利用微信渠道进行品牌传播和内容推广，通过双屏互动增强电视黏性，连接受众并把受众转化为用户；其创新的广告形式——品牌专属红包，则有效提升了广告主的品牌曝光度，使商业广告的意向群体直接触达商品、实现商品售卖，挖掘用户数据价值实现精准营销。但是由于这种模式涉及的利益主体较多，且目前仍处于探索阶段，因此尚未形成成熟的合作模式，仍存在红包弱化电视内容、电视台（栏目组）未参与分成以至

① 佘贤君：《重构电视人的努力方向》，《TV+电视融合发展新生态高峰论坛》2015年6月18日。

“电视媒体为微信做嫁衣”“短期互动传播效果未能转为常态化流量”等问题。

就目前而言，对于电视媒体来说，微信摇电视的互动宣传功效仍大于销售变现，对于用户价值的深度挖掘是将这种短期效果转变为常态化流量的关键。一是需要电视台、栏目组、电视剧剧组以及电商共同参与摇电视前期策划活动，研究如何将广告、产品与内容更好地融为一体，以及如何提升用户的体验价值。二是运营沉淀用户，挖掘长尾价值。微信摇电视所沉淀的用户主要有两个流向：电视台和广告主。对前者来说，可以运营以宣传其电视节目、开展观众互动、发布广告信息等。有资料显示，浙江广电集团 2015 年上半年微信广告营销实现直接创收数百万元，带来间接增值收入数千万元。对后者来说，则需要在后期产品售卖与服务的活动中，研究如何将产品对准核心用户与消费群体，满足他们的需求点，从而实现对用户价值的深度挖掘。

从长远来看，微信摇电视这种模式在大方向上符合媒介融合发展趋势。电视媒体与移动互联网的深度融合，使得电视承载内容、手机移动端承载与电视内容相关的产品和服务，不但可以解决之前电视无交互、弱交互的短板，实现连接观众、沉淀客户关系、累计用户规模，还可以深入挖掘内容资源的价值，利用移动新媒体的支付能力解决电视时空限制、提升电视购物体验，进而实现电视屏的新商业化可能。需要指出的是，这一模式仍有很大的潜力与空间尚待挖掘。未来，随着这种模式的日渐成熟，电视将通过与移动互联网的深度融合，成为拥有用户大数据的重要注意力入口和行动力入口，在电视屏幕上实现品牌的体验、互动、购买，形成新型的传播和营销平台。

（作者单位：中国海洋大学文学与新闻传播学院）

T2O 模式下电视商业模式的升级及其未来路径

高　颖

【摘要】T2O 即 TV to Online，本质上是植入广告与电视购物的变体，它推动了电视“触网”使之不再是孤立、线性的内容传播媒介，而成为一个具有多连接的平台。在此平台之上，电视通过电商销售衍生品，延伸价值链，将收视率转化为购买行为，让用户直接为内容埋单，改变了固有商业模式对广告收入的过分依赖。尽管目前电视台仍依附与电商，T2O 生态链条尚未完整，内容、渠道、产品之间尚未完全匹配，但 T2O 模式已成为广电企业进行互联网转型及商业模式升级的未来趋势之一。

【关键词】T2O　电视　电商　商业模式　“互联网 +”

一　T2O 模式及其产生背景

“从经济学的角度看，媒介产业与众不同之处在于它在一个双重产品市场之中运行。它生产出一种产品，但却参与两个性质迥异的市场——产品市场和服务市场。”① 产品市场中媒介将内容销售给受众，又称“一次售卖”，服务市场中媒介将受众的时间卖给广告商，又称“二次售卖”。传统模式下电视内容的一次售卖并不盈利，电视业的经营仍然主要依靠二次售卖中的广告收入。喻国明教授认为，过度依靠“卖广告”单点支撑的赢利模式，风险程度较高，高度受制于广告业的风吹草

① ［美］罗伯特・G. 皮卡德（Robert G. Picard）：《媒介经济学概念与问题》*Concepts and Issues* 中文版，赵丽颖译，中国人民大学出版社 2005 年版，第 13 页。

动，并且相当程度上造成了传媒经营发展进入了难以提升的“平台期”。①

在互联网的冲击下，这样的风险越发严峻，电视广告收入正逐年下降。根据《传媒蓝皮书：中国传媒产业发展报告（2015）》，电视广告市场的增长趋于平缓，连续两年增长率低于两位数。2014 年网络广告收入首次超过电视广告，规模达到 1500 多亿元。② 因此，电视媒体摆脱对广告收入的依赖，探索多元化的盈利模式成为必然。

在“互联网 + 电视”台网融合的趋势背景下，电视呈现“多屏时代”，“电视 + 电商”的 T2O 模式成为电视商业模式升级的新业态。T2O 即 TV to Online，强调边看边买，是将观众注意力直接转化为购买行为的方法。具体操作方式是电视播出过程中，观众通过扫描二维码或台标、摇一摇、登录相关 APP 等方式，即时进入网站购买与节目内容相关的衍生产品。自《舌尖上的中国 2》与天猫合作销售相关美食产品时起，T2O 的模式被逐渐运用至《女神的新衣》《鲁豫的礼物》《何以笙箫默》《一票难求》等电视节目及电视剧中，销售产品包括食品、服装、家居用品、旅行产品、电影票等。

二　T2O 模式下的电视平台经济

本质上说，T2O 是植入广告与电视购物的变体，但与其最大不同的是，T2O 模式推动了电视“触网”。电视台与电商合作，通过智能手机等移动终端作为连接器，推动了节目内容与线上服务捆绑，资源得到重新整合，电视不再是孤立的、局限的传播渠道，而成为一个具有多连接的平台。传统二元市场中单向连接的电视生产者（包括制、播双方）、内容、受众（用户）、广告主（电商），通过多向连接的方法构成了一张紧凑的关系网。“连接”作为互联网经济的核心关键词，开启了传统电视媒体进行互联网转型、商业模式升级的新时代。

---

① 喻国明、张小争：《传媒竞争力　产业价值链案例与模式》，华夏出版社 2005 年版，第 12 页。

② 张艳玲：《中国传媒产业总值首超万亿　网络广告收入超过电视广告》［EB/OL］（2015 年 5 月 11 日），中国网，http：//www. china. com. cn/guoqing/2015 -05/11/content_ 35541871. htm。

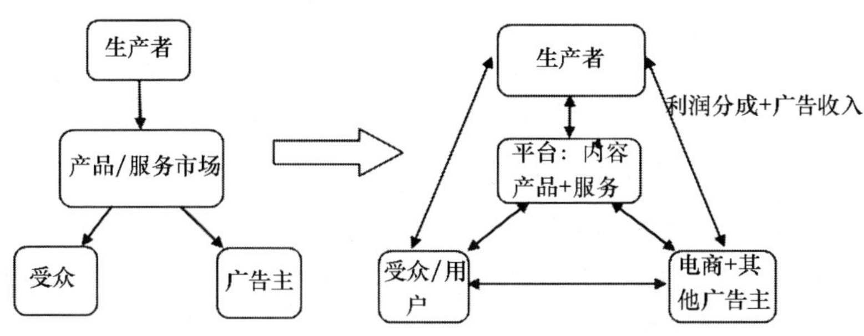

图 1　传统的二元市场　　　　**图 2　T2O 模式下电视平台网络**

（一）电视与电商：打通渠道，主动获利

T2O 电视与电商合作，双方优势互补、各取所需。按照电视生产者与电商连接的方式不同，T2O 模式发展可分为三个阶段：第一，生产者与电商合作，将注意力引流至网站，电商网站给予生产者广告费用，但内容生产方不参与产品销售的利润分成；第二，生产者与电商网站合作，并参与产品销售的利润分成；第三，内容生产者打造自有电商平台，独立销售衍生产品。

对于电视生产者而言，第一阶段的主要目的是打通互联网渠道，一方面利用电商平台的活动和新鲜的形式宣传节目内容、吸引注意力；另一方面通过衍生产品的销售延长价值链，巩固和提升节目品牌价值。喻国明教授认为，“传媒产业已经进入到超出‘单点式’经营、展开传媒产业价值链建构的发展阶段”①。为了避免对于广告收入的过度依赖，业界诞生了“三次售卖”甚至“N 次售卖”模式，即出售媒介的品牌资源，利用品牌资源发展衍生产品，实现范围经济，构建传媒产业价值链。此前，电视节目销售衍生产品的案例已屡见不鲜，而 T2O 模式在此基础上，更进一步利用互联网实现衍生产品的“N 次售卖”，在节目内容中植入了衍生产品的移动电商入口。在电视开机率不断下滑、电视观众正流向网络的背景下，电商渠道能够在很大程度上弥补电视衍生品销售渠道的缺口。

---

① 喻国明、张小争：《传媒竞争力　产业价值链案例与模式》，华夏出版社 2005 年版，第 11 页。

进入第二、第三阶段后，T2O 模式将更有力推动电视盈利结构多元化，电视生产者获利能力由被动化为主动。电视生产者将受众的时间（注意力）直接连接至可即时购买的互联网产品上，并参与衍生产品销售利润分成，或直接进行 T 端和 O 端的垄断，自立门户把控内容、产品、销售的完整链条。电商将不只是传统意义的广告主，而是销售产品的渠道合作伙伴。它对电视商业模式的颠覆，体现在电视生产的内容产品本身即包含服务，让二次售卖与“N 次售卖”合二为一，省略了广告商的部分，将收视率进行直接变现，让用户真正为内容埋单。

在 T2O 模式下，电视产品经营的市场化程度提高，节目内容与衍生产品销售捆绑更加紧密。由于电视生产方的获利意识前置，内容生产时可有针对性地将服务项目嵌入内容当中，并与节目内容形成良好互动。节目内容在营造注意力的同时，更直接的目的是将注意力引流至线上，付诸购买行为。为了更有效地将观众注意力转化为购买欲望，购买欲望再转化为购买行为，节目内容与服务项目的网络入口能够进行有机、恰当的关联和配合。如 CCTV6 的北京国际大学生电影节与美团猫眼电影合作，黄晓明和苏有朋互荐彼此电影，将晚会推向高潮，收视率达到 0.8 左右，此时荧幕下方出现猫眼电影线上 19.9 元抢票的二维码，在开售 3 分钟的时间内，6 万张电影票一抢而空，参与人数近百万人[①]。而旅游卫视《超级代言人》节目，则将广告意识更进一步摄入内容当中，直接将产品或企业形象作为节目内容的一部分，将选手争当企业代言人的表演串联起来，被植入节目的 120 多个企业产品全部会在各大电商平台上同步销售，如此一来更是将“电商”和“电视”结合得更加紧密。

（二）电视与用户：用户思维代替受众思维

T2O 模式下，电视内容成为一种产品，与线上线下服务相连，而电视机前的观众不只是节目内容的受众，更成为产品销售的用户。受众代表的是单向传播的被动接受者，传播者占据主动地位，传受双方互动性弱；而用户则是以使用者为核心，将用户体验作为新兴电视产品生产的出发点与检测点，用户对产品的参与性、互动性成为内容产品成功的动力来源。凤

---

① 郑道森：《3 分钟 6 万张，猫眼央 6 合作预示了什么?》，2015 年 4 月 28 日，http://www.zongyijia.com/News/News_info?id=36615。

凰卫视总裁刘长乐曾说："海量信息时代，谁掌握了用户这个稀缺资源，谁就掌握了主动权。"①

T2O 模式要求电视在内容创意策划、制作、营销等全过程指向用户，为推动用户购买行为、提高购买转化率服务，用"用户思维"代替"受众思维"。传统电视媒体的单向传播往往与观众距离较远，难以形成互动。而通过电视与电商合作，获取电商大数据，能够精确接收用户反馈，捕捉潜在用户心理，并根据用户喜好对节目内容进行调整，以更好地促进用户购买行为。如《女神的新衣》可在节目播出后，通过天猫上相关产品的销售量和收藏量检验消费者是否喜爱女神们的设计，而明星衣橱社区则能更生动地了解用户评价，与之互动交流。

借助移动互联网和智能终端，电视内容与观众用户形成了更强有力的连接。扫一扫、摇一摇的方式，拉近节目与受众距离，丰富用户体验，强调可看性、参与性、服务性，提高用户黏性。按照小米联合创始人黎万强的理论，大众消费理念正经历"功能式消费""品牌式消费""体验式消费"向"参与式消费"转型。② 春晚摇红包等活动也纷纷证明，越是沉浸在内容当中，越能够激发参与节目的行为。同时，电商平台的一系列宣传活动，能够实现 O 端向 T 端的反向拉动。如天猫商城在《女神的新衣》专题页面中，设置发现女神栏目和"我是女神"粉丝活动，对节目内容线上营销和宣传，将正在向互联网流失的电视观众拉回节目当中，借助电商平台塑造节目品牌，提高节目的传播力。

（三）用户与电商：渠道便利，放大用户需求

相较于电商平台而言，电视是一个天然的、极富影响力的营销与展示平台。在电视节目播出后，不少观众主动对节目展示的相关产品或信息进行相关搜索，参考田涛给出的数据，这一部分观众占电视观众的 25% 左右，数量保持稳定并呈上涨趋势。这部分观众可视为电视衍生产品销售的潜在用户。

---

① 怡然：《互联网 + 电视，五个关键阶段不能忽视》，2015 年 5 月 14 日，http：//news. sina. com. cn/m/2015 - 05 - 14/103131831465. shtml

② 黎万强：《参与感：小米口碑营销内部手册》，中信出版社 2014 年版，第 18 页。

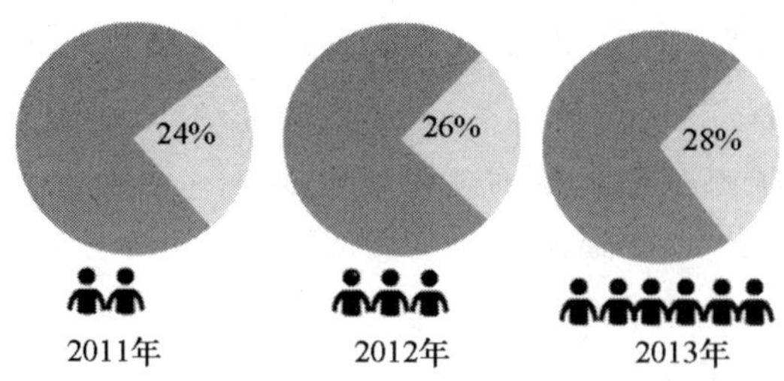

图 3　近三年看到电视广告而上网搜索相关产品或信息的人数变化[①]

电视受众不仅有获取内容的需求，也同样存在消费产品的需求，这或多或少地具有“粉丝心理”，呈现一定的盲目性、冲动性。约翰 · 费斯克在《理解大众文化》中认为：“对大众文化迷来说，社会效忠从属关系和文化趣味之间的关联是主动的和明显的，他们的辨识行为所遵从的是社会相关性而非审美特质的标准。”节目着重打造的明星效应和内容感染力，带来了强烈的“社会相关性”，会催生消费者的模仿意愿、推动购买行为，形成一种“生产力”——“他们的着迷行为激励着他们去生产自己的文本。这些文本可能是青少年卧室的墙壁、他（她）们的穿着方式、他（她）们的发型和化妆，从而他（她）们使自己成为其社会与文化效忠从属关系的活生生的指示。”[②]

用户购买电视相关产品的方式亦是层层递进的。早前，大部分电视剧、电视节目并未与电商合作，网站供给货品往往是小店山寨，未经官方授权，缺乏正规、统一的渠道，价格普遍较低，质量良莠不齐；早期 T2O 模式中，电视与电商合作，如《舌尖上的中国 2》与天猫合作销售食品、《爸爸去哪儿 2》与淘宝旅行合作销售旅行产品，和天猫合作销售服装等，电商网站中设置专题板块，但用户入口仍然依靠用户主动依靠搜索；而在当下的案例中，如《女神的新衣》《何以笙箫默》《一票难求》等电视节目或电视剧中，在通过节目内容塑造粉丝的“生产力”的基础上，用户可以通过扫码、扫台标的方式进入电商平台，电商的传播更加主动，进入

① CTR 市场研究副总裁田涛在剧星传媒“互联网 + 品牌以及电视的创新”高峰论坛的分享，2015 年 5 月 23 日，http：//www.199it.com/archives/349338.html。

② ［美］约翰 · 费斯克（John Fiske）：《理解大众文化》，王晓玨、宋伟杰译，中央编译出版社 2006 年版，第 154 页。

渠道更加正规、直观、便利，降低消费者购买意愿向购买行为转化的交易成本，从而更大程度放大了粉丝的消费需求。

通过内容与服务、受众与服务的连接，改变了传统广告的服务方式，将电视广告延伸至线下吃喝玩乐的服务场所，利用人机交互、移动支付，引导电视观众至线下体验或享受服务，甚至吸引生活服务提供商上门服务，打破时间、空间的局限，打造 T2O2O（TV to online to offline）电视与 O2O 的完整闭环。

三 T2O 模式现存问题

（一）电视依附于电商，对电视内容负效应突显

T2O 模式是电视进行互联网转型的一种开拓性尝试，也是电视与电商合作双赢的过程。但事实上，目前的电视与电商合作双方并非平衡状态，电视显然更依附于电商，电商主动性远胜于电视台。我国现有案例中，电视内容生产方并未参与电商相关产品销售的利润分成，生产方的主动获利性没有实现，盈利模式多元化也无从谈起。

由于对电商的依附，T2O 模式对电视内容本身造成的负面影响不容忽视：第一，“引流”的同时也是“分流”，将注意力分流至衍生产品销售，一定程度上牺牲了观众对内容的专注度；第二，电商通过产品销售，直接与用户对应、接触，掌握一手用户数据，电视仍然与用户隔绝，缺乏直接互动；第三，由于电视生产方不参与产品销售利润分成，缺乏直接的经济收入，品牌宣传作用大于售卖价值。

总的来说，目前 T2O 模式并未真正颠覆电视产业“二元市场”的模式，电商平台支付广告费用购买电视节目或电视剧中一个展示窗口，本质上仍是一家广告主。

（二）自建电商平台，生态尚未完整

理想情况下，在 T2O 两端实现垄断是生产者控制利益最优的方法，符合生产者寻求利润最大化的要求，体现了电视传媒集团进行互联网转型的要求。然而，现阶段 T2O 模式尚且萌芽，电视台想要完全摆脱主流网购渠道、独立依靠自身电商平台，生态链条亦尚不完整。

为了丰富利润来源，电视购物节目屡见不鲜，电视台自身打造电商平

台的尝试也由来已久。如2006年湖南卫视成立“快乐购”购物平台，2010年《越淘越开心》节目与淘宝合作嗨淘网，《美丽俏佳人》打造乐蜂网，但均不敌淘宝、天猫等O2O商务平台，电视台节目也更倾向与更具影响力电商合作、而荒置了自有购物网站。

事实上，我国电视台均属国有企业、传统媒体企业，体制机制的问题决定了在节目制作时重内容思维、轻用户思维，服务意识有待转型。应该承认的是，T2O的尝试短期内无法改变盈利单点化的问题，在一段时间内，广告收入仍将是电视台主要的收入来源。

（三）产品、渠道、内容供需未达到均衡

随着电视与电商T2O模式合作的不断深化，销售产品类型不断丰富，从食品服装到家居用品，再到婚纱摄影、旅行套票、电影票等虚拟体验产品。但内容衍生产品的销售，需要选择定位与之契合的销售渠道。如《鲁豫的礼物》选择与淘宝旅行（后更名为阿里去啊）合作，其中高端旅行线路产品定位与淘宝平民路线定位不相契合，导致销量具有一定的局限性。

另外，T2O产品关注度高，但销量差距较大。《舌尖上的中国2》首播4月18日当晚9—12点的3个小时内，有207万人通过手机搜索舌尖2美食；9—11点的两个小时内，四川腊肉、北京烤鸭成交3000多份，专门为节目上架的陕西榆林挂面在3天之内卖出了3591份，共计6万余元①。电视剧《何以笙箫默》“边看边买”页面上线第一天，便吸引了300万用户体验，女装商家的页面流量是活动前的10倍。但尽管收视火爆，T2O产品销售吸引了大量关注，但销售数据却不甚理想。截至6月13日，该电视剧首播5个月后，天猫专题页面中共有产品15件，其中三款服装均价上千元，一款头套价格超过5000元，月销量仅为个位数，最受欢迎的是一款香皂月销量超过17万元。而与之形成鲜明对比的是，淘宝搜索“何以笙箫默同款”关键字，共搜索到以此为标签的同款山寨店铺935家、商品4.13万件，在天猫搜索可见303件商品，普遍价格低廉，销量火爆，大量商品销量过千，并获得好评。同是服装销售，《女神的新

① 陈黎、罗提、屈咏梅：《“舌尖”镜头一扫而过：吃货转身忙网购，四川腊肉7天卖万份》，《华西都市报》2014年4月27日。

衣》节目中女神设计的服装则大部分为几百元的价格，不少更成为爆款受到欢迎。

产品销售中，卖什么、在哪里卖和怎么卖同样重要。T2O 本质来说是一种植入广告和电视购物的升级，接入电商入口改善了“怎么卖”的销售方法，但在“卖什么”即销售产品、“在哪里卖”销售渠道两个问题上，尚未与电视节目内容本身形成匹配和均衡。

（四）缺少关系纽带，产品结构尚未完整

彭兰教授认为，新媒体产品结构包括网络接入、内容产品、关系产品、服务产品四个层次。其中，网络接入是基石，关系产品是内容产品和服务产品的基础，为内容产品和服务产品聚集规模化用户，并提供了内容产品和服务产品的黏性。①

以此思考，T2O 恰恰解决了电视网络接入的问题，加强了内容与服务的连接，成为内容媒介向产品、平台甚至生态转型的基础。但是，由于电视传播为线性传播，缺乏对观众的聚合性，用户与服务之间缺乏紧密的关系纽带。因此，消费者缺乏有利的社群组织，购买行为呈现零散、自发的形态，潜在的消费需求未得到完全开发。未来在电视在 T2O 模式下纵深发展，需要设计更强有力的线上社交平台，将粉丝凝聚起来，形成更强有力的购买力。

四　T2O 模式未来路径

（一）生态化：构建完整链条

在电商领域，互联网公司有着绝对的话语权，雄厚的资本积累、丰富的经验、先进的技术、成熟的商业模式，都是传统电视媒体望尘莫及和需要突破的。在 T2O 模式发展之初，电视台应首先借助互联网企业力量，与其进行战略性合作，搭载互联网快车。阿里巴巴旗下电商平台天猫于 2015 年提出“摘星计划”，旨在与各地电视台合作推动新式互动购物。电视与电商优势互补，电视与电商的合作已成大势所趋。

T2O 模式进一步发展，将逐步过渡到第二阶段，电视制作方应争取与

① 彭兰：《“内容”转型为“产品”的三条线索》，《编辑之友》2015 年第 4 期。

电商达成深度合作，实现利润分成。在更有效在发挥内容优势的基础上，要促进内容与渠道联动，逐步完善跨屏连接、移动支付、线上互动社区、大数据反馈等多个环节链条，在技术、资本和制度等因素均成熟之后再考虑完全依赖自身构建的电商平台，尤其是移动电商平台。当下，拥有优质节目资源的强势的电视台已开始进行相应尝试，如旅游卫视推出“年假旅行”APP、湖南卫视《爸爸去哪儿3》将推出“芒果扫货”APP与配套互动广告等。

（二）精品化：强化内容优势

T2O通过互联网实现内容与服务一体化，但是，服务必须依赖内容，产品的销量上升必须依托于强有力的内容品牌，“内容优势”也是广电企业相较于电商企业最大的优势所在。在T2O模式下，电视内容的一次售卖并没有发生改变，“内容为王”仍然成立。内容是聚合受众注意力的存量基础，服务与产品则是内容存量基础上的增量环节，只有独具吸引力的内容才能吸引大量观众，引起购买欲望，实现注意力变现。因此广电企业需要把握节目内容与后端服务的平衡，打造极富吸引力的节目内容，并将服务用户的意识贯穿始终，让内容更好地指向服务。

同时，服务作为一种后端延伸环节，需要把握适当的表现力度，避免影响内容体验。过度生硬、频繁的植入方式会引起观众反感，损害节目内容。同样是“内容即服务”的电视购物节目，其夸张的说辞、过度的引诱购买行为容易让人厌烦，节目内容缺乏足够的吸引力，无法获得大众的欣赏。

（三）均衡化：资源最优匹配

衍生产品的类型、价格、销售渠道均指向节目的定位，只有当电视定位人群与销售渠道、产品类型与价格所指向的人群高度吻合时，用户的购买行为才能得到放大。根据腾讯视频统计的数据显示，在《何以笙箫默》全国观众分布图中，三线城市的观众以51.69%占绝对优势，二线城市则约占35.31%[①]。而天猫即看即买商城中的同款服装产品价格太高，与观

① 胡梦莹：《揭秘《何以》用户：三线城市观众多 女多男少》，2015年1月22日，http://ent.qq.com/a/20150122/001455.htm?tu_biz=1.33.1.0&tu_p=4&tu_b=0。

众人群不相符合，使得消费者对正版望而却步，山寨盗版销量走高。由此，节目组与电商平台应提前关注用户消费大数据，根据产品定位选择合适的产品、定价、渠道，并根据节目播出后的用户反馈信息随时进行调整，实现资源的最优匹配。

相较于服装、家居产品的复杂属性，价格较低、容易量化的票务产品更容易吸引观众，作为衍生产品销售的风险较小，成为未来 T2O 发展趋势。从团购到在线选座、电影预售，当下电影 O2O 在线售票市场全面铺开，江苏卫视《一票难求》与格瓦拉、CCTV6 与猫眼电影合作，针对出售电影票而设计节目或环节，似乎成为明智之选。未来，电视可充分利用其广泛的影响力、展示力，将电影资源、电视资源和电商渠道资源跨屏整合、合理优化，实现多方受益。

结　语

T2O 模式在国外已经发展较为成熟。在我国 T2O 方兴未艾，旅游卫视、湖南卫视、东方卫视、江苏卫视、CCTV 等大型广电企业纷纷大胆试水，但由于大批量的衍生品销售需要依靠现象级的电视内容，地方中小型广电企业在短时间内难以进行 T2O 的尝试，广告收入仍作为其主要的收入来源。

事实上，不仅广电企业，OTT TV、网络电视、网络视频、许多 APP 中同样能够实现内容产品 + 电商服务的合作，甚至由于其互联网属性，企业构建服务产品、关系产品能力更强，更易促进商品购买行为。受到体制、机制、思维的限制，广电企业进行互联网思维转型，还需要很长的路要走。借鉴国外、其他相关行业的经验，与电商开展深度合作，逐步拓展主动性，成为其商业模式发展的必然路径。

（作者单位：中国海洋大学文学与新闻传播学院）

文化思考

压抑、释放或膨胀
——新媒体严肃游戏的心理功能初探

杨建华

【摘要】本文以新媒体严肃游戏为研究对象，以弗洛伊德的精神分析和马斯洛的心理学为主要方法论，思考新媒体严肃游戏的心理功能，并认为随着现代社会逐步进入后现代社会，再加上计算机技术的发展和更新，包括新媒体严肃游戏在内的游戏类型极容易引起的心理功能便是压抑、释放和膨胀。这里既有后现代社会的碎片化与欲望化的特征，同时也因为计算机技术的更新带来更好的游戏体验。这些都是影响游戏体验者心理功能的重要因素。

【关键词】压抑　释放　膨胀　严肃游戏　心理功能

弗洛伊德根据压抑动力学观点提出潜意识（subconscious）是被压抑的（the repressed），而压抑本身就是一种心理功能，因此形成一种“心理地形学的假设”（topographical hypothesis），即“心灵被描述成两部分，一部分是受压抑，另一部分实施压抑”①。在新媒体严肃游戏的体验过程中，正是这两种压抑与实施压抑的部分相彼此交互、刺激、冲突，并最终形成游戏体验过程中的一种压抑、释放与膨胀的心理功能。

① ［奥］弗洛伊德（Freud. S）：《自我与本我》，长春出版社2004年版，第110页。

一　后现代社会的普泛性压抑心理

严肃游戏[①]最早是20世纪70年代由克拉克·阿伯特（Clark Abt）在《严肃游戏》一书中提出，当时的设计是考虑桌面游戏与卡牌游戏，但后期随着计算机技术的发展与更新，逐渐被引用到电脑游戏中。而后在2002年，Woodrow Wilson International Center for Scholars 发起一项名为“Serious Games Initiative”（严肃游戏计划）的活动，该中心认为，严肃游戏有责任鼓励解决政策与管理问题，设计与开发也理应顺应这个思路。为此，该中心还在2004年举办了“全美严肃游戏峰会”，旨在促进严肃游戏的社会化理念。此后，作为严肃游戏之父的 Falstein 的定义更为明晰，他认为，“严肃游戏既非游戏，也非严肃，二者兼而有之。这种游戏不以娱乐为主要目的，而是采用寓教于乐的游戏形式，让用户在游戏过程中接受信息，并获得个性化、互动性和娱乐性极强的全新学习体验，从而激发学习者的创造力和创新意识”[②]。在此基础上，Zyda 以计算机技术为基础，最终将严肃游戏定义为“一种精神竞赛，依据特定的规则，并借助电脑设备进行。其目标是借助娱乐方式来进一步管理或协调训练、教育、健康、国家政策、战略传播目的”[③]。

从某种程度上说，作为社会化的产物，严肃游戏大都是以通俗社会学为原型，以“投影身份”（Identity）的理论，参照社会人物，模拟社会心理结构进行游戏的设计与开发，这就形成了社会与严肃游戏之间的发生学关系，具有现代社会的特征的新媒体严肃游戏尤其如此。在《现代性的五副面孔》中，作者卡林内斯库认为后现代是“现代性的一副新面孔”最主要的原因是“在诸多领域（包括哲学、科学史与科学哲学、社会学）里有着日益众多的思想家与学者，他们相信现代性已经走到尽头，或正在经历一次深刻的认同危机（identity crisis）”[④]。也因此，进化

① 本文的严肃游戏以 Zyda 的定义为基础，并强调严肃游戏的去游戏化与功能化等特征。——作者注

② C. Abt, Serious games, New York: The Viking Press, 1970.

③ M. Zyda, From Visual simulation to virtual reality to games, IEEE Computer, 2005, 38 (9): 25 - 32.

④ ［美］马泰·卡林内斯库：《现代性的五副面孔》，商务印书馆2002年版，第286页。

论意义上的后现代社会特有的碎片化与欲望化的特征突出了时代的压抑感。

事实上，以霍克海默和阿多诺为代表的法兰克福学派的《启蒙辩证法》很早就已经将文艺复兴以来的社会文化定义为压抑型社会，其中，科技伦理是最直接的结果。第二次工业革命之后的科技发展改变了世界的格局，以生产力为基础将世界送入一个迅速全球化的时代。技术的日新月异一方面促进着科技的变革，另一方面也给技术更新本身带来压迫，其中，后者愈来愈成为一个显性的问题。这与新媒体严肃游戏同构，伴随着计算机技术的发展更新，游戏类的开发与应用开始趋于稳定的成熟期，新游戏越来越多的挑战和越来越大的难度对游戏玩家来说，也是心理体验上的挑战。

以 2014 年中国大陆的严肃游戏“光荣使命”为例，“光荣使命”是由中国人民解放军南京军区与无锡巨人联手打造的“中国首款军事游戏”，其设计理路借鉴了美国 20 世纪 80 年代为军队训练而设计的游戏产品的模式。由三部分组成，分别是基础训练、单兵任务和班组对抗。游戏力求真实地呈现出战场上的波澜壮阔，甚至在很多环节中虚拟了军队的最新式的武器装备，以增强现实的方式增加体验感。但与此同时，游戏的设计与开发也具有相应的难度，每一个环节都需要游戏体验者调动经验与智慧来应付。这种体验在具体的严肃游戏中被公认为“压力挑战”（Challenge），而游戏体验者相应的过关能力被称为“游戏技能”（Skill）。对于压力挑战与游戏技能之间的关系，早在 1985 年米兰大学的 Massimini 和 Carti 进行过社会学的调查，得到了八组关系：①高挑战和中等技能：激发；②高挑战和高技能：心流；③中等挑战和高技能：掌控；④低挑战和高技能：厌倦：⑤低挑战和中等技能：轻松；⑥低挑战和低技能：淡漠；⑦中等挑战和低技能：担心；⑧高挑战和低技能：焦虑。如图 1 所示。

其中，⑦⑧表达了一种技能与挑战不对等的情况下，内心的焦虑与压抑。依旧以“光荣使命”为例，新媒体严肃游戏的快节奏和实时作战在游戏体验者的操作体验上具有一定的难度，挑战度至少在中级以上。因此，所形成焦虑与压抑也具有普遍性意义。

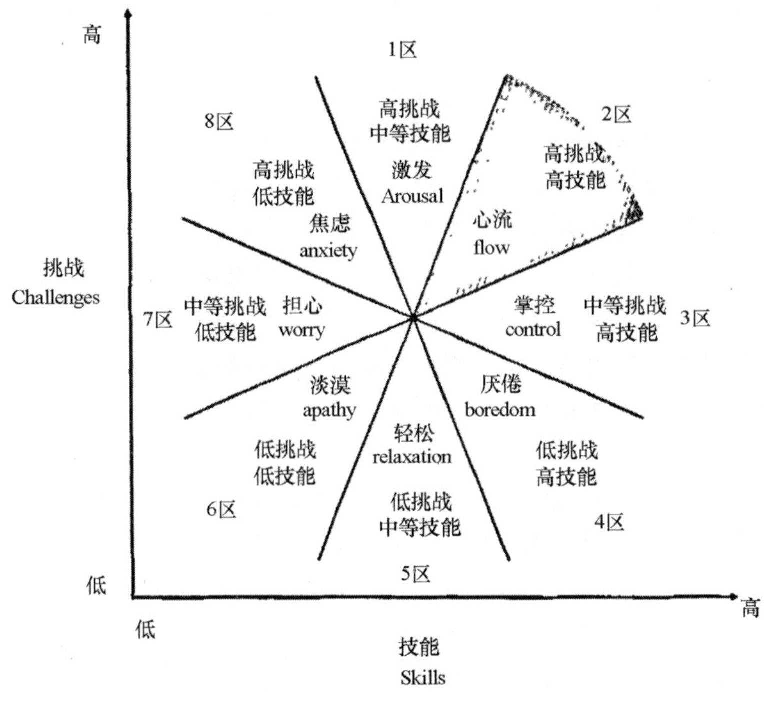

图 1　沉浸模型的八种组合关系[①]

二　“沉浸感”与“高峰体验”的心理释放

弗洛伊德的“意识与潜意识”认为，有一种抗衡的力量会阻止潜意识变成意识，并把这种阻断的力量形容为抵抗。具体到严肃游戏中，是要从“沉浸式体验”中晰出的力量。行为社会学家 Hoffman 和 Novak 曾经以网络为研究对象，对新媒体的“沉浸式体验”[②] 做过研究，他们认为随着计算机技术的发展，在人机互动方面，沉浸理论越来越要求一种具有娱乐性（playful）和探索性（exploratory）的功能。并认为完全的专注会带来沉浸中的心理享受，因此而得到一定的心理释放。

① 图片来自 M. Caikszentmihalyi, *Beyond Boredom and Anxiety*, CA: Jossey—Bass, 1975。

② M. Caikszentmihalyi, *Beyond Boredom and Anxiety*, CA: Jossey—Bass, 1975, pp. 109 – 209.

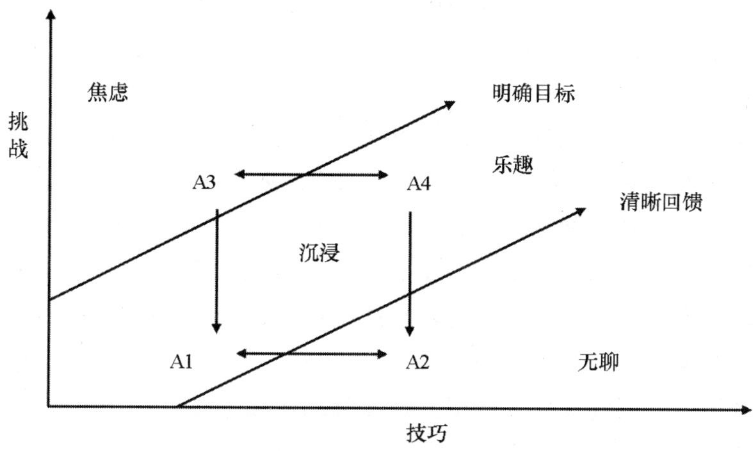

图 2 沉浸理论[①]

沉浸理论（flow theory）是美国心理学家 Mihaly Csikszentmihalyi 在 1975 年提出的，Csikszentmihalyi 主要将沉浸定义为一种心理感受，一种完全出于狂热而专注的兴趣，因此而倾注于某种活动时的体验。他认为："处于沉浸状态下的人可以完全出于狂热而专注的兴趣不计得失地进行某项活动，此时因为注意力高度集中甚至会临时丧失时间感，并伴有高度的兴奋及充实感。"[②] 而"沉浸感"同时也是一种"高峰体验"，这是马斯洛在《人的潜能与价值》中提出的观点。马斯洛认为"人往往重视和渴望自我实现，并且视为人生追求的最高目标和境界。创造潜能的发挥或自我实现本身就是一种奖赏。它是一种'高峰体验'，是一种极度欢乐的状态。高峰体验的特点与健康心理的特点之间有许多重叠吻合之处（如更完善，更有活力，更具个性，较少抑制，较少焦虑，等等）"[③]。并且提出，沉浸需要三个阶段，第一阶段是准备阶段，要求注意力的集中和明确的目标，与技能相平衡的挑战、活动的趣味性等；第二阶段是体验阶段，这个阶段需要行动与意识统一，在这里，高度的专注和对活动的控制感变得显要；第三阶段也就是最后一个阶段是结果阶段，马斯洛认为沉浸体验

① M. Caikszentmihalyi, *Beyond Boredom and Anxiety*, CA: Jossey—Bass, 1975, pp. 109 - 209.

② Ibid., pp. 109 - 217.

③ 转引自王一川主编《人与审美》，北京师范大学出版社 2011 年版，第 233 页。

能够促进学习，激发游戏体验者的探索行为，尤其在信息技术的接受使用与行为控制的认知等方面，会引起好奇与收获，也会引起相应的心理反应。

新媒体的严肃游戏基本上都可以让玩家感受到“沉浸体验”，这是20世纪计算机技术革命之后的必然结果。依旧以“光荣使命”为例，游戏分三个部分，分别是基础训练、单兵任务和班组对抗。其中，在基础训练中，具体包括新兵训练、专业训练、综合演练以及军营漫游四个子部分。新兵训练是专门针对新兵，进行基础技能训练，包括手榴弹投掷、轻武器操作等基础操作；专业训练则进入选玩内容，可进行各种武器操作训练；到了综合演练，则开始设置障碍，并让游戏体验者通过克服各种障碍，提高综合战斗技能；为了增强沉浸式体验，游戏还设置了军营漫游，让玩家可以参观包含军史馆、文化活动中心、餐厅、体育场等地。这些游戏的设置会给玩家带来一种真实的、强烈的体验感和主宰感，通过一系列的升级、获得新装备、打败新的敌人、结交队友、组队等，获得现实世界中无法体验到的军队经历。更重要的是，可以获得比现实世界中更多的成就和刺激。这种心理刺激会带来所谓的虚拟世界的成就感，将现实世界中的心理压抑短暂释放掉。

正因为“沉浸体验”在获得的同时也是“高峰体验”的获得，所以，游戏体验者一旦沉浸到游戏提供的乐趣中去，那种掌控一切的通俗意义上的成功人士的心理感觉便激荡心中，这又成为继续参与游戏的动力，如此反复，互相作用，沉浸式体验最终成为一种不断舒缓、释放心中压抑的方法。

三　膨胀的可能性

按弗洛伊德的理论，心理活动的“压抑”与“抵抗”是一个相互作用的关系，压抑是潜意识的原型，而抵抗是反压抑的巨大心理能量，也就是说，压抑有多重，反压抑的抵抗就有多强烈。严肃游戏说到底也是游戏，同时又基于新媒体的平台，这势必会引出一个互联网伦理的问题。所谓互联网的伦理，即越来越发达的计算机软件技术与游戏的沉浸功能所带来的反向效果，也就是霍克海默与阿多诺所担忧的“启蒙辩证法”的灾难性后果。

法兰克福学派的《启蒙辩证法》认为，启蒙正随着现代科技的发展逐渐走向启蒙的反面，启蒙的目标原本是要祛蒙昧、去除神话，然而今天看来，启蒙的结果反而是将科学理性变成了一个新神话，一个从神崇拜到科学理性崇拜的新神话。这种典型的“因为胜利而导致的灾难”，是启蒙反转的结局。作为现代性的后果之一，计算机技术以及其所带来的迅速的“全球化”是以往哪个时代的人都从来没有的巨大心理体验。前现代时代，一封从亚洲东方的信邮寄到欧洲西方，至少需要几个月的时间，而现在，E-mail 很好地解决了这个问题，短短几秒钟省时、省力、省资源，电子信息技术加快了全球化的速度，让历史迅速进入现代化甚至后现代化时代。这样的情况下，严肃游戏本身的电子信息产品的特质，使其在社会学功能上的作用被迅速放大，尤其在沉浸式体验的过程中，会使越来越多的人沉溺其中，尤其是未成年人和自制能力较差的成年人。根据社会学的调查研究数据显示，“在我国目前的 1.3 亿网民中，有 2600 多万网络游戏用户，其中 66% 以上的人有‘成瘾倾向’，严重上瘾的则占到了 10% 以上，超过 260 万户。在所有网络玩家中，80% 为青少年，而最让人关切的是，青少年网络游戏上瘾者正以每年 50% 的速度猛增。另有调查表明，网络游戏玩家们平均每人每天耗费游戏时间 3.7 小时，最长的每天 15 小时，最短的也有 2.2 小时。按照这个平均数计算，我国游戏用户每年耗费的游戏时间高达 351 亿小时，相当于 4.4 亿个工时！”[①] 往往越是在现实生活中不如意，或者在现实生活中存在感偏弱的人，也越容易沉溺在游戏的虚拟世界里无法超越。原因很简单，因为游戏特有的增强现实的体验让游戏体验者有着特有的“沉浸式体验”，而沉浸式体验在心理经验上以抵抗的形式克服了他们在现实世界里的“压抑感”，在游戏中掌控世界的感觉能够战胜他们在现实世界中的无力感和虚弱感，以幻象的形式带给他们虚假的成功感觉，继而获得强烈的自尊和自信。

因此，我们有理由认为，新媒体严肃游戏的功能在精神伦理学范畴内可以实现抵抗压抑的基本心理功能，释放即是其最主要的方式。但值得思考的是，随着欲望的舒缓与释放，欲望与“心理临界点”[②] 之间的平衡变得突出，尤其当“超我”成为显要意识时。对此，弗洛伊德在《自我与

① 奚冬琪：《网络游戏：一半是海水一半是火焰》，《人民政协报》2008 年 1 月 14 日。

② ［奥］弗洛伊德：《论美》，金城出版社 2010 年版，第 169 页。

本我》中讲述得很清楚。弗洛伊德认为，人格结构由自我、本我和超我三个部分组成，其中，本我（id）是原始的自己，是最符合人性的部分，因此，本我执行的是快乐原则，以最为符合自然法则的动物性原则支配人格心理；自我（ego）是具有意识的，是进行思考、感觉、判断或记忆的部分，自我践行的是平衡原则，主要是平衡本我和超我之间的关系，因为超我（super-ego）实行的是奉献原则，是人类精神中最伟大和美好的品质，在虚拟现实的游戏（即使是严肃游戏）中，随着抵抗动力的不断产生，压抑动力被不断释放，最终会使自我无法平衡本我和超我之间的关系，那么本我将逐渐摆脱压抑，不断释放，并最终在某种程度上失去平衡，趋向心里人格的本我膨胀。一旦这种心理膨胀达到一种极限，自我的平衡原则便从此失效，这也是值得思考的、新媒体严肃游戏的一种趋向。

（作者单位：青岛科技大学传播与动漫学院）

试论深生态学对海洋文化产业发展的启示意义

李萌羽

【摘要】与浅生态学所秉持的人类中心主义所不同，深生态学主张以整个生态系统的利益为终极目标，把自然界的一切存在物和人类看成是一个相互依赖、相互联系的整体，认为人类和非人类生物具有内在的均等价值。深层生态学对我们思考重新定位人类与海洋的关系，改变浅生态学以人类利益为根本价值取向的狭隘海洋发展观，以促进海洋文化产业科学、健康的发展具有重要理论和实践指导意义。

【关键词】深生态学　海洋文化产业发展　启示意义

21 世纪被称为海洋的世纪，世界主要发达国家都相继在《联合国海洋法公约》的框架下，制定和完善了国家或区域的海洋战略和海洋法规，海洋开发和保护在国家发展中的战略地位空前提高。随着我国经济的飞速发展，海洋开发力度的加大，大规模、高强度的不当海洋开发加速了海洋环境和生态的恶化，加剧了海洋环境灾害发生的频度，直接威胁海洋资源的可持续利用。面对日趋严重的海洋生态危机，以深生态学视野反思人类凌驾于海洋之上、一味向海洋攫取利益的狭隘的海洋观，以促进海洋文化产业科学、健康的发展具有重要理论和实践意义。

一　深生态学理论溯源

20 世纪 70 年代以来，保护环境的运动此起彼伏，深层生态学理论也应运而生。它坚持以生态系统为中心的整体论，主张从整个生态系统的利益出发，实现人类与自然万物的和谐共生。探究导致环境问题的政治、经济、社会、文化等因素。在这种背景下，深层生态学理论应运而生。

深生态学（deep ecology），顾名思义，是与浅层生态学（shallow ecology）相对应的，指的是20世纪70年代以后在西方社会出现的一种秉承生态中心论的环境保护思潮。深层生态学的开创者是挪威生态学家阿伦·奈斯，经由美国学者比尔·迪伏和乔治·塞逊斯塞的继承和发展，最终汇成一股席卷世界的环境运动的主导思想。

深生态学的诞生是以1973年阿伦·奈斯在《哲学探索》杂志上发表的一篇名为《浅层生态运动和深层、长远的生态运动：一个概要》为标志。在文章中，阿伦·奈斯更多从哲学层面对浅层生态学与深生态学进行了区分。首先，他认为两者的差异性在于前者所持的是一种人类中心主义的观点，而后者则认为人与环境处于一种相互联系的关系中，他指出，我们应“反对前者所持的人类中心主义观点，主张人与环境的互相关联。任何有机体都是生物圈网络中的一个点，没有万物之间的联系，有机体不能生存。两者之间的关联性是如此重要，以至于没有这种关系，两者的特质也不复存在”①。

不但奈斯强调人与自然界万物存在着这种关联性，而且他认为即便是非生命形式也具有与人类同等主要的内在价值，“人类与非人类在地球上的生存与繁荣均具有自身内在的、固有的价值。非人类的价值并不取决于他们对于满足人类期望的有用性。”② 因为“生命形式的丰富性和多样性决定了其自身具有的价值，这对人类和非人类生物在地球上的繁荣做出了贡献”。为此，他提出我们应遵循的原则是“人类除非为了满足生死攸关的生活需要，否则没有权利削弱这种丰富性和多样性”③。

由此可以看出，浅层生态学坚持人类中心主义，认为人类的利益高于一切，自然界是人类社会的附属存在。当自然界的利益与人类的利益发生冲突时，自然界必须牺牲自身的利益服从人类的利益。他们认为自然界是为了人类的存在而存在，自然界本身并没有内在价值，这就否定了自然界的本体存在特征。深层生态学从整体性出发，把整个生态系统看成是一个

① Nina Witoszek and Andrew Brennan Edit, Philosophical Dialogues: *Arne Nass and the Progress of Ecophilosophy*, Maryland: Rowman & Littlefield Publisher, INC., 1999, p. 3.

② Ibid., p. 8.

③ Ibid.

不可分割的整体，其中的各个部分是相互联系、相互制约的，所有的成分缺一不可。并且生态系统的各个部分是平等存在的，不存在谁的利益高于谁的问题；人类作为生态系统的组成部分之一，并不是高于自然界的。不论是人类社会还是自然界都不能为了自身的利益而破坏生态系统的完整性。

因此，奈斯反对浅生态学所主张的一切应从人类的根本利益出发，自然环境的作用是为人类提供资源，并以人类的利益为终极目标，他提出的深生态学的观点是生态中心主义的，它以整个生态系统（包括整个自然界和人类社会中的一切生物和非生物）的利益为目标，认为自然具有内在价值，所有的生物体都是平等的。故奈斯把深生态学视为一种关于生态和谐或平衡的哲学，“它是一种生态哲学，而不仅仅是生态学。生态学是一种运用科学方法进行研究的有局限的科学，而哲学理念是深生态学的根基。深生态学的内涵更为丰富，它不仅仅是关于污染，资源和人口的一种事实，更重要的是一种价值观”①。

后来美国深生态学家比尔·迪伏和乔治·塞逊斯进一步阐发了目前西方社会占据主导地位的价值观和深生态学价值观的不同，指出前者主张人与自然的分离，后者则主张人与自然的和谐；前者相信资源是充足的，后者则认为地球的供给是有限的；前者推崇物质和精神财富的增长以及消费主义，后者则认为只需满足优雅、简单的物质需求即可，物质目标服务于自我实现目标；前者相信技术进步和科技干预，后者则主张适当的技术和非控制性的科学。② 面对日益严重的生态危机，浅层生态学主张必须要在不损害人类利益的前提下逐渐修复人与自然及社会的关系。它认为生态危机的出现是人类社会发展过程中的自然现象，只要不断地改进科学技术、完善社会的法规制度就可以杜绝危机的再次出现。深层生态学则认为生态危机的出现是现代社会生存危机的反映，“生态危机的根源在于我们现有的社会机制、人的行为模式和价值观念。因而必须对人的价值观念和现行的社会体制进行根本的改造，把人和社会融于自然，使其成为一个整体，才可能解决生态危机和生存危机”③。

---

① Nina Witoszek and Andrew Brennan Edit, Philosophical Dialogues: *Arne Nass and the Progress of Ecophilosophy*, Maryland: Rowman &Littlefield Publisher, INC., 1999, p. 8.

② Bill Devall and George Sessions, *Deep Ecology*, Layton: Gibbs M. Smith. Inc., 1985, p. 69.

③ 雷毅：《生态伦理学》，陕西人民教育出版社 2000 年版，第 152 页。

由上观之，深层生态学自产生之初，就是坚持整体性的原则，即把自然界的一切存在物和人类看成是一个相互依赖、相互联系的整体。这种对一元论的坚持是对传统“二分法”的反叛和背离。在西方社会，从人与自然相互对立的“二元论”到今天人与自然协调统一的“一元论”，环境伦理学的发展经历了一个长期、曲折的过程。

二　文化产业及海洋文化产业概念的界定

文化产业是传播文化价值观以及影响文化心理和行为的一个重要的媒介。联合国教科文组织曾对“文化产品”这一概念从“文化商品”和“文化服务”两个层面进行过界定，其中着重强调了文化产品是一种“传播思想、符号和生活方式的消费品，它能够提供信息和娱乐，进而形成群体认同并影响文化行为”①。从中我们看到文化产业在传播文化价值观以及影响文化行为上所起的重要作用。

商品属性是文化产品的重要属性之一，是能够真正实现文化产品精神属性、带来产品增值的价值，是文化产业发展的重要内驱力。文化产品若只具有精神资源优势，不能有效转化成资本优势，其精神价值属性就像一块璞玉一样不能得到充分实现。正如文化产业研究学者胡惠林所指出的那样：“文化产业只是人类社会发展到市场经济阶段，在市场经济条件下，以市场经济的方式和机制再生文化资源的一种途径和动力机制，而不是相反。”② 联合国教科文组织则从“工业标准”的角度定义文化产业，认为：“文化产业就是按照工业标准，生产、再生产、储存以及分配文化产品和服务的一系列活动。”③ 但文化产品的精神属性决定了文化产品又不是一般的商品，它是一种具有独特“价值内容”的文化商品，“价值内容”在文化产业中占有重要地位。

国内关于海洋文化产业的研究主要始于2004年，张开城是对其进行较早研究的专家。他将其界定为“从事涉海文化产品生产和提供涉海文

① 转引自张玉国《国家利益与文化政策》，广东人民出版社2005年版，第269页。

② 胡惠林：《文化资本：现代文化产业和谐发展的能源形态》，《探索与争鸣》2007年第1期。

③ 黎元江：《关于发展文化产业的十个问题》，《光明日报》2001年8月25日。

化服务的行业"[①]，并将其具体分为"滨海旅游业、涉海休闲渔业、涉海休闲体育业、涉海庆典会展业、涉海历史文化和民俗文化业、涉海工艺品业、涉海对策研究与新闻业、涉海艺术业"八大产业[②]；卞崇道则从哲学层面提出了海洋文化产业研究要处理好文化价值与经济价值，市场竞争以及国际合作等问题。[③] 而其他一些学者则探讨了一些特定区域海洋文化产业发展的优势、不足以及对策。总之，海洋文化产业的发展逐渐进入了研究者的视野，我国海洋文化产业的研究还刚刚起步，有待于进一步深化研究。

三 深生态学对海洋文化产业发展的启示意义

鉴于海洋对我国的重要战略意义，在海洋经济不断加速发展的情况下，加快海洋文化产业发展的任务也提上了议程。在发展海洋文化产业中确立和传播何种价值内容的海洋文化理念至关重要。目前摆在我们面前的两个重要课题是：其一，如何在深生态学的理论视域下，转变人们对海洋认知的偏误，改变浅生态学以人类利益为根本价值取向的狭隘海洋发展观，以确立人与海洋和谐共生的深层海洋伦理观。其二，如何正确处理好保护海洋生态环境保护与经济发展的关系，以促进海洋资源保护和开发的可持续性发展。海洋文化产业的发展，肩负着协调解决上述课题的重任，应以生态学理论为指导，超越以开发海洋文化产品的经济价值为重的狭隘观念，以前瞻性的视野来催生海洋生态文明意识的确立和传播。

海洋文化艺术产业宣传何种海洋文化价值理念非常重要，法国著名导演雅克·贝汉执导的影片《海洋》这一艺术作品即是一个很好的个案。影片通过真实的画面向我们展示了海洋广袤辽阔、绚丽多姿的壮美。关于影片的创作初衷，《海洋》的另一位副导演克鲁索这样阐释："《海洋》是想让大家用不同的、带有情感的眼光去注视它，他们不仅仅是动物，它们需要我们用同等的眼光来看待。只有让观众爱上海洋，才能让他们懂得保

① 张开城：《文化产业和海洋文化产业》，《科学新闻》2005 年第 24 期。

② 张开城：《海洋文化和海洋文化产业研究述论》，《全国商情》（理论研究）2010 年第 16 期。

③ 卞崇道：《海洋文化产业的哲学解读》，《浙江海洋学院学报》（人文科学版）2006 年第 2 期。

护海洋。”

《海洋》在一个小男孩对大海的凝视中拉开帷幕，随之而来的是娓娓动听的旁白：该怎样对一个男孩解释，大海是什么？海洋是什么？接下来的影片便是对小男孩甚至全人类问题的答案。首先进入观众视线的动物是海蜥蜴，可爱的动物将我们带进海洋——这个多姿多彩的生命世界中。无数叫得上、叫不上名字的海洋生物争先恐后地向我们展示他们的生命活力：千姿百态、美轮美奂的水母群、在海面上欢呼雀跃地跳着炫目舞蹈的海豚们、拥有硕大身躯却优雅如绅士的鲸鱼群……这些跃动在海面上的鲜活的自然界生命之美，让身为人类的我们自叹弗如。海洋，这个孕育地球一切生命的摇篮，本身是多么的和谐美好。但是由于人类的强制性侵入，海洋的生态系统遭到彻底的毁灭，无数的海洋生命因此惨遭灭顶之灾。正如雅克·贝汉在影片中说的，“生物们花了几百万年的时间繁衍生息、发展壮大，然而我们人类，在发展的短短历史当中，将不可动摇的大自然的平衡破坏殆尽，就在一瞬之间”。人类是自然界中会思想的动物，但是对于自己自然界同胞的所作所为却是令人发指。难怪雅克·贝汉在影片的结尾发出这样的疑问，“我们人类到底灭绝了多少生物？还有多少生物正在面临灭绝的危机呢？如果我们还要冷漠的，把生物们赶到灭绝边缘的话，那么保护野生动物的意识，在当下尤为重要。”生命是神圣的，广袤的海洋资源应该被地球上所有的存在物共同分享，人类无尽的贪婪的欲望，毁掉的不仅仅是海洋，还是人类自己。

我国对海洋的开发和利用也存在着影片所反思、批判的上述诸多问题。20 世纪 80 年代，“海洋经济”这一概念被首次提出，到了 21 世纪，海洋经济和海洋开发的地位不断提升，目前已经上升到国家战略地位。然而随着我国经济的高速发展，海洋开发力度的不断增大，大规模、高强度的不当海洋开发加速了海洋环境和生态的恶化，加剧了海洋环境灾害发生的频度，破坏了海洋生物物种的多样性，影响了海洋资源的可持续利用。由于对海洋开发以及保护海洋生态环境认识上的片面性，传统地向海洋攫取资源、谋取经济利益，征服和利用海洋的人类中心主义海洋观一度占据主导地位。无度、无序、无偿开发海洋资源的现象尤为突出。

在海洋文化产业的开发进程中，也出现了同样的问题。受区域及个人利益的驱动，在海洋利用、开发活动中存在着严重的重开发轻保护的观念与行为。“如很多的滨海文化旅游项目、亲水文化休闲项目是通过填海造田获得的土地，在带来经济效益的同时，也破坏了海岸线自然原貌，侵毁了滩涂、湿地，大大影响了滨海生态系统。”① 饮食文化产业的发展则导致过度捕捞近海鱼类、过度利用可养殖海域，海洋污染严重等诸多海洋开发问题，严重破坏了海洋生物的生态环境，造成了不少海洋生物种群濒临灭绝的危害。

总之，海洋文化产业作为新兴产业，固然要深入挖掘海洋文化资源，将历史文化、民俗文化、节庆文化、饮食文化特色更多地融入文化产业发展中去，但更为重要的是要确立人与海洋和谐发展的文化产业发展理念，深生态学为我们处理人与海洋的关系提供了有益的海洋伦理准则和行动指南。深生态学重视的是所有存在物的善或利益。它将所有的生命形式放置在同一个平台上，在平等、公正、资源共享的原则下，让它们的价值和潜能得到最大限度的发挥。具体到人与海洋的关系，深生态学不仅提倡包括人类合理开发、利用海洋资源既定目标和利益的达成，而且更重要的是减少人类过度活动对海洋造成的破坏，从而使海洋生态资源及海洋生物物种的多样性得到最大限度的保护，只有这样才能实现人类与海洋和谐共存的“双赢”，这对促进海洋文化产业科学、健康的发展具有重要理论和实践指导意义。

（作者单位：中国海洋大学文学与新闻传播学院）

① 徐舒静、于慎澄：《海陆统筹视角下的海洋文化产业发展》，《东岳论丛》2012 年第 10 期。

南通海洋民俗文化传承与保护研究

张继平

【摘要】 南通濒江临海，自古以来就有着丰富的海洋民俗文化资源，其沿海地区的海洋民俗文化既有中国海洋民俗文化共有的特质，也有着特定区域的文化内涵。南通海洋民俗文化包括海洋生产习俗、海洋生活习俗和海洋信仰习俗。随着现代化进程的加快，生活方式的改变，南通海洋民俗文化面临传承困境。因此，南通海洋民俗文化的传承与保护任重道远。南通市政府应加大对海洋民俗文化的保护力度，实施海洋民俗文化遗产的抢救工程；应加强南通海洋民俗文化教育，通过多种方式普及全民海洋民俗知识；应利用先进技术传承南通海洋民俗文化，突破时空局限，扩大传播途径；应坚持南通海洋民俗文化创新，在传承的基础上把创新的形式纳入传统，从而促进海洋民俗文化与经济社会的有效融合。

【关键词】 南通　海洋文化　民俗文化　传承　保护

南通，地处我国黄海南部，长江入海口北岸，素有“江海门户”之称，是我国沿海主要港口城市。因此，南通有着悠久的海洋文明、丰富的海洋资源。早在六千多年前，在黄海之滨，今南通海安县南莫镇青墩村一带，就有先民们以渔猎为生，就此开启了南通海洋文明的序幕。在六千多年的海洋文化历史发展的进程中，南通沿海地区产生了多姿多彩的海洋民俗文化，它既有中国海洋民俗文化共有的特质，也有特定区域的文化内涵，并成为南通海洋文化的重要组成部分。

一　南通海洋民俗文化的内容

（一）海洋生产习俗

海洋生产习俗是指与生产劳动有关的社会习俗，它是渔民在长期生产劳动中逐渐形成并遵循的文化行为，反映人们一些生产习惯及精神愿望，往往具有很强的地域特色。[①]

渔民最主要的生产工具是渔船，因此，南通沿海地区有着庄重的造船仪式。比如，造船时要请大师选择黄道吉日“闭龙口”。“闭龙口”是指闭合船底龙骨上口的合缝处，这是造船最重要的一道工序。在“闭龙口”时，造船工匠要先放一枚钱币于龙口之中，再用麻丝等物填充，口中要说“合子”二字以图吉利讨口彩。之后，渔船的主人点燃鞭炮，给“闭龙口”的工匠送上喜钱，期望出海捕鱼顺风顺水。

南通渔民在出海捕鱼时，为了统一劳动节奏、调动劳动情绪，常常发出吆喝或呼号。最著名的当属吕四渔号。吕四，古称“东瀛洲”，北临黄海，西与海门市接壤。其中的吕四渔场，根据历史记载至少有一千多年的历史。吕四渔民在长期的渔业生产劳动中孕育了吕四渔号。吕四渔号与渔民下海捕鱼劳作紧密联系在一起，可以说，它是在劳动中产生的原生态渔歌。其中打绳号子、扯蓬号子、拉锚号子、点水号子、拉网号子、装卸号子、挑鲜号子、赶牛车号子等都是捕鱼劳动的直接产物。[②] 现在，吕四渔号主要流传于长江中下游的江北一带，如启东吕四、海门北部、如东以及大丰的部分地区。从 20 世纪 60 年代开始，有很多艺术工作者先后到吕四采风，进行收集整理工作。整理改编后的吕四渔号相继参加了国家、省、市组织的许多演出活动，深受观众的喜爱。

根据《南通历史札记》中记载，渔民出海捕鱼，盐民引海水制盐，都讲究天气。最初，南通渔民通过放飞风筝辨听哨口声音的变化，来预测天气的趋势。这种带哨口的风筝，俗称“板鹞”，有长方形、六角形、八角形和多角形等多种样式。板鹞上的哨口由毛竹、葫芦、芦苇等材料制成，大小不一，最大的可容 60 升水，最小的仅黄豆大。哨口排列颇为讲

---

① 金光磊、张开诚：《广东海洋民俗文化论析》，《生态经济》（学术版）2013 年第 1 期。

② 詹皖：《南通民间音乐文化概观》，《南通大学学报》（社会科学版）2008 年第 1 期。

究，一般是上小下大，小哨口为高音区，大哨口是低音区。板鹞风筝升空后大小哨口借助风力同时吹响，分别发出高低音，声音悦耳动人，可传达数里。随着时间的变迁，板鹞风筝功能日趋多样，现在已经成为南通民间体育项目之一。每年春天，南通沿海地区都会举办各类风筝比赛活动，吸引了国内外众多风筝爱好者前来参赛观摩，带动了南通海洋经济的发展。

此外，南通渔民在海上作业时，也非常重视观测风向。出海捕鱼前，渔民都要很早起床观察海风的来向，以此判断捕鱼的好时机。“今年过年西北风，家家缸空瓮也空”，“今年过年东北风，陈债旧财还得通”就是当地流传的谚语。意思是，如果刮西北风，今年会发生海荒；如果刮东北风，捕鱼将获得大丰收。

（二）海洋生活习俗

海洋生活民俗包括服饰民俗、饮食民俗、居住民俗、娱乐民俗等。南通海洋生活民俗，是与当地渔民联系最密切的风俗习惯，其资源丰富、历史悠久、历代相传，体现出南通海洋文化的独特魅力和生活情态。

服饰民俗。南通是中国蓝印花布的主要产地之一。南通人生产和使用蓝印花布，最早可以追溯到四百多年前。由于滨江临海，南通气候温湿，特别适合种植天然染料蓝草，而略带碱性的潮盐土，经过改造后又特别适合种植棉花。因此，早在元末明初，南通就有很多地区开始生产蓝印花布。比如石庄、白蒲、平潮、石港、海门等集镇，每地都有数十家染坊。[①] 明清之际，南通成为全国重要的棉产区，“通州土布”享誉全国。历史上，南通地区的农家多备有染缸、木制纺车和织机，有自纺、自染、自织的传统风俗。南通人将蓝印花布多用于制作衣服、被单、枕巾、窗帘等各种生活必需品。几百年间，随着印染技术不断的完善，蓝印花布的品质得到不断提升，品种也越来越丰富，逐渐成为南通市的一张亮丽名片。

饮食民俗。南通濒江临海，水产资源非常丰富，呈现出江鲜、海货、河品争奇斗艳、独具特色的饮食文化。鱼有江鱼、海鱼、河鱼，虾有江虾、海虾、河虾，可谓“三鲜”俱全，为中国其他地域所难企及。[②] 在南

① 奚燕锋、梁惠娥：《南通蓝印花布的历史和现状以及发展优势思索》，《纺织学报》2012年第2期。

② 丰坤武：《江海风情：南通文化特色之一》，《南通职业大学学报》2009年第3期。

通如东还流传着《十二月鱼鲜歌》的小调，即“一月龙灯鱼，二月刀鱼，三月黄花鱼，四月里鳓鱼，五月马鲛鱼，六月条鱼，七月角鱼，八月板鱼，九月箭头鱼，十月鲻鱼，十一月带鱼，十二月鲈鱼。”意思是一年有12个月，每月都有当季的鱼鲜。在南通吕四等沿海地区，吃鱼也非常讲究。比如吃鱼时忌讳说“翻”，只能说“调个头”，这样出海捕鱼时才能安全。此外，还有“鱼到酒止”的规矩。在婚宴即将结束之际，厨师会端鱼上桌，暗示人们不要再动筷，“鱼到酒止”，尽欢而散。除夕夜吃团圆饭也是如此，有“年年有余”的寓意。

居住民俗。南通位于长江入海口，盛行偏东风，其中春夏季以东南风居多，秋季以东北风居多，冬季则以西北风为主。因此，南通民居不以正南方向定位，而偏东南方向，以此保证房屋冬暖夏凉。在启东、海门地区，旧时还流行“滚地龙”的茅草房。这种房屋甚为简陋，搭建便当：将芦苇用草绳扎实后拱成半圆形，然后用地桩钉在泥土中，那半圆的拱就是门户所在，只有弯着腰才能进出，地上则铺上稻草或麦秆以吸收潮气。这种简陋的房屋，当是早年启海先民迁来南通沙洲围垦拓荒时所创，作为一种传统留存下来，它是南通民居中江海风味最为浓烈的一种[①]。

娱乐民俗。受江海文化影响，南通的民俗娱乐活动十分活跃且丰富多彩。民俗娱乐活动主要种类有海安花鼓、海安龙舞、海门山歌、浒澪花鼓、评弹北调等。比如海安花鼓，最早可以追溯到明代，迄今已有400余年的历史。它流行于南通市海安县东部地区。旧时百姓多以出海打鱼为生，每逢农历正月十三，渔民家家在门前高挂红蜡烛灯笼，称为“挂天灯”，以祝愿出海打鱼的亲人，红灯高照，平安无事。进而逢喜庆事时，人们将灯笼持于手中，载歌载舞。后来这种花鼓表演形式，就渐渐地流行于民间的节日、庙会之中了。[②] 旧时海安花鼓以说唱为主，分为打场子（即开场）、杂戏两部分，内容以歌颂英雄豪杰，说唱爱情故事为主。新中国成立后，海安的文艺工作者开始对其进行搜集整理，去粗取精，推陈出新，使海安花鼓艺术进一步升华。现在，海安花鼓成为海安的文化品牌，在全国性的演艺活动中多次夺得大奖，还被选为2008年奥运会开幕式垫场表演节目。2007年，海安花鼓被列入江苏省非物质文化遗产名录。

---

① 黄毓任、冒键：《南通历史文化概观》，新华出版社2003年版，第45页。

② 陆一兵：《论海安花鼓的传承和发展》，《艺术百家》2004年第2期。

（三）海洋信仰习俗

信仰习俗是南通海洋民俗文化的重要组成部分，它反映了民众对超自然力量的崇拜和信仰。海上航行危险重重，海难频繁发生，渔民为了祈求渔业丰收与人身平安，于是海洋信仰习俗应运而生。与中国其他沿海地区一样，南通沿海地区自古以来也有妈祖信仰。根据相关史料记载，明代洪武十七年，在南通市区建有天后宫，专门为供奉天后娘娘妈祖所修建。后于清代嘉道年间，南通市区又增加了两座，分别在端平桥的曹家巷和狼山的沈寿墓。除此之外，启东、吕四等地也有不少。每年的农历三月二十三，是天后娘娘生日，来自南通各地的渔民、商人都来拜祭，香火不绝。此外，每年当蚕豆等时蔬上市之时，当地渔民有请天妃娘娘尝时鲜的民俗。除妈祖信仰外，南通吕四渔民还有其他祭拜海神仪式。比如在伏休结束后的首航日，渔船开出港口后，渔民们首先会焚香、燃烛，再摆上鱼、肉、酒、饭等各种供品，然后向太平母子头像祈祷叩拜，以求丰收、平安。

此外，风靡南通城乡的童子戏，由古代通州民间的“上童子”“童子会”等宗教祭祀仪式演化而成，也是一种海洋信仰习俗的表现。相传古代通州每年都要举行驱除疫鬼的祭祀仪式，以恭请天神保佑人畜平安。其中，童子戏就是祭祀仪式中的一部分，童子既是祭祀仪式的主持者，又是童子戏的表演者。童子戏带有很浓郁的海洋文化特色。比如，与一般戏曲唱腔不同，童子戏大多以悲剧哭腔为主。这是由于古代南通多次遭到海侵、台风等自然灾害的威胁，沿海地区的渔民生活苦不堪言。于是童子戏中寄托了当时贫苦百姓的悲苦哭诉。就演出场所而言，南通童子戏多在打谷晒场、海滩海堤、河岸河面等地进行。比如海滩做台。海边渔民祭祀水神，在海滩上悬挂一张大鱼网，网上挂有鲸鱼肋骨和羊头骨，意为请神灵尝鲜和捞鲜。为了防止瘟疫，在海边为耕牛举行牛栏会时童子艺人用石灰在海滩上画圈进行仪式。[①] 由于童子戏带有封建迷信色彩，新中国成立后当地民间艺人和文化部门一直致力于童子戏的改革。20 世纪 60 年代，童子戏被正式定名为“通剧”，作为南通地方民间戏曲剧种进行宣传和推

① 周辉国：《植生于农耕文化的地方戏曲研究——以南通童子戏为例》，《南京农业大学学报》（社会科学版）2009 年第 3 期。

广。2008 年，童子戏被列入第二批国家级非物质文化遗产名录。

二　南通海洋民俗文化的传承困境及原因分析

海洋生产习俗、海洋生活习俗、海洋信仰习俗是南通海洋民俗文化的重要组成部分。它反映了南通人对海洋的认识和开发历程，折射出南通人生活方式、文化观念、宗教信仰与海洋之间的密切关系，体现了南通深厚的海洋文化底蕴。改革开放后，南通市市政府认识到这一点，着力打造海洋文化品牌、建设海洋文化名城，发展了海岛休闲旅游，举办了国际江海旅游节等节庆活动，彰显了南通海洋文化特色，实现了从崛起苏中到融入苏南，进而挺进长三角核心圈的城市振兴。但是，随着社会的变迁，价值观念的转变，南通海洋民俗文化面临着巨大的冲击，人们对它们的关注程度逐渐淡漠，越来越为人们所忽视。而一些南通海洋民俗文化也面临着失传的窘境，如“蓝印花布印染技艺”“板鹞风筝制作技艺”“吕四渔号”等国家级非物质海洋文化遗产，目前尚没有建立科学有效的传承机制。所以南通海洋民俗文化的生存现状令人堪忧，传承与保护刻不容缓。通过调查研究，南通海洋民俗文化为人们所忽视大致有以下四个方面的原因。

（一）社会经济的发展对南通传统海洋民俗文化的冲击

南通海洋民俗文化的发展历史悠久，最早可以追溯到先秦时期。近代，由于张謇等人的大力革新，南通海洋民俗文化的内涵又得以大大丰富。可以说，南通传统海洋民俗文化是在长期的农业经济基础上形成和发展起来的。但是，随着我国经济的快速发展和现代化进程的加快，人民生活水平日益提高，生活方式正在逐步迈入多元化的时代。传统的生产习俗、衣食住行和信仰观念，在日新月异的现代化生活面前失去了原有的魅力，它们的存在价值受到现代年轻人的质疑。因此，以现实的实用性而言，南通传统海洋民俗文化失去了存在的根基。具有海洋特色的南通传统文明，正面临着衰落的局面。

（二）南通海洋民俗文化教育的缺失

在南通海洋民俗文化中，传统手工艺和民间表演技艺的发展和传承都是通过学徒制的方式世代相传沿袭至今。比如“板鹞风筝制作技艺”，以前具备成熟的传承模式，有专门从事风筝彩绘、哨口制作的世家，工匠都是在风筝制作现场通过观察、模仿师傅的技艺，在实践中自然习得技能。然而，由于现在实行全日制教育，青少年大部分时间都在学校度过，已完全脱离风筝制作的传统生活情境；他们接受的是应试教育和外来文化，缺乏传统海洋民俗文化的熏陶。这直接导致板鹞风筝的传承队伍面临断层危机。“日前，从事风筝彩绘有影响的老艺人只有两三位，哨口雕刻有影响的老艺人也只有五六人，而这些人中 60 岁以上者占了绝大多数，最大的有 80 多岁。”[①] 这些历史悠久、技艺精湛的南通海洋民俗文化的断层现象已成为中国社会亟待解决的问题。

（三）南通海洋民俗文化自身传承的缺陷

在南通海洋民俗文化中，有很多都是即兴的口头传播艺术，很少以记谱的方式把它们保存起来，甚至有的随着说唱艺人的辞世而将其掌握的那部分珍贵的海洋民俗文化遗产带走。这使得我们对它们的整理和保护工作困难重重。比如素有“江海平原一枝花”美誉的海门山歌，其中有一部分是即兴山歌，由当地民众在生产劳动中随口编唱而成，这些宝贵的海洋音乐很少以乐谱的形式保存下来。此外，海洋民俗音乐地方风味浓郁，在一定程度上限制了其传承和发展。比如“海门山歌”演唱时用纯方言演唱，大量运用方言俚语，因此其主要流传在海界河以南、长江以北讲沙地方言的地区，还包括能听懂沙地方言的通州、启东、如东等地区。[②] 因此，要解决这一系列的问题，就必须涉及音乐专业人员和政府等多方面的努力。

（四）南通海洋民俗文化创新不足

20 世纪五六十年代，南通蓝印花布曾承担着文化交流的重任，它是我国对外出口贸易的商品之一，并多次出现在全国各种工艺美术博览会、展销会上。但现如今，很多人一提到蓝印花布，映入脑海的是传统、年龄层次大、比较老旧的服装款式。因此，穿着传统蓝印花布的人越来越少。在南通市区建有一座蓝印花布艺术馆，平时很少有游客去那儿参观，而光

---

① 郭承毅：《南通哨口板鹞风筝综述》，《南通航运职业技术学院学报》2009 年第 2 期。

② 吴健英：《浅析海门山歌的独特艺术风格》，《大众文艺》2014 年第 7 期。

顾蓝印花布纪念品的顾客更是屈指可数。因此，南通传统海洋服饰蓝印花布的制作和设计应该有所创新，并且不能仅满足于旅游纪念品的开发，应该拓展涉及领域，与更多专业人士合作，才能使之适应更多人的需求。

此外，对于浒澪花鼓、评弹北调等一些南通海洋民间表演艺术，现代的年轻人将之视为一种过时的音乐文化，很少会有年轻人演唱表演，导致传承的断层。因此，这些民间表演艺术，是否可以加入现代音乐的元素，在传承中加以创新，将是今后的重要课题。

三　南通海洋民俗文化传承与保护的思路

南通海洋民俗文化是南通文化的重要组成部分之一，也是中华民族文化遗产的重要组成部分。南通海洋民俗文化是在长期的历史发展过程中逐步形成的。这些历经沧桑才流传至今的海洋文化，是南通人优秀传统文化的瑰宝和精华。它记载了南通人民社会文化发展的历史，是南通社会文化发展的活化石，是南通文化的缩影与财富，是中华民族重要的文化资源。所以必须采取各种措施，切实做好南通海洋民俗文化的保护传承工作。

（一）加大南通市市政府保护力度

在海洋民俗文化的传承和保护中，政府是起着重要推动作用的外部力量。政府的重视是做好海洋民俗文化传承与保护工作的主要动力。因此，南通市政府应加强海洋民俗文化的保护工作，逐步建立完善的保护体系。海洋民俗文化的保护工作涉及的范围广、内容多，政府在其中必须起主导作用。在此基础上，充分发挥市政府的行政资源等优势，用强大的政治力量去组织和引导学术界、商界、新闻媒体积极进行海洋民俗文化的保护工作。具体而言，在学术界，可以专门设立南通海洋民俗文化研究机构，经常组织专家学者深入民间采风，搜集整理相关的文献资料；还可以大力开展海洋民俗文化传承保护的学术研讨会，为海洋民俗文化传承保护工作献计献策。在商界，可以积极引导和鼓励个人企业和其他社会力量捐赠资助海洋民俗文化的保护工作，不断拓展海洋民俗文化保护经费的来源渠道，从而有力保障海洋民俗文化传承和保护工作的逐一落实。在新闻媒体方面，可以利用各种新闻、出版、广播、电视等，大力宣传海洋民俗文化保护工作的重要意义，普及海洋民俗文化的保护知识，培养全民保护海洋民俗文化的意识，努力在全社会形成保护海洋民俗文化的社会环境和舆论氛围。

(二) 加强南通海洋民俗文化教育

学校，既承担着教书育人的重要职责，也承担着引领社会文化的重要任务。对于南通海洋民俗文化的传承来说，学校是其文化传承、文化增值最重要的场所，它能促使海洋民俗文化在当今多元化的社会中得到长足的发展。因此，我们应当在建立全新的南通海洋民俗文化民间传承保护机制的基础上，充分发挥学校教育的文化传承作用，拓展海洋民俗文化的生存空间，让学校教育成为南通海洋民俗文化传承和保护机制的重要方式。传承弘扬优秀的南通海洋民俗文化，可以从娃娃抓起，从幼儿教育和中小学学生抓起。可以在校园里陆续开设有关海洋民俗文化的课程，将海洋民俗文化的内容融入学校教育中，从小培养孩子的保护意识，让孩子们有机会、有兴趣接触到这些传统文化，增强他们对海洋民俗文化的认同感和自豪感，帮助他们树立正确的文化价值观，理解海洋民俗文化传承的意义。

(三) 利用先进技术传承南通海洋民俗文化

南通海洋民俗文化历史悠久，特色鲜明，很多文化的传播方式全靠一代代民间艺人口传心授、不断创新得以传承。但值得注意的是，没有曲谱等实物材料的记录，很容易随着艺人的去世而消失。因此，我们可以充分利用先进的现代科学技术来弥补这一缺憾。比如用图文扫描、全息拍摄、数字摄影等先进的数字化技术作为采集记录手段，对民间艺人进行采访录音，然后对录音视频进行记谱等处理，最后编制成歌谱，这样就能有效地保护南通海洋民俗文化，抢救濒临失传的文化资料。此外，还应利用现代网络信息技术，创建南通海洋民俗文化网站，展示宣传海洋文化，从而突破地域局限，扩大传播途径，让不同地域的人们都能利用网络资源，感受南通海洋民俗文化的魅力，唤起人们对海洋文化的保护意识。

(四) 坚持南通海洋民俗文化创新

文化自身的继承与发展，是一个新陈代谢、不断创新的过程。随着社会经济的不断发展，人们的价值观、审美观都在发生改变。这就需要文化不断创新，与时俱进，以适应新情况，跟上时代前进的步伐。比如，有着悠久历史的南通蓝印花布，无论在材质、色彩还是构图方面都蕴含着深厚的文化底蕴和艺术价值，它有着鲜明的海洋传统与个性。南通蓝印花布博物馆馆长吴元新曾指出，“要吸收传统印染技艺的精髓，体现拥有深厚文化内涵的创新设计，必须使南通蓝印花布融入现代元素，真正做到蓝印花布技艺的传承发扬。”① 我们可以在设计时多考虑现代人的审美趋向，多角度、多思维进行设计，将南通蓝印花布的元素融合到成衣设计的外形、结构和细节等方面，更为明显地体现民族传统特色，进而加强传统文化的大众认同感，也真正使南通蓝印花布以现代的形式得到传承和创新。又如海门山歌、评弹北调等，可以在立足传统的基础上推进改革与创新。即以当下观众的需求为核心，在原有的曲调配上与时代特征相符的歌词，运用群众喜闻乐见的形式增强音乐的表现力，不断创作出充满浓厚的民俗色彩和时代气息的曲目，丰富民俗文化的品种、样式、载体和风格。

总之，在未来的发展道路上，南通海洋民俗文化的传承与保护任重道远。在 21 世纪我国海洋事业迅猛发展的时代背景下，如何汲取和传承南通特有的海洋民俗文化积淀，对于实施海洋强国战略具有十分重要的意义。市政府应对海洋民俗文化的发展进行引导，实施南通海洋民俗文化遗产的抢救工程，通过多种方式普及海洋民俗知识，在传承的基础上把创新的形式纳入传统，促进海洋文化与经济社会有效融合，为海洋强国战略的实施提供精神动力和智力支持。

（作者单位：上海海洋大学人文学院）

① 吴元新：《江海之滨，终朝采蓝：南通蓝印花布工艺的传承与创新》，《南通航运职业技术学院学报》2009 年第 2 期。

中国海洋影像的海洋文化观初探

乔洁琼

【摘要】海洋影像包括以海洋为题材的电影、电视、纪录片、网络视频等。中国电影自诞生以来，以海洋为题材的作品屡见不鲜。中国海洋题材的影像作品体现了中国特色的海洋文化观，体现了中国人独特的海洋意识。本文以中国百年海洋影像为论述对象，探讨中国海洋影像所体现出的海洋文化观。并以近几年有代表性的海洋纪录片《下南洋》为例来论述中国当前海洋影像所持的文化观念，探讨当前中国影像应该如何书写海洋和传播文化。

【关键词】海洋影像　海洋文化

一　海洋文化观概述

中国海洋大学曲金良教授在《海洋文化概论》一书中对海洋文化做出如下定义："海洋文化，作为人类文化的一个重要组成和体系，是人类认识、把握、开发、利用海洋，调整人与海洋的关系，在利用海洋的社会实践中形成的精神成果和物质成果的总和。"① 谭元亨等在所著的《中国南海海洋文化论》一书中提出："海洋文化，是指人类从受海洋影响而形成的受制海洋而又利用海洋的观念意识，及其相应的思维方式和行为方式。"② 很显然，曲金良对海洋文化的定义是从宏观架构，而谭元亨等人

---

① 曲金良：《海洋文化概论》，青岛海洋大学出版社 1999 年版，第 7—8 页。

② 谭元亨、敖叶湘琼、廖文：《中国南海海洋文化论》，广东经济出版社 2013 年版，第 9 页。

则侧重于从观念意识和行为方式出发，探讨海洋文化的精神特质。

在西方，黑格尔对海洋文化的论述普遍为人引用，黑格尔对海洋文化、大陆文化做了深刻的分析，认为生活在大陆上的人们靠农耕生活，农耕文明孕育下的民族保守、不思进取、没有冒险精神、重农轻商；而海洋文明孕育下的民族崇尚自由、喜欢冒险、重视商业。黑格尔断定中国没有海洋文化。中国是否有海洋文化，国内学界也有很大的分歧。一种观点认为中国有海洋文化，中国海洋文化包括海洋农业文化和海洋商业文化，持这种观点的以江浙学者为主；另一种观点承认中国有海洋文化，但海洋文化只能是商业文化，谭元亨、敖叶湘琼、廖文等著的《中国南海海洋文化论》为代表；司徒尚纪在《中国南海海洋文化》一书中将海洋农业文化视为海洋文化的低级阶段，海洋商业文化视为海洋文化的高级阶段；将两种观点进行折中；张开诚则认为陆地文化和海洋文化不存在先进、落后之分，不赞成西方文化是海洋文化、中国文化是大陆文化的观点。

以上几种观点反映了中国学界比较典型的海洋文化观，在面对面对中国海洋文化这样一个有颇大争议的对象时，理论的多元观点恰恰为我们提供了多重理解的维度，中国海洋影像在海洋文化观上表现出的多元也是很正常的了。

二　中国百年海洋影像的海洋文化观

（一）影视作品

海洋，一直是影视作品热衷拍摄的对象。中国人最早拍摄与海洋有关的影像是商务印书馆在 1919 年左右拍摄的时事片《军舰下水》。之后，民国时期拍摄的与海洋有关的主要是故事片，如《渔光曲》《海角诗人》《浪淘沙》《海誓》《海葬》等，与外国海洋电影主要表现探索海洋、征服海洋不同，中国早期电影中的海洋大多只是作为叙事背景而存在。如《渔光曲》中海外求学归来的少爷成为渔业公司的管理阶层，影片承认现代渔业公司是海洋所赋予的文明，海洋在影片中虽被朦胧地赋予了进步的含义，但影片的重心在于表现阶级差距。人们把海洋习惯性地看作人类生活的边缘地带，如《海角诗人》。诗人为了躲避城市的喧嚣，独居海岛，并在海岛找到了纯粹的诗意和爱情。在 1937 年的《浪淘沙》中，海洋是死亡的象征，警察追踪罪犯到了一个孤岛，孤岛周围是茫茫海洋，二人在相互的消耗中同归于尽。应该说，民国时期海洋影像体现了当时国人的海洋文化观。中国人在漫长的历史中，农耕文化发达，海洋文化滞后，因此“形成了对海洋具有恐惧和膜拜的海洋文化观”①。“作为中华文化中的海洋文化成分，在相当长的历史时间内，是处于一种蛰伏或‘隐性’地位。”② 这些影片没有触及“海洋文化”所赋予的主题。

1949 年以后，大陆拍摄了诸多与海洋有关的电影，如《海港》《海霞》《椰林曲》《南海长城》《海之魂》《海上风暴》《南岛风云》《碧海丹心》《南海风云》《南海潮》《海外赤子》《椰岛情仇》等，这些影片在特定的意识形态环境下，聚焦于反特、抗日、阶级斗争等内容。如名导蔡楚生拍摄的《南海潮》讲述的是南海渔民长年受渔霸与反动派的残酷压迫、剥削及受日寇残杀的痛苦。后来共产党、游击队帮助他们走上了翻身求解放的斗争道路的故事。在这些影片中，被海洋包围的大陆依然是封闭的，海洋仅仅是一个地理空间。海洋文化所包含的贸易、移民、航运等主题依然是空白。

近些年，随着中国海洋意识的加强，海洋题材的影视作品不断增多，比较重要的有《1894—甲午大海战》《甲午风云》《甲午海战》《镇海保卫战》《下南洋》《郑和下西洋》《北洋水师》《走向共和》《铁甲舰上的男人们》《唐山到南洋》《情牵南洋》《旗舰》《潮起潮落》《香江入海》《海天之恋》《波涛汹涌》《水兵俱乐部》《军港之夜》《潮起潮落》《砺剑》《沧海》《火蓝刀锋》等。

海战题材的影视作品在一定程度上触及了中日在特定的历史时间不同的海洋意识，具有一定的反思意义，但这些作品核心表现的是中国将领的爱国情怀。将宏大的海洋主题集中在表现友情、亲情等上面。这样就很容易把错综复杂的事件简单化为昏庸的统治者和爱国将领之间的二元对立，把历史的责任简单地归结为统治者的无能。有的影视剧为了制造冲突甚至歪曲历史，如《甲午风云》把中方的失败归结为李鸿章主张求和等。海战题材不能深刻反思中国古老的大陆文化与西方先进的海洋文化之间较量的深层次根源，对海洋文化的本质与内涵缺乏细致的表达和分析。这使得中国海战题材的电影常常流于肤浅。

---

① 叶冬娜:《海洋文化观的历史演变》,《辽宁工业大学学报》2014 年第 3 期。

② 谭元亨、敖叶湘琼、廖文:《中国南海海洋文化》，广东省出版集团 2013 年版，第17 页。

和平年代的中国海洋，硝烟不再，《水兵俱乐部》《火蓝刀锋》等讲述了年轻的海军们的军营生活，他们的爱情、友情、训练、演习等成为青春偶像剧的绝佳题材。

（二）纪录片及其他

20 世纪末，随着国家海洋战略的提升，海洋经济的进一步发展，国民的海洋意识增强，近几年出现了大量的纪录影像作品，如《郑和下西洋》《下南洋》《甲午真相》《大国崛起》《百年航母》《沧海一渡百年梦——中国航母启示录》《北洋海军兴亡史》等，此外还有电视节目有《我的祖国万里海疆》《沿海行》等。与影视剧相比，中国海洋纪录片大多从海洋文化入手探讨中西方海洋意识的差异。如《下南洋》以闽粤地区的劳工下南洋讨生活，在南洋与欧洲殖民者之间的碰撞为线索，深刻探讨了中国大陆文化与西方海洋文化之间的较量，并对中华文明进行了深刻的反思。《甲午真相》以甲午战争中的外国人为观察视角，力图以客观的姿态对甲午战争进行还原，该片没有将战争失败的责任简单归结为慈禧太后、李鸿章等领导阶层，对历史中的讹误进行纠正，将战争的方方面面的复杂因素呈现出来，反思了中日之间的海洋文化差异导致的胜败。

从世界范围来考察，海洋，从电影诞生之初就纳入电影人的视线。1895 年卢米埃尔兄弟及其团队成员拍摄了大量的海洋影像。时至今日，世界海洋影像蔚为大观。中西海洋影像体现了两种完全不同的文明的海洋文化观。西方海洋影像充分体现了以黑格尔为代表的西方学者确立的西方海洋文化观及理论体系①。黑格尔认为人们在面对浩渺无边的大海时，被激起了征服大海的勇气。因此，海洋文明孕育下的民族具有冒险精神，他们越过大海进行贸易活动，追求利润，从事商业，因此他们的民族性格具有与生俱来的征服欲。因此，西方影像注重描写海洋生物、探索海洋世界，喜欢描写海难、海战，喜欢刻画人在面对海洋的时候表现出的征服欲。黑格尔认为，中国没有海洋文化，因为中国人以耕种土地为生，他们被土地束缚，没有冒险的精神，容易闭关自守，对海洋充满恐惧和膜拜心理。

---

① 关于海洋文化的描述见黑格尔《历史哲学》一书。

三　《下南洋》蕴含的海洋文化观

《下南洋》是由马来西亚常青集团、中央新影集团、香港东方之子国际事业有限公司联合出品的纪录片，2013 年 10 月在央视播映，主打国际市场。《下南洋》展现的是华人在东南亚开拓的历程，华人下南洋的过程也是古老的中华文化与现代的西方文明碰撞，是古老的大陆文明与新兴的海洋文明的碰撞。这部纪录片的落脚点是“反思”，因此，影像以黑白为主，充满悲凉的气息。主创人员认为，通过反思，映照中国社会的历史、现在和未来。21 世纪是海洋的世纪，海洋区域经济迅速发展，我们应该以一种什么样的海洋意识面对海洋经济的发展，该影片为我们映照出了一片“未来”。

《下南洋》表现出一种复杂的创作心态，一方面，创作者对中国传统的大陆文化在东南亚遭遇西方文化时表现出的弱势深感无奈和哀伤，对奉行征服和殖民的西方列强的海洋文化表现出欣赏态度，进而对中国海洋文化进行了深刻的反思；另一方面，创作者又寄希望中国文化能够在东南亚保持传统。《下南洋》聚焦于以下几个方面来探讨中国海洋文化。

（一）东方农耕文化与西方海洋文化

农耕文化是建立在传统的自给自足的自然经济基础上的文化形态，这种文化培育了特定的生活方式、文化传统、农政思想和乡村管理制度等。农耕文化强调聚族而居、追求安定。另外，农耕文化宗族观念浓厚，安土重迁，不愿开拓，皇权等固有思想。《下南洋》中，南下劳工多为躲避战乱、饥荒远离家乡，他们被大陆帝王视为王朝的反叛者。他们来到南洋，依靠自己的勤恳劳动获得了安定的生活，大多数华人劳工小富即安，由于根深蒂固的农耕观念，数量庞大的华人群体却受到人数较少的西方殖民者的屠杀和奴役。

南洋，同时也是西方殖民者的活跃之地，以冒险、自由、竞争为核心的西方海洋文化以荷兰、西班牙等为代表。中国海域周边的东南亚国家，在很长一段历史时期内，由于海洋的阻断，受中国的影响比较小。然而，航海时代一开启，东西方文化先后进入，南洋的文化生态发生了巨大改变。在南洋，没有一种文化是强势文化，因为中华大陆文化与西方海洋文化全是外来者，在这个舞台上，两者是真正的、公平的、文明的竞争。正是在这样公平的竞争环境下，东方传统农耕文明孕育的中国人与西方海洋文化孕育的欧洲人的角逐，体现了两种文化的角逐。

西方殖民者以国家行为有组织地进入东南亚各国，他们不可避免地与在当地生活的华人产生冲突，每次冲突的结果都以屠杀大量华人而告终。究其原因在于，从国家层面上来看，中国大陆在历史上长期闭关自守，整个国家奉行的是农耕思想，缺乏对海洋的整体观念和意识。《下南洋》采取横向对比的方式，总结出由于缺乏国家层面的支持，中国人对南洋的影响方式主要通过经济贸易实现，而西方对南洋的影响主要依靠武力。

（二）传统文明与现代文明

由于西方人把民主、契约带到了南洋，南洋的华人在一定程度上影响了中国的近代化进程。《下南洋》提到，明清时代的社会威胁，不是来自北方，而是来自海上。晚晴时期革命的发源地也在南方，南洋，是革命的大本营。南洋所代表的不仅仅是劳工和财富，南洋还是进步思想的策源地。华人黄乃裳是清末民初的华侨领袖、革命家，维新运动失败以后，黄乃裳在马来西亚的诗巫有目的地建立起一个现代的华人社会，力图按照现代国家观念组织一个乌托邦社会。

《下南洋》反复提到华人经过几百年的努力，终于在南洋站稳脚跟，并且逐步有了影响力与发言权。面对强势的，以冒险、自由为核心的西方文化，在东南亚华侨民族主义兴起时，这些在中西文化碰撞下成长起来的知识分子一方面看到西方资本主义的优点；另一方面他们也并没有彻底抛弃中国传统文化，而是希望将两者结合在一起。《下南洋》的核心观点也在这里。《下南洋》认为，中华文明的主体是农业文化，南下谋生的中国人携带着传统的农业文化的基因，南洋华人社团数量可观，“社团”以地域关系和血缘关系为纽带，把同乡聚集在一起，互相帮衬，与中国大陆一样，是人情社会。中国文化的根基是家族，西方文化的根基是商业。商业重视合同，血缘家族重视关系。《百年兰芳》一集将以血缘关系为基础的华人社团与西方现代公司制度进行比较，这是传统农业文化与现代海洋文化的必然结果。

应该说，《下南洋》以史诗般的气质叙述了华人下南洋的历史，反思了中国文化与西方文化在精神、物质、制度等方方面面的不同。今天，

“一带一路”战略、海上丝绸之路战略的提出，使中国成为未来的海洋大国。《下南洋》导演祝捷认为，“南洋的开放，让我从华人身上看到一种未来性，这种未来性，实际在上海、北京、深圳等城市已经发生—我们的思维与语言越来越多元化。而在南洋，200 年前便开启了这一进程。”[①] 今天的中国要建立海上丝绸之路，必然面对文化的多元化。中国海洋影像要表现这种多元化，以开放的思维方式来看待中国的海洋文化。

《下南洋》通过南下劳工在南洋的历史经历对中西文化进行全方位的对比，摒弃了传统的高高在上的以“我”为核心的官方意识，从相对客观的角度来探讨文化的冲突，在当今海洋题材的影视作品中，难能可贵。

综上所述，中国海洋影像经历了百年的发展，从早期电影对海洋的崇拜、恐惧到以开放的眼光反思中西文化。这是中国人对海洋的茫然无知到力图把握海洋、跨越海洋进行文化传播与交融的重大转变。21 世纪是蓝色海洋世纪，今日中国的海洋政策更加开放，“一带一路”、海上丝绸之路战略具有明显的世界海洋观意识。中国海洋影像也应与时俱进，体现出先进的海洋观念。中国文化的传播要跨越海洋，跨越文化，要在保持自己民族传统文化的同时适应多元文化的共同发展。

（作者单位：青岛科技大学传播与动漫学院）

---

① 李兮言：《打捞故事、镜鉴自身》,《时代在线》, http://www.time-weekly.com/index.php?m=search&c=index&a=init&typeid=1&siteid=1&q=%E4%B8%8B%E5%8D%97%E6%B4%8B&x=6&y=18。

文化产业视野下的人文资源保护与开发

陈　杰

【摘要】 人文资源的保护不是一成不变的保存，而应该是一种动态的、可持续的保护，适度而合理的开发应该是实现动态保护的良好途径，而分级开发是一种可以兼顾保护与开发、可行的模式，建立全面合理的补偿机制也是人文资源保护中重要的保障。

【关键词】 人文资源　动态保护　合理开发

相对于投资大、技术和人才要求高、见效慢且有一定风险的产业项目来说，政府更倾向于已经有一定基础、简单易行、风险小、见效快的旅游项目。

旅游资源是旅游项目重要的物质基础，旅游资源无非包括两个内容，一是上天馈赠的自然资源，二是老祖宗留下的人文资源。自然资源是上帝给的，我们无可奈何；人文资源则是可以争取的，文物古迹、历史典故、名人遗踪自不待言，民间传说、神话故事也当仁不让。文化遗产相对较少的地区，有关部门便到处搜刮可能的所谓文化遗产，只要有一个捕风捉影的传说或看起来老旧的房子，都成为潜在的开发目标，不惜生拉硬扯甚至凭空杜撰。如果自己实在没有，也不惜去抢隔壁邻居的东西据为己有。而文化遗产相对丰富的地区，一来多多益善，二来觉得老的资源搞不出什么名堂了，也在拼命争夺和开发新的资源，于是乎，名人故里、历史事件发生地、传说地等争夺战愈演愈烈，如诸葛亮、赵云、李白、武则天、曹雪芹等名人家乡，均遭多地抢夺，这些名人们究竟仙乡何处，估计连他们自己也搞不明白了；不仅是历史名人，甚至连孙悟空、观音菩萨[①]、西门庆[②]这些神话里或故事里的人也拉将出来，粉饰一新，招摇过市。

显然，这种争夺非学术之争，而是利益之争，并不是相关部门看中了文化资源本身的价值，而是看中了对于这种资源的开发可能带来的经济利益。而在这个关系中，对于文化资源的保护因为只会花银子，显然不怎么受待见，处于十分尴尬的地位。虽然心不甘情不愿，但没有保护就没有资源，也就没有开发。如何处理保护与开发的微平衡关系，是一个重要问题，也一直是一个老生常谈的问题。但有几个最基本的问题需要弄清楚，那就是什么是文化资源？是有形的物体还是无形的生活？保护是什么？保护什么？开发是什么？开发什么？对保护和开发的内容和目标有了清晰的界定，才能对这一问题进行更加有效的讨论和分析。

一　几个关键词：文化遗产、保护、开发

（一）人文资源

一般认为，人文资源是指由各种社会环境、历史文物、文化艺术、人民生活方式、民族风情和物质生产构成的有机体，它既包括有形的文化遗产，也包括无形的非物质文化遗产和生活方式等语言、技能或精神层面的东西，它是人类历史和文化的综合产物，也是经济资源的重要组成部分，既有已经凝固并物化了的物质成分，又有仍活跃并流传着的精神成分，其价值不只是表现在已经消逝的历史方面，还表现在正在发展着的现实层面。但对于这样的人文资源，保护还是开发，这是个问题。

（二）保护

《辞海》对“保护”的定义是：尽力照顾，使不受损害[③]。但保护什么则是首先必须搞明白的问题。

首先，保护的应该是原有的历史资源，而不是现在新建的、仿古的甚至杜撰的资源，这应是保护的核心问题。很多地方打着城市建设、改善居

① 张体义：《名人故里越争越玄这：观音菩萨家在哪 悟空从哪来》，《大河报》2010 年 6 月 24 日。

② 裴钰：《西门庆故里：野百合也有春天》，《中国经济周刊》2010 年第 17 期。

③ 辞海编辑委员会：《辞海》（第六版），上海辞书出版社 2009 年版。

住环境的幌子大肆拆除古城墙、古民居、古建筑，肆无忌惮地破坏文化遗产，然后再建一些不伦不类的仿古建筑或者是西洋建筑，理直气壮且毫不愧疚，既无耻又无畏。

其次，保护的内容不仅限于文化遗存及其自然环境，还应该包括原住环境、原住城市和建筑、原住民、原有的生活方式和文化传统等。因为更应该受到保护的是人，是原住民及其生活方式，他们是古村镇最重要的、最活跃的文化因素，人与自然的和谐统一才是保护的最高境界，这一点往往有意无意地受到忽视。一些古城或古文化遗产地由于缺乏管理的能力，保护水平较低，也不愿意花精力去处理当地居民与遗产保护的关系，只好采取最简单、最粗暴的方式，对原住人口盲目实施强制迁离，使文化遗产成为空壳式文物，使其文化的真实性、完整性遭到破坏，反而损害了它的原生态及真实意味。

再次，要想较好地保存原有的生活方式和文化传统，还要注意原住民的现代化转型问题。原住民教育程度的提高、职业的都市化和现代化、流动人口的增加以及区域全球化的冲击，对他们的传统文化意识认同及传承、传统生活习惯、传统生活空间以及他们的发展定位都产生了强烈影响，加剧了其传统社群及文化的碎片化程度①。因此，对原住居民现代化转型的关注及其文化遗产保护观念的更新，对原住居民进行适当的相关培训和管理，也应该成为有关部门重要的工作内容。

最后，保护不是保存，不是保守，而是传承，是发展，这个保护应是静态保存与动态保护相结合，是发展的保护。不是为了保护而保护，保护是为了发展，是为了让当地人获得更好的生存条件和发展机遇而保护。这也正是英国学者约翰·罗斯金提出的动态原真性保护观②。所以保护不是目的，而是手段，我们是要保护它的原生态，但不能为了保持原汁原味的生活方式和传统民俗，而拒绝它有任何改变。并不是所有的“原汁原味”的东西都是优秀的、合理的、健康的、科学的，如果那种在特定历史条件下留存下来的、所谓“原汁原味”的生活方式和传统习惯严重影响了、损害了人的身心健康或生活质量，甚至对人的生命安全构成了严重威胁，

---

① 墨绍山：《文化遗产地原住居民及其社群的现代化转型问题研究——基于丽江古城的调查分析》，《东疆学刊》2015 年第 1 期。

② ［英］约翰·罗斯金：《建筑的七盏明灯》，山东画报出版社 2006 年版，第 174—176 页。

如猎头、溺婴、重婚等，我们有责任、有义务摒弃其中有害的部分，去其糟粕、取其精华。我们保护的是优秀的文化遗存、文化传统和生活方式，而不是低劣的生活质量、卫生状况和受教育状况，以牺牲人的生活质量和子孙后代的前途为代价绝不是保护的真正目的。所以对于“原汁原味”的理解应该是动态的、发展的，而不是呆板的、僵化的。

（三）开发

《辞海》对“开发”的定义是：开发是以荒地、矿山、森林、水力等自然资源为对象进行劳动，以达到利用的目的①。这个概念同样适用于人文资源。开发必然将消耗资源，与自然资源的消耗不同，人文资源是可以重复利用的，在保护得当的情况下，是可以取之不尽、用之不竭的。

对人文资源的开发是为了更好的保护。首先，开发可以带来经济利益，而财力上的充足可以为保护提供坚实的物质基础和技术条件。其次，开发不仅指产业开发，也是一种传承。开发体现出来的更多是一种挖掘，挖掘它的潜力、内涵，也是为了更好地传承，这与保护的目标是殊途同归。

文化资源是产业化的资源基础，但资源本身不是产业。所以需要开发，使资源成为产业。而目前的现状是：开发不合理，多限于现阶段可以进行产业开发的或容易进行开发的人文资源，研究和开发程度低，科技含量及附加值低，经济效益低，造成浪费或低水平重复；过度的商业开发和掠夺式开发，导致生态的破坏和文化资源的异化；整合不够。

所以对于开发，应该规划先行，合理论证，分级管理，对开发项目规划实行严格的技术把关、科学论证，论证的内容不仅是项目的可行性、合理性，而且也包括它对环境生态的影响以及对文化方面的影响。

二　保护和开发的矛盾和统一

（一）矛盾的中心：经济利益

相对于文化资源的保护，地方政府更感兴趣的还是它的开发。开发能带来经济利益，于是有关部门不去研究它更深层次的内涵，也来不及论证

① 辞海编辑委员会:《辞海》（第六版），上海辞书出版社2009年版。

其可行性，就急不可待地匆匆上马，结果搞出来的东西不伦不类，无人捧场，赔了买卖不说，连吆喝也没赚到，既破坏了文化遗产，也没有达到开发的目的。

而对于那些可以创造、已经在创造价值的资源，相关利益集团为了最大化地获取利益，常常进行掠夺性开发，杀鸡取卵，使很多资源破坏殆尽，使下一步的开发和发展难以为继。

也因为利益因素，各部门都想分一杯羹，纷纷插手，造成管理混乱，管理水平低下。

当一切以经济指标来衡量的时候，经济利益和效率就放在了最前面。对于人文资源保护，短视者看不到利益，看得到利益的等不到获利的时候，而产业开发则是既能看得见又能等得到的利益，所以各地政府对于人文资源是热衷于开发，而忽视保护，漠视保护。忽视可能是无意的，漠视则是故意的，所以漠视更为可怕。

（二）开发与保护的关系不是对立的，是统一的

产业开发的前提是合理保护，而合理的开发是为了更好地保护，也是一种更好的传承。

开发利用资源就一定会或多或少消耗资源，减少资源的储藏量或对资源产生破坏，而保护则是为了保证资源的贮藏量不减少或品质不受到破坏。表面上看它们是矛盾的，但事实上是，只有保护得好的资源才有开发的价值，才能带来可观的经济效益，人文资源，尤其是其中的历史资源是不可再生的，一旦受破坏，就难以恢复，这必然降低其吸引力，影响其经济效益。

保护是前提，没有对原有旅游资源的保护，就没有商业开发，而合理的开发会对人文资源进行有效的保护，一是可以解决在人文资源保护中资金短缺的问题，二是在科学开发的过程中要对人文资源进行深度挖掘，这本身就是一种传承，是一种动态的保护。二者殊途同归。

加强技术和教育方面的培训力度，培养专业化人力资源，不管是对于保护还是对于开发都至关重要。

分析保护和开发更深层次的内涵和关系，在此基础上提出两点：一是保护是前提，开发是必要；二是保护要合理，开发要适度。

三　建议

在分析人文资源的内涵及外延、保护和开发现状与原因的基础上，针对性地提出一些可行的建议。

建议一：文化资源按照产业开发的标准进行分级。不是所有的文化资源都适合作为产业开发，不同文化资源的开发程度也不应该是一样的，过度开发可能会对文化资源造成无法弥补的损失。所以对文化资源进行分级开发是必要的，也是可行的。我们可以将文化资源从内容和性质上以产业开发的标准分为以下四级：

一级是现阶段完全具备产业化条件的文化资源；二级是可以进行产业化但开发难度较大的（不完全指技术或资金，需谨慎开发，以免对文化资源造成破坏或资源变异）文化资源；三级是可以进行产业化但目前还不具备开发条件的文化资源；四级是不能进行产业化开发的文化资源，这个不能不完全是指在技术或资金等方面无法达到，而是指不可以、不应该作为产业化开发。

不同级别的文化资源保护级别与力度应有所差别，在管理和财政政策上也有所不同。

建议二：公众是保护的主体，保护与开发应从政府主导逐渐转移到公众主导。在各地声势浩大的文化资源开发大戏中，政府的戏分已经足够多，而公众扮演的却只是跑龙套的角色。在人文资源这一问题上，公众才是主角，缺乏公众的参与很难达到预期效果，事实已经证明，公众的介入往往能够对政府的过热言行发挥修正作用。

建议三：可以借鉴党的十七大提出的“建立健全生态环境补偿机制”[①]。所谓生态补偿，是生态受益地区和单位，对承担生态责任的地区和单位给予补偿。这一模式应可以引入到人文资源的利用与保护中，如对古村、古镇、古城居民在开发中所受损失的补偿。另外，将当地居民纳入利益分配的受益群体中，一方面本地居民本来就应该是本地资源开发的受益者，另一方面也会大大提高对本地文化资源的自觉性保护。

建议四：所有的开发利用资源都会消耗资源或造成破坏，所以都应充

① 十七大报告：五（七），原文是“建立健全资源有偿使用和生态环境补偿机制。”

分考虑资源利用及消耗的费用，这部分应计入开发成本。

建议五：加大执法力度，提高违法成本。虽然现在对人文资源的保护得到了加强，但是保护力度（无论是法制保护还是财政支持）显然不够。只有加大打击力度，使违法成本远高于守法成本，才能起到威慑违规、违法行为的作用。

（作者单位：中国海洋大学文学与新闻传播学院）